CYNNWYS

RHAGAIR

Ysgrifennwyd y gyfrol hon ar gais y Ganolfan Astudiaethau Addysg yn y Gyfadran Addysg ym Mhrifysgol Cymru, Aberystwyth. Y bwriad yw cynnig dadansoddiad mewn pedair pennod o rai agweddau sylfaenol ar hanes Cymru o ddyfodiad Rowland Lee yn Arglwydd-Lywydd y Cyngor yn y Mers hyd at farwolaeth Elisabeth I yn 1603. Y gobaith yw y bydd yr ymdriniaethau'n gymorth i haneswyr sy'n ymddiddori yng nghyfnod y Tuduriaid yng Nghymru ac yn arbennig i fyfyrwyr y colegau sy'n astudio hanes Cymru'r cyfnod hwn trwy gyfrwng y Gymraeg, a disgyblion sy'n sefyll arholiad Safon Uwch yn y pwnc arbennig 'Cymru a'r Wladwriaeth Duduraidd'. Nid gwerslyfr yw'r gyfrol, ond yn hytrach astudiaeth o'r modd y gall ffynonellau ddyfnhau ac ehangu dealltwriaeth y sawl sy'n ymddiddori yn y cyfnod o'r nodweddion sy'n rhoi i'r unfed ganrif ar bymtheg ei naws a'i chymeriad arbennig. Defnyddir amrywiaeth o ffynonellau — rhai eisoes wedi eu cyhoeddi ac eraill mewn llawysgrifau — sy'n adlewyrchu strwythur llywodraeth a gweinyddiaeth Cymru yn union cyn y Ddeddf Uno yn 1536 ac wedi hynny, ac yn trafod patrymau datblygiad y bywyd crefyddol a'r gymdeithas yng nghyd-destun yr Ardrefniad Tuduraidd. Defnyddir ffynonellau llenyddol lle bo modd i gyfoethogi dealltwriaeth yr hanesydd o natur ac ansawdd y gymdeithas a'i gynorthwyo i werthuso'r manteision a'r anfanteision a ddaeth yn sgil y newidiadau mewn llywodraeth a chymdeithas. Pan ystyriwyd bod hynny'n berthnasol cynhwyswyd hefyd nifer o ffynonellau o gyfnodau diweddarach sy'n bwysig o safbwynt astudio hanesyddiaeth yr unfed ganrif ar bymtheg.

Yr wyf yn dra dyledus i Mr Glyn Saunders Jones, Cyfarwyddwr y Ganolfan Astudiaethau Addysg, am ei hynawsedd wrth lywio'r gyfrol hon drwy'r wasg. Hefyd, yr wyf yn ddiolchgar i Mrs Eirian Jones a Miss Meinir Thomas am eu cymorth mawr yn gofalu am gyflwyniad a chywirdeb y testun. Bu Mrs Nan Rees o Gyd-bwyllgor Addysg Cymru a'r Dr Medwin Hughes o Adran y Gymraeg, Prifysgol Cymru, Coleg Caerdydd, yn hynod garedig yn cytuno i fwrw golwg dros fersiwn cyntaf y gyfrol ac mae fy nyled yn fawr iawn iddynt. Carwn ddiolch i staff Adran Lawysgrifau Llyfrgell Genedlaethol Cymru, Llyfrgell Prifysgol Cymru, Coleg Caerdydd a Llyfrgell Sir De Morgannwg yng Nghaerdydd am eu cymwynasau. Yn olaf yr wyf yn cydnabod y cymorth a'r gefnogaeth a gefais gan fy ngwraig wrth imi fwrw ati i lunio'r gyfrol. Fy nymuniad yw cyflwyno'r astudiaeth hon i'r sawl sy'n ymddiddori yng ngorffennol ein gwlad, yn arbennig yn un o'r cyfnodau mwyaf diddorol a thyngedfennol yn hanes ein cenedl.

J. GWYNFOR JONES

Caerdydd

NODYN GOLYGYDDOL

Cyfieithwyd y ffynonellau mor agos ag y gellid at y gwreiddiol ond aralleiriwyd mewn mannau lle tybiwyd bod hynny'n angenrheidiol i geisio cyflwyno'r cyd-destun yn fwy eglur a chynnal naws y cynnwys yr un pryd. Diweddarwyd ychydig ar orgraff a chystrawen adrannau o ragymadroddion y dyneiddwyr a rhai ffynonellau eraill, ond ymdrechwyd i gadw at y gwreiddiol printiedig a chynnwys eglurhad ar rai geiriau anghyfarwydd mewn cromfachau petryal. Gan nad yw cerddi beirdd y canu rhydd ac ambell gywydd hyd yma wedi cael eu diweddaru ar ffurf gyhoeddedig dyfynnwyd ohonynt yn union fel y cynhwysir hwy mewn cyfrolau neu lawysgrifau.

BYRFODDAU

BBGC	*Bwletin y Bwrdd Gwybodau Celtaidd*
CSPD	*Calendar of State Papers, Domestic*
HGFM	*History of the Gwydir Family and Memoirs*
L.& P.	*Calendar of Letters and Papers. Foreign and Domestic, Henry VIII*
LlB	Llyfrgell Brydeinig
LlGC	Llyfrgell Genedlaethol Cymru
Llsgr.	Llawysgrif
Penbrokshire	*The Description of Penbrokshire*
SR	*Statutes of the Realm*
St.	Statud
SW	*The Statutes of Wales*
Traf. Cymmr.	*Trafodion Anrhydeddus Gymdeithas y Cymmrodorion*
Y Cymmr.	*Y Cymmrodor*

RHAGARWEINIAD

Y mae'r Tuduriaid wedi hen ennill eu plwyf yn hanes Cymru. Dros y pedair canrif ddiwethaf rhoddwyd sylw i ddyfodiad Harri Tudur i orsedd Lloegr gan haneswyr a hynafiaethwyr a chan rai, yn arbennig yng Nghymru, i'r teulu a'r cysylltiadau Cymreig a berthynai iddo ym Mhenmynydd, Môn a mannau eraill yng Ngwynedd. Yn y cyd-destun hwnnw hefyd fe'i dyrchafwyd i safle aruchel ymhlith y beirdd proffesiynol yng Nghymru'r oes. Arferid meddwl mai esgyniad Harri Tudur i'r orsedd oedd y rhaniad pendant rhwng yr Oesoedd Canol a'r cyfnod modern cynnar yn hanes Cymru a Lloegr. Erbyn hyn, fodd bynnag, rhoddir y pwyslais fwy ar ddatblygiadau'r 1530au pan gafwyd newidiadau allweddol ym mhob cylch ar y bywyd gweinyddol canolog a rhanbarthol, ac ystyrir bod y Deddfau Uno ymhlith y mesurau mwyaf pellgyrhaeddol a sefydlog eu dylanwad yn hanes teyrnas Lloegr y cyfnod. Credir mai'r ddeddfwriaeth honno a'r Diwygiad Protestannaidd yw'r ddau ddigwyddiad sylfaenol yn y gorchwyl o geisio deall natur a chwrs hanes Cymru o'r unfed ganrif ar bymtheg ymlaen am eu bod yn canoli ar y polisi o lunio gwladwriaeth sofran genedlaethol.

Er cymaint y rhamanteiddio a fu ar Harri Tudur mewn llenyddiaeth Gymraeg y mae'n rhaid ei osod yn ei gyd-destun priodol. Ym marn y beirdd cynrychiolai draddodiad proffwydol ysblennydd a ymestynnai'n ôl ganrifoedd ac a grisialwyd yn *Historia Regum Britanniae* (1136), sef fersiwn boblogaidd Sieffre o Fynwy o hanes Prydain yn y canrifoedd cynnar. Rhoddodd Robin Ddu fynegiant cryno i'r dyhead am i Harri ddychwelyd o Ffrainc i waredu'r genedl o'i chyni. Fe'i cydnabuwyd yn olynydd i Gadwaladr, Arthur, Llywelyn, Owain Lawgoch a Glyndŵr:

> Y mae hiraeth am Harri,
> Y mae gobaith i'n hiaith ni.[1]

Wedi cyfnod maith o fod dan lywodraeth estron, o'r diwedd daeth cyfle eto i adfer yr 'iaith', sef y diwylliant cenedlaethol yn ei ystyr ehangaf, a glendid yr etifeddiaeth a fu. Wedi brwydr Maes Bosworth a sefydlu Harri Tudur ar orsedd Lloegr aeth llysgennad Fenis rhagddo i bwysleisio arwyddocâd y digwyddiad yng ngolwg y Cymry. 'Am y Cymry', meddai, 'gellir dweud yn awr iddynt ennill eu hen annibyniaeth yn ôl, oherwydd Cymro yw Harri VII, Cymro ffodus a doeth'.[2] Yn y cyd-destun 'meseianaidd' hwn mae'n bwysig cofio nad oedd dyheadau o'r fath am weld adfer yr 'Oes Aur' wedi cyfnod maith o galedi a gorthrwm yn ddieithr ymhlith cenhedloedd eraill yn yr Oesoedd Canol. Dylid pwysleisio, fodd bynnag, fod y myth Tuduraidd wedi gwreiddio'n ddwfn yn isymwybod beirdd y cyfnod a'u bod yn credu mai glaniad Harri Tudur ar draeth ger Aberdaugleddau oedd awr anterth eu disgwyliadau. Mae'n bwysig cofio'r un pryd fod gwaed Seisnig a Ffrengig yn llifo lawn cyn gryfed â'r gwaed Cymreig yng ngwythiennau Harri Tudur ac na ddylid cymryd yn rhy ganiataol ei ymlyniad wrth Gymru nac wrth fuddiannau'r genedl. Y mae un peth yn sicr: er cymaint y brwdfrydedd ymhlith y Cymry — yn arbennig yr uchelwyr uchelgeisiol a da eu byd — wrth gyfarch y Brenin newydd, nid ystyrient y fuddugoliaeth o'r un safbwynt â beirdd y canu brud. Yn eu golwg hwy digwyddiad i fanteisio arno oedd buddugoliaeth Harri a'r cysylltiadau Cymreig a feddai. Ymlynent wrth briodoleddau uchelwrol a oedd yn angenrheidiol iddynt fedru cynnal a dyrchafu eu statws materol, a rhoesant eu teyrngarwch i Harri a'i olynwyr, yn bennaf, am eu bod yn eu ffafrio â swyddi a breintiau cyhoeddus eraill.

Prif gyfraniad Harri Tudur i hanes Cymru oedd ei allu, yn bennaf trwy gyfrwng siarterau a gyflwynodd yn ei flynyddoedd olaf i rannau helaeth o'r Dywysogaeth a'r Mers, i gryfhau'r cysylltiad rhwng y teulu brenhinol newydd a'r uchelwyr ar eu prifiant. Am eu bod wedi elwa o'r gyfundrefn a sefydlwyd gan y Tuduriaid ac yn analluog i farnu'r sefyllfa'n wrthrychol camddeallodd Dr David Powel, George Owen ac eraill ymhlith deallusion eu hoes y sefyllfa pan gyfeiriwyd at y polisi o 'ryddfreinio' rhyfeddol a gyflwynodd Harri Tudur wedi iddo ddod i'r orsedd. Nid siarterau yn caniatáu rhyddid llawn a digymysg oedd y rheini a roddwyd i Dywysogaeth y Gogledd a nifer o arglwyddiaethau'r Mers yn y gogledd-ddwyrain rhwng 1505 ac 1508, ond yn hytrach, corff o ddarpariaethau a glymodd yr uchelwyr yn dynnach wrth y Goron. O ganlyniad i hynny cyfrannodd fwy nag a dybiwyd yn y gorffennol at greu'r amgylchiadau a wnaeth y Deddfau Uno'n bosibl a gosod sylfeini'r gymdeithas foethus newydd ymhlith y teuluoedd bonheddig yng Nghymru'r unfed ganrif ar bymtheg. Elwodd Harri Tudur a'i olynwyr ar waddol yr Oesoedd Canol, a gweithredodd yr unfed ganrif ar bymtheg fel catalydd pwerus yn cymhwyso, newid a chadarnhau'r tueddiadau gwleidyddol a chymdeithasol.

Y mae cyfnod y Tuduriaid hefyd yn allweddol am ei fod yn cynrychioli anterth y tueddiadau cymdeithasol a gweinyddol a gafwyd eisoes yn hanes Cymru a Lloegr. Nodweddwyd dwy ganrif olaf yr Oesoedd Canol gan y dadwreiddio a ddigwyddasai yn fframwaith yr hen gymdeithas dylwythol a ffiwdal. Datgymalwyd yr hen ddolennau a gynhaliodd undod y cymunedau hynny, a threiddiodd i'r wyneb genhedlaeth newydd o benaethiaid teuluol, llawer ohonynt yn disgyn o hen gyfundrefn y 'gwely', sef tir bob tylwyth rhydd yng Nghymru. Er iddynt gyfrannu mewn sawl cyfeiriad i helbulon cyfnod Glyndŵr ac wedi hynny, er gwaethaf y difrod, manteisiwyd ar amgylchiadau economaidd a goroesodd teuluoedd uchelwrol brodorol a chyrraedd y brig yn eu cymdeithas yn negawdau cynnar yr unfed ganrif ar bymtheg. Dyma un o ffenomenâu mwyaf trawiadol dwy ganrif olaf yr Oesoedd Canol. O'r hen gyfundrefn dir y cododd nifer o'r ystadau newydd a nodweddai dirwedd Cymru'r cyfnod hwnnw.

Yn ddiamau, y mae'r unfed ganrif ar bymtheg yn gyfnod neilltuol yn hanes cenedl y Cymry. Gellid dadlau, wrth reswm, fod pob oes a chyfnod, yn eu hanfod, yn hynod, ond ystyrir bod canrif y Tuduriaid yn draddodiadol arwyddocaol. Datblygodd ar lawer ystyr i fod yn un o'r canrifoedd mwyaf anturus yn hanes gwareiddiad y Gorllewin, ac fe'i cyfoethogwyd gan ddylanwadau diwylliannol a deallusol arbennig iawn. Yng Nghymru a Lloegr y cyfnod, o frwydr Bosworth ymlaen hyd at farwolaeth Elisabeth I, a welodd gadarnhau ymlyniad yr uchelwyr wrth y cyfansoddiad a'r bywyd Seisnig, amlygwyd diddordebau a chyfeiriadau newydd yn eu plith yn y byd gwleidyddol, crefyddol ac economaidd. Yng Nghymru, fel yn Lloegr, daeth y wladwriaeth genedlaethol Brotestannaidd i'w llawn dwf. Yn y cyd-destun hwnnw aeth y Goron ati i asio â'i gilydd y nodweddion a greai gydbwysedd cymharus rhwng y ddwy genedl. Nid bod hynny wedi llwyddo ym mhob maes, mae'n wir, ond cyfrannodd y drefn Duduraidd yng Nghymru yn sylfaenol yn nhridegau'r unfed ganrif ar bymtheg tuag at gysylltu'r teuluoedd bonheddig â datblygiadau cymdeithasol a diwylliannol y cyfnod.

O fwrw trem dros ymateb llenorion a haneswyr i arwyddocâd teyrnasiad y Tuduriaid yng Nghymru canfyddir dau safbwynt gwrthgyferbyniol; rhai yn datgan yn ddiamheuol mai mantais fawr i'r genedl oedd eu dull o lywodraethu, ac eraill, wedi pwyso a mesur yn ofalus, yn mynegi barn lawer mwy gochelgar a beirniadol. Amlygwyd y wedd glodforus, yn bennaf, yn ysgrifeniadau ac ymatebion rhai Cymry Tuduraidd blaenllaw i'w hamgylchfyd, ac ymddengys hynny'n eglur ddigon yn rhyddiaith Dr David Powel, George Owen a'u tebyg y cyfeirir atynt yn aml yng nghorff yr astudiaeth hon. Yn wahanol i rai o Saeson cyfoes a aeth rhagddynt i ddychanu a gwatwar nodweddion cymeriad y Cymro aeth Thomas Churchyard yn *The Worthines of Wales* (1587) a Michael Drayton yn *Polyolbion, or a Chorographical Description of … Great Britain …*, a ymddangosodd yn 1613, ati i ganmol y Cymry wedi iddynt deithio drwy rannau o'r wlad a sylwi ar nifer o'i nodweddion a'i phobl. Fel y gellid disgwyl, y mae'r ddwy gerdd — ac eithrio rhannau o waith Churchyard — yn drwm dan ddylanwad safbwyntiau hynafiaethol eu cyfnod ac yn fwy nodedig am eu rhamant yn hytrach na'u gwerth fel ffynonellau hanes. Yn y cyd-destun hwnnw y mae epilog Ben Jonson i'w fasg *For the Honour of Wales* (1619), yn sylwebaeth ddigon tebyg i eiddo George Owen ar fanteision y Cymry a'u cynnydd yn y byd cyhoeddus yn Lloegr. Yn yr adran a ganlyn y mae Gruffudd, un o'r cymeriadau, yn cyfarch Iago I:

> … fe fyddwch yn hytrach, er mwyn y rhai sydd wedi dod yn
> enw Cymru, fy arglwydd y Tywysog ac eraill, yn esgusodi y
> gorffennol a chofio bod y wlad wedi bod erioed yn ffrwythlon
> mewn calonnau teyrngar i'ch Mawrhydi, gardd a hadfa o
> feddyliau a gwŷr gonest yn wir. Pa oleuadau dysg a anfonodd
> Cymru i'ch ysgolion? Pa weinidogion galluog i'ch cyfraith?
> O ba le y caiff y Goron ym mhob oes well gweision, mwy
> rhyddfrydig eu bywydau a'u ffortiynau? Ym mhle y mae gan
> eich llys neu gyngor yn y presennol addurniadau mwy
> urddasol neu gynorthwywyr. Yr wyf yn falch i'w weld ac i

ddweud amdano, ac er y dywedir nad yw'r genedl wedi ei
choncro a'i bod yn caru ei rhyddid gymaint, eto ni fu erioed
yn wrthryfelgar, a bydded i hyn foddhau eich Mawrhydi; eithr
yn lew, dewr, cwrtais, lletygar, cymedrol, medrus, elusengar:
hynafiaethwyr mawr, cynheiliaid ymroddgar eu bonedd a'u
hachau fel y maent yn selog a gwybodus mewn crefydd.[3]

Gwedd nawddoglyd ar y sefyllfa mae'n wir: eto, mae'r araith yn rhoi golwg
ddiddorol ar y dull o gyflwyno rhagoriaethau'r Cymry. Ymhellach, mynegwyd
y dyheadau a feddai'r breintiedig a oedd yn gynyddol yn efelychu'r bywyd
Seisnig gan William Vaughan o Dor-y-coed, un o ddisgynyddion teulu
Fychaniaid y Gelli Aur, sir Gaerfyrddin, yn ei waith unigryw *The Golden Fleece*
(1626). Mae un o'i ddatganiadau yn rhoi cyhoeddusrwydd pellach i feddylfryd
Cymry ei oes:

> Yr wyf yn gorfoleddu fod y cof am Ffos Offa wedi ei ddileu
> â chariad ag elusen ... fod ein cennin gwyrdd, ar brydiau'n
> atgas i'ch ffroenau synhwyrus, yn awr wedi eu tymheru â'ch
> rhosynnau persawrus ... Duw a roddo inni ras i drigo ynghyd
> heb atgasedd, heb wahanu.[4]

Collodd ei ben yn lân â'r hyn a etifeddodd y Cymry gan y Tuduriaid.
Dehonglodd y Deddfau Uno fel symbol o ymwared gwareiddiol y genedl;
gwelodd y ffin rhwng y Cymry a'r Saeson yn cilio ac awyrgylch eu cwmnïaeth
yn fwy cydnaws â natur y Cambro-Prydeiniwr na'r bywyd cyntefig mewnblyg
a arferid gan Gymry'r gorffennol. Ymestyniad i sylwadau cynffongar ei
ragflaenwyr yng Nghymru oedd ymateb Vaughan, bid siwr, ac amlygwyd
ynddynt werthoedd materol yr oes a roddodd gymaint o gyfleusterau i'r
teuluoedd bonheddig. Erbyn degawdau cynnar yr ail ganrif ar bymtheg
sefydlogwyd y drefn Duduraidd mewn byd ac Eglwys, a dechreuwyd sylwebu
arni fwy o hirbell a'i dehongli fwy mewn cyd-destun ehangach. Er hynny,
parhawyd i gyfeirio ati ag edmygedd mawr ac, wrth argymell uno Lloegr a'r
Alban, mynegodd neb llai na Iago I ei farn ddiamheuol fod deddf 1536 wedi
dod â 'llawer o heddwch, tawelwch, moesgarwch a daioni diddiwedd i
drigolion gwlad Cymru'.[5] A dyna oedd barn Syr John Davies, ei Dwrnai-
Cyffredinol, wrth drafod methiant polisi Lloegr yn Iwerddon yn 1612. Aeth
Syr Edward Herbert o Chirbury ati i gyflwyno crynodeb ychydig mwy
gwrthrychol o bolisi Harri VIII yn *The Life and Reign of King Henry the Eighth*,
er iddo bwyso a mesur cyfraniad y Tuduriaid yn dra ffafriol. Iddo ef, fel ei
gyd-haneswyr, yr oedd y Ddeddf Uno'n hanfodol i ddatblygiad y Cymro,
a chynhwysodd yn ei waith fersiwn o ddeiseb — ffug mae'n debyg — yn
galw'n daer am gael mwynhau cydraddoldeb â'r Saeson. 'Rydym ... yn
ymroi'n wirfoddol yma, ac yn ein hiselhau ein hunain i'r sofraniaeth honno
a gydnabyddir gennym wedi'i hurddo yn eich Mawrhydi'.[6] Nid dyna farn
pawb fel y dangosodd Eustace Chapuys, llysgennad yr Ymherodr Siarl V yn
Llundain, ar drothwy'r Ddeddf Uno gan gyfeirio at ddeddfwriaeth gynnar

Rowland Lee:

> Y mae trallod y bobl yn anghymeradwy, yn arbennig y Cymry
> y mae'r Brenin, drwy Ddeddf Seneddol, wedi eu hamddifadu
> o'u cyfreithiau brodorol, arferion a breintiau, yr hyn y gallent
> ei ddioddef gyda'r amynedd lleiaf. Rwy'n synnu sut y
> meiddiodd y Brenin wneud hyn yn ystod ei drafferthion yn
> Iwerddon, ac eithrio fod Duw'n dymuno ei ddallu.[7]

Nid yw tystiolaeth Chapuys yn hollol ddilys. Camddeallodd y sefyllfa yng
Nghymru ac nid oedd yn ymwybodol o'r teyrngarwch ymhlith y Cymry'n
gyffredinol tuag at y llinach frenhinol. Barn ddeublyg a fynegir, mewn dull
anuniongyrchol, gan rai o'r beirdd proffesiynol: Tudur Aled, fel y dangosodd
Saunders Lewis, a adlewyrchodd y math o fyd a bywyd cyhoeddus a
fwynhawyd yn gynyddol gan uchelwyr mwyaf eangfrydig Cymru ym
mlynyddoedd cynnar yr unfed ganrif ar bymtheg — y moesgarwch a'r swyddi
a'r lledu gorwelion gwleidyddol a diwylliannol. Er na pherthynai i feirdd
blynyddoedd canol y ganrif sylwi'n benodol ar y Deddfau Uno nid oes
amheuaeth eu bod yn bleidiol i noddwyr da eu byd a dylanwadol eu safle,
llawer o'r llwyddiant yn deillio o ddarpariaethau'r tri a'r pedwardegau. Erbyn
diwedd y ganrif, fodd bynnag, atseinir yn eglur ddigon cri o ddigalondid ac
anfodlonrwydd, ac amlygir hynny heb flewyn ar dafod, er enghraifft, yn rhai
o gwpledi mwyaf adnabyddus Simwnt Fychan, un o'r craffaf ei welediad
ymhlith beirdd ei genhedlaeth, yn rhannau agoriadol y 'cywydd yn dangos
fod y byd yn casáu beirddion':

> Gynt y câi feirdd, digeirdd dôn,
> Gynheiliaeth oll gan haelion;
> A phurwych glod a pharch glau
> A sidan yn drwsiadau,
> Ac urddas deg, urdd ystad,
> Ac aur gwŷr a gwir gariad.
> Heddiw, pe rhôn yr haeddant
> Ystad na chariad ni chânt,
> Na golud na pharch nac elw,
> Nac urddas enwog arddelw,
> Na chynheiliaeth, rwyddfaeth rad,
> Na da wellwell na dillad.[8]

Ceir yn y llinellau hyn sylwebaeth finiog ac arwyddocaol. Y mae'r bardd wedi
rhoi ei fys ar un ffaith dyngedfennol yn hanes y berthynas rhwng y teuluoedd
bonheddig a'r beirdd a hefyd rhwng y Tuduriaid a'r genedl, yn ôl tystiolaeth
gyfoes, a elwodd gymaint o'u dyfodiad i'r orsedd. Yma, amlygir y paradocs
ar ei ffurf fwyaf cignoeth. Mewn llinellau o'r fath y pwysleisir realaeth y
tueddiadau cymdeithasol cyfoes sy'n rhoi ystyr i gynnyrch beirdd cyfnod y
dadfeiliad. Nid amddifadu eu treftadaeth uchelael yn llwyr a wnaeth nifer

cynyddol o'r uchelwyr yng Nghymru'r cyfnod hwn ond ei haddasu a'i chymhwyso i'w galluogi i dderbyn a mwynhau safonau byw masnachwyr ffyniannus yn y cymunedau trefol yng Nghymru a'r bonedd yn Lloegr. Ac nid Simwnt Fychan oedd yr unig sylwedydd ystyriol ymhlith beirdd ei gyfnod. Yr oedd polisi'r Tuduriaid, yn anymwybodol iddynt hwy, wedi creu rhigolau annileadwy yn y berthynas rhwng y teuluoedd bonheddig a'u diwylliant cynhenid. Canfu Gruffudd Hiraethog, Gruffydd Robert a William Salesbury, ymhlith eraill, yr un symptomau o flynyddoedd canol yr unfed ganrif ar bymtheg ymlaen ond ni chysylltent y gwendidau hynny'n benodol â pholisi'r Tuduriaid. Edrychent yn fewnblyg ar gyfansoddiad hanfodol y gymdeithas uchelwrol a'i chael yn eisiau o gymharu â'r drefn weinyddol a chyfreithiol y gweithredent oddi tani. Parhawyd i leisio'r hen gysyniadau proffwydol yn areithiau seneddol Syr William Maurice, yr ysgwïer hirwyntog hwnnw o'r Clenennau yn Eifionydd, a chan y Piwritan John Lewis o Lanbadarn Fawr yn ei bamffled *The Parliament Explained to Wales* (1640). Aeth Piwritan arall, Charles Edwards, ati yn ei glasur *Y Ffydd Ddi-ffuant* (1667) i glodfori'r Tuduriaid, yn arbennig Harri VIII, am eu mawrfrydigrwydd yn rhyddfreinio'r Cymry:

> Y mae'r Saeson, oeddent fleiddiaid rheibus, wedi myned i ni
> yn fugeiliaid ymgeleddgar ... Mae Lloegr yn agored i ni hefyd,
> a chyn hyfed [mor ffyniannus] inni breswylio ynddi mewn
> cyfiawnder ac oedd i'n hen rieni ni cyn ei cholli.[9]

Yn y ddeunawfed ganrif canodd Ieuan Fardd yn ganmoliaethus am y Tuduriaid gan ddilyn — yn null rhamantaidd ei gyfnod — yr un thema â'i ragflaenwyr, a dehongli'r Tuduriaid fel gwaredwyr y Cymry rhag gorthrwm y Sais. Dyna oedd barn Jeremy Owen, y gweinidog Presbyteraidd, a Lewis Morris o Fôn hefyd. Ar y llaw arall gwelodd Elis Wynne o'r Lasynys y sefyllfa o safbwynt mwy anuniongyrchol, ac mae ei ddychan byw yn disgrifio'n symbolaidd y trueni a ddaeth i gefn gwlad Cymru yn sgil yr ymddieithrio ymhlith yr hen deuluoedd bonheddig:

> ... disgynasom ar ben hangle o blasdy penagored mawr, wedi
> i'r cŵn a'r brain dynnu ei lygaid, a'i berchenogion wedi mynd
> i Loegr neu Ffrainc i chwilio yno am beth a fuasai can haws
> ei gael gartre. Felly, yn lle'r hen dylwyth lusengar daionus
> gwladaidd gynt nid oes rwan yn cadw meddiant ond y modryb
> dylluan hurt, neu frain rheibus, neu biod brithfeilchion, neu'r
> cyffelyb i ddatgan campau y perchenogion presennol. Yr oedd
> yno fyrdd o'r fath blasau gwrthodedig a allasai, oni bai
> falchder, fod fel cynt yn gyrchfa goreugwyr, yn noddfa i'r
> gweiniaid, yn ysgol heddwch a phob daioni, ac yn fendith i
> fil o dai bach o'u hamgylch.[10]

Clodforwyd y Tuduriaid gan haneswyr Seisnig am eu cynllun yn uniaethu Cymru â Lloegr, ac aeth y clerigwr gwrth-Gymreig hwnnw, Dr Thomas

Bowles, ficer Trefdraeth ym Môn yn 1766 ati i fynnu mai polisi Harri VIII oedd Seisnigo Cymru drwy ddeddf seneddol a cheisiodd gyfiawnhau hynny:

> Y mae Cymru'n wlad orchfygedig, y mae'n briodol cyflwyno'r iaith Saesneg ac mae'n ddyletswydd i'r esgobion geisio hybu Saesneg er mwyn cyflwyno'r iaith ... Y mae erioed wedi bod yn bolisi'r ddeddfwriaeth i gyflwyno'r iaith Saesneg i Gymru. Ni chlywsom erioed am ddeddf seneddol Gymreig ... Trwy ddeddf seneddol y mae'r iaith Saesneg i gael ei defnyddio ym mhob llys cyfraith yng Nghymru, a thrwy gymharu â'r Beibl Cymraeg, gallant ddysgu Saesneg ynghynt.[11]

Datgan polisi'r Tuduriaid mewn dull hollol ddigyfaddawd o safbwynt yr iaith Gymraeg a wnaeth y clerigwr gwrthnysig, wrth reswm, ac nid heb ambell ensyniad anghywir. Llawn mor gamarweiniol oedd datganiad herfeiddiol Edmund Burke pan yn argymell cymod â thaleithiau America yn Nhŷ'r Cyffredin yn 1775:

> O'r foment honno, fel swyn, lleihaodd y terfysgoedd, adferwyd ufudd-dod: dilynodd heddwch, trefn a gwareiddiad yn ôl rhyddid. Pan gododd seren ddydd y cyfansoddiad Seisnig yn eu calonnau yr oedd y cyfan mewn cytgord oddi mewn ac oddi allan.[12]

Nid oedd gwybodaeth Burke yn ddigon manwl ar y pwnc oherwydd parhaodd anghydfod ymhlith teuluoedd yng Nghymru am flynyddoedd wedi hynny er bod eu hamgylchiadau wedi newid. Ond yr oedd meddylfryd cyfansoddiadol o'r fath yn addas ar gyfer cyrraedd amcanion y seneddwr brwd ar y pryd oblegid dehonglai'r Deddfau Uno'n unig fel trefn wleidyddol gaeth a ddefnyddiwyd i dawelu'r Cymry. Ar achlysur arall, bum mlynedd yn ddiweddarach, aeth ati i argymell fod y Sesiwn Fawr a Thywysogaeth Cymru'n cael eu diddymu. Yn 1830 dilewyd y llysoedd hynny trwy ddeddfwriaeth, yr olaf o hen sefydliadau'r Tuduriaid a roddodd fesur o ddatganoli cyfreithiol i Gymru dros gyfnod o dair canrif. Rhoddwyd clod hefyd i'r Tuduriaid gan Syr O.M. Edwards yn *A Short History of Wales* (1906):

> Dan eu rheolaeth — caled a didrugaredd, ond cyfiawn ac effeithiol — daeth y gyfraith yn ddigon cryf i ddifa'r mwyaf nerthol ac i amddiffyn y gwannaf ... Cawsant freintiau gwleidyddol cydradd ... yr oedd teyrnasiad newydd y gyfraith o werth llawer mwy hyd yn oed na chydraddoldeb gwleidyddol.[13]

Agwedd nawddoglyd efallai, ac er i'r awdur gydnabod bod yna elfen gref o orfodaeth y tu ôl i'r ddeddfwriaeth, ei gasgliad terfynol yw mai manteisiol fu trefn y Tuduriaid yng Nghymru. Flwyddyn ynghynt canodd Arthur Owen

Vaughan, sef Owen Rhoscomyl, yntau glodydd Harri VIII yn ei gyfrol enwog *Flame-bearers of Welsh History* (1905):

> Yn 1536 pasiodd ddeddf fawr yr Uno rhwng Lloegr a Chymru ... Gwelwyd effaith hynny'n syth. Darllenwch am weithgaredd ysblennydd y bobl, morwyr, milwyr, masnachwyr ac ymchwilwyr am bethau rhyfedd, yn nheyrnasiad yr ychydig frenhinoedd nesaf. Fe welwch fod y Cymry'n cydgystadlu ysgwydd wrth ysgwydd yn y blaen gyda'r Saeson, yn holl ffwdan gogoneddus y dyddiau beiddgar hyn, ac fe'u cydnabuwyd yn anrhydeddus fel gwŷr dewr, a rhoddwyd iddynt gredyd dyladwy am y cyfan a wnaed ganddynt. Yr oedd hi'n destun balchder yn nyddiau hyderus Elisabeth i fod yn Gymro.[14]

Yr awdur hwn oedd y cyntaf ymhlith llenorion Eingl-Gymreig i ysgogi'r ymdeimlad o ymwybyddiaeth genedlaethol. Mae ei safbwynt yn adlewyrchu tueddiadau rhamantaidd y pryd hwnnw, ac yn ddiffygiol yng ngolwg haneswyr academaidd mewn cyfnodau mwy diweddar am ei ormodiaith a'i farn anfeirniadol.

Un o'r haneswyr mwyaf brwd ar droad y ganrif bresennol oedd W. Llewelyn Williams, a dengys *The Making of Modern Wales* (1919) — cyfrol sy'n parhau i fod yn ddefnyddiol mewn sawl cyfeiriad — gymaint o ddylanwad a gawsai Rhyddfrydiaeth ei oes, mudiad *Cymru Fydd* a'r dehongliad Chwigaidd o hanes arno wrth iddo drafod natur a diben ardrefniad y Tuduriaid yng Nghymru. Y mae ei arddull yn ymfflamychol, a phwysleisia'r buddiannau a dducpwyd gan y Tuduriaid i Gymru yn sgil y Deddfau Uno:

> Eto, ar yr awr dywyll ac anodd hon yr estynnwyd ffafr y cyfansoddiad i Gymru ... Yr oedd y rhodd o gyfansoddiad yn rhad ac am ddim yn llwyddiant disymwth. Y mae'r un 'canlyniad rhyfeddol' wedi digwydd yng Nghymru ac a ddigwyddodd ers hynny yn Canada, yn Ne Affrica ac ym mhob rhan o'r trefedigaethau Prydeinig lle y rhoddwyd ef ar brawf.[15]

A.J. Balfour biau'r ymadrodd 'canlyniad rhyfeddol', ac fe'i benthyciwyd o'i araith ar Gydffederasiwn De Affrica a draddodwyd yn Awst 1909, a dengys hynny'n glir y dylanwadau ar feddwl W. Llewelyn Williams wrth iddo ddehongli'r Deddfau Uno. Tebyg oedd barn Idris Jones yn *Modern Welsh History from 1485 to the Present Day* a Howell T. Evans yn *Modern Wales*, dwy gyfrol ar ffurf gwerslyfrau a gyhoeddwyd yn 1934. 'Un agwedd ar imperialaeth y Tuduriaid oedd uno Cymru â Lloegr', meddai Howell T. Evans wrth asesu'r sefyllfa yn 1536 mewn perthynas â'r unfed ganrif ar bymtheg, 'a chyflawnasant hefyd goncwest Iwerddon a gosod sylfeini yr uno â'r Alban'.[16] Fel W. Llewelyn Williams cynhwysodd Idris Jones bennod yn ei gyfrol dan y teitl 'Y Rhodd o Gyfansoddiad' ac ynddi datganodd yn groyw:

> Adferodd deddfwriaeth Harri VIII i genedl y Cymry ei hunan-barch ac agorodd gyfleoedd newydd i Gymry egnïol ac uchelgeisiol ... gellir galw cyfnod y Tuduriaid yn oes aur Cymru ... Ond y gofadail fwyaf i ddoethineb deddfwriaeth Gymreig Harri VIII yw'r ffaith ei bod wedi goroesi amser.[17]

Erbyn dau a thridegau'r ganrif bresennol, fodd bynnag, dechreuodd rhai ysgolheigion amau'n fawr ddilysrwydd y dehongliad traddodiadol o gyfnod y Tuduriaid yng Nghymru. Mewn erthygl dreiddgar a gyhoeddwyd yn 1921 ar ffurf ymateb i gyfrol W. Llewelyn Williams, trafododd T. Gwynn Jones agweddau ar lenyddiaeth Cymru'r cyfnod, a chasglu nad mêl i gyd oedd y dylanwad ar Gymru:

> Efallai fod polisi'r Tuduriaid yn cogio fod y Cymry'n Saeson wedi ei fwriadu'n garedig, ac efallai ei fod yn well na'r dull arall o orthrymu, ond mae bod yn deimladol ynglŷn â'r dybiaeth ei fod wedi troi gwlad o anarchaeth wyllt yn baradwys berffaith ... yn chwerthinllyd.[18]

Y mae Syr J.E. Lloyd yn *Golwg ar Hanes Cymru* yn ymwybodol o'r 'ddwy agwedd' ar y Deddfau Uno: 'ac am hynny', meddai, 'y mae gwladgarwyr o Gymry'n amrywio yn eu barn amdanynt'. Eto, er iddo weld anfanteision y polisi dywed gydag afiaith: 'Gyda symud y gwahanfur oesol rhwng Cymru a Lloegr, a than wenau brenhiniaeth gyfeillgar, gallai'r uchelwyr bellach edrych ymlaen at yrfa newydd yn Lloegr ei hun'.[19] Ysgrifennodd Lloyd y geiriau hynny yn 1930, bum mlynedd wedi sefydlu'r Blaid Genedlaethol Gymreig. O'r flwyddyn honno ymlaen dechreuodd ei harweinwyr sefydlu eu dadleuon gwleidyddol o safbwynt eu dehongliad o hanes Cymru. Yn eu plith saif yr hanesydd galluog W. Ambrose Bebb yn flaenllaw. Cyfrannodd nifer dda o gyfrolau sylweddol, ac ynddynt cyd-blethwyd yn ddeheuig hanes a llenyddiaeth gyda'r bwriad o ddehongli'r gorffennol yn oddrychol. Dengys *Machlud y Mynachlogydd* (1937) a *Cyfnod y Tuduriaid* (1939) ei ddull meistrolgar o ddadlau ei genedlaetholdeb, ac yn ei ragair i *Y Ddeddf Uno, 1536: y Cefndir a'r Canlyniadau* (1937) â rhagddo i fynegi ei safbwynt yn glir:

> Y mae o leiaf ddau bwysigrwydd i'r Ddeddf Uno. Yn gyntaf, hi a roddodd y ddyrnod fwyaf marwol a roddwyd erioed i'r holl ddiwylliant Cymreig ... Ac yn ail, hi hefyd ydyw sylfaen yr adeilad aml-gellog hwnnw a elwir yr Ymerodraeth Brydeinig ... Yn ddiamau, yn hanes Cymru ac Ewrop, blwyddyn enbyd ydoedd 1536. Symuda fel drychiolaeth drwy fywyd ein gwlad ni o hyd, gan daflu ei malltod ar ein hiaith a'n diwylliant bob dydd o'n bywyd.[20]

Yr un safbwynt a geir yng nghyfraniadau ysgolheigion megis Dr D.J. Davies a'i briod Dr Noëlle Davies, Dr Ceinwen Thomas a'r Athro A.O.H. Jarman. Ymddangosodd gweithiau eraill o'r un tueddfryd yn adlewyrchu barn gadarn ar effeithiau polisi'r Tuduriaid ar ddiwylliant Cymru, ac y mae rhai ohonynt yn trafod agweddau arbennig, fel y gwna Dr D.J. Davies, wrth ymdrin â safle cyfreithiol amwys sir Fynwy yn neddfwriaeth 1536 a dadlau'n frwd dros statws Gymreig a Chymreictod y sir. Fodd bynnag, o holl feirniaid y Blaid Genedlaethol ar y polisi'n gyffredinol Saunders Lewis, yn ddiau, yw'r grymusaf a'r mwyaf eangfrydig a phellgyrhaeddol ei osodiadau. Yn ei ddarllediad tyngedfennol *Tynged yr Iaith* yn 1962 dadleuodd yn gryf a di-dderbyn-wyneb mai bwriad y Ddeddf Uno oedd difa'r iaith Gymraeg:

> Ar ôl 1536 fe beidiodd y syniad o Gymru'n genedl, yn undod hanesyddol â bod yn atgof na delfryd na ffaith ... Felly y bu i'r Deddfau Uno gau'r Gymraeg allan o lysoedd llywodraethwyr a thai bonedd y deyrnas, allan o fyd arweinwyr cymdeithas lle y ceid trafod pob dysg a thechneg a chelfyddyd a gwyddor.[21]

Daw hyn â ni at graidd y ddadl, sef effeithiau andwyol tybiedig y Ddeddf Uno a'i chanlyniadau ar yr iaith a'r diwylliant Cymraeg. Un o'r haneswyr a geisiodd ddehongli polisi'r Tuduriaid gyda rhyw fesur o gydbwysedd ond a orfodwyd, o safbwynt ei effeithiau ar iaith a diwylliant, i ddedfrydu yn ei erbyn, oedd R.T. Jenkins. 'Sugnodd allan o Gymru', meddai 'a throdd yn Saeson pur y dosbarth hwnnw a fuasai oni bai hynny yn nodded i'r iaith Gymraeg a'i llenyddiaeth, ac i'r celfyddydau cain'.[22] Yn ei farn ef amddifadwyd Cymru o'r cyfleusterau a allai feithrin diwylliant eang, y gallu i noddi ffurfiau llenyddol amrywiol a datblygu'r safonau uchaf posibl mewn cymhariaeth â diwylliant gwledydd eraill Ewrop. Beiodd y ddeddfwriaeth a'r uchelwyr am hynny gan fod y dylanwadau Seisnig arnynt yn rhy gryf, a chrynhodd ei ddadleuon mewn dwy frawddeg allweddol:

> Yn fyr, y peth a wnaeth y Tuduriaid oedd gwthio cŷn i mewn rhwng yr uchelwyr Cymreig a'r werin, agor bwlch rhyngddynt nad yw hyd yn hyn, beth bynnag, wedi ei gau. Troesant ran fawr o ddyfroedd yr afon Gymreig i mewn i afon fawr y bywyd Seisnig, gan obeithio sychu i fyny'n raddol yr hyn oedd yn weddill.[23]

Disgybl i R.T. Jenkins oedd A.H. Williams, ac nid yw'n syndod ei fod wedi adleisio'r farn hon yn y gyfrol hynod ddefnyddiol honno *Cymru Ddoe* (1944) yng Nghyfres Pobun:

> Bu teyrngarwch y genedl i'r orsedd ffug-Gymreig hon yn gyfryw fel y gallai'r Tuduriaid wneuthur a fynnent â hi — ei huno â Lloegr, chwyldroi ei chrefydd, lladd ei chenedlaetholdeb. Y bwriad yn wir oedd lladd y genedl. Methu

a wnaethant yn hynny o beth, eithr os bu fyw'r genedl, cenedl yn amddifad o genedlaetholdeb ydoedd mwyach, cenedl heb bwrpas i'w bywyd cenedlaethol, a hynny am dair canrif, gan lwyred llwyddiant y Tuduriaid.[24]

Tebyg oedd dehongliad Dr Gwynfor Evans yn *Aros Mae* (1971) pan ddatganodd — ac yntau'n Llywydd Plaid Cymru ar y pryd — mai polisi'r llywodraeth Seisnig o gyfnod y Deddfau Uno hyd yr ugeinfed ganrif fu 'ceisio difa'r iaith Gymraeg a difodi'r genedl Gymreig'. 'Y ffordd i ddifodi cenedl', meddai ymhellach, 'yw trwy ddifa ei diwylliant; y ffordd i ddifa ei diwylliant yw trwy ddileu ei hiaith'.[25] Mynegir barn fwy cymedrol gan haneswyr proffesiynol Cymru yn ystod yr hanner canrif diwethaf megis William Rees, J.F. Rees, David Williams, Glanmor Williams a W. Ogwen Williams, ac ategwyd hynny'n huawdl mewn cyfraniadau gwerthfawr o fewn yr ugain mlynedd diwethaf gan Dr Peter R. Roberts, ac yn ddiweddar gan Dr John Davies yn *Hanes Cymru* (1990). Cydnabyddir gan yr haneswyr hyn fod rhai gwendidau sylfaenol ym mholisi'r Tuduriaid tuag at ddiwylliant Cymru: 'Am ganrifoedd', meddai Dr John Davies, 'ystyriwyd bod yr "uno" yn fendith ddigymysg i Gymru, ac nid oes amheuaeth nad oedd yn fanteisiol i fuddiannau'r ysgwïeriaid Cymreig'. 'Yn oes y Tuduriaid', meddai ymhellach, 'bu lledu sylweddol ar y bwlch rhwng y dosbarthiadau cymdeithasol yng Nghymru ...'.[26] Yn ôl eu hastudiaethau o'r ffynonellau a'u casgliadau, fodd bynnag, er eu bod yn cydnabod bod rhai ffactorau niweidiol i ddiwylliant Cymru i'w canfod yn yr unfed ganrif ar bymtheg, ni ellir eu priodoli'n unig i'r Ddeddf Uno. Yn eu barn hwy a tho o ysgolheigion diweddar dylid dehongli'r ardrefniad Tuduraidd mewn cyd-destun ehangach ac fel catalydd a dynnodd ato nifer helaeth o ddatblygiadau gwleidyddol, gweinyddol a chymdeithasol a oedd eisoes wedi ymffurfio ac a oedd yn waddol yr Oesoedd Canol diweddar.

Daw hyn oll â'r hanesydd at graidd y ddadl, sef nad man cychwyn eithr trobwynt yw'r Ddeddf Uno, a ffrwyth llywodraeth a gydnabu ac a feithrinai dueddiadau a fodolai eisoes yn hytrach na deddfwriaeth hollol newydd. Nid oes amheuaeth fod y deddfau hynny wedi sbarduno ymhellach y tueddiadau ymhlith Cymry bonheddig i ymlynu wrth ddylanwadau Seisnig: eto, pe bai'r deddfau hynny heb eu gosod ar lyfr y statud ni wnâi hynny wahaniaeth yn y byd i'r datblygiadau cymdeithasol ac economaidd cyfoes. Mae'n rhaid eu dehongli, nid mewn cyd-destun cyfyng, ond yng nghefndir ehangach sefydlu teyrnas sofran unedig. 'Hefyd', meddai Glanmor Williams, wrth nodi'r culni yn nehongliad rhai haneswyr, 'y mae'r statudau wedi cael eu trin, ac yn cael eu trin, nid o fewn cyd-destun y datblygiadau lletach y ffurfient ran ohonynt eithr o safbwynt neilltuol o gyfyng, ac o bosibl, camarweiniol yr amgylchiadau yng Nghymru ei hun fel pe bai y rhain i raddau helaeth, os nad yn gyfan gwbl, wedi penderfynu natur y ddeddfwriaeth'.[27]

Mae yna nifer o ffactorau eraill ar wahân i'r ddeddfwriaeth a fu'n gyfrifol am natur a thueddfryd y gymdeithas uchelwrol a masnachol yng Nghymru'r unfed ganrif ar bymtheg wedi tri a phedwardegau'r ganrif honno. Dyna yw prif thema rhai o gyfraniadau allweddol W. Ogwen Williams yn *Tudor Gwynedd* (1958) a Glyn Roberts yn *Aspects of Welsh History* (1969). Trafodir yn y penodau a ganlyn agweddau ar yr ardrefniad sy'n adlewyrchu'r modd y mae'n crisialu'r twf yn natblygiad a chynnydd yr uchelwyr a oedd sawl cenhedlaeth cyn 1536 wedi profi o helaethrwydd y byd cyhoeddus swyddogol a pherchenogaeth ar dir. Mae'n ddiamau fod y Deddfau Uno, drwy'r darpariaethau a ddilynodd y cydraddoldeb statws a roddwyd i'r Cymry, wedi cyflymu ymhellach yr awydd i gyfrannu o gyfleusterau ac adnoddau byd y Dadeni yn Lloegr ac ar y cyfandir. Meddai Dr Peter R. Roberts:

> Y mae haneswyr y Blaid Genedlaethol yn parhau i ystyried polisi Harri VIII tuag at Gymru, nid fel meddyginiaeth gyffredinol, eithr fel blwch Pandora sy'n rhyddhau lliaws o erchyllterau sy'n bla ar genedl y Cymry ac yn gwyrdroi ei hanes o'i gwrs priodol ... Y mae haneswyr y Blaid Genedlaethol, fel yr haneswyr cyfansoddiadol, yn rhoi gormod o bwyslais ar arwyddocâd deddf unigol.[28]

I grynhoi: ni ddylid priodoli i'r unfed ganrif ar bymtheg syniadau a gogwydd gwleidyddol yr ugeinfed ganrif. Yr oedd y drefn gyfreithiol a gweinyddol ynghyd â'r amgylchiadau, y cymhellion a'r problemau a wynebai'r llywodraeth ar drothwy deddfwriaeth 1536-43 yn dra gwahanol. Ni ddehonglai deddfroddwyr na chynghorwyr Cymreig y llywodraeth genedligrwydd na chenedlgarwch yn yr un modd ag y gwneir yn y ganrif bresennol, ac mae'n bwysig cofio bod datblygiadau diwydiannol ac economaidd enfawr y bedwaredd ganrif ar bymtheg a'u canlyniadau hwy dros dymor hir wedi effeithio lawn cymaint os nad mwy ar natur cenedl y Cymry a'i gallu i amddiffyn a chynnal ei hunaniaeth. Yn sicr, ni ellir gwadu bod yr ardrefniad Tuduraidd wedi dod â manteision yn ei sgil. Er na lwyddodd y llywodraeth i sefydlu heddwch a threfn yn derfynol dros y tymor byr yng Nghymru, fel y dengys cofnodion llysoedd ac ati, crewyd fframwaith cyfreithiol a gweinyddol a fu'n gyfrwng i ddiogelu'r wlad rhag dirywio i gyflwr o anhrefn llwyr ac a fu'n gyfrwng hefyd i adeiladu strwythur cadarn ac unffurf a barhaodd, yn ei hanfod, am gyfnod o dair canrif. Er na ddilewyd rhai olion o hen gyfundrefn y Mers gosodwyd sylfaen weinyddol a fu'n gyfrwng i greu mwy o undod dan warchodaeth y llywodraeth ganolog. Hynny yw, fe sefydlodd y ddeddfwriaeth undod yng Nghymru na chafwyd eisoes ac na fyddai'n bosibl oni bai amdani.

Yn ail, mae'n rhaid cydnabod bod nifer cynyddol o blith uchelwyr Cymru erbyn yr 1530au wedi hen arfer meithrin cysylltiadau agos iawn â gororau Lloegr. Dyma'r gwŷr materol eu byd a'u diddordebau, a'u disgynyddion a estynnodd ffiniau eu dylanwad a'u buddiannau'n gynyddol, er gwaethaf cyfyngiadau deddfwriaethol, drwy ddal swyddi, ymsefydlu mewn canolfannau trefol ac ymhél â masnach. Dengys amrywiaeth dda o ffynonellau swyddogol ynghyd â chynnyrch Beirdd yr Uchelwyr gymaint a gyfrannwyd ganddynt i fywyd cyhoeddus. Yn y cyfnodau hynny amlhaodd perchenogaeth ar dir a chyd-briodi rhwng teuluoedd a arweiniodd at greu ystadau tiriog sylweddol, ymsefydlogi cymdeithasol a dyrchafu statws teuluol. Nid yw'n syndod na chafwyd fawr o ymateb ymhlith uchelwyr — na beirdd — i ddeddfwriaeth Harri VIII ar y pryd am y rheswm na welwyd gwahaniaethau mawr i'r hyn a gafwyd eisoes mewn gweinyddiaeth a threfn gymdeithasol.

Yn drydydd, o safbwynt iaith a diwylliant, nid oes amheuaeth fod polisi'r Tuduriaid wedi 'corddi'r dyfroedd' a'i fod yn parhau i wneud hynny. Y mae un peth yn sicr: yr oeddynt yn awyddus i greu unffurfiaeth, hyd y gellid, mewn materion cyhoeddus a bod deddfroddwyr 1536 yn ddilornus o'r iaith a greai, yn eu tyb hwy, ymhlith arferion eraill, wahaniaeth ym meddwl pobl rhwng y Cymry a'r Saeson. Fodd bynnag, dylid pwysleisio, yn gyntaf, bod gweinyddu corff cyfreithiol unffurf yn gofyn am arolygiaeth fanwl a chyson: golygai ddiogelu egwyddorion cyfreithiol o gofio am safle amwys y Mers cyn 1536 a darparu corff o weinyddiaeth ysgrifenedig a fyddai'n ddealladwy i swyddogion cyfreithiol y Goron a bennwyd i gyflawni'r arolygiaeth. Hefyd, yn ail, fel yr awgrymwyd eisoes, yr oedd gorwelion diwylliannol uchelwyr Cymru wedi lledu cryn dipyn erbyn yr 1530au. Er nad oedd cyfleusterau addysgol mor gyffredin yn eu plith ag yr oeddynt yn rhan olaf yr unfed ganrif ar bymtheg, yn ddiamau, yr oedd nifer ohonynt yn hyddysg yn Saesneg a Lladin a rhai mewn Ffrangeg-Normanaidd. Yn y cyd-destun hwn mae'n rhaid cofio cysylltiadau teuluol cryf a sefydlwyd â'r cylchoedd masnachol a gweinyddol y cyfeiriwyd atynt. Er nad oes ystadegau ar gael fe ymddengys fod cyfraniad swyddogion gweinyddol Cymraeg i'r drefn newydd yn bur sylweddol o gofio bod y weinyddiaeth ganolog yn dibynnu bron yn llwyr arnynt — yn fân ysgwïeriaid, rhydd-ddeiliaid ac iwmyn — i gynnal llysoedd lleol, ac mae hynny'n dweud rhywbeth pendant am ddwyieithrwydd y cyfnod hwnnw, nid yn unig ym mharthau dwyreiniol a deheuol y wlad ond hefyd yn yr ardaloedd mwyaf ceidwadol. Eto, o gofio am gymhelliad gwleidyddol y Tuduriaid, ni ddeddfwyd ymhellach i ddifa'r defnydd a wnaed o'r iaith mewn meysydd diwylliannol. Ni fyddai unrhyw wladweinydd doeth wedi cymeradwyo dilyn polisi amhosibl o'r fath oherwydd byddai wedi diddymu'n llwyr y cyd-berthynas rhwng y Goron a mwyafrif y boblogaeth — yn cynnwys nifer o fân uchelwyr — ac yn ddiamau, wedi creu ysbryd gwrthryfelgar ymhlith y Cymry. Sut bynnag, mewn cyd-destun crefyddol fe atgyfnerthwyd yr iaith — gyda chymhellion gwleidyddol mae'n wir — ac o ganlyniad, dros y tymor hir, cafwyd datblygiadau a oedd yn groes i amcanion deddfroddwyr Elisabeth I. Cymerodd y dyneiddwyr ran allweddol yn cynnal a diogelu'r iaith, ac er gwaethaf yr anfanteision, ei dyrchafu i fod yn un o greadigaethau'r Dadeni. Er na fu mesur eu llwyddiant gydradd â'r hyn a ddymunent mae'n ddiamau iddynt ddefnyddio'u hadnoddau prin i osod sylfeini llenyddiaeth Gymraeg Brotestannaidd ar gyfer y dyfodol. Yng ngoleuni hynny mae'n bosibl dadlau'n gryf hefyd fod yr iaith Gymraeg safonol a'i llenyddiaeth yn y ganrif honno wedi goroesi nid er gwaethaf ond yn hytrach fel canlyniad i bolisi'r Tuduriaid.

NODIADAU

1   O. Jones (gol.), *Ceinion Llenyddiaeth Gymreig, II* (1876), t.221. Gw. hefyd G. Williams, *Harri Tudur a Chymru* (1985), tt.1-25.

2   C.A. Sneyd (cyf. a gol.), *A Relation ... of the Island of England ... about the year 1500,* Camden Society, 1847, t.19.

3   *For the Honour of Wales* (1619), Ben Jonson, gol. C.H. Herford a P ac E. Simpson, cyf. VII (1941), tt.509-10. Gw. hefyd W.J. Hughes, *Wales and the Welsh in English Literature* (1924), tt.32-3.

4   William Vaughan, *The Arraignment of Slander ...* (1630), t.322.

5   *The workes of the most high and mightie prince, Iames ...,* gol. J. Montague (1616), tt.488, 524.

6   Edward Herbert, *The Life and Reign of King Henry the Eighth* (1682), t.437.

7   *L. & P.,* VII, rhif 1554, t.580. Gw. hefyd rhif 1368, t.520.

8   LlGC, Llsgr. Llansteffan 123, 389. Gw. hefyd J.G. Evans (gol.), *Reports on Manuscripts in the Welsh Language, I* (1898), t.250.

9   Charles Edwards, *Y Ffydd Ddi-ffuant sef Hanes y Ffydd Gristianogol a'i Rhinwedd* (arg.1677), gol. G.J. Williams (1936), t.210.

10   E. Wynne, *Gweledigaetheu y Bardd Cwsc* (1703: adargr. 1948), tt.13-14.

11   *The Depositions, Arguments and Judgment in the Cause of the Churchwardens of Trefdraeth in the County of Anglesey, Against Dr Bowles* (1773), t.59.

12   Edmund Burke, *Speeches and Letters on American Affairs,* gol. H. Law (argr. 1945), tt.115-6.

13   O.M. Edwards, *A Short History of Wales* (1906), tt.80, 82.

14   A.O. Vaughan (Owen Rhoscomyl), *Flame-Bearers of Welsh History* (1905), tt.252-3.

15   W.Ll. Williams, *The Making of Modern Wales* (1919), t.11.

16   H.T. Evans, *Modern Wales* (1934), t.29.

17   I. Jones, *Modern Welsh History* (1934), t.25.

18   T. Gwynn Jones, 'Cultural bases: a study of the Tudor period in Wales', *Y Cymmr.,* XXXI, 1921, 173.

19   J.E. Lloyd, *Golwg ar Hanes Cymru* (1930), Cyfieithiad R.T. Jenkins, tt.48-9.

20   W.A. Bebb, *Y Ddeddf Uno: y Cefndir a'r Canlyniadau* (1937), viii-ix.

21   S. Lewis, *Tynged yr Iaith* (1962), t.10.

22   R.T. Jenkins, *Yr Apêl at Hanes* (1930), t.32.

23   Ibid., t.28.

24   A.H. Williams, *Cymru Ddoe* (1944), t.20.

[25] G. Evans, *Aros Mae* (1971), t.213.

[26] J. Davies, *Hanes Cymru* (1990), t.227.

[27] G. Williams, *Recovery, Reorientation and Reformation: Wales c.1415-1642* (1987), t.227.

[28] P.R. Roberts, 'The ''act of union'' in Welsh history', *Traf. Cymmr.*, 1972-3, 57.

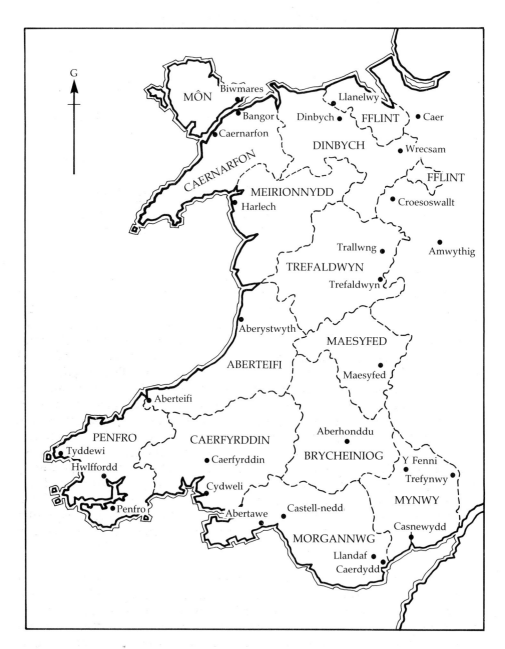

G

MÔN

Biwmares

Llanelwy

Bangor

Caernarfon

Dinbych

FFLINT

Caer

CAERNARFON

DINBYCH

Wrecsam

FFLINT

MEIRIONNYDD

Harlech

Croesoswallt

Trallwng

Amwythig

TREFALDWYN

Trefaldwyn

Aberystwyth

MAESYFED

ABERTEIFI

Maesyfed

Aberteifi

Aberhonddu

PENFRO

CAERFYRDDIN

BRYCHEINIOG

Tyddewi

Caerfyrddin

Y Fenni

Hwlffordd

Trefynwy

Cydweli

MYNWY

Penfro

Abertawe

Castell-nedd

Casnewydd

MORGANNWG

Llandaf

Caerdydd

Cymru yn 1536: y Ddeddf Uno

Pennod I
SYLFEINI CYMDEITHAS

TRAS, TIRIOGAETH A THREFTADAETH

Meddai Syr Francis Bacon yn un o'i ysgrifau mwyaf adnabyddus wrth ddisgrifio ansawdd uchelwriaeth freiniol yn Lloegr ei gyfnod:

> ... y mae'n beth parchus i weld castell hynafol neu adeilad heb fod yn adfeilion, neu weld coeden deg yn iach a pherffaith. Pa faint mwy yw canfod teulu hynafol pendefigaidd sydd wedi sefyll yn erbyn y tonnau a'r hir amser. Oblegid gweithred grym yw pendefigaeth newydd, eithr gweithred amser yw pendefigaeth gyntefig.[1]

Yn y cyd-destun hwn hefyd gellir dehongli agweddau ar hanfodion uchelwriaeth yng Nghymru yn yr unfed ganrif ar bymtheg. Fe'i cyfrifid yn oesol ac anllygredig. Rhoddai'r Cymry bwyslais mawr ar dras a hiliogaeth, ffenomen na pherthynai'n benodol i'r cyfnod hwnnw oblegid, yn eu hanfod, etifeddwyd y cysyniadau sylfaenol am statws a threftadaeth o'r Oesoedd Canol. Nid i bwy y perthynai'r unigolyn yn unig oedd yn bwysig ond hefyd pa dystiolaeth a oedd ganddo i fedru sefydlu dolen gyswllt bendant dros y canrifoedd â llinach a sylfaenydd y teulu urddasol yr honnai iddo ddisgyn ohono. Rhoddwyd pwyslais yn gyson ar wreiddiau treftadol gan mai hynny'n bennaf a sicrhai i'r uchelwr ei statws yn y gymdeithas ac a gadarnhai ei rym a'i awdurdod. Etifeddwyd o'r gorffennol yr ymdeimlad o berthyn i gymdogaeth neu diriogaeth weinyddol. Rhoddasai tras gymorth i'r uchelwr i sefydlu'r gyfathrach waed — 'gwaedoliaeth' yn ôl y beirdd — y perthynai iddi, i hawlio tir a daear mewn llys barn ac i ymsefydlogi fel gŵr cyhoeddus. Parhaodd y syniad o dreftadaeth pan ffurfiwyd yr ystadau newydd a godwyd gan yr uchelwyr am eu bod yn ymgorffori'r undod cynhenid tylwythol a gynhaliai, yn y gorffennol, anrhydedd ac urddas yr uchelwyr neu benaethiaid yr unedau teuluol rhydd cyntaf a sefydlasai'n derfynol ar dir.

Y mae i'r ystadau hyn hanes sy'n ymestyn yn ôl sawl cenhedlaeth cyn i'r Tuduriaid gipio gorsedd Lloegr. Nid hynodrwydd a berthyn i'r unfed ganrif ar bymtheg yw dyrchafiad y teuluoedd bonheddig o bell ffordd. Daeth tro ar fyd yng nghefn gwlad Cymru gyda'r cynnydd mewn poblogaeth, yn arbennig yn y cyfnod c. 1540-1600, a'r ymgais i ddiwallu ei hanghenion, ac yng nghyfnod diweddar teyrnasiad Elisabeth gwelwyd ffyniant ym mywyd trefol a masnachol y wlad. Y tueddiadau dros y tymor hir, wrth reswm, a gyfrifai am y datblygiadau hynny. Yn araf, cafwyd newid arwyddocaol yn

1

nhirwedd y wlad, er bod rhai ardaloedd yn fwy datblygedig nag eraill, a hynny er gwaethaf y newyn a'r dirwasgiad ym mlynyddoedd olaf y pumdegau a blynyddoedd canol y nawdegau. Amlygwyd y cynnydd yn bennaf, fel y gellid disgwyl, yn ardaloedd de a de-ddwyrain Cymru er bod arwyddion o gynnydd sylweddol yng ngwerth y tir yng ngorllewin ac yn arbennig gogledd Cymru o ganol yr unfed ganrif ar bymtheg ymlaen. Meddai Thomas Churchyard mewn pennill allweddol yn ei gerdd i Gymru, *The Worthines of Wales*, gan gyfeirio'n arbennig at gau tiroedd a gwella ansawdd amaethyddiaeth yn ne-ddwyrain a gororau Cymru:

> Dechrau calchu'r tir a wnaethant
> A chreu caeau lle bu coedwig,
> Sychu llynnoedd, cors a morfa,
> Clirio safle a'i aredig,
> Troi bob maes a fu'n garegog
> Yn bridd da ar gyfer hadau:
> Gweunydd geirwon nawr sy'n borfa,
> Tir toreithiog yn dwyn cnydau:
> Am eu llafur gwelir gwelliant,
> Cymru'n ffynnu ac yn llwyddiant.[2]

Golygai hynny y gwnaed gwell defnydd o'r tir, ac aethpwyd ati i feddiannu tir comin. Yn yr ucheldiroedd dirywiodd hen arfer y trawstrefa, ac o ganol y ganrif ymlaen, tresmaswyd yn gynyddol ar dir gwastraff a chomin. Cymaint oedd y gwrthwynebiad i hynny ar ran rhydd-ddeiliaid mwy cyffredin eu byd a gollodd yr hawl i bori eu gwartheg fel y cwynodd Edward Herbert o'r Drenewydd a James Price o'r Mynachdy, sir Faesyfed, ar ran mwyafrif rhydd-ddeiliaid siroedd Trefaldwyn a Maesyfed, wrth y Cyngor yn y Mers yn 1573 am ormes y tirfeddianwyr cyfoethocaf:

> Yn gymaint â bod y rhan fwyaf o'r tir yn y ddwy sir hyn yn cynnwys mynydd-dir, bryniau a thir cyffredin arall lle mae'r rhydd-ddeiliaid, mor bell yn ôl ag y gellir cofio, wedi'i hawlio fel porfa drwy'r flwyddyn, ac yn magu'n flynyddol nifer fawr o geffylau, cesig a meirch disbaidd, ar gyfer cynnal grym y deyrnas yn ogystal â chynnal a thrin y tir; hefyd, nifer nid bychan o ychen, gwartheg, defaid ac anifeiliaid eraill i gael ymborth. Eto, y mae amrywiol bobl yn y siroedd hyn, sy'n ceisio'u helw a'u mantais breifat eu hunain cyn lles y wlad, o fewn tua'r ugain mlynedd diwethaf, wedi meddiannu bythynnod a mân rydd-ddaliadau eraill, ac yn yr haf maent yn rhoi ar y mynyddoedd a'r bryniau, nid yn unig eu gwartheg eu hunain ond hefyd gwartheg hur gwŷr eraill, hyd at rif y gwartheg y gall porfeydd y bryniau eu cynnal dros hanner yr haf ...[3]

Y newyn cynyddol am dir a gyfrifai am y fath ymgrafangu. Gan fod mwy o lawer ohono ar y farchnad wedi diddymu'r mynachlogydd aeth yr uchelwyr ati i geisio ennill statws a grym economaidd cydradd â'r awdurdod gweinyddol a fwynhaent, yn arbennig wedi'r Deddfau Uno. Aethpwyd ati i brynu daliadau o diroedd gwasgaredig, uno tiroedd agored a chau tiroedd caeth a rhydd, yn gyfreithlon neu trwy lechfeddiant. Dirywiodd y gymdeithas gaeth yn enbyd erbyn blynyddoedd canol y bymthegfed ganrif, a gwelodd rhydd-ddeiliaid hir eu pennau y cyfle i dresmasu ar diroedd trefgorddau caeth a oedd bellach yn wag. Canlyniad hynny oedd ffurfio ffermydd neu ystadau annibynnol a pheri bod cynnydd yn nifer yr uchelwyr a rentai neu a ddaliai diroedd ar les. Yn y modd hwn y cododd y dosbarth cyfalafol ('rentier'), y rhai hynny a fwynhâi incwm o'r cyfalaf a fuddsoddwyd ganddynt.

At hynny, newidiodd natur y twf mewn poblogaeth, daeth cynnydd yn y galw am dir i fyw arno a chadw anifeiliaid a thyfu grawn, cafwyd ffyniant yn y fasnach wartheg a datblygiadau newydd mewn tirfeddiannaeth a thirddaliadaeth. Yn araf, daethai ffermydd mwy i feddiant llai o berchenogion, a chynyddodd canran y boblogaeth ddi-waith a di-eiddo. O blith perchenogion y ffermydd hyn y cododd y teuluoedd bonheddig breintiedig a feddai'r hawl i ymfalchïo fwyaf yn eu hachau ac a enillodd fri cyhoeddus.

Adlewyrchir y gwendidau sylfaenol yn strwythur economaidd y gymdeithas ym maint a gwerth ystadau'r tirfeddianwyr yng Nghymru. Y mae'n amlwg fod yr amrywiaeth yn nodweddion yr ystadau hynny i'w briodoli i natur y tirwedd. O fwrw golwg bras ar y teuluoedd bonheddig yng Nghymru gwelir mai gwlad o rydd-ddeiliaid digon cyffredin eu byd oedd hi. Er bod cynnydd materol mewn rhai teuluoedd yn amlwg erbyn diwedd y ganrif ni ddylid — fel y gwna George Owen — gorliwio'r sefyllfa. Mae'n wir fod Humphrey Llwyd yn rhoi sylw i'r bywyd mwy moethus a fwynhâi'r Cymry'n gyffredinol ym mlynyddoedd canol y ganrif, ond amrywio'n fawr a wnâi incwm mwyafrif y teuluoedd uchelwrol ar ddiwedd y ganrif. Safai rhai teuluoedd ar frig y gymdeithas, mae'n wir, megis Bwcleiaid Môn, Wyniaid Gwedir, Mostyniaid sir y Fflint, Salbrïaid sir Ddinbych a Meirionnydd, Fychaniaid y Gelli Aur, Perotiaid sir Benfro, Manseliaid Margam a Morganiaid Tredegyr yn sir Fynwy. O haen is, ac eto'n eithaf sylweddol, deuai Prysiaid sir Ddinbych a Cheredigion, Oweniaid sir Benfro ynghyd â Mathewiaid a Lewisiaid dwyrain Morgannwg a mân deuluoedd bonheddig Môn. Sefydlwyd fframwaith y gymdeithas ar sylfaen eang, a chanran fechan o'r uchelwyr a safai ar y brig. Aeth Rhys ap Meurig rhagddo yn 1574 i ganmol Syr Edward Stradling am iddo gyfrannu lles i'r wladwriaeth ac i'w bobl heb feddwl am ei fuddiannau ei hun:

> A chan weld eich bod yn gwrthod y pethau y mae eraill yn
> eu dymuno ac yn crefu'n daer amdanynt, sef enillion ac elw,
> ac er y gellwch eu hawlio'n gyfreithlon eto, oblegid bod eich
> sêl dros gymundod cyhoeddus eich gwlad yn fwy na thros
> eich cyfoeth preifat eich hun, rydych yn condemnio a gwrthod

y cyfryw.[4]

Darlun delfrydol, a nawddoglyd i raddau, mae'n wir: eto, mae'n rhoi gwedd ar ansawdd moesol gŵr a oedd yn ddigon sylweddol ei fyd ac a ystyrid felly gan ei gyfoeswyr. O edrych ar y rholiau cymorth yng Nghymru yn 1543 ac 1546, gwelir mai nifer cyfyng o uchelwyr yn y blynyddoedd yn union wedi'r Deddfau Uno a safai'n gyfforddus ar frig y gymdeithas. Er enghraifft, yn sir Gaernarfon yn y cyfnod hwnnw, ystyriwyd bod uchelwyr a oedd yn werth £10 mewn nwyddau neu £5 mewn tiroedd yn deilwng o ddal swyddi cyhoeddus: yr oedd eraill gwerth £20 neu fwy yn feddiannol ar 18 y cant o'r cyfoeth. Yr oedd cyfoeth y sir honno wedi'i rannu'n fras ymhlith rhydd-ddeiliaid yn gyffredinol, a nifer ohonynt â meddiannau digon sylweddol ganddynt. A barnu oddi wrth y dystiolaeth yng Nghymru'n gyffredinol nid ymddengys fod eu hamgylchiadau mor druenus ag yr arferid meddwl. Cafwyd bod canran uchel ohonynt, yn arbennig yn ardaloedd mwyaf toreithiog y wlad, yn bur llewyrchus ac yn anfon eu plant, fel y tystia Humphrey Llwyd a George Owen, i ysgolion a sefydliadau addysgol eraill.

Er cymaint ei ddrwg-effeithiau cyffredinol gallai chwyddiant — a gyrhaeddodd ei uchafbwynt erbyn diwedd y ganrif — fod yn fanteisiol i dirfeddianwyr a rhydd-ddeiliaid craff oherwydd y newyn am dir, y cynnydd yng ngwerth eiddo ac anifeiliaid ac mewn rhenti prydlesi, a gallu'r uchelwyr i ddefnyddio, i'w mantais eu hunain, adnoddau diwydiannol eu hystadau. Aeth unigolion a chanddynt ryw gymaint o dda'r byd hwn wrth gefn ati i fanteisio ar y sefyllfa ac i sicrhau elw, a'r elw hwnnw a'u cododd, gyda'u teuluoedd, i safle cyfforddus yn eu cymdeithas. Cyflymodd y broses o osod tir ar les a chynyddodd rhenti mewn rhai ardaloedd yn uwch na graddfa chwyddiant. Mae'n amlwg mai'r ffactorau hynny'n hytrach na'r ymfalchïo afieithus yn llinach y Tuduriaid, yn y pen draw, a ysbrydolodd George Owen a'i gymrodyr i glodfori'r drefn yn eu cyfnod. Wedi dweud hynny, effeithiwyd yn ddrwg ar denantiaid llai sylweddol eu byd a deimlai'r hinsawdd economaidd yn pwyso arnynt, a sylwodd George Owen ar hynny:

> … yn ystod y trigain mlynedd hyn arferai'r tenantiaid tlawd ddweud bod talu ffïoedd yn ddefod ddrwg a osodwyd arnynt yn ddiweddar … Ond mae'r ddefod gyntefig a da hon [sef yr hen arfer o gyd-etifeddu tir], o fewn y deugain mlynedd hyn wedi dirywio a bron wedi'i dileu o'r wlad, oblegid yn awr y mae'r tenant tlawd, a oedd yn byw'n dda yn y byd aur hwnnw, wedi'i ddysgu i ganu cân newydd i'w arglwydd … A chymaint y mae'n ofni ei gymydog barus fel y mae'n gorfod, ddwy neu dair blynedd cyn i'w brydles ddod i ben, moesymgrymu i'w arglwydd am brydles newydd a chynilo dros lawer o flynyddoedd i bentyrru arian.[5]

Yr oedd y pwysau cynyddol ar denantiaid yn y Dywysogaeth a'r Mers yn niweidiol i'r berthynas rhyngddynt a'r tirfeddianwyr, a chafwyd cynnydd yn nifer yr achosion a dducpwyd gerbron y llysoedd gan rai a hawlient iddynt gael eu gorthrymu'n ddi-drugaredd. Ni fennai hynny, fodd bynnag, ar ffyniant y mwyafrif ymhlith y teuluoedd bonheddig llewyrchus eu byd er iddynt hwythau ar brydiau ddioddef oherwydd yr angen mynych am gyfalaf i gynnal eu buddiannau.

Yr oedd cyflwr yr haenau isaf yn y gymdeithas yn bur druenus, ac achosodd hynny gryn bryder i'r Cyfrin Gyngor a'r Cyngor yn y Mers. Fel y gwelwyd eisoes, cyfeirir dro ar ôl tro yn y ffynonellau at dor-cyfraith a ddigwyddodd yn sgil caledi a chyni, a dengys cofnodion y llysoedd barn hefyd droseddau — yn arbennig lladrad a thrais — a gyflawnwyd oherwydd amgylchiadau economaidd anodd. Yn 1591 ac 1592 cafwyd sychder mawr, ac yna gyfres o gynaeafau gwael rhwng 1593 ac 1597. Ofnid marwolaeth, newyn a rhyfel, a gwêl Harri Bach Brydydd, yn un o'i gerddi rhydd, pa mor fygythiol y gallai'r 'tair saeth' hyn fod mewn cymunedau tlawd a gwasgaredig. Tebyg oedd ymateb Ifan Llwyd Sieffre pan ganodd i'r 'Plâg a Chyfodiad Iarll Tirôn' yn Iwerddon yn 1597. Gwêl yntau'r berthynas rhwng 'drudaniaeth', 'newyn' a'r 'rhyfel' rhwng Lloegr a Sbaen ac effeithiau dychrynllyd hynny ar boblogaeth Llundain:

> Tri arwydd a welsom fod Krist yn rhy ddigllon
> gwae ni onis gwyddom i gochel
> yn gynta marfoleth, nessa drvdanieth
> ar trydedd y soweth yw Rhyfel
>
> y kornwyd aflawen a gododd yn Llvnden
> ryw blaened or wybren fvr achos
> sawl nid ymgroessant marfolaeth a gowssant
> o fessvr pymtheg kant yn yr wythnos.[6]

Cyn i'r pla ddod i ben, meddai, daeth gwrthryfel Tyrone i blagio'r wlad. Synnodd y beirdd hefyd at y driniaeth lem a gawsai'r tlawd a'r diymgeledd dan ddeddfau tlodion, a chyfeiria Siôn Hywel Siôn, er enghraifft, at y llosgi clustiau, y chwipio didrugaredd a'r cyffion breichiau a thraed a ddefnyddiwyd i gosbi'r 'rhôg difudd brwnt'.[7]

At ei gilydd, fodd bynnag, ychydig o wybodaeth sydd ar gael i ddarlunio'r gymdeithas ddifreintiedig yn ei chyfanrwydd. Amrywiai'r berthynas rhwng tirfeddianwyr, tenantiaid a llafurwyr o un ardal ac ystad i'r llall. Y mae cofnodion llys Sesiwn Fawr gogledd-ddwyrain Cymru ym mlynyddoedd olaf oes Elisabeth, fel y dangosodd Nia Watkin Powell, yn adlewyrchu cyni'r werin dan yr amgylchiadau economaidd mwyaf trucnus. Yr oedd gorthrwm y 'beilchion', fel y gelwid y rhai mwyaf trahaus, ar y 'gweinion' yn peri cryn anesmwythyd ymhlith haenau isaf y gymdeithas. Meddai'r Esgob Richard Davies am drachwant yr oes:

Mae'n gymaint trachwant y byd heddiw i dir a daear, i aur ac arian a chyfoeth, ac na cheir ond yn anaml un yn ymddiried i Dduw, ac i'w addewidion. Trais a lladrad, anudon, dichell, ffalster a thraha; a'r rhain megis â chribiniau mae pob bath ar ddyn yn casglu ac yn tynnu ato. Ni fawdd Duw y byd mwy â dŵr dilyw; eithr mae chwant da'r byd wedi boddi Cymru heddiw, ac wedi gyrru ar aball [ar grwydr] pob cyneddfau arbennig a rhinwedd dda.[8]

O gofio am drafferthion Davies ei hun yn ei berthynas â rhai o wŷr lleyg grymus ei esgobaeth mae'n amlwg fod ganddo asgwrn i'w grafu; ac nid ef, wrth reswm, oedd yr unig un o bell ffordd i gyfeirio at raib a glythineb o'r fath. O safbwynt y werin bobl gorfodwyd nifer cynyddol ohonynt i grwydro o un ardal i'r llall fel y dwysái'r amgylchiadau economaidd. Cynyddodd nifer y begerwyr a'r segurwyr, a pharodd yr alwad gyson am wasanaeth milwrol i nifer ohonynt ffoi er mwyn osgoi'r ddyletswydd amhoblogaidd honno. Dyna oedd un o gwynion Syr John Wynn o Wedir a'i gyd Ddirprwy-Raglaw, Syr William Maurice o'r Clenennau yn sir Gaernarfon, yn eu llythyr at Iarll Penfro ym Mehefin 1596. Yr oedd y ffoaduriaid hyn, meddent, yn barotach i ddioddef cyfnod o garchar yn eu sir eu hunain na gwasanaethu dan amgylchiadau truenus yn Iwerddon. Ceir tystiolaeth o rai cofnodion llys Sesiwn Chwarter sir Fynwy — ar y ffin — tua'r un cyfnod, sydd hefyd yn cyfeirio at symudiadau pobl o un plwyf i'r llall ac o rannau o orllewin Lloegr i'r sir mewn cyfnodau o gyni. Yn 1577, er enghraifft, gwarthnodwyd llafurwr o'r Gelli Gandryll yn sir Frycheiniog, ar ei glust dde a'i chwipio, a'r un pryd chwipiwyd tri arall — dwy ohonynt yn ferched — dan bedair ar ddeg mlwydd oed, am grwydro'n ddiamcan ac afreolus heb alwedigaeth.[9]

Nid symudiadau o un ardal i'r llall yn unig, fodd bynnag, a nodweddai ganrif y Tuduriaid ond hefyd y dyrchafu a'r diraddio mynych a ddigwyddasai, yn ôl amgylchiadau personol neu deuluol, o fewn y gyfundrefn gymdeithasol. Yn y bôn, sefydlogrwydd oedd wrth wraidd y gymdeithas, a rhoddwyd pwyslais mawr ar hierarchaeth, statws a pharchusrwydd, nodweddion a etifeddwyd o'r gorffennol ond a addaswyd ar gyfer cynnal cymdeithas gyfalafol ail hanner yr unfed ganrif ar bymtheg. Yn ei hanfod, yr oedd yr uchelwr Cymraeg yn debyg o ran ei statws i'w ragflaenydd ganrif a mwy cyn hynny, ond cymhwyswyd ei briodoleddau cynhenid i fyd cwrtais delfrydau'r Dadeni Dysg. Daeth fwyfwy i ymgydnabod â rhinweddau a grasusau'r bywyd cwrtais a feithrinwyd yn y Llys Brenhinol, sefydliadau llywodraethol ac addysgol a'r canolfannau trefol. Yr oedd yn ymwybodol o'i safle breintiedig ac o'r enedigaethfraint a oedd yn gonglfaen i'w rym a'i awdurdod yn y gymdeithas frodorol. Yr oedd ganddo statws cymdeithasol yn ogystal â statws economaidd, ac fe'i nodweddwyd hefyd, fel y bendefigaeth, gan ansawdd ei uchelwriaeth. Cryfhawyd y cysyniad fod tirberchenogaeth yn rhoi i'r uchelwyr anrhydedd a braint yn ogystal â'u hymrwymo i gyflawni dyletswydd a gwasanaeth. Ymhlyg yn syniadaeth yr oes am foneddigeiddrwydd oedd y gred yn y raddfa ddwyfol a roddai i bob credadun ei briod le yn y gymdeithas ac a fuasai'n gyfrifol am sefydlu heddwch a threfn ynddi. Rhoddwyd y pwys mwyaf ar drefn a threfniadaeth yn y wladwriaeth sofran newydd, a hynny a greodd yr amgylchiadau a roddodd gyfle i'r uchelwyr, o fewn eu gradd, ffynnu'n faterol a chynnig arweinyddiaeth. O ddarllen gohebiaeth y breintiedig yn y gymdeithas yng Nghymru — fel y Salbrïaid, y Stradlingiaid, y Wyniaid, teulu'r Clenennau ac ati — amlygir y parchusrwydd a'r priodoleddau rhinweddol ar eu gorau. Prif alwedigaeth pendefigaeth draddodiadol oedd cynnig arweinyddiaeth mewn rhyfel. Golygai hynny ymgymryd â dyletswyddau gwarchodol dros gymdogaeth gyfan. Er enghraifft, o safbwynt gwasanaethu'r wladwriaeth yng nghyfnod Elisabeth I, rhoddwyd pwyslais mawr ar feithrin rhinweddau grasusol y Llys Brenhinol, a disgwylid i'r bonheddwr mewn bywyd cyhoeddus fagu dawn i weinyddu, teyrngarwch i wasanaethu a galluoedd deallusol i ymdrin â materion gwladweinyddol. I'r graddau hynny yr oedd natur swyddogaeth yr uchelwr wedi newid yn sylfaenol. Parhaodd gwasanaeth milwrol i fod yn elfen bwysig ym mywyd uchelwyr Cymru, fel y tystia eu cyfraniad unigol i ymgyrchoedd yn Iwerddon, yr Alban ac ar y cyfandir. Bellach, cawsant ddyletswyddau a oedd yn llawer ehangach nag a feddent gynt. Rhoddwyd mwy o bwyslais ar yr ysgrifbin nag ar y cleddyf ac ar addysg yn hytrach na'r campau traddodiadol. Amlygir y ddwy gangen hon i gymeriad yr uchelwr yn yr hyn sydd gan Dr David Powel i'w ddweud am Syr Henry Sidney, Llywydd y Cyngor yn y Mers:

> Hefyd, yn ei ofal am fuddiannau'r cyhoedd ... nid wyf yn petruso ei gymharu ef â'r mwyaf cytbwys o lywodraethwyr mewn llawer oes. Oblegid, a gadael o'r neilltu yr hyn a gyflawnodd mewn rhyfel er clod uchaf iddo'i hun a budd y wladwriaeth ... gymaint oedd ei ymroddiad bob amser i les y gymdeithas fel ei fod ... yn esgeuluso'i fuddiannau ei hun.[10]

Amlygiad yw'r geiriau hyn o dair agwedd sylfaenol ar gyfansoddiad y bonheddwr perffaith, fel y diffinnid ef gan ddyneiddwyr yr oes yn Lloegr: cynnig gwasanaeth diamod i'r wladwriaeth Brotestannaidd mewn rhyfel a gweinyddiaeth, ymroi i gyflawni dyletswyddau er lles corff y bobl neu'r cymundod gwladol a gwladweinyddu'n wastad ac union mewn barn a gweithred. Yn sail i'r cyfan oedd safon yr addysg a gawsai ac a wreiddiai ynddo'r priodoleddau gwâr a ystyrid yn anhepgorol ar gyfer cyflawni'r gorchwylion hynny. Dyma'r math o 'lywodraethwr' a geid yn *The Boke named the Governour* gan Syr Thomas Elyot, gŵr a drwythwyd mewn gwleidyddiaeth, gwladweinyddiaeth a moeseg gwareiddiad y Dadeni. Mynegi'r un math o gymwysterau a wnaeth y bardd Llywelyn Siôn yn un o'i gywyddau pan gyfeiriodd yn benodol, fel y gwnâi beirdd eraill tebyg iddo, at gyfiawnder fel y rhinwedd canolog a feddai'r uchelwr wrth ddilyn ei orchwylion gwladwriaethol:

Gofalu a wna gŵr da doeth,
Gofal ac nid am gyfoeth;
Gofal am fyw yn gyfiawn
Bob dydd yw'r llawenydd llawn.[11]

Nid yw'r bardd yma'n diystyru cyfoeth nac yn awgrymu mai gwŷr amddifad o dda'r byd hwn ddylai'r gwir uchelwr fod ond, yn hytrach, cyfeiria at gyfiawnder fel prif gynheiliad pob rhinwedd a buddiant materol. 'Fe'm sicrhawyd gan nifer o fonheddwyr credadwy yn y parthau hyn', meddai cyfaill i Syr Edward Stradling o Sain Dunwyd, yn 1574, wrth gyfeirio at yr enw da a fwynhâi'r uchelwr breiniol hwnnw yn ei sir, 'o'r gofal mawr a oedd gennych erioed am uniondeb a chyfiawnder a'ch parch tuag at gynnal eich enw da a'ch bri'n hytrach na gwneuthur camwri.'[12] Cyfarchiad ffurfiol, efallai, eto'n nodweddiadol o'r modd yr eid ati i bwysleisio rhai o hanfodion y bywyd grasol bonheddig.

Yn ei hanfod, amlygwyd sefydlogrwydd y gymdeithas yn nhrefniant gwleidyddol y Tuduriaid yng Nghymru, er bod tueddiadau egalitaraidd cryf erbyn hynny wedi codi i'r wyneb ac wedi peri anesmwythyd cynyddol ymhlith y teuluoedd uchelwrol traddodiadol. Nid oedd datblygiadau o'r fath yn newydd, wrth reswm, a cheir tystiolaeth gyflawn i ddangos mesur y cynnydd yn y cymunedau trefol yng Nghymru ac ar ei gororau ymhell cyn dyfod y Tuduriaid i'r orsedd, a her unigolion uchelgeisiol i nodweddion arbennig uchelwriaeth a'r cyfyngu a fu arni o safbwynt statws a gradd. Ymdrechwyd yn ofer, fodd bynnag, i geisio amddiffyn trefn a chonfensiwn a oedd yn prysur edwino. Er i hen briodoleddau oroesi, yn arbennig yn y farddoniaeth gaeth draddodiadol, amlygir gweddau newydd a chyffrous mewn ffynonellau ehangach eu cynnwys. Nid rhyfedd i Syr John Wynn o Wedir, yr uchelwr grymus hwnnw a roddai'r pwys mwyaf ar ach a threftadaeth, edliw i 'fonheddwyr y genhedlaeth gyntaf' eu hisraddoldeb a'u hanghymhwyster i ysgwyddo beichiau gwir uchelwriaeth.[13] Ac eto, nid gŵr a fodlonai ar waddol y gorffennol oedd hwnnw a'r bonedd o'r un rhyw uchelwrol ag ef yng Nghymru oblegid, mewn llawer cyfeiriad, dangosai eiddgarwch ac ysfa i sicrhau blaenoriaeth ei dŷ a'i deulu drwy fanteisio ar drefn gyfreithiol a thueddiadau cymdeithasol ac economaidd ei ddydd. I'r graddau hynny, amlygwyd deuoliaeth hynod ddiddorol ac astrus yng nghymeriadau a safbwyntiau gwŷr breintiedig o'r fath. Yn aml iawn crogent rhwng deufyd, ac yn y cyd-destun hwnnw — er gwaethaf eu ffaeleddau — cyfoethogwyd eu gwasanaeth i'w cymdeithas trwy eu gallu i uniaethu nodweddion y naill fyd a'r llall. Bu eu hymarweddiad deuol yn gyfrwng iddynt, wrth ledu eu gorwelion, ddal eu gafael ar sylwedd yr uchelwriaeth freiniol Gymreig a'i meithrin dan amgylchiadau newydd.

Yn yr un cyd-destun y dehonglwyd statws a dyletswyddau'r ferch fonheddig yn ei chymdeithas. Fe'i breintiwyd hithau hefyd â doniau a chymwysterau a gyfatebai i'w safle. Ymhyfrydai yn ei thras, ac yn ei hieuenctid cawsai beth addysg, fel rheol yn y plasty ac ymhlith ei chyd-foneddigesau. Yn amlach na pheidio, fe'i priodwyd ag aelod o deulu urddasol yn ei hardal neu mewn rhannau eraill o Gymru neu Loegr, a dibynnai hynny, i bob pwrpas, ar alluoedd a dylanwad materol y teulu. O ba hil bynnag y deuai ei hynafiaid hi fe'u cydnabuwyd, oherwydd hynafiaeth eu tras, yn rhan annatod o'r drefn uchelwrol naturiol. Perthynai i'r ferch fonheddig hithau ei lle yn fframwaith hierarchyddol y gymdeithas, a phriodolwyd iddi'r rhinweddau cynhenid a weddai i fenywod breintiedig, megis graslonrwydd, duwioldeb a lletygarwch. Ar ffurf cwestiwn cyfeiria'r bardd Owain Gwynedd at ragoriaeth Mari ferch Rhisiart ap Rhys o Ogerddan, a ddeuai o gartref nawdd amlwg yng Ngheredigion. Trigai gyda'i gŵr, Ifan Llwyd, yn Nantymynach, Meirionnydd, a'i lletygarwch yn y tŷ hwnnw yw'r disgrifiad a ganlyn:

On'd yno mae'n daioni,
Yn nydd hon, i'w neuadd hi?
Neuadd wen i ddewinion,
Annedd holl Wynedd yw hon.[14]

Y mae'r llinellau'n symbolaidd ac yn tystio, fel y gwna prydyddiaeth nifer o feirdd eraill, i safle'r ferch fonheddig yn y gymdeithas Gymreig Duduraidd. Saif dros yr un egwyddorion â'r uchelwyr y perthynai iddynt. Nodweddai ei hurddas a'i haelioni y graslonrwydd hwnnw y disgwylid ei ganfod, yn ôl safonau diwylliannol yr oes, o fewn y drefn hierarchaidd. Fel y plasty arwyddai ei hesiampl hi y mawrfrydigrwydd a gysylltid â gwareiddiad uchelwrol y cyfnod.

Yn ei hanfod, math ar dreftadaeth freiniol oedd tirberchenogaeth, a symbol o'r elfennau canolog ym mywyd yr uchelwr yw'r ddelweddaeth gyfoethog a ddefnyddiai'r beirdd, ymhlith eraill, yng nghyfnod y Tuduriaid. Yn ei ddisgrifiad o sir Benfro aeth George Owen ati i bwysleisio, mewn perthynas â rhanbarth a oedd wedi'i Normaneiddio'n gynnar yn yr Oesoedd Canol, pa mor bwysig oedd y dreftadaeth Gymreig mewn rhannau ohoni:

... y Cymry, fel y gelwir hwy'n awr, oedd y trigolion cynnar ... i'r dydd heddiw y mae llawer o uchelwyr o dras hynafol, a all, trwy awdurdod dilys sefydlu eu llinach o amryw o ddeuluoedd enwog a hyglod a feddai ar dreftadaethau mawr yn y sir hon ... a felly, mae trigolion Cemaes ... yn ymffrostio yn eu hynafiaeth gyntefig ... yn eu cyfrif eu hunain yn fonheddwyr mwy cyntefig yn y sir nag unrhyw rai a ddaethai yma gyda Strongbow [Gilbert de Clare], ac mae gan y bonheddwyr hyn eto lawer o deuluoedd cyntefig yn y sir hon sy'n cadw eu hachau i'r dydd hwn ac yn adnabyddus fel y prawf eu hysgrifeniadau cyntefig a'u cofnodion bod eu hynafiaid wedi meddiannu'r tiroedd hynny a fwynheir ganddynt yn awr am flynyddoedd lawer cyn dyfod Strongbow i'r wlad hon.[15]

Y mae'r adran hon o waith George Owen yn dangos y modd y byddai hynafiaethydd o Gymro'n ysgrifennu ar droad yr ail ganrif ar bymtheg a'r pwyslais a roddai ar agweddau sylfaenol yr uchelwriaeth Gymreig, sef treftadaeth, rhinweddau bonheddig, cydlyniad gwaed, hunaniaeth tiriogaethol a disgynyddiaeth freiniol. Y mae'r nodweddion hyn yn rhoi arwyddocâd pellach i'r syniad o amlygrwydd tras ym mywyd yr uchelwyr.

Yn yr achau ac yng ngwaith y beirdd tanlinellir prif amcan yr ymlyniad ystyfnig wrth y gorffennol. Cysylltwyd yr enedigaethfraint a fwynhâi'r uchelwyr â phriodoleddau bonheddig, sef ymarweddiad a chwrteisi. Ymhyfrydai Syr John Wynn o Wedir, er enghraifft, mewn nodweddion o'r fath pan gyfeiriodd at barhad ei ach trwy 'ddaioni Duw'. Aeth rhagddo i gymharu twf ei gyff ag addewid Duw i'r Brenin Dafydd y byddai'n 'taenu ei had a sicrhau blaengarwch ei barhad yn y byd'. Po uchaf y safai uchelwr yn y gymdeithas y mwyaf eiddgar fyddai i geisio tra-arglwyddiaethu yn ei diriogaeth ei hun. Yr oedd y breintiedig yn ymwybodol o gyfraniad allweddol achyddiaeth yn y broses o sefydlu tras a bonedd.

O tua 1450 ymlaen hyd at 1600 gwawriodd oes aur achyddiaeth yng Nghymru o ganlyniad i esgyniad y Tuduriaid, y cynnydd yng ngwasanaeth cyhoeddus y Cymry yn Llundain, dyrchafiad rhai teuluoedd Cymreig i'r bendefigaeth a chanlyniadau'r Deddfau Uno. Y pryd hwnnw y cyrhaeddodd beirdd anterth eu gweithgarwch er ei bod hi'n amlwg mai cyfnod ydoedd a ddangosodd wendidau sylfaenol yn y gyfundrefn farddol. Dan adain Gutun Owain y daeth beirdd megis Lewys Morgannwg, Lewys Glyn Cothi a Thudur Aled i'r amlwg fel achyddwyr, ac yn Ysgol Gruffudd Hiraethog, a'i dilynodd, amlygwyd gwaith nifer o feirdd amryddawn ail hanner yr unfed ganrif ar bymtheg megis Simwnt Fychan, Wiliam Cynwal, Siôn Tudur, Owain Gwynedd, Rhys Cain a Gruffudd Dwnn. Yr oedd disgyblion y ddwy Ysgol fel y'i gilydd wedi cael eu trwytho yn y traddodiad barddol er bod rhai elfennau newydd yn ymddangos yn eu gweithiau, megis y pwyslais ar weithredu swyddi newydd dan y wladwriaeth, y Ffydd Brotestannaidd a dylanwad sefydlu'r Coleg Arfau ar y dull o gyfeirio at briodoleddau bonheddig y noddwyr. Cynyddodd dylanwad y Coleg hwnnw yng nghwrs yr unfed ganrif ar bymtheg, ac mewn un llawysgrif hynod liwgar gan Wiliam Cynwal, sy'n cynnwys arfau teuluol, ystyrir y pum rheswm hanesyddol am gadw achau ac arfau, sef ar gyfer trefnu priodasau teilwng, cyfreithloni etifeddion tiriog, paratoi ymholiad neu archwiliad cyfreithiol, sefydlu câr a threfnu galanas, a phrofi ach a theilyngdod y rhai hynny a gynigiai eu gwasanaeth i'r Goron.

O'r holl ffactorau a gawsai ddylanwad ar hel achau saif y Deddfau Uno ymhlith yr amlycaf. Gyda sefydlu'r drefn gyfreithiol Seisnig yng Nghymru parchwyd hawliau'r boneddigion yn rhinwedd eu safle fel rhydd-ddeiliaid. Gyda difodiant hen drefn cyfrannu tir, galanas a sarhad lleihawyd pwysigrwydd achau yn y meysydd hynny, ond parhawyd i hel achau ar gyfer amcanion cyfreithiol yn rholiau pledion y Sesiynau Mawr, y cofnodion carchar a chofnodion y Protonotari. Ffurfiwyd yr achau hyn gan gyfreithwyr ac achyddwyr proffesiynol, ac mewn cyfnod pan roddwyd cymaint o bwyslais ar feddiannu tir ac ymgyfreithio, nid yw'n rhyfeddol fod gweithgarwch o'r math hwn yn ffyniannus. Yng Nghymru, pwysleisiwyd ach yn hytrach nag arfau: cyfrifai'r gerdd achau lawer mwy nag arfau, a phwysleisiwyd ei phwysigrwydd yng *Ngramadegau'r Penceirddiaid* ac yn y ffioedd a dalwyd amdani gan uchelwyr blaengar. Daeth Ysgol Gruffudd Hiraethog i fri mewn cyfnod pan oedd uchelwyr Cymru ymhlith cenhedlaeth gyntaf y gweinyddwyr dan y drefn Duduraidd. Gosodwyd y sylfeini eisoes gan ddisgyblion Gutun Owain, a cheir cyfnod — hyd tua 1600 — o barhad yr hen draddodiad, a'i Ysgol ef a gynrychiolai'r genhedlaeth olaf o arwyddfeirdd mewn cyfnod pan fygythiwyd y 'cwrs clera' ac y dirywiodd safonau prydyddu. O'r safbwynt hwnnw, pontiodd Ysgol Gruffudd Hiraethog y bwlch rhwng yr hen drefn ac achyddwyr newydd diwedd oes y Tuduriaid. Yr oedd Gruffudd yn ddisgybl i Lewys Morgannwg, ac yn ei gyfnod gwelir cynnydd sylweddol mewn herodraeth sy'n awgrymu bod ganddo gysylltiad â'r Coleg Arfau. Canfyddir yn achau Wiliam Llŷn, Wiliam Cynwal a Simwnt Fychan y pwyslais ar fraint tras a disgynyddiaeth ynghyd â'r feirniadaeth lem ar y dirywiad mewn safonau. Un arwydd pendant o'r dirywiad hwnnw oedd y duedd i gynnig achau ffug i unigolion difreintiedig a oedd yn dra awyddus i hawlio llinach yn tarddu o un o bymtheg llwyth Gwynedd. Cymaint oedd yr ymlyniad yn y cyfnod hwnnw wrth statws a gradd fel yr âi rhai i'r eithaf i geisio'u sicrhau.

Pwysleiswyd sefydlogrwydd cymdeithas, ac oblegid hynny, aed ati i ddehongli pob newid fel parhad i draddodiad. Un o'r nodweddion hynny oedd ceisio rhoi parchusrwydd i'r *nouveaux riches* trwy roi iddynt achau a ddyrchafai eu statws. O edrych yn fanylach ar y sefyllfa, gwelir mai ymgais i greu undod ymhlith y teuluoedd bonheddig oedd cynnal ac amddiffyn statws. Mewn oes pan ymrafaeliwyd ynglŷn â hynny nid yw'n syndod fod yr uchelwyr traddodiadol yn awyddus i ddangos eu goruchafiaeth, ond yn ofer gan fod datblygiadau cymdeithasol newydd yn ffafrio twf math arall o fonheddwr. Cymaint oedd parch Siôn Tudur tuag at yr hen drefn — y 'cwrs clera', tras ddilys a safonau prydyddol cydnabyddedig — fel na allai ymatal rhag estyn ei linyn mesur dros y gyfundrefn farddol, a barnu safonau ei gymdeithas yn gyffredinol ar achlysuron eraill, gan sylwi'n fanwl ar ddiffygion y beirdd. Ceir digon o arwyddion fod y gyfundrefn yn amhoblogaidd, ac edrychodd y bardd hwnnw arni'n oddrychol. Nid ar yr uchelwyr oedd y bai bob tro, fel y cyhoedda, ond ar y beirdd eu hunain am fradychu eu defodau:

> Dwyn achau ac arfau gant
> Oddi ar rywiog i ddrewiant …
> Onis trown ystryw ennyd
> Ni chawn ni barch yn y byd.[16]

Rhoddir anrhydedd, meddai'r bardd, i'r dihiryn yn hytrach nag i'r un aeddfed ei fagwraeth. Ystyr y 'gwrda' oedd bonheddwr rhywiog — *gentilis* — ac, yn

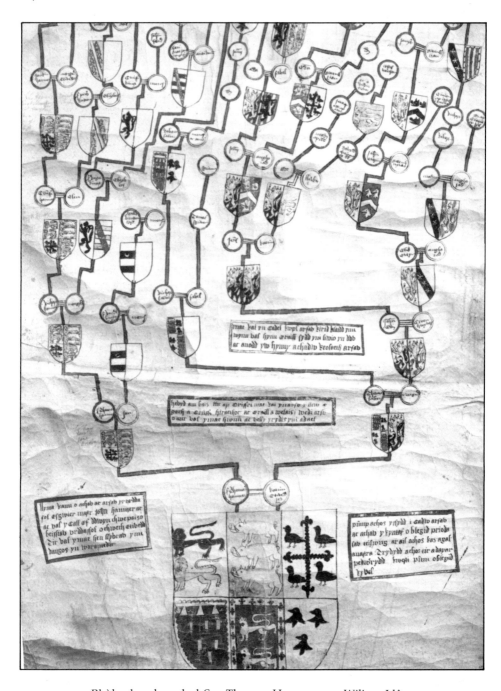

Rhòl achau herodrol Syr Thomas Hanmer gan Wiliam Llŷn

ôl William Harrison, yn *A Description of England* (1577), 'y rheini y mae eu hil a'u gwaed, neu o leiaf eu rhinweddau, yn eu gwneud yn bendefigaidd a gwybyddus'. Sarhaodd Siôn Tudur yr herodron a'r beirdd am fynnu tâl am gofrestru peisiau arfau ffug oblegid achoswyd cymhlethdod ynglŷn â phwy a allai hawlio bod yn fonheddwr. Canodd Tudur Aled, rai degawdau ynghynt, gan fwrw'i sen ar achau 'beilchion' — sef rhai trahaus a hunandybus — y gwyddai ef amdanynt, a chynhwysodd Gruffydd Robert y gerdd ymhlith ei ddetholiad ef o gywyddau. Oherwydd y duedd gynyddol i strwythur y gymdeithas ymryddhau a llacio ceid hyblygrwydd mewn statws. Dyrchafwyd rhai'n fonheddwyr ar draul y bendefigaeth, ac ehangwyd rhychwant yr haen weithredol honno. Mae'n amlwg fod rhai unigolion yn eofn eu honiadau am na allent gelu eu genedigaethfraint. Mae cynnyrch Lewys Dwnn, Thomas Jones, Fountain Gate, a 'Syr' Thomas Wiliems o Drefriw, ymhlith eraill, yn dangos y diddordeb mawr mewn sefydlu achau a asiai briodoleddau pendefigaeth ac uchelwriaeth. Deillia'r naill a'r llall o 'arglwyddiaeth', braint a oroesodd yr Oesoedd Canol ac a ddaethai'n sylfaen i safle unigryw yr uchelwr Tuduraidd yn ei gymdeithas. Pwysleisiwyd 'Pum Llwyth Brenhinol Cymru' a 'Phymtheg Llwyth Gogledd Cymru' fel ffynonellau y gellid dibynnu arnynt. Dan gyfraith Hywel credid bod angen ach brofedig a olrheinid i gyndad cydnabyddedig i ddibenion cyfreithiol. Aethpwyd ati i gofnodi'r cysylltiadau cyfochrog ac o dras wrywaidd. Cynyddodd y broses o roi teitlau i unigolion ac arfbeisiau i deuluoedd hŷn ac iau o blith y bonedd. Daethai achau bellach i fod yn llai pwysig o safbwynt profi hawl i eiddo a chydnabod a chyhoeddi statws, gosod mawredd ar deulu lleol a phriodoli safle o urddas i hynafiaid. Tanlinellwyd hefyd gyd-berthynas dylwythol yn hytrach na chyntafanedigaeth — fel a gafwyd yn Lloegr — a'r parch i gangen hynaf y teulu. Yng Nghymru sefydlwyd perthynas annileadwy rhwng tirddaliadaeth, y drefn weinyddol a chyfreithiol ac arferion cymdeithasol a amlygwyd ar eu gorau yng nghanrif y Tuduriaid. Rhoddai ach, o ba ffynhonnell bynnag, urddas i'r uchelwr honedig, ac aeth Humphrey Llwyd rhagddo i ddisgrifio hynny yng nghyd-destun y gwasanaeth teyrngar a chyson a roddai uchelwyr Cymru i bendefigion Lloegr yn eu tai ac mewn swyddi cyhoeddus:

> Heblaw hynny, am eu bod yn uchel-ael ac mewn tlodi eithafol, yn cydnabod pendefigaeth eu teulu, ymroddent fwy i ddiwylliant ... nag i gyfoeth ... ac maent yn dueddol iawn i ddysgu ymarweddiad llysol ...[17]

Pwysleisir agweddau sylfaenol yn y dyfyniad byr hwn: y balchder mewn uchelwriaeth freiniol, distadledd amgylchiadau materol y teuluoedd breintiedig, y traddodiad diwylliannol ac ymlyniad cynyddol wrth rasusau'r bywyd dinesig. Amlygir tueddiadau ceidwadol ac ymwthiol ar un pryd, a'r ddwy elfen honno sy'n allweddau i ddeall arwyddocâd achyddiaeth a hynafiaeth yn nhwf a datblygiad uchelwriaeth yn y cyfnod hwn. Trysorwyd ach i gynnal gwerthoedd y gorffennol a chyfoethogi rhai'r presennol. Ystyrid bod yr uchelwyr mwyaf distadl yn meddu ar dras odidog, ac adlewyrchwyd hynny'n gyson yn awdlau a chywyddau'r beirdd. Aeth y dyneiddwyr hefyd rhagddynt i glodfori yn y dull mwyaf rhwysgfawr y bendefigaeth yr oedd iddi gysylltiadau Cymreig. 'Yr ydych yn hyglod ar gyfrif bonedd eich hynafiaid', meddai Siôn Dafydd Rhys wrth Syr Edward Stradling o Sain Dunwyd, 'ac mae gennych eich lle yn sedd eich hynafiaid'.[18] Ystyriai Richard Price fod Syr William Herbert, Iarll Penfro, hefyd 'yn urddedig ar gyfrif gwychder ei dras, yn helaeth mewn awdurdod, ac yn ffyniannus o ran cyfoeth'.[19] Saif Stradling ymhlith y pennaf o'r uchelwyr a ymhyfrydai yn nisgynyddiaeth honedig ei deulu. Cawsai gyfle i roi gwybodaeth i rai a ofynnai iddo am gymorth mewn materion o'r fath. Mewn rhan o'i waith nodedig, *The Winning of Glamorgan*, aeth rhagddo i olrhain cyff teulu Stradling yn ôl i un o'r deuddeg marchog a gynorthwyodd Robert Fitzhamon i goncro Morgannwg. Cyflawnodd ei ymchwil gyda chefnogaeth Syr William Cecil — yntau o dras Gymreig honedig, sef Seisylliaid Allt-yr-ynys yn sir Henffordd — a ofynnodd iddo olrhain ach ei deulu, a gwnaeth hynny gan ei gysylltu ef hefyd — yn anghywir mae'n wir — â Fitzhamon. Ymhyfrydai Stradling yn fawr mai ef ei hun 'yn unig sy'n trigo yng Nghymru ac yn mwynhau y rhan a roddwyd yn wobr i'w hynafiaid'. Mae'n wir fod y teulu hwnnw wedi ymddyrchafu ymhlith rhai o'r un *milieu* tebyg ym Morgannwg, ond digon di-nod oedd uchelwyr Cymru. Yn sir Benfro amcangyfrifir mai un teulu ym mhob pedwar-ar-hugain oedd o statws bonheddig ym mlynyddoedd olaf teyrnasiad Elisabeth. Dan amgylchiadau naturiol ni fyddai swydd ganddynt, ac yn amlach na pheidio, rhannent yr un safle cymdeithasol ag iwmyn blaenllaw. Ymhlith y naill a'r llall tueddid i hawlio ach dda o hen dylwythau Cymru.

Un prif reswm am yr ymgolli llwyr mewn sefydlu ach oedd yr ymdrech i gyfiawnhau awdurdod lleol. Gyda chynnydd yn eu cyfrifoldebau cyhoeddus daethai nifer o uchelwyr fwyfwy i'r amlwg. Nid oes amheuaeth fod ymhél ag achau wedi cryfhau eu hunanbarch yn y bywyd cyhoeddus. Cyplysid hynny ag urddas y genedl a'r ymlyniad wrth ei gwerthoedd a'i gorffennol aruchel. 'Coffa'r hen amser', meddai Richard Davies, esgob Tyddewi, wrth ddadlau dros hynafiaeth ffydd yr hen Gymry, 'ymofyn â'th hynafiaid, chwilia'r storïau: ti a fuost gynt anrhydeddus, ac uchel dy fraint',[20] a thebyg oedd ymateb William Salesbury, Dr David Powel a Gruffydd Robert ymhlith eraill o'u rhyw deallusol. Cysylltid ach freiniol â'r dreftadaeth genedlaethol, ac yn y cyd-destun hwnnw y canodd Wiliam Llŷn yn gryno i Gruffudd Fychan o Gorsygedol ym Meirionnydd:

> Dawn a gefaist yn gyfa,
> Ag arwydd dawn yw gwraidd da.[21]

Pwysleisir 'naturiaeth' a 'rhywogaeth' ac yn y cyswllt hwnnw y dehonglwyd cyfraniad Harri Tudur a'i olynwyr i'r ddelwedd genedlaethol. Molwyd y Tuduriaid gan feirdd o gyfnod Dafydd Nanmor ymlaen hyd at Huw Machno yn gynnar yn yr ail ganrif ar bymtheg. Ni chanodd yr un bardd, hyd y gwyddys, i'r Tuduriaid fel teulu ond ceir, mewn amryw o gerddi i unigolion, gyfeiriadau amlwg at sofraniaeth diriogaethol.

Gallai balchder teuluol, dan amgylchiadau arbennig, arwain at anghydfod ac ymrafael. Nid bob tro yr enillid ffafr a chefnogaeth câr oblegid, yn bur aml, rhwygwyd y berthynas, fynychaf, gan anghydweld ynglŷn â dal neu feddiannu tir. Mewn oes pryd rhoddwyd cymaint o bwys ar grynhoi eiddo yn sgil y drefn etifeddol newydd amlygwyd cydymgeisio cyson a chwerw. Yr oedd Siôn Tudur, yn rhinwedd ei safle fel tirfeddiannwr a'i brofiad yn y Llys Brenhinol yn Llundain, yn gwybod am natur gwŷr â'u bryd ar ddod ymlaen yn y byd, ac meddai:

> Y rhai annoeth, cyfoethawg,
> A'u bryd ar ei hud yrhawg.
> Prynu tir yn wir a wnân',
> Pentyrru canpunt arian.[22]

Y mae amcan y llinellau'n amlwg: caed trachwant a thraul oherwydd beichiau'r llogau uchel ar fenthyca arian i brynu tir. O drafod y berthynas rhwng yr unigolyn a'i geraint y pryd hwnnw deuir i ddeall natur ac osgo meddwl yr uchelwyr breintiedig tuag at ei gilydd ac eraill yn y gymdeithas.

CERAINT, CYNHALIAETH A CHYFRIFOLDEB UCHELWROL

Yn swyddogol bu'r Deddfau Uno'n ergyd drom a therfynol i statws gyfreithiol câr a charennydd yng Nghymru. Arwyddodd dranc y drefn draddodiadol o etifeddu tir. Cawsai Ardrefniad Edward I (1284) eisoes effaith niweidiol ar safle perthnasau tylwythol mewn materion cyfreithiol oblegid, yn ôl ei gynnwys, byddai awdurdod canolog y Goron yn cael ei weithredu yn llysoedd y Dywysogaeth, a byddai'r system rheithgor o hynny ymlaen yn cael ei ddefnyddio i ddedfrydu mewn achosion yn ymwneud â throseddau difrifol. Yn Neddf Uno 1543 gwnaed datganiad swyddogol a therfynol ar bwnc cyfraith eiddo: yn unol â chyfraith gwlad Lloegr nid oedd tir 'i'w gyfrannu ymhlith etifeddion gwrywaidd yn ôl arferiad cyfran fel y gwnaed mewn amrywiol rannau o Gymru'. Gallai penderfyniad o'r fath fod wedi creu anghydfod ymhlith ceraint, ac mae'n ddiamau fod Thomas Cromwell yn ofni canlyniadau unrhyw anghydfod a allai fod yn niweidiol i'r wladwriaeth. Amlygwyd hynny ym mholisïau Rowland Lee pan ddiddymwyd camarferion a oedd, i raddau pell, yn gysylltiedig â'r berthynas waed dylwythol. Yn 1534, fel y cyfeirir eto (Pennod II, tt.66-8), deddfwyd i amddiffyn rheithwyr mewn llysoedd barn yn arglwyddiaethau'r Mers rhag bygythion drwgweithredwyr — 'amrywiol ymlynwyr, cyfeillion a cheraint' — a'u gorfodai i ddedfrydu'n groes i'r dystiolaeth. Defnyddiwyd y gyfraith, dan amgylchiadau o'r fath, i amcanion ystrywgar. Un wedd ar gyfreithlondeb oedd cynnal llysoedd i sefydlu heddwch a threfn. Gwedd arall hollol wahanol — er nad oedd hynny'n amlwg bob tro — oedd gweithredu'r gyfraith honno'n hyblyg i ddibenion anghyfrifol. Y mae'r Esgob Richard Davies yn cadarnhau hynny'n eglur yn ei *Epistol at y Cembru* (1567) oblegid, fel esgob, gwelsai pa mor rheibus y gallai lleygwyr blaengar fod ynglŷn â chipio tiroedd eglwysig:

> Canys beth yw swydd yng Nghymru heddiw ond bach i dynnu cnu a chnwd ei gymydog ato? Beth yw dysg, gwybodaeth a doethineb cyfraith ond drain yn ystlys y cymdogion i beri iddynt gilio hwnt? Aml yng Nghymru, er nas craffa cyfraith, y ceir neuadd y gŵr bonheddig yn noddfa lladron ... Ni chaf i o ennyd yma fynegi yr anrhaith a wnaeth chwant da byd ...[23]

Cymerodd cysylltiadau teuluol ran bwysig yn y pleidgarwch a ddatblygasai mewn bywyd cyhoeddus. Er enghraifft, wrth gyfeirio at y gynnen rhwng John ap Maredudd o Eifionydd a Syr William Gruffudd o'r Penrhyn, Dirprwy-Siambrlen Gogledd Cymru, cyfeiriodd Syr John Wynn o Wedir, yn ei *History of the Gwydir Family*, at natur awdurdod y cyntaf ohonynt yn ei fro ei hun ym mlynyddoedd canol y bymthegfed ganrif:

> Mewn perthynas â'i dras, ei dylwyth a'i rym yn ei wlad, yn cydnabod neb ond ei dywysog uwch nag ef ... glynnodd ei geraint a'i gyfeillion wrth John ap Maredudd fel pigau'r castan ac felly dechreuwyd y ddihareb neu ymadrodd i alw sect a theulu Owain Gwynedd yn *Dylwyth John ap Maredudd* ...[24]

Nodir yn y dyfyniad hwn dri phwynt arwyddocaol: dyrchefir arweinydd lleol i amlygrwydd yng nghyd-destun y diriogaeth; ymlyna ceraint wrth 'briodawr' neu uchelwr pwerus o'r fath a warchodai fuddiannau teuluol; a pheri cynnen oesol wedi marwolaeth yr arweinydd. Digwyddai hyn oll mewn cyfnod o ymsefydlogi a ffyniant materol. Yn aml, sbardunwyd ymdeimlad o bleidgarwch ynglŷn â materion teuluol yn ymwneud â thir a statws a'r ymryson am awdurdod swyddogol. Aethai'r Tuduriaid rhagddynt i geisio disgyblu swyddogion a pheri iddynt sianelu eu hegnïon i amcanion mwy adeiladol. Er iddynt wasanaethu'r wladwriaeth ni allent lai na bodloni eu greddfau a'u huchelgeisiau eu hunain yr un pryd. Yr oeddynt yn ymwybodol o'u breintiau cyhoeddus a phersonol, ond nid bob tro y byddent yn cydweithredu â gofynion y drefn gyfreithiol fel yr eglurir hi, er enghraifft, gan Rhys ap Meurig, yr hynafiaethydd brwd hwnnw o'r Cotrel ym Morgannwg:

> ... oblegid yn awr y mae bywyd a marwolaeth, tiroedd a nwyddau ym meddiant y frenhiniaeth, ac nid wrth fodd y deiliad. Y mae'r cyfreithiau a weithredir i'w llywodraethu'n ysgrifenedig ac felly'n sicrach o gael eu gweinyddu'n gywir a diduedd. Mae'r hyn a gyfiawnhawyd y pryd hwnnw drwy rym, er nad trwy gyfiawnder, yn awr yn derbyn cosb addas drwy gyfraith.[25]

Anodd yw cysoni hynny â'r hyn a ddigwyddasai yn ei sir ei hun oblegid y grym a'r cydymgeisio a wenwynai'r berthynas rhwng rhai o'r teuluoedd mwyaf blaenllaw â'i gilydd. Gweithredai Herbertiaid Caerdydd yn anghyfreithlon. Enynnodd Henry Herbert, ail Iarll Penfro, un o'r pendefigion cyfoethocaf yn y deyrnas, lid Syr Edward Stradling a William Mathew o Radyr am eu bod wedi cyhuddo beilïaid y dref o weithredu gyda môrladron. Yn 1557 ffrwydrodd anghydfod rhwng Syr Rhys Mansel, un o'r uchelwyr mwyaf nerthol, a Syr George Herbert o Abertawe, a arweiniodd at achos yn Llys Siambr y Seren, ac yn 1576, aeth Stradling i'r un llys i achwyn am William Basset o'r Bewpyr. Ym Meirionnydd, cydymgeisiwyd rhwng teuluoedd yn absenoldeb pendefigaeth gref, ac yn aml cafwyd croesdynnu rhwng Salbrïaid Rug a theuluoedd Plas Iolyn, Rhiwlas a Llwyn, a hefyd parhaodd cynnen ffiaidd rhwng teuluoedd Llwyn a Nannau. Yn nawdegau'r ganrif aeth pethau'n ddrwg rhwng Syr John Salbri o Leweni a'i geraint yn Rug, a chwerylodd hefyd â Syr Richard Trefor o Drefalun a'i gefnogwyr. Gellid cofnodi llawer i gynnen arall yn y sir honno ac mewn eraill, ond canolbwynt yr holl anghytuno oedd pleidgarwch, ac nid oedd hwnnw bob tro'n gysylltiedig â'r bendefigaeth. Cymaint oedd eu bryd ar gynnal enw da fel na allent lai na rhoi'r prawf ar statws gyda'r bwriad o ymddyrchafu. Mae'n wir, fel y dywed Rhys ap Meurig, mai'r brenin bellach oedd y pennaf awdurdod yn y wladwriaeth a bod y cyfreithiau wedi eu cofnodi, ond ni weinyddwyd y cyfreithiau hynny'n 'gywirach', ac ni chosbwyd yn gyson mewn dull cyfreithlon ychwaith. Cyfeirio a wna'r hynafiaethydd, mae'n debyg, at y trawsnewid yn safle cyfreithiol y Mers, a'r polisi i unioni arferion y rhanbarthau hynny â chyfraith gwlad Lloegr, ond mae ei sylwebaeth, o safbwynt yr hyn a oedd yn digwydd yng Nghymru ei gyfnod, yn llai credadwy.

Amlygwyd natur a swyddogaeth yr uchelwyr mewn sawl ffynhonnell yn Lloegr, megis gweithiau Syr Thomas Elyot, William Harrison, Syr Thomas Smith a'r bardd-filwr rhyfedd hwnnw Thomas Churchyard o Amwythig, y cyfeiriwyd ato eisoes, a gyfansoddodd ei ddrama-foes dopograffig fydryddol *The Worthines of Wales* yn 1587. I rannau o ororau Cymru'n unig y teithiodd y bardd ac mae'n amlwg mai ffansïol a chyfyng iawn oedd ei brofiad a'i weledigaeth o Gymru fel 'gwladwriaeth gadarn', yn gwarchod gwerthoedd y gymdeithas fonheddig wâr. Eto, mae'n rhoi cipolwg ar y trawsnewid graddol a ddigwyddasai yn nhirwedd Cymru dan bwysau tueddiadau economaidd ynghyd â darlun o uchelwyr ymroddgar mewn gwlad ddelfrydol. Dyma'i bennill dan y teitl 'Cymeradwyaeth Gyffredinol i'r Bonheddig':

> Hwy yw llawenydd a llonder y tlawd
> Sy'n bwydo'r newynog bob dydd ar eu rhawd ...
> Hwy yw nerth a sicrwydd y tir,
> Â'u calonnau gwiw yn glodfawr ir;
> Yn ddoeth yn rheoli cymdogaeth lawn,
> A chânt gan dywysog y gofal a'r ddawn.[26]

At y boneddigion Seisnig eu tras ar ororau Cymru, mae'n debyg, y cyfeiriai Churchyard yn bennaf yn y pennill hwn, ond ysgrifenna'n union fel pe bai'n disgrifio'r uchelwriaeth frodorol, a phriodoledda iddi y rhinweddau a'r breintiau cynhenid.

Oherwydd na cheir yng Nghymru sylwedyddion cydradd â Harrison a Smith ar gyfundrefn gymdeithasol y wlad mae'n rhaid troi at gynnyrch toreithiog Beirdd yr Uchelwyr am wybodaeth fanylach ar gyfansoddiad a rhywogaeth uchelwriaeth Gymreig yng nghyfnod y Tuduriaid. Rhoddir blaenoriaeth i'r ffynonellau barddol hynny'n bennaf am dri rheswm, sef am eu bod yn adlewyrchu'r berthynas agos a ddatblygodd rhwng y prydyddion a'r noddwyr a gyfrannai'n sylweddol i faterion cyhoeddus; am eu bod yn tanlinellu arwyddocâd cynnal cydbwysedd a threfn gymdeithasol gydnabyddedig er sicrhau'r 'daioni cyffredinol'; ac am eu bod yn ymhyfrydu yn yr undod a'r teyrngarwch a fuasai rhwng sefydliad y frenhiniaeth a'r teuluoedd mwyaf dylanwadol. Pwysleisiwyd eu gwasanaeth i'r deyrnas gyfunol mewn awdlau a chywyddau. O ddadansoddi'r sylwebaeth gymdeithasol a geir yn y gweithiau hyn synhwyrir bod y beirdd yn ymwybodol o ymlyniad y noddwyr wrth gysyniad yr *imperium* gwladwriaethol. Yn y cyd-destun hwnnw ystyriwyd bod cynnen deuluol yn ddinistriol a distrywgar, a chredwyd na ellid cynnal uchelwriaeth deilwng os na roddwyd y lle blaenaf i hanfodion y bywyd gwâr. O ddilyn y patrwm hwnnw credai'r beirdd y gellid gwella ansawdd bywyd y rhai a bennwyd i arwain a gwarchod. Yn ei gywydd i Siôn Salbri o Rug — gŵr tra chynhennus yn ei berthynas ag aelodau o'i deulu ac eraill ymhlith ei gydnabod — ceisia Wiliam Llŷn ei atgoffa am y rheidrwydd i weithredu'n gyfiawn trwy wahaniaethu'n bendant yn ei gerdd rhwng y ddelwedd o'r gŵr trahaus a'r gŵr mawrfrydig. Drachefn, yng nghywydd Owain Gwynedd i Owain Fychan o Lwydiarth ym Mhowys — gweinyddwr amlwg a feddai ar gysylltiadau agos â nifer o deuluoedd eraill yn y rhanbarth hwnnw — caiff y noddwr gyngor sobr i beidio â chydymgeisio â rhai is eu statws nag ef. Cerdd gref yw hon: nid oes angen i'r etifedd ifanc, meddai'r bardd, ymboeni am fân gwerylon a allai ddifa'i enw da. Yn hytrach na ffyrnigo'r berthynas rhyngddo â cheraint dylai bwyso arnynt i'w amddiffyn rhag dichell ei elynion oddi allan i gylch y teulu a sefydlogi'r ardal y trigai ynddi.

Dangoswyd effeithiau erchyll ymryson a chasineb mewn cerdd arall o eiddo'r un bardd i geisio cymodi Elisa ab Wiliam Llwyd o Riwedog a Siôn Wyn ap Cadwaladr o'r Rhiwlas wedi iddynt anghydweld yn ddifrifol ynglŷn ag eiddo. Cerdd gynhyrfus yw hi yn galaru oblegid effeithiau'r gynnen ar gymdogaeth gyflawn. Cymharwyd y diriogaeth ddrylliedig â theyrnas wedi ei darnio. Y mae symbolaeth y gerdd yn gyfoethog. Os na lwyddir i gadw'r heddwch rhwng teuluoedd, meddai'r bardd, prin y gellid disgwyl parch a theyrngarwch i'r awdurdod gwladwriaethol. Gwysiwyd Syr John Salbri o Leweni (m. 1578), un o'r penaethiaid teuluol cryfaf yng ngogledd-ddwyrain Cymru, gerbron y Cyfrin Gyngor i'w amddiffyn ei hun oblegid ei 'weithrediadau anhrefnus wrth ddarparu milwyr yng ngogledd Cymru' yn 1556-8. Ai'r digwyddiad hwnnw, tybed, oedd ym meddwl Siôn Brwynog pan ganodd gywydd moliant iddo a'i gynghori'r un pryd i gynnal undod yn ei diriogaeth ac ymhlith ei geraint. Etifeddwyd yr ystad gan ei ŵyr Syr John Salbri (m. 1612) wedi dienyddio'i frawd, Thomas Salbri, y teyrnfradwr, yn 1586. Bu cryn ymrafael yn 1593 rhwng Syr John Salbri a'i gâr, y Capten Owen Salbri, aelod o gangen y teulu yn Holt. Arweiniodd hynny at ddicter a gwrthdaro, ac er bod Syr John wedi trechu ei elyn mewn gornest gleddyfau yn y flwyddyn honno ni allai Siôn Tudur, a noddwyd ganddo, ymatal rhag ei geryddu a myfyrio'n ddwys ar ganlyniadau enbyd rhwygiadau teuluol o'r fath:

> Drwg gyngor a dyr cangau.
> Na 'd grino dy garennydd,
> Na thor gainc unwaith o'r gwŷdd ...
> Na rowch glust i rai o'ch gwlad
> A dry gynnen, drwy gennad.[27]

Cyfeiriodd Edward, Arglwydd Zouche, Arglwydd-Lywydd y Cyngor yn y Mers, yn daer at yr angen i ddifa anghyfiawnder a achosid gan deuluoedd cwerylgar a'r berthynas waed. Y mae ei eiriau'n ddeifiol pan gyfeiria at beryglon gor-ymlynu wrth y tylwyth yn hytrach nag amddiffyn buddiannau'r wladwriaeth. Meddai wrth Syr John Wynn o Wedir pan yn ei geryddu am fethu â chyflawni ei ddyletswyddau ac ymddwyn yn ddiduedd wedi i rai o'i geraint gael eu cyhuddo o gyflawni llofruddiaeth:

> Mae'n ddrwg iawn gennyf fod achlysur o'r fath wedi peri i chi ysgrifennu yr amser hwn, ond mae'n ddrwg o'r mwyaf gennyf glywed a gwybod y byddai hoffterau dynion yn rhwystro gweithrediadau cyfiawn yn hytrach na chymryd ymaith troseddwyr o'r fath pan yw gwaed yn galw am ddial; ac ni all y wladwriaeth honno fod mewn cyflwr da pan adewir rhai o'r fath i fyw. Nid oes gŵr a gâr unrhyw aelod o'i deulu'i hun mor dda, yn hytrach na bod gweddill y corff yn cael niwed, a fyddai'n fodlon ei dorri ymaith. Eto, oni allwn ni weld y byddai gweithredu cyfiawnder yn gyflawn yn diogelu bywydau llawer o ddynion ac yn gyfle gwych i ddifa casineb, y pennaf rhwystr i heddwch cyhoeddus?[28]

Pryder mwyaf Zouche ar y pryd, ac yntau newydd ddod i'w swydd ar ddechrau teyrnasiad Iago I, oedd sicrhau sefydlogrwydd mewn cyfnod pan gynyddai'r gwrthwynebiad i'r Cyngor ymhlith boneddigion siroedd Lloegr a oedd dan ei awdurdod ac yn y llysoedd brenhinol canolog yn Llundain.

Un symbol blaenllaw o'r sefydlogrwydd hwnnw oedd cyfraniad y *paterfamilias* yn y gymuned deuluol. Fe'i gosodwyd mewn safle allweddol, *in loco parentis* fel petai, yn ei berthynas â'r teulu a'i ddibynyddion. O ystyried hanfodion y penteulu neu'r perchentywr, gwêl y beirdd a sylwedyddion eraill fod pum elfen sylfaenol yn nodweddu ei gyfraniad i'w gymdeithas, sef ei fod yn trigo'n gyson yn ei blasty, yn cynnal ei denantiaid, yn gwarchod urddas teuluol, yn amddiffyn yr etifeddiaeth ac yn parchu heddwch a threfn. Pwysleisiwyd blaenoriaeth ('*precedence*'), gweddeidd-dra ('*decorum*') a disgyblaeth ('*discipline*'). Y perygl oedd y byddai anwybyddu'r rhinweddau hynny'n dinistrio cydbwysedd ac yn ennyn llid y difreintiedig tuag at eu meistri. Gresynnodd Henry Herbert, Iarll Penfro, pan glywodd am yr ymryson llidiog rhwng Syr Edward Stradling a'i gâr Thomas Carne o Ewenni. Penderfynodd ymweld â Sain Dunwyd yn bersonol i geisio setlo'r anghydfod. 'Y mae, ar y ddwy ochr', meddai, 'gryn bleidgarwch er loes i'ch cyfeillion a gorfoledd i'ch gelynion'.[29] Er mwyn cadw'r heddwch mynnodd Gruffudd Hiraethog, yn ei gerdd foliant i Gadwaladr ap Robert o'r Rhiwlas ym Meirionnydd, y dylai roi'r lle blaenaf i gadw trefn o fewn ei dŷ ac ymhlith ei dylwyth. Fel nifer o'i gyfoedion gŵr trahaus oedd Cadwaladr, a gwrthdrawai'n aml ag aelodau o'i deulu. Ym marn Syr John Price, wrth iddo gyfarch Syr William Herbert, cadernid teuluol oedd sail trefn:

> Oblegid y mae eich teulu chwi wedi adfer gogoniant y genedl hon ... Ond ymddengys eich bod chwi eich hun hefyd wedi rhoi mwy o fri ac anrhydedd ar y teulu hwnnw, er mor hyglod ydoedd eisoes, nag a dderbyniasoch ganddo, yn gymaint â'ch bod chwi, drwy eich gwrhydri a'ch mawrfrydigrwydd nodedig, wedi gwneud teulu a oedd o'r blaen yn ddigon enwog yn llawer mwy enwog a hyglod.[30]

Yn y geiriau hynny safai'r teulu hwn, yn rhinwedd ei dras, dros undod cenedlaethol oblegid ymgorffora brif nodweddion pendefigaeth frodorol. O safbwynt y wladwriaeth estynnwyd yr undod hwnnw i olygu gwarchodaeth deuluol o fewn cylch ehangach rhanbarth neu diriogaeth.

Conglfaen y bywyd grasol a gysylltir â safonau uchelwrol yw delfrydiaeth y Dadeni Dysg a'r ddamcaniaeth boblogaidd o'r bonheddwr perffaith a ystyrid yn ganolog mewn cymdeithas wâr. Darluniwyd y ddelwedd o'r gŵr union a moesgar yn yr Eidal ac ymledodd i wledydd eraill gogledd Ewrop. Cyrhaeddodd ei anterth yn Lloegr yng ngwaith Syr Thomas Elyot, sef *The Boke named the Governour* — y cyfeiriwyd ato eisoes — ac aethpwyd ati i'w bortreadu mewn rhyddiaith a barddoniaeth gyda'r bwriad o gymell uchelwyr ifainc i'w fabwysiadu. Cyfunodd Elyot syniadau Syr Thomas More ac Erasmus ymhlith dyneiddwyr eraill, Eidalwyr yn bennaf, ac ohonynt ffurfiodd ddelw hollol Seisnig o'r llywodraethwr delfrydol. Meddai Elyot am fwriad yr addysg a gâi'r gŵr hwnnw:

> ... y fath drysor fel y gallant yn gyson wasanaethu eu tywysog yn anrhydeddus a lles cyhoeddus y wlad, yn bennaf os cyfeirient eu holl athrawiaethau i'r astudiaeth fwyaf urddasol o athroniaeth foesol sy'n dysgu'r ddwy rinwedd, moesau a

pholisi sifil; fel o leiaf y gallwn gael yn y deyrnas hon ddigon o gyfreithwyr anrhydeddus, a hefyd lles cyhoeddus cydradd â'r Groegiaid a'r Rhufeiniaid.[31]

Y mae priodoleddau sylfaenol y drefn uchelwrol ynghlwm wrth amcanion o'r fath — egwyddorion moesol, ymlyniad wrth safonau clasurol, cynnig gwasanaeth cyhoeddus anrhydeddus a gofalu am y lles gwladwriaethol. Golygai hynny fagu'r ymwybyddiaeth o barchusrwydd a chyfrifoldeb a amlygid, yn y lle cyntaf, yn y berthynas rhwng ceraint. Yng nghymeriad y gŵr llys deuid i ymgydnabod â hanfodion patrwm ymddygiad a disgyblaeth, ac adlewyrchwyd hynny yn nhrefn hierarchaeth a phatriarchaeth. Un o brif amddiffynfeydd uchelwriaeth oedd y gred ddi-sigl mai awdurdod dwyfol a ofalai am reoleidd-dra'r drefn gydnabyddedig. Hynny a ysgogodd Syr John Wynn i hawlio rhagorfraint ei ach:

> Os gofynnwch y cwestiwn: pam y parhaodd olyniaeth Hywel [un o'i hynafiaid yn Eifionydd] yn fwy llwyddiannus na disgynyddion y ddau frawd arall ni allaf ond rhoi i chi un rheswm mai trugaredd a dawn Duw tuag at y naill yn fwy na'r llall … Sut bynnag, trwy ddaioni Duw yr ydym, ac yr ydym yn parhau i fod o urddas bonheddwyr o amser i amser hyd y dydd heddiw … Eto, y mae'n fendith tymhorol mawr, ac yn esmwythâd i'r galon i ŵr ganfod fod ganddo ach dda, a'r loes fwyaf yw hi i grach fonheddwyr a bonheddwyr o'r genhedlaeth gyntaf i fwrw trem yn ôl ar eu hachau, a hwy'n is-radd, fel yr adnabûm lawer sy'n casáu gwŷr bonheddig yn eu calonnau am ddim rheswm arall ond eu bod yn fonheddwyr.[32]

Adlewyrchir yn yr adrannau hyn o'r *History* sawl agwedd ar bwysigrwydd tras yng ngolwg y bonheddwyr ceidwadol. Wrth drafod y 'dreftadaeth' neu'r 'etifeddiaeth' pwysleisia olyniaeth a phatriarchaeth cadarn seiliedig ar gyntafanedigaeth; ac mae'n rhoi lle blaenllaw i ragluniaeth ddwyfol yng ngwneuthuriad a pharhad y safle aruchel a fwynhâi'r teulu uchelwrol. Yn y cyd-destun hwnnw y canodd Siôn Tudur (fel y gwelwyd eisoes) ac Edmwnd Prys wrth feirniadu'n llym lawer o'u cyd-feirdd am ganu gweniaith bur. Yn ei ymryson â Wiliam Cynwal yr oedd honno'n thema ganolog gan Edmwnd Prys:

> A rhoi arfau rhyw aurfainc
> I frig coed afrywiog cainc,
> A rhoi mawl a rhi' milwyr
> I rai mân o ddirym wŷr.[33]

Yr oedd methiant beirdd i ddiogelu egwyddorion uchelwriaeth yn destun gofid. Yr oedd Edmwnd Prys yn hallt ei gondemniad o'r beirdd na fynnai gadw at y rheolau na gwella ansawdd eu cynnyrch.

Map o Gymru gan Humphrey Llwyd, 1573

Prif nodwedd weladwy yr uchelwriaeth freiniol oedd perchenogaeth ar dir ac eiddo. Yn ei *Itinerary in Wales*, a ysgrifennwyd rhwng 1536 ac 1543, y mae John Leland, yr hynafiaethydd brenhinol a'r teithiwr di-ail, yn nodi nifer o gestyll Cymru y sylwai arnynt wrth iddo deithio drwy'r wlad, y mwyafrif ohonynt erbyn hynny'n adfeilion. Y mae gan hynafiaethwyr fel Rhys ap Meurig, Thomas Churchyard a George Owen sylwadau tebyg. Cyfeiria Churchyard yn hiraethus at ddadfeilio'r hen gestyll, ond sylwa George Owen ar dwf plastai'r uchelwyr yn ganolfannau grymus yn lle'r hen gestyll estron a gorthrymus. 'Yn awr gwelwn hen gestyll Cymru', meddai, 'a anfonodd yn yr hen ddyddiau ein dinistrwyr a'n dietifeddion mewn adfeilion ac wedi eu dadfeilio, ac yn hytrach tai'r bonheddwyr a'r bobl, a losgwyd yn arferol unwaith bob blwyddyn yn yr amser a fu, yn ffynnu ac yn cynyddu ...'[34] Tai'r bonedd, bellach, oedd cyrchfannau grym yn y siroedd ac aeth Leland rhagddo i gyfeirio, yn gynnil mae'n wir, at nifer o dai urddasol ym mhob rhan o Gymru megis Penrhyn, Gwedir, Y Clenennau, Y Fan, Sain Dunwyd, Tredegyr ac ati.[35] Yn y tai hynny gellid rhannu'r teuluoedd a drigai ynddynt, yn fras, yn bedair rhan.

Yn gyntaf, y rhai mwyaf niferus oedd y rheini yr oedd cysylltiadau teuluol eu perchenogion yn ymestyn yn ôl dros ganrifoedd, sef y rhai â'u hynafiaid yn hawlio ach wedi'i gwreiddio yn yr hen drefn dylwythol. Ymhlith cyndadau teuluoedd o'r fath ceid Owain Gwynedd, Osbwrn Wyddel, Gwaethfoed, Iestyn ap Gwrgant ac Einion ap Collwyn. Dyma uchelwyr traddodiadol Cymru a roddai'r pwys mwyaf ar ach Gymreig bur pa mor amheus bynnag fyddai eu honiadau. Trwy ddefnyddio amrywiol ddulliau i osgoi'r cyfyngiadau cyfreithiol a osodwyd arnynt ynglŷn â phrynu a gwerthu tir, megis gweithredoedd 'prid' (sef yr arfer o osod tir ar forgais dros gyfnodau penodol er mwyn gallu ei werthu ac osgoi cyfran), sicrhau trwyddedau i brynu tir, ymsefydlu ar diroedd siêd a chyflogi llafur hur o blith caethion, codasant i safle o fri, yn aml ar draul nifer o'u cyd-etifeddion a'u ceraint. Y rhain oedd egin uchelwyr Cymru'r unfed ganrif ar bymtheg. Amgylchiadau economaidd yn y bedwaredd ganrif ar ddeg a'r bymthegfed a greodd y sefyllfa hyblyg a arweiniodd at ffurfio ystadau o'r math hwn. Yr uchelwyr cryfaf, am wahanol resymau, a ychwanegodd — rhai ohonynt yn sylweddol — at eu treftadaeth.

Enghraifft dda o'r teuluoedd traddodiadol ar eu tyfiant oedd Nannau, a gododd o Ynyr Hen yn y drydedd ganrif ar ddeg. Ffermydd yng Ngwely Tref Nannau ym mhlwyf Llanfachreth oedd cnewyllyn yr ystad honno ond, yn ystod y ganrif 1450-1550 — cyfnod allweddol yn hanes twf ystadau'n gyffredinol — dyrchafwyd y teulu gan ymestyn ei feddiannau a'i awdurdod gweinyddol o Lwyngwril, yn ne'r sir, i Benrhyndeudraeth yn y gogledd ac, erbyn canol canrif y Tuduriaid, yr oedd y teulu ar y brig yn y sir, a'r olyniaeth yn ymestyn yn ôl dros dair cenhedlaeth. Ym Môn hefyd ymddangosodd mân deuluoedd, o'r un gwreiddiau â Nannau, a gododd i safle o bwys yn y sir, yn arbennig Oweniaid Bodeon — o gyff Hwfa ap Cynddelw — a'i ganghennau yn Y Frondeg, Presaddfed, Chwaen Wen a Llynan. Datblygiad cyffelyb a nodweddai teulu Hughes Plas Coch, Llanedwen, a ymestynnodd i Borthaml a threfgorddau cyfagos. Ychwaneger at y rhain Prydderchiaid Myfyrian, Llwydiaid Gwredog, Wyniaid Bodewryd a Maredudd Bodowyr, a cheir carfan dda o deuluoedd a hanai o dylwythau brodorol, a phob un ohonynt wedi eu gwreiddio yn hen gyfundrefn dir y tylwythau ym Môn. Y teulu enwocaf a gododd o wreiddiau cenhedlig oedd y Clenennau ym Mhenmorfa, Eifionydd. Er mai yn niwedd y drydedd ganrif ar ddeg y gwelwyd dechreuadau'r ystad, cryfhaodd ymhellach wedi iddi ddatblygu o'r tiroedd tylwythol yn nhrefgordd Penyfed. Dechreuodd ymsefydlogi yn ail hanner y bymthegfed ganrif fel ystad rydd-ddaliadol yno ac yn nhrefgorddau Penmorfa, Trefan a Phennant, a meddiannwyd tiroedd hefyd yn Llanfrothen a Llanfihangel-y-traethau ym Meirionnydd. Y tir gwreiddiol yn y Clenennau oedd cnewyllyn yr ystad, a'r prif sylfaenydd oedd Morus ab Elisa, tad yr enwog Syr William Maurice. O ychwanegu at y rhain deuluoedd megis Pryse (Gogerddan), Lloyd (Bodidris), Morgan (Tredegyr), Mostyn (Mostyn, sir y Fflint), Vaughan (Y Gelli Aur, Corsygedol, Trawsgoed a Llwydiarth) a Trefor (Bruncunallt a Threfalun), canfyddir fel y tyfodd y rhengoedd blaenaf yn hanes uchelwyr canrif y Tuduriaid.

Daethai'r ail garfan o blith teuluoedd y rhoddwyd i'w hynafiaid diroedd y tu allan i dreftadaeth y tylwyth yn rhodd gan dywysogion annibynnol Cymru yn y drydedd ganrif ar ddeg, yn bennaf am wasanaeth milwrol neu weinyddol neu'r ddau. Tyfodd rhai o ystadau cryfaf Cymru o wreiddiau o'r fath, yn cynnwys Tuduriaid Môn a thylwyth Gruffudd y Penrhyn, a oedd yn hanfod o gyff Ednyfed Fychan, prif gynghorwr Llywelyn ab Iorwerth. Aeth Gwilym ap Gruffudd, a feddai ar gysylltiadau agos â theulu Penmynydd, Môn, ati i grynhoi tiroedd, rhai ohonynt yn eiddo i'w berthnasau, ac adeiladodd ystad eang a drosglwyddodd i dri etifedd yn olynol a fu'n amlwg iawn yng ngweinyddiaeth Tywysogaeth Gogledd Cymru. Dyrchafwyd yr ail a'r trydydd Syr William Gruffudd i fod yn Siambrlenni'r Dywysogaeth honno, yn eu tro, yn ystod y blynyddoedd 1483-90 ac 1508-31. Yn yr un traddodiad tyfodd Mostyniaid Gloddaith wedi i'w hynafiaid sicrhau tiroedd rhydd mewn tair rhan o'r etifeddiaeth, eto'n rhodd gan Llywelyn ab Iorwerth i Madog ap Mabon Glochydd, a rhannwyd y tiroedd hynny rhwng ei feibion, bob un yn bennaeth ar uned dylwythol. Uno pum llys Mostyn, Pengwern, Trecastell, Gloddaith a Thregarnedd a arweiniodd at dwf Mostyniaid sir y Fflint ac estynnodd eu hawdurdod hefyd i Fôn, sir Gaernarfon a'r Waun ar ffin ddwyreiniol sir Ddinbych. Ac nid y tywysogion yn unig a roddodd diroedd i benaethiaid yng Nghymru oblegid derbyniodd Tudur Goch, sylfaenydd Glyniaid Glynllifon, er enghraifft, diroedd gan Edward III yn Nantlle am ei wasanaeth milwrol yn Ffrainc. Erbyn blynyddoedd canol y bymthegfed ganrif datblygodd teuluoedd o'r fath i fod o'r un statws ac i rannu'r un breintiau â'r rhai a ddaethai o'r hen wreiddiau tylwythol.

Y drydedd garfan oedd honno a ddatblygodd yn y trefi newydd a godwyd yn y Dywysogaeth a'r Mers ac a ymsefydlogodd ar dir yn rhannau Eingl-

Normanaidd y wlad yn yr Oesoedd Canol diweddar. Dyma'r *advenae*, y teuluoedd Seisnig a gawsai eiddo bras, fel teuluoedd â galluoedd masnachol ganddynt, ar delerau arbennig. Datblygodd nifer ohonynt i fod yn deuluoedd bonheddig grymus yng nghanrif y Tuduriaid wedi iddynt sefydlu cysylltiadau agos, trwy briodas yn arbennig, â thylwythau Cymreig, a buan y lledwyd eu dylanwad y tu allan i'r bwrdeistrefi. Dangosodd Henry Lacy, Iarll Lincoln ac Arglwydd Dinbych, ganllawiau'r polisi a weithredwyd yn ei diriogaeth pan aeth ati i gryfhau gafael newydd-ddyfodiaid Seisnig ar diroedd tylwythol yng nghyffiniau Dinbych yn gynnar yn y bedwaredd ganrif ar ddeg drwy symud teuluoedd Cymreig i ffiniau gorllewinol yr arglwyddiaeth.

Yr oedd y trefi'n ganolfannau i farchnata cynnyrch cefngwlad a darparu nwyddau a'r gwasanaethau a oedd eu hangen i gynnal y cymunedau hynny. Wedi cyfnod maith o ddirywiad cyffredinol yn hanes datblygiad trefol, yn arbennig y canolfannau llai eu maint a ddibynnai ar filwriaeth a gweinyddiaeth, daeth cynnydd erbyn diwedd yr unfed ganrif ar bymtheg pan gafwyd adfywiad mewn masnach mewnol a thwf yn y trefi marchnad bychain a mwy o arbenigo rhanbarthol yn yr amrywiaeth o nwyddau a gynhyrchwyd. Cryfhawyd y cysylltiad rhyngddynt â phatrwm economi masnachol cymunedau trefol gorllewin Lloegr, yn arbennig Caer, Amwythig — canolfan Cwmni'r Dilladwyr — a Bryste. Cymaint oedd y gyfathrach rhwng masnachwyr Cymru a threfi llewyrchus o'r fath fel y bu cynnydd yn eu teuluoedd a'u buddiannau.

Ymhlith y teuluoedd trefol mwyaf dylanwadol yng ngogledd-ddwyrain Cymru cododd Salbrïaid Lleweni a'u hamryw is-ganghennau i safle tra phwerus. Daeth y teulu hynaf i fri'n gyhoeddus erbyn blynyddoedd canol yr unfed ganrif ar bymtheg pan ddyrchafwyd Syr John Salbri yn Ganghellor a Siambrlen Gogledd Cymru, yn Dderbynnydd y Cyllidion Brenhinol yn Llys yr Ychwanegiadau yn yr un rhanbarth ac i swyddi cyhoeddus eraill. Ei ddoniau cynhenid ef a barodd i Siôn Tudur gyfeirio at ei allu i grynhoi tiroedd gydag arian parod:

> Prynaist, deliaist dir dilyth,
> A phrin bwrs ni phrynai byth.
> Pryn yrhawg, nid prin y rhan,
> Pryn dir heb brinhau d'arian.[36]

Deil y bardd ar graffter a gwelediad y tirfeddiannwr a ddilynai ei hynafiaid yn Nyffryn Clwyd yn crynhoi a chadarnhau eiddo ymhellach. Dengys fod gan Salbri ddigon o gyfalaf wrth gefn i fedru cyflawni ei amcan, ond er na ddibynnai i'r un graddau ag y gwnâi sawl un arall ar wasanaeth arianfenthycwyr, yr oedd yn wyliadwrus ynghylch materion cyllid ystadol.

Llawn mor ddylanwadol oedd Bwcleiaid Môn, teulu a ddaethai'n wreiddiol o sir Gaer, ac a ymsefydlodd ym Miwmares. Priododd William Bwclai I â merch

Gwilym ap Gruffudd, sylfaenydd teulu'r Penrhyn. Trwy gysylltiadau priodasol pellach â theulu Bolde o Gonwy cryfhaodd y teulu ei rym tiriogaethol ym Môn a sir Gaernarfon. Daethai teuluoedd o'r math yma — llawer ohonynt yn is eu statws — yn amlwg yn y trefi yn y Dywysogaeth a'r Mers. Cododd Stradlingiaid (Sain Dunwyd), Puleston (Emral, Plas-ym-mers, Hafod-y-wern, Caernarfon), Mansel (Oxwich, Pen-rhys a Margam), Baset (Y Bewpyr), Spicer (Caernarfon), Dryhurst (Dinbych), Thelwall (Rhuthun), Hooke (Conwy), Brereton (Borras) a'u tebyg i feddiannu cryn gyfoeth masnachol a swyddogaeth yn y trefi neu'r siroedd. Cryfed oedd y mewnfudwyr yn y trefi castellog, yn arbennig yn Nhywysogaeth y Gogledd, fel nad oedd hi'n hawdd i'r Cymry gystadlu â hwy mor ddiweddar â thridegau'r unfed ganrif ar bymtheg. Yn araf yng nghwrs y ganrif, fodd bynnag, ymsefydlodd Cymry ar eu cynnydd mewn trefi cyfagos, yn arbennig y trefi sirol.

O'r tu allan i'r ardaloedd y sefydlasant ynddynt hefyd y deuai hynafiaid y teuluoedd a ffurfiai'r bedwaredd garfan o dirfeddianwyr, sef y rhai, trwy gyfnewid tir, meddiannu trefgorddau caeth a chysylltiadau priodasol, a symudodd i ardaloedd newydd a sefydlu gwreiddiau newydd yno. Yn y modd hwn hefyd y datblygodd is-ganghennau, nifer ohonynt yn ddigon sylweddol eu byd a'r penaethiaid teuluol yn flaenllaw mewn materion cyhoeddus. Y mwyaf nodedig ohonynt o bell ffordd yw teulu'r Wyniaid o Wedir: wedi iddo symud o Eifionydd yn ei ddyddiau cynnar ymsefydlodd eu sylfaenydd, Maredudd ab Ieuan ap Robert, yr anturiwr eofn hwnnw, yng Nghaernarfon a'r Crug yn Llanfair-is-gaer yn Is Gwyrfai. Oddi yno aeth gyda'i deulu i barthau mwyaf anghysbell cantref Nanconwy ac ymgartrefu yn Nolwyddelan.[37] Daliodd drefgorddau caeth ar brydles frenhinol yno a sefydlu ei ddilynwyr ynddynt, a chyn ei farw prynodd diroedd yn Nhrewydir yn Nyffryn Conwy ac adeiladu yno'r rhan hynaf o blas Gwedir. Fe'i olynwyd yn 1525 gan ei fab John Wyn ap Maredudd — y cyntaf o'r teulu i gyfrannu i lywodraeth leol yn ei sir wedi'r Deddfau Uno — a gryfhaodd ei afael ar dir yn Nanconwy a rhannau o ogledd Meirionnydd, Eifionydd, Is Gwyrfai a gorllewin sir Ddinbych. Ei ŵyr ef, Syr John Wynn, a ddyrchafodd y teulu i'w anterth dros gyfnod o hanner canrif o 1580 hyd 1627.

Ychwanegwyd tiroedd eglwysig yn ogystal at feddiannau seciwlar y teuluoedd hyn, o ba darddiad bynnag. Nid oedd arferiad o'r fath yn newydd o gwbl oblegid gwelodd yr Eglwys a'r urddau mynachaidd eu heiddo'n araf lithro o'u gafael mewn cyfnod o drawsnewid economaidd a barhaodd dros gyfnod o ddwy ganrif cyn diddymu'r tai crefydd yn 1536. Wedi hynny, aethpwyd ati i fanteisio fwyfwy ar wendidau Eglwys a oedd yn dlawd a diymadferth. Yr oedd Maredudd ap Tudur o Blas Iolyn yn Hiraethog, er enghraifft, yn stiward tiroedd abaty Aberconwy yn yr ardal honno ac eiddo Ysbytywyr Ioan Sant yn Nolgynwal, a dyna oedd sail twf ffyniannus y teulu. Meddiannodd ei ŵyr Robert ap Rhys, caplan yn Llys Harri VIII, gwas Thomas Wolsey a thad yr hynod Dr Elis Prys, rhai o diroedd abaty Ystrad Marchell a'r Ysbytywyr ynghyd â thiroedd ym Mhenllyn a nifer o ddegymau eiddo eglwysig.

Crafangodd teulu Nannau diroedd abaty Cymer yn Llanfachreth a Thrawsfynydd, ac ychwanegodd Cadwaladr Price o'r Rhiwlas (brawd hŷn Dr Elis Prys), na fynnai er dim golli cyfle i chwyddo'i feddiannau, diroedd eraill a berthynai i Ystrad Marchell ym Mhenllyn. Aethai eiddo abaty Dinas Basing i feddiant teulu Pennant o Downing yn sir y Fflint, meddiannau Enlli i deulu Bodfel yn Llŷn a rheithoriaeth Aberdaron i Oweniaid Plas Du. Ym Morgannwg, prynodd Syr Rhys Mansel o Oxwich a Phen-rhys abaty Margam gan y Goron, ac yn sir Fynwy, meddiannwyd Llantarnam gan gangen o Forganiaid Pencoed a chafodd Iarll Caerwrangon abaty Tyndyrn am y nesaf peth i ddim gan y Goron yn wobr am ei wasanaeth iddi, ac yn gysur am iddo golli ei awdurdod llawn fel arglwydd yn y Mers.

Y mae twf teuluoedd o'r fath, o ba gyff bynnag, yn ei hanfod, yn seiliedig ar dirfeddiannaeth. Pwyswyd a mesurwyd eu gwerth yn ôl maint yr eiddo materol a oedd ganddynt ac aethpwyd ati, fel y dengys cofnodion llys a phapurau teuluol, ymhlith ffynonellau eraill, i grynhoi tiroedd caeth a rhydd a thresmasu'n gynyddol ar hawliau rhydd-ddeiliaid eraill yr oedd eu gwreiddiau'n ddwfn yn y pridd. Ar ben hynny archwiliwyd posibiliadau mwyngloddio, yn arbennig am blwm, haearn a glo. Arbrofodd teulu Nannau â haearn yn y Ganllwyd, ac yn sir y Fflint cloddiwyd am lo ar ystad Syr Roger Mostyn yn Chwitffordd. Yn 1600, er enghraifft, cofnodwyd bod 68 tunnell wedi ei gludo dros y môr o Fostyn i Fiwmares. Yn y modd hwn cododd nifer o ystadau i'r brig yn y gymdeithas yng Nghymru a'r Mers, gan fanteisio'n aml ar analluogrwydd teuluoedd gwannach i gystadlu â hwy. Meddiannai teulu Price Rhiwlas diroedd mewn deg trefgordd ym Mhenllyn, ac ymfalchïai Wyniaid Gwedir yn eu gafael ar eiddo bron ym mhob sir yng ngogledd Cymru. Aethpwyd ati hefyd i ymgryfhau trwy drefnu priodasau sylweddol. Priododd Syr William Maurice ag etifeddes ystad Lacon (Brogyntyn), yn sir Amwythig, ac ychwanegwyd y tiroedd at ystad y Clenennau. Cynyddu hefyd wnaeth teulu Lloyd Bodidris trwy drefnu priodasau â theuluoedd yn y Mers, a thebyg fu hanes teulu Puleston Emral a Thelwal, Plas-y-ward, ymhlith eraill.

Erbyn 1600 yr oedd trefn dirfeddiannol y Tuduriaid wedi hen ymsefydlu. Cydymgeisiwyd yn gyson am brydlesi dros y tymor hir y gellid eu hadnewyddu ar delerau ffafriol, adeiladwyd neu atgyweiriwyd plastai yn unol â thueddiadau'r oes, a mabwysiadwyd cyfenwau yn lle'r hen ddull patronymig i gyd-fynd â'r ffasiwn y pryd hwnnw'n Lloegr. Rhoddodd Siôn Dafydd Rhys glod uchel i Sain Dunwyd, cartref ei noddwr Syr Edward Stradling, a ddyfynnodd dystiolaeth o gerdd Ladin gan fardd i'r fan honno:

> ... yr oedd y bardd wedi canmol safle'r castell hwnnw, cadarn ei amddiffynfeydd — y safle mwyaf cymwys am ymhell ac agos. At hynny canmolai'r adeiladau drudion yr oeddech chwi wedi tynnu eu defnydd bron i gyd o greigiau'r môr ei hun, a hynny nid heb gost enfawr — adeiladau a godwyd gennych ar ymyl eithaf yr arfordir, mewn dull i'w ryfeddu. Yno y mae'r

môr llidiog yn berwi ac yn rhuo yn y fath fodd nes bod y tonnau cynddeiriog, ddydd ar ôl dydd, yn hyrddio creigiau o faint anghredadwy yn erbyn muriau'r adeiladau hyn — ond i ddim pwrpas.[38]

Geiriau cyhyrog a symbolaidd. Canodd Morus Dwyfach, y bardd o Eifionydd, yn afieithus i blasty newydd Gwedir yn nyddiau John Wyn ap Maredudd. Rhyfeddodd rhai beirdd at hynodrwydd cartrefi Syr Richard Clwch yn Machegraig, Tremeirchion, a Phlas Clwch ger Dinbych. Credir mai Plas Clwch oedd y tŷ cyntaf gyda thalcennau grisiog yn arddull y Dadeni i gael ei adeiladu yng Nghymru. Codwyd Bachegraig yn 1567, ac ef, fe ymddengys, oedd y cyntaf yng Nghymru i gael ei godi â phriddfeini a cherrig nadd, a chanodd Wiliam Cynwal a Simwnt Fychan yn afieithus iddo. Aeth Wiliam Llŷn rhagddo i ddisgrifio nodweddion pensaernïol Glan-y-llyn, Meirionnydd, plasty newydd Hywel Fychan, gan bwysleisio'r berchentyaeth a'r nawdd a geid yno:

Mae yno dŵr main a deri,
A llys a wnaeth lles i ni.
Neuadd galawnt Nudd gwiwlan,
Newyddfawr gwrt, noddfa'r gwan;
A llu enwog holl Wynedd
A geir ymysg aur a medd.[39]

Disgrifiad digon ystrydebol efallai ac un yn unig ymhlith nifer fawr o gwpledi canmoliaethus i aelwydydd bonheddig Cymru: eto, tanlinella brif briodoleddau'r bywyd gwâr. Disgrifir y fangre'n ffynhonnell lles, nawdd a lletygarwch, yn feithrinfa i'r berchentyaeth fawrfrydig a chyflawn. Ynddo, ceid anian yr uchelwriaeth freiniol a grym a dedwyddwch diwylliant y llys. Enghreifftiau o dai nodedig oedd Tŷ Herbert, a godwyd gan Syr William Herbert yng Nghaerdydd a thŷ cyffelyb gan gangen arall o'r teulu yn Abertawe ynghyd â'r Plas Mawr yng Nghonwy a godwyd gan Robert Wynn, aelod o deulu Wyniaid Gwedir a ddaeth i amlygrwydd yng ngwasanaeth Syr Philip Hoby mewn ymgyrchoedd ar y cyfandir, ac a ymsefydlodd wedi hynny yn y dref. Fel y daethai'r drefn Duduraidd newydd i rym ac y cynyddai'r sefydliadau cyfreithiol a gweinyddol — y Sesiwn Fawr a'r Sesiwn Chwarter — ynghyd ag ethol aelodau seneddol i'r sir a'r bwrdeistrefi a thwf yn nifer ysgolion gramadeg gwaddoledig, denwyd nifer cynyddol o'r uchelwyr naill ai i ymsefydlu yn y trefi neu i brynu tai a byw ynddynt dros dro.

Ymddangosodd tai cyfrifol ar eu newydd wedd a pherthynai iddynt nodweddion a dulliau pensaernïol deniadol, gwaith plaster, arfbeisiau, llenni drudfawr, muriau panelog, a chelfi ac ysgriniau coeth a rhwysgfawr. Dibynnai maint y cyhoeddusrwydd hwn ar alluoedd unigolion a theuluoedd mewn gwlad a thref i ymgyfoethogi, ond mae'n ddiddorol sylwi faint o blith mân fonedd a fentrodd i atgyweirio'u trigfannau, nid yn unig i greu cartrefi mwy diddos iddynt eu hunain a'u teuluoedd ond hefyd i arddangos y cynnydd yn statws y teulu. Nid ach a meddiannau'n unig a fesurai fawredd teuluol ond yn hytrach ei gyfraniad ymarferol i'w gymdeithas ac, mewn cyd-destun ehangach, i les y wladwriaeth. Hanfod uchelwriaeth weithredol oedd y gallu i'w chyhoeddi a'i chynnal. Cyflawnodd y plasty yr un swydd ac ymddangosodd yn symbol o hynafiaeth a braint faterol. Er bod nifer cynyddol ymhlith yr uchelwyr yn adeiladu neu'n prynu tai mewn trefi cyfagos nid oes amheuaeth mai yn y wlad y trigai'r mwyafrif ac mai yno yr adnabuwyd hwy orau ac y gallent fwynhau teyrngarwch cymdogaeth gyfan.

SEFYDLOGRWYDD TEULUOL A PHRIODOLEDDAU DIWYLLIANNOL

Wedi eu gwau o amgylch bywyd yr uchelwyr yr oedd yr ymlyniad wrth egwyddorion pendant ynglŷn â threftadaeth ac etifeddiaeth. Dehonglwyd swydd y tirfeddiannwr o fewn cyd-destun amryw o briodoleddau â'u gwreiddiau'n ymestyn yn ôl ganrifoedd, a sefydlwyd perthynas annatod rhyngddynt. Ynghlwm wrth yr etifeddiaeth freiniol yr oedd awdurdod patriarchaidd ynghyd â sefydlu ac amddiffyn egwyddor cyntafanedigaeth, parhad treftadaeth ar ffurf ystadau cyfalafol a pherchentyaeth, sef y nodweddion sylfaenol a adlewyrchai warineb ymhlith uchelwyr ar eu haelwydydd. Y mae i bob un o'r priodoleddau hyn gyfraniad sylfaenol yng ngwneuthuriad yr uchelwyr Tuduraidd. Ffurfient yr uchelwriaeth Gymreig gynhenid. Dengys agwedd meddwl yr uchelwyr tuag at ei gilydd a safbwyntiau eraill tuag atynt, yn cynnwys y beirdd traddodiadol, pa mor barod oeddynt i ddal ar bob cyfle i feithrin grasusau'r bywyd gwâr — y *grazia* fel y'i gelwid — yn Lloegr. Nid oedd uchelwriaeth Gymreig yn amddifad o rinweddau cydnabyddedig a ymdebygai i draddodiad y Dadeni, ond cynyddu a wnâi'r tueddiadau newydd trwy gyfrwng swyddi, masnach, priodasau, proffesiwn ac addysg.

Rhoddwyd pwyslais mawr ar gyfraniad addysg i'r diben o feithrin *gravitas* ymhlith llanciau bonheddig. 'Ysywaeth, fe fyddwch yn fonheddwyr anfonheddig', meddai Stefan Guazzo yn 1574, 'os na fyddwch yn ysgolheigion'.[40] Amcan addysg, yn y bôn, oedd addasu'r uchelwyr i ymgodymu â chyfrifoldebau gwladwriaethol. Meddai Morus Wynn o Wedir wrth ei etifedd, a oedd ar y pryd yn un o ysbytai'r brawdlys yn Llundain:

> ... yr wyf yn deall eich bod yn ddiwyd ac yn ofalus wrth ystyried fy achosion sydd hefyd yn achosion i chwi: wrth barhau i ymdrin â hwy ni fyddwch yn elwa'n unig mewn amser i ddod ond hefyd yn sicrhau bod pob gŵr yn meddwl a siarad yn dda amdanoch sy'n gysur i mi a gweddill eich cyfeillion, a hefyd i glywed eich bod yn ymroi i astudio sydd, uwchlaw popeth arall (ac eithrio gwasanaethu Duw), fwyaf addas ar eich cyfer ...[41]

Yr oedd urddas teuluol, mae'n amlwg, yn bwysig iddo, a disgwylid i'r etifedd ymddwyn yn y fath fodd a fyddai'n cynnal statws teulu ar ei ddyrchafiad. Pwysleisiwyd parchusrwydd a sarhawyd unrhyw ymgais i ddiraddio statws. Aeth Syr William Herbert o St Julian's yn sir Fynwy, ar un achlysur, i amddiffyn ei statws yn y dull mwyaf trahaus mewn llythyr lle y cyhuddai un o Forganiaid y sir honno o hawlio statws cydradd ag ef:

> ... os yw gystal â myfi byddai hynny'n ôl rhinwedd, genedigaeth, gallu neu alwedigaeth ac urddas. Ni chredaf iddo olygu rhinwedd oblegid mater sy'n amgenach na'i allu i ddyfarnu yw hynny. Os genedigaeth sy'n ei feddwl, mae'n rhaid iddo fod yn etifedd gwrywaidd i Iarll, etifedd gwaed i ddeg Iarll (oblegid mae gennyf ddeg arfbais sy'n tystio i hynny); heblaw hynny mae'n rhaid iddo fod o waed brenhinol oblegid, trwy fy nain Devereux, daw llinach fy nhras yn gyfreithlon o gorff Edward IV.[42]

Ymhyfrydai'n fawr yn ei gyff pendefigol, ac yr oedd yn benderfynol o amddiffyn ei dras mewn llysoedd barn. Braidd yn ffuantus, hyd yn oed plentynnaidd, efallai, oedd ei ymateb ond eto'n hollol gydnaws â meddylfryd yr oes honno, a'r safbwynt hwnnw a reolai'r dull uchelwrol o ymddwyn a gweithredu.

Nid oedd y bendefigaeth draddodiadol ('*aristocracy*'), fodd bynnag, yn ddigon cryf erbyn hynny i gynnal ei hen urddas. Fe'i dofwyd ac yna fe'i tanseiliwyd gan y Tuduriaid, ac i gymryd ei lle, daeth y dosbarth uchelwrol newydd i'r brig i fynnu'r flaenoriaeth mewn bywyd cyhoeddus. Yr oedd nifer cynyddol ohonynt yn awyddus i'w trwytho'u hunain yn nelfrydau'r Dadeni Dysg ac yn eang iawn eu gorwelion. Ac nid y bendefigaeth yn unig a ddioddefodd yn sgil dyrchafiad y boneddigion ond yr Eglwys Babyddol hefyd, gan mai o blith lleygwyr craff a gwydn y deuai'r mwyafrif o weision y wladwriaeth sofran newydd. Nid arbenigrwydd milwrol nac uchel-swyddi eglwysig oedd eu hangen gymaint bellach, ond y galluoedd trefniadol a deallusol i weinyddu'r wladwriaeth fiwrocrataidd newydd a llywio gwladweinyddiaeth yn ei pherthynas â gwledydd tramor. Yng Nghymru cafodd addysg ddethol dri effaith parhaol ar fywyd moesol y cyfnod, sef dyrchafu'r uchelwyr, lle nad oedd pendefigaeth draddodiadol fel a gafwyd yn Lloegr, yn ddosbarth elitaidd a breintiedig, rhoi iddynt y cyfle i gydgystadlu er sicrhau sefydlu goruchafiaeth deuluol neu bersonol, ac yn dilyn o hynny, ymhen amser, rhannu'r gymdeithas dirfeddiannol yn ddwy rhwng y teuluoedd uchaf eu bri a'r teuluoedd llai eu hadnoddau a roddai hyfforddiant i'w plant yn ôl eu gallu.

Y mae rhagymadroddion i weithiau ysgolheigion Cymraeg y Dadeni drwodd a thro'n cydnabod rhinweddau addysg, ac ymddangosant fel islif arwyddocaol yn y gweithiau hynny pan anerchwyd noddwyr pendefigol. Cyplysir priodoleddau ucheldras ag ymroddiad i wasanaethu'r 'corff gwladol' gan fod y ddau'n agweddau ar hanfod uchelwriaeth. I'r perwyl hwnnw yr ysgrifennodd Dr David Powel ei lythyr annerch i Syr Philip Sidney ar ddechrau ei argraffiad o *Itinerarium Cambriae* gan Gerallt Gymro:

> Ymhellach, pa wasanaeth mwy gweddus y gall dyn da ei roi na'i fod yn ei gyflwyno'i hun yn gyfan gwbl i fuddiannau'r wladwriaeth, gan ystyried unrhyw ennill i'w les personol ei hun yn eilbeth ... Oblegid o hyn y daw gogoniant enw sy'n parhau byth; o hyn y deillia'r enwogrwydd sy'n perthyn i glod bythol ... Y mae'r rheini sydd wedi'u cynysgaeddu a'u haddurno â'r rhinweddau hyn i'w hystyried, nid yn unig yn ddynion da, ond hefyd yn ddynion gwir fonheddig: yn ddynion sydd, yn wir, yn haeddu cael ymgynghori â hwy gan dywysogion yn eu cynghorau, eu gosod mewn swyddi o lywodraeth, a'u hanrhydeddu â'r teitlau uchaf.[43]

Perthynai i addysg amgenach swyddogaeth na chyfrannu gwybodaeth. Cyfrannai'n sylfaenol hefyd tuag at wneuthuriad y llywodraethwr cyfiawn fel y dehonglid ef gan Syr Thomas Elyot. Cyfeiriodd George Owen at hynny ar ddiwedd y ganrif:

> ... y mae bonheddwyr a phobl Cymru wedi cynyddu'n enfawr mewn dysg a moesgarwch oblegid, yn awr, meithrinir a chynhelir niferoedd mawr o lanciau ym mhrifysgolion Rhydychen a Chaergrawnt ac mewn ysgolion da eraill yn Lloegr lle y prawf rhai eu hunain i fod yn wŷr dysgedig ac aelodau da o Gyfunwlad Lloegr a Chymru ...[44]

Coleg Ioan Sant, Caergrawnt. Engrafiad gan S. Sparrow tua 1820

Yr un tueddfryd a geir yn sylw Humphrey Llwyd ar yr un pwnc. Nid oedd unrhyw ŵr yn rhy dlawd, meddai'n bendant, fel na allai anfon ei blant i ysgolion a golygai hynny, mae'n debyg, ysgolion gramadeg lleol yn bennaf. Yr oedd i addysg mewn ysgol waddoledig o'r fath, a baratöai'r llanciau ar gyfer mynychu'r sefydliadau uwch — y prifysgolion ac ysbytai'r brawdlys — gymhelliad cyffelyb sef, 'cyfrannu addysg rinweddol a duwiol i blant', yn ôl statudau Ysgol Ramadeg Bangor, 'yn eu gwasanaeth i Dduw a'i Mawrhydi fel y gallent wasanaethu yn eglwys Dduw a'r wladwriaeth.' Yma, cyplysir moeseg Gristnogol â gweithredu cyfiawnder yn y gymuned, gwedd hanfodol arall ar swyddogaeth addysg yn y dyddiau hynny.

Yr oedd 'Y Daith Fawr' ('Grand Tour') hefyd yn gyfrwng ymarferol i ddyrchafu statws teuluol a lledu gwybodaeth uchelwyr ifanc o wledydd eraill fel ymestyniad i'w haddysg glasurol. Rhan annatod o'r enedigaethfraint oedd teithio er dyfnhau'r ymwybod o'r grasusau a'r moesgarwch a gysylltid â'r bonedd ar gyfandir Ewrop, cynnal urddas teuluol a chywain gwybodaeth i alluogi'r uchelwr ifanc i gyfrannu i'r bywyd cyhoeddus ... 'Oblegid anodd iawn yw hi i adnabod Lloegr', meddai Syr Philip Sidney — cynddelw'r teithiwr deallusol yn Lloegr — wrth gyfeirio at yr angen am y fath ddisgyblaeth, 'heb eich bod yn gwybod amdani trwy ei chymharu â rhyw wlad arall'.[45] 'Ni all dyn wybod beth yw cyflymdra ei farch', meddai ymhellach, 'heb i un arall gystadlu ag ef'. Yr amcan y pryd hwnnw oedd cael profiad o wledydd a gwladwriaethau eraill a drachtio o ddiwylliant ehangach y Dadeni Dysg. Hefyd, ceisiwyd asesu a mesur ffyniant materol a moesol y gwledydd hynny a gwerthuso eu sefydliadau gwleidyddol — eu cyfreithiau, eu gweinyddiaethau, eu swyddogaethau a'u llywodraethwyr. Arolygwyd y wladwriaeth gyflawn, a nodwyd gwahaniaethau mewn nodweddion taleithiol oddi mewn i bob un ohonynt. Gwnaed hyn oll er mwyn iddynt, wedi dychwelyd, feddu ar swyddi yn Lloegr a Chymru. Meddai Syr John Stradling yn *Direction for Traveilers* yn 1592:

> Os felly yr wyt ti am elwa o'r teithiau yr aethost arnynt a
> dychwelyd gartref yn ŵr gwell nag oeddet cyn mynd ar y
> teithiau hynny ... y mae'n rhaid iti gynyddu mewn tri pheth
> ... doethineb mewn polisi, gwybodaeth neu ddysg, moesau
> neu ymarweddiad.[46]

Y mae'r gofynion hynny'n rhan hanfodol o ddull gweinyddwyr Oes Elisabeth o feddwl mewn perthynas â dal swyddi cyhoeddus. Yr Eidal, calon y Dadeni Dysg, oedd y wlad fwyaf ffasiynol ym mlynyddoedd cynnar y ganrif, wedyn yr Almaen, oblegid dylanwad Protestaniaeth ym mlynyddoedd canol y ganrif, a Ffrainc yn y blynyddoedd olaf. Cafwyd teithwyr hynod ymhlith y rhai a fu ar y cyfandir yn y cyfnod hwn, a rhyngddynt crwydrasant ymhell, ac nid bob tro er pleser ychwaith oherwydd brwydrodd rhai ohonynt mewn cyrchoedd milwrol ar y cyfandir ac aeth eraill ati i ymhél â masnach a marchnata. Aeth Syr Thomas Stradling o Sain Dunwyd i'r Almaen a Ffrainc yn 1548-9 ac wedyn i'r Eidal yn gydymaith i Syr Thomas Hoby, a gyfieithodd *Il Cortegiano*, llyfr enwog Castiglione, i'r Saesneg yn 1561. Yn rhinwedd eu swyddi fel llysgenhadon ymwelodd Syr John Herbert â Denmarc, Gwlad Pwyl, Isalmaen a Ffrainc, a Syr Edward Carne o Ewenni â Boulogne, Ffrainc, yr Iseldiroedd, Rhufain a Fflandrys. Teithiodd Syr Edward Stradling i'r Eidal a gwledydd eraill Ewrop. 'Canlyniad hyn oll', meddai Siôn Dafydd Rhys, 'yw fod profiad wedi cynhyrchu ynoch ddysg, a dysg gynifer o rinweddau'.[47] Teithiodd Siôn Trefor III — a ailadeiladodd Trefalun yn 1567 — dan nawdd teulu Sackville i Rufain yn 1563 mewn cyfnod o heddwch yn Ewrop. Pwysleisiwyd parchusrwydd neu weddeidd-dra (*'deference'*) gymaint â'r *noblesse oblige*, y breintiau a'r cyfrifoldebau ynghlwm wrth uchelwriaeth. Dyma oes twf y *nouveaux riches*, ac oherwydd y cyfle a roddwyd i fasnachwyr, milwyr proffesiynol a chyfreithwyr ledu eu hadennydd yn Ewrop — llawer ohonynt yn aelodau o deuluoedd newydd — nid yw'n rhyfedd fod cynrychiolwyr yr 'hen drefn' yn bwrw iddi i ddefnyddio pa gyfrwng bynnag — yn cynnwys teithio cyfandirol — i fynnu eu huchafiaeth.

Swyddogaeth arall a ehangodd orwelion yr uchelwyr oedd y cytundebau priodasol a glymodd deuluoedd â'i gilydd y naill ochr a'r llall i Glawdd Offa. Yr oedd cydberthynas rhwng hynny â chyfansoddiad a statws y teulu Tuduraidd uchelwrol lle y rhoddwyd y pwyslais ar gyfraith, defod ac urddas, a datblygodd llawer o hynny o'r cysylltiadau agosach a sefydlwyd â theuluoedd Seisnig. Prif bwrpas priodi oedd i ddarparu etifeddiaeth wrywaidd i barhau llinach ac eiddo'r teulu a hefyd i elwa'n faterol yn ariannol a thirol. Dyfais oedd priodas ymhlith y bonedd i sicrhau llwyddiant a pharhad y teulu, a chan fod sefydlogrwydd teuluol yn un o hanfodion y bywyd bonheddig cydlynid hynny â chadernid gwladwriaethol. Ychwanegwyd dimensiwn crefyddol, yn arbennig wedi 1559, pan sefydlwyd y Ffydd Brotestannaidd ac unwyd teuluoedd a dderbyniodd y Ffydd honno ac a oedd ar eu cynnydd trwy gyfrwng rhwydwaith o briodasau. Yr enghraifft orau o drefniadau manteisiol o'r math hwn yw pedair priodas Catrin o Ferain â rhai o foneddigion dyrchafedig gogledd Cymru, a chysylltwyd y teulu yng ngorllewin sir Ddinbych, yn ei dro, â theulu Salbri, Lleweni, Syr Richard Clwch, Bachegraig, Wyniaid Gwedir a Thelwaliaid Plas-y-ward. Y gydberthynas eang hon a greodd rwydwaith pwerus yng ngogledd Cymru yn ystod y blynyddoedd *c.* 1550-90. Yr oedd priodasau'n gyfle hefyd i hyrwyddo buddiannau bywyd cyhoeddus. Unwyd John Wynn o Wedir â Sydne, merch Syr William Gerard, Dirprwy-Lywydd Cyngor yn y Mers, a Syr John Price o Aberhonddu â Johan Williamson, nith i Thomas Cromwell, a Syr Gelly Meyrick o sir Benfro, cynorthwy-ydd Iarll Essex, â merch Ieuan Lewis o Gladestry, gweddw John Wynn o Lanelwedd, ac fel canlyniad, meddiannodd ddwy ystad. Priododd ei ferch yntau â Syr John Vaughan, Y Gelli Aur, Iarll cyntaf Carbery yn ddiweddarach. Gellid lluosogi enghreifftiau cyffelyb pryd yr unwyd ystadau ac yr ychwanegwyd at rym teuluol neu ei atgyfnerthu. Ac nid priodi i deuluoedd Seisnig a dylanwadol yn unig a wnaed ond asio cydberthynas rhwng mân deuluoedd bonheddig Cymreig a chyflawni'r un amcan, efallai, o fewn cylchoedd llai breintiedig a sylweddol ond, fel y tystia'r beirdd, llawn mor hyderus a dylanwadol yn y cylchoedd hynny. Y mae'r elfen linachyddol yn gyfryw fel ei bod, yn y rhanbarthau unigol, yn ategu'r hyn yr anelid ato gan lywodraethau'r Tuduriaid yn y deyrnas gyflawn, sef sefydlu trefn gymdeithasol gadarn.

Agwedd berthnasol i ddefod priodas oedd y cyfle, ar aelwyd newydd, i feithrin ymdeimlad o berchentyaeth, yr ymlyniad clòs wrth dreftadaeth a'r gymundod a roes fodolaeth iddi ac a'i cynhaliodd. Y mae'r beirdd yn rhoi pwyslais cyson ar y nodwedd ganolog hon i swyddogaeth yr uchelwr Tuduraidd: ceisient gymhwyso gwaddol y gorffennol ar gyfer dyddiau lle nad oedd delfrydau o'r fath yn apelio lawn cymaint. Sefydlwyd egwyddor perchentyaeth yn gadarn ym mhrydyddiaeth Gutun Owain a Dafydd Nanmor ac eraill ymhlith beirdd y bymthegfed ganrif, mewn cyfnod pan amlygwyd y sefydlogi uchelwrol ar dir cadarnach. Eto, wedi dweud hynny, mae'n ddiamau fod nifer sylweddol o blith yr uchelwyr yn parhau i gynnal tŷ neu dai urddasol ymhlith mawr a bach, megis Edward Herbert o'r Llys-mawr, Syr Thomas Mostyn o Fostyn a lliaws o fân fonedd yr ystyriwyd eu bod yn wŷr cyfrifol. Pwysleisiwyd eu galluoedd i hwsmona a llywodraethu eu tai a'u hystadau, a chyfeirir yn gyson at eu haeddiant, eu cymwynasgarwch a'u lletygarwch dihafal. Meddai Wiliam Llŷn yn gryno am un o'i noddwyr:

> Llaw sy i ti fal lles y tad,
> Llaw'n estyn oll yn wastad.[48]

Cwpled yw hwn sy'n cyfuno'n graff anian y perchentywr: yr olyniaeth ddyngarol, y gofal am y noddedig, ehangder a chysondeb haelioni a safle'r plasty fel ffynhonnell gwarineb. Yn y cyd-destun hwnnw hefyd y disgrifiwyd Syr Richard Bwclai III o Fiwmares:

> Gŵr â chof da iawn ganddo ac yn deall materion yn ymwneud â chadw tŷ, hwsmonaeth, materion morwrol, adeiladu llongau a'u cynnal a'u cadw ar y môr ... Yr oedd yn Berchentywr mawr ac yn ddiddanwr pendefigion ... Yr oedd ei ystad ym Môn yn werth 2500 li. y flwyddyn, yn sir Gaernarfon 800 li. ac yn sir Gaer 100 li., ac yr oedd ganddo'n wastad stoc fawr o arian parod yn ei gist ...[49]

Safai'r Bwcleiaid ymhlith y cyfoethocaf yng ngogledd Cymru. O haelioni o'r math hwn y tyfodd elusengarwch yr uchelwr a amlygir mewn ewyllysiau a gwaddoliadau, arwydd eto o fawrfrydigrwydd yr uchelwr a'i wraig — hithau'n llawn mor fonheddig ei thras — yn eu cymdogaeth.

Sylwebwyd ar yr ymddieithrio cyson o flynyddoedd canol yr unfed ganrif ar bymtheg ymlaen. Gwelsai William Salesbury'r perygl mor gynnar ag 1547, ac ugain mlynedd yn ddiweddarach ychwanegodd Gruffydd Robert ei farn yn ddychanol am yr uchelwyr hynny a ffugiai led-Seisnigrwydd unwaith iddynt weld afon Hafren, dod i olwg tyrau Amwythig a chlywed Sais yn dweud 'Bore da'. Cyflwynodd Gruffudd Hiraethog ei lawysgrif *Lloegr Drigiant ddifyrrwch Brytanaidd Gymro* i Richard Mostyn, noddwr beirdd a fu am gyfnod o'i fywyd yn Lloegr.[50] Ei fwriad oedd meithrin gwybodaeth am Gymru a'r Gymraeg ymhlith cyfoedion Mostyn o dras Cymreig a drigai'n Lloegr. Cynhwysa'r llyfr gasgliad o ddiarhebion a argraffwyd gan William Salesbury yn 1547, a detholiad o ryddiaith a phrydyddiaeth yr Oesoedd Canol ynghyd â phynciau eraill yn ymwneud â'r ddysg a nodweddai ysgolion hynafol y beirdd. Ymgais oedd y gwaith hwn i drwytho'r gwŷr ifainc yma yn nhraddodiadau sylfaenol y gyfundrefn farddol. Cyfeiria at y gwŷr blaengar hynny a oedd yn awyddus i 'weled a dysgu moes ac arfer tai a llysoedd brenhinoedd, dugiaid, ieirll ac arglwyddi, ac er caffael cyfan adnabod â phob gradd yn ei radd', ac at eraill, llai ffodus, a ymddieithriodd o'u hardaloedd 'ar obaith daioni wrth eu ffortun fel y terfyno eu tyngedfennoedd'. Sylw yw hwnnw ar anffawd y brodyr iau dietifedd, ond â Gruffudd Hiraethog rhagddo i geryddu'r rheini a amddifadodd eu diwylliant yn y broses:

> A phob un o'r rhai a daria nemor oddi cartref yn casáu ac yn gollwng dros gof iaith eu ganedig wlad a thafodiad ei fam gnawdol ... Ac felly, pa angharedigrwydd fwy ar ddyn na gyrru ei fam gnawdol allan o'i dŷ a lletya estrones ddi-dras yn ei lle?[51]

Ar y llaw arall yr oedd Henri Perri yn llym ei feirniadaeth o'r uchelwyr hynny a arhosodd yng Nghymru ond na roesant y nawdd a ddisgwylid ganddynt i gynnal safonau'r iaith Gymraeg a hybu ei lles. Meddai yn ei gyflwyniad i *Eglvryn Phraethineb* yn 1595:

> I ddiweddu, chwychwi foneddigion, periglorion, uchelwyr, prydyddion, ac eraill, adolwyn [deisyfu] ydwyf er mwyn coffadwriaeth hynafiaid, er mwyn pwylledd gwybodaeth er mwyn mawl eich rhieni ... cynorthwywch iaith y Cymry, trwsiwch a diwallwch, yn gystal drwy i chwi wobrwyo gwŷr dysgedig, i'w chasglu'n llwyr rhag dilaith anialog [tranc truenus]: ei chynnal yn lew, drwy ofal anhepwedd [sicr] ... A hefyd drwy i chwi (foneddion) ysgrifennu ynddi y naill at y llall. Canys o ddiffyg hynny yr ydych (gan mwyaf) mor anwybodus ynddi, a hithau mor anhyfedr i chwi; mal nas gellwch chwi ei chlodfori'n iawn, na hithau chwaith nemor o wasanaeth i chwi.[52]

Cyfeiria at wendidau sylfaenol safbwyntiau'r uchelwyr tuag at yr iaith Gymraeg; diffyg ymroddiad ar eu rhan i barchu ei hynafiaith a'i dysg ac i noddi ysgolheigion â'u bryd ar gynnal ei safonau; eu cyndynrwydd i ysgrifennu yn y Gymraeg at ei gilydd, eu hanwybodaeth affwysol ohoni a'u hanfedrusrwydd wrth ei thrin a'i thrafod: a'r holl gamweddau hynny'n eu hatal rhag gwerthfawrogi ei gogoniant a sylweddoli pa wasanaeth y gallai'r iaith honno ei gynnig iddynt. Y mae'r geiriau'n arwyddo nad oedd y sefyllfa'n foddhaol o gwbl yng Nghymru o safbwynt noddi'r iaith fel iaith dysg. Parhaodd y gyfundrefn nawdd i gynhyrchu prydyddiaeth draddodiadol yn ôl patrymau confensiwn mawl, ac ynddi ceid yr un symbolaeth a'r un safbwynt moesol ar gyfraniad yr uchelwr yn ei gymdeithas.

Un elfen a ymddangosodd yn fwy cyson ac yn amlycach yn y farddoniaeth hon, o tua'r 1540au ymlaen, oedd y gyfeiriadaeth afieithus at swyddogaeth a gwasanaeth cyhoeddus, a'r modd yr ychwanegodd hynny at ffurfio'r ddelwedd o'r gŵr gwâr. Prin yw'r cyfeirio manwl at natur swyddogaethau sirol o'r fath, ac ystrydebol gan fwyaf yw'r wybodaeth benodol a geir am gyfraniad y noddwr unigol. Pwysigrwydd yr elfen hon yw'r ffaith fod y beirdd, er cymaint eu pryder ynglŷn â'r dirywiad yn nawdd yr uchelwyr, yn eu huniaethu eu hunain â pholisi'r Tuduriaid ac yn mawrhau lle a chyfraniad y Cymro gweinyddol o fewn y gyfundrefn, boed hwnnw'n ganolog neu leol. Nid y drefn honno, o angenrheidrwydd, oedd yn gyfrifol am yr elfen gynyddol o surni yn y farddoniaeth yn ail hanner y ganrif ynglŷn â rhaib a gormes. Nid beirniadu system y Tuduriaid a wna Siôn Tudur, Edmwnd Prys ac eraill yn eu cerddi dychanol i'r byd ac i swyddogion llwgr ond doethinebu ar fethiannau gwŷr yr ymddiriedwyd iddynt y gorchwyl o weinyddu'r wladwriaeth newydd dan amgylchiadau ffafriol ac a gymerodd fantais annheg o'u hamgylchiadau. Mae'n wir fod yr hinsawdd economaidd wedi peri bod pwysau cynyddol chwyddiant ariannol wedi llesteirio carfanau isaf y gymdeithas yn ysbeidiol o'r 1560au ymlaen, ond bwrw eu sen ar ffaeleddau moesol gwŷr a gawsai'r dewis, dan amgylchiadau breintiedig, i weithredu'n ôl eu cydwybod a wna'r beirdd yn hytrach na fflangellu system llywodraethol yr oes. Denai swyddogaeth weinyddol yr uchelwyr yn aml i gamddefnyddio'i grym ym mhob oes a than bob amgylchiad, ond â chyllell y beirdd yn ddyfnach i graidd y broblem yng Nghymru pan sylweddolant fod gweinyddiaeth a'i manteision yn cael y gorau ar uchelwriaeth. Nid oedd nifer cynyddol ymhlith noddwyr a darpar noddwyr ychwaith yn eiddgar i gynnal cyfundrefn a amddiffynnai ddelfrydau'r bywyd diwylliannol canoloesol yn ogystal â diogelu'r dreftadaeth a'r gwareiddiad Cymreig nad oeddynt bellach mor ystyrlon na buddiol iddynt.

Golygai delfrydiaeth y beirdd lai i genhedlaeth o uchelwyr ifainc na chawsai'r cyfle i noddi beirdd am eu bod wedi symud dros Glawdd Offa i ennill eu bywoliaeth nag i'r to hŷn a oedd yn fwy cyfarwydd â'r confensiynau traddodiadol. Fel Henri Perri a'i gyfoedion eraill gwelodd Morus Kyffin gymaint yr oedd Cymry dysgedig, eglwysig a lleyg, yn amddifadu'r iaith Gymraeg ac yn esgeuluso'i lle priodol ym mywyd y genedl:

> ... a bagad eraill o Gymry yn cymryd arnynt eilun dysg a
> goruchafiaeth, heb ganddynt fri'n y byd ar iaith eu gwlad, eithr

Syr Hugh Myddleton (1560-1631), masnachwr llwyddiannus yn Llundain

rhuso'i dywedyd a chywilyddio'i chlywed rhag ofn is-hau ar eu gradd a'u cymeriad; heb na medru darllen na cheisio myfyrio dim a fai â ffrwyth ynddo'n Gymraeg, megis mynnu ohonynt i bobl dybied fod cymaint eu rhagorfraint hwy na wedda iddynt (f'eneidiau gwynion) ostwng cyn ised ag ymyrryd ar ddim addysg Gymreig.[53]

Ni ellir gwadu llymder barn gŵr a fuasai ei hun, yn bennaf fel milwr, am flynyddoedd lawer yng ngwasanaeth y Goron ar y cyfandir ac yn Iwerddon ond a barhaodd ei eiddgarwch dros yr iaith Gymraeg. Mae'n amlwg fod agwedd meddwl uchelwyr ar eu prifiant yn graddol newid tuag at iaith a diwylliant, a hynny'n bennaf o flynyddoedd canol yr unfed ganrif ar bymtheg ymlaen. Canodd Simwnt Fychan ei gwpledi agoriadol mewn cywydd i Syr John Wynn o Wedir fel a ganlyn:

> Y brad oedd i brydyddion
> Yn wir sydd yn yr oes hon;
> Aethant lle'r haeddynt gynt ged
> Is gil yn gas eu gweled ...
> Maent wŷr ifanc mewn trefi
> Yn gwatwar gwaith ein iaith ni.[54]

Canwyd y gerdd honno tua 1600 ar drothwy canrif a welodd fwlch ehangach yn datblygu rhwng y beirdd a'u noddwyr. Y mae cerdd arall debyg ganddo o ran ei chynnwys agoriadol i un o etifeddion Branas ym Meirionnydd. Tebyg yw ymateb Owain Gwynedd mewn cywydd i noddwr yn Nolgelynnen ym Mhennal, Meirionnydd, pan gyfeiria at y rhai a newidiai eu 'nwydau' yn eu perthynas â'r beirdd. Ac meddai Edward Brwynllys wrth ganmol uchelwr a osgodd y temtasiwn i wrthod rhoi nawdd iddynt:

> Pan oedd beth drudaniaeth dro
> A'r gweiniaid yn oer gwyno,
> A rhai'n cloi rhag rhoi na rhad
> Nac echwyn, difwyn dyfiad.[55]

Digwydd 'drudaniaeth' sawl gwaith yn y farddoniaeth ar dro'r ganrif, a chyfeirir at y prisiau uchel a'r cyni a ddioddefwyd oblegid cynaeafau gwael yn nawdegau'r unfed ganrif ar bymtheg. Yn y cyfnod hwnnw hefyd, pan ddwysáodd y rhyfel â Sbaen a'r gwrthryfel yn Iwerddon, cryfhawyd y weinyddiaeth filwrol a deddfwriaeth y tlodion i gadw disgyblaeth ar y deyrnas, a pharai hynny gryn anniddigrwydd a thrallod ymhlith y di-waith a'r di-ymgeledd.

Nid gorchwyl hawdd yw penderfynu pwy'n union oedd y 'bagad eraill o Gymry' neu'r 'gwŷr ifanc' y cyfeirir atynt gan Morus Kyffin a Simwnt Fychan. Nid oes amheuaeth fod uchelwyr a gawsai addysg yn credu mai'r sefyllfa ddelfrydol fyddai sefydlu unffurfiaeth iaith mewn cydberthynas ag unffurfiaeth weinyddol a chyfreithiol ac, wedi 1559, crefyddol, ac ategir hynny gan William Salesbury, William Morgan ac eraill o ddeallusion yr oes. Gallai sylw Morus Kyffin gyfeirio at Gymry a oedd yn uwch-glerigwyr yn yr Eglwys yng Nghymru neu yn Lloegr, yn gyfreithwyr a gwŷr proffesiynol eraill. Gallai hefyd gyfeirio at uchelwyr a drigai yng Nghymru nad oedd yn barod i estyn nawdd i'r beirdd neu, fel y dywed Simwnt Fychan, y meibion iau na roddwyd iddynt unrhyw ran sylweddol o'r etifeddiaeth yn ôl trefn cyntafanedigaeth. Efallai nad yw haneswyr wedi rhoi'r ystyriaeth haeddiannol i wŷr o'r fath, yn arbennig o safbwynt eu cynlluniau, eu pryderon a'u diddordebau diwylliannol. Wedi dweud hynny, dychwelodd nifer dda ohonynt i Gymru, priodi etifeddesau lleol, a sefydlu is-ganghennau teuluol bonheddig tra urddasol a gyfrannai'n hael tuag at gynnal y beirdd. Gwelir hynny'n amlwg ymhlith aelodau o ddeuluoedd megis Salbrïaid Lleweni, Morganiaid Tredegyr, Wyniaid Gwedir, Fychaniaid y Gelli Aur, Prysiaid Meirionnydd a sir Ddinbych, Mostyniaid sir y Fflint a'u cyffelyb ymhlith uwch ac is-ganghennau'r teuluoedd hynny. Ni ddylid credu bod y beirdd yn ddibynnol am eu cynhaliaeth ar y meibion hynaf yn unig fel penaethiaid y prif ddeuluoedd. Rhoddodd y beirdd bwyslais, mae'n wir, ar ddyrchafiad y meibion hynaf ac ar etifeddesau ym mhob cangen deuluol, a hynny'n bennaf i amlygu sefydlogrwydd a'r rhagolygon llinachyddol. Wedi cyfeirio at briod y noddwr rhestrir ef a hi uchaf ymhlith eraill mewn awdl a chywydd. 'Plant yw'n gobaith', meddai Siôn Phylip ac â rhagddo:

> Y ddihareb oedd eirwir
> Nad marw yw'r tad mawr o'r tir;
> O bae etifedd rhinweddol
> A roe Duw'n aer da yn ei ôl.[56]

Wedi dweud hynny, ac o gofio am y llif o uchelwyr ifainc a aethai dros y ffin, y mae llinellau Simwnt Fychan yn taro ar y gwir chwerw. Er bod meibion a merched iau yn cael eu henwi'n gyson mewn cywyddau mawl a marwnad fel y'i gilydd ffurfioldeb parchus yn fwy na dim arall yw hynny. Yr oedd anawsterau'r meibion iau yn Lloegr wedi cael cyhoeddusrwydd gan rai sylwedyddion yr oes, a chredwyd gan rai y dylid adfer yr hen ddull o rannu tir rhwng etifeddion i'w datrys. Nid ymddengys hynny'n destun trafod yn y ffynonellau Cymreig ond dehonglir y broblem yno o safbwynt diwylliannol a chymdeithasol yn hytrach nac economaidd. Yr oedd ymddieithrio o ardal frodorol i Lundain yn duedd arferol hefyd ymhlith bonedd yn y rhannau mwyaf anghysbell o Loegr, eto ymhlith bonedd iau, a chŵynid am hynny am ei fod, fel yng Nghymru, yn amddifadu'r gymdeithas gysefin o'i harweinyddiaeth naturiol.

Mae'n anodd penderfynu'n derfynol beth yn union oedd achos y lleihad mewn nawdd erbyn blynyddoedd canol yr ail ganrif ar bymtheg. Awgrymir nifer o ffactorau megis gorwelion ehangach ymhlith yr uchelwyr, chwyddiant ariannol a gawsai effaith enbyd ar allu uchelwyr unigol i gyflawni eu dyletswyddau i'r beirdd, a'r dirywiad naturiol yng nghyfundrefn y beirdd ei hun, ei hynafiaeth, ei ffurfioldeb a'i hanallu i ymgydnabod yn llawn â safonau bywyd newydd oes y Dadeni. Yn y pen draw, fodd bynnag, ni ellir osgoi'r ffaith mai cyfuniad o ffactorau economaidd a chymdeithasol a barodd fod y dirywiad yng nghyfundrefn y beirdd yn fwy amlwg o tua'r 1570au ymlaen hyd at ddiwedd canrif y Tuduriaid, mewn cyfnod — yn eironig ddigon — a welodd rai o brifeirdd hynotaf Cymru yn canu'n afieithus i'w noddwyr, yn eu plith Wiliam Llŷn, Wiliam Cynwal, Siôn Tudur, Simwnt Fychan a Siôn Phylip. Yr oedd safle'r uchelwyr eu hunain yn newid, yn arbennig y rhai mwyaf eangfrydig a llewyrchus yn eu plith. O gofio am yr holl gyfleusterau a gawsant yr oedd hi'n amlwg y disgwylid iddynt gynnal eu hurddas yn eu cymdeithas leol, a golygai hynny gynnydd mewn gwariant. Yr oedd gwerth incymau tir yn gostwng, yn arbennig os dibynnid ar renti a dyledion traddodiadol. Cafwyd cynnydd dwbl ym mhris nwyddau erbyn canol teyrnasiad Elisabeth, a chawsai chwyddiant o'r fath effeithiau difrifol hefyd ar yr hen bendefigaeth yn Lloegr. Gadawai rhai etifeddion eu tiroedd, nid yn unig oherwydd fod atyniadau mwy deniadol yn Llundain neu Amwythig neu Lwydlo ond yn ogystal am eu bod mewn trafferthion ariannol:

> Dedwydd a pharod ydych
> I brynu tir â braint wych.
> A'ch aer eich hun o chyrch hwynt
> A'i gwerth ac ni thrig wrthynt.
> Ef a rydd, ofer oeddych,
> Urddas a braint ar ddîs brych.[57]

Os parai hynny ymddieithrio cynyddol ymhlith tirfeddianwyr ifainc yna fe'u gorfodwyd i leihau'r nawdd a'r lletygarwch a roddid i'r beirdd. O gofio fod y plasty, i bob pwrpas, yn ganolfan ddyngarol i gylch eang o anffodusion gallai llawer o radd isel ddioddef o ddiffyg cynhaliaeth fel canlyniad i esgeulustod a chyni economaidd, yn cynnwys y meibion iau eu hunain wrth reswm. Collwyd urddas trwy i'r uchelwyr symud fwyfwy tuag at Lundain fel man i ymsefydlu ynddo dros hir dymor a chwilio am gyfle i ffynnu, naill ai yn y Llys Brenhinol — 'priffordd nawdd' fel y gelwid ef — neu mewn cartref pendefigol ac mewn cylchoedd masnachol a'u tebyg.

Dan amgylchiadau o'r fath nid yw'n syndod fod y beirdd wedi canmol yn wenieithus, hyd at syrffed, yr uchelwyr hynny a barhaodd i drigo yn eu plastai, yn gwylio'u buddiannau eu hunain a'u dibynyddion gyda'r gofal mwyaf. Ni wyddys faint o'r rheini oedd ar gael, dyweder, ar ddiwedd y ganrif, nac i ba raddau yr oeddynt yn sefydlog, ond y dybiaeth yw fod penteuluoedd uchelwrol, o ba haen gymdeithasol bynnag, yn y mwyafrif yng Nghymru'r pryd hwnnw. Er cymaint y llefai'r beirdd am ddiffyg nawdd yr oedd digon ohono i'w gael yng nghefn gwlad Cymru o hyd.

Efallai na ddylid rhoi gormod o bwyslais ar ddisgrifiad enwog Syr John Stradling o Sain Dunwyd o William Basset o'r Bewpyr yn taflu copi o gywydd mawl Meurig Dafydd iddo i'r tân wedi i'r bardd grwydro yno rhwng y Nadolig a Dydd Gŵyl Fair y Canhwyllau 'i ganu caneuon a derbyn gwobrwyon ... am gywydd, odl neu englyn ... a gynhwysai, yn rhannol, foliant y bonheddwr ac, yn rhannol, achau a phriodasau ei hynafiaid'.[58] Er iddo dalu 'noble', sef darn aur gwerth 6s. 8c. i'r bardd mae'n amlwg na theimlai'r uchelwr fod y gerdd o unrhyw werth. Er hynny, o'i chymhwyso i'r gymdeithas uchelwrol yng Nghymru'n gyffredinol y mae'r weithred yn symbolaidd. Yn ffodus iawn ni ddinistriwyd y mwyafrif ymhlith y llawysgrifau barddol yn yr un modd ond, yn ddiamau, ystyriwyd mai amherthnasol bellach oedd cynnyrch cyfundrefn y beirdd, yn arbennig ymhlith haenau uchaf y gymdeithas uchelwrol yng Nghymru a'r rhannau hynny o'r wlad a deimlai fod yr hinsawdd cymdeithasol Seisnig yn fwy cydnaws â'u natur na'r bywyd Cymreig uchelwrol.

Er bod lleihad yn nifer y noddwyr ar ddiwedd yr unfed ganrif ar bymtheg parhaodd delweddaeth symbolaidd y beirdd yn elfen gref yn y farddoniaeth fawl. Goroesodd y syniad o undod Prydeinig a amlygwyd yn llinach y Tuduriaid, yn arbennig ei chysylltiadau Cymreig. Dysgodd y beirdd yr uchelwyr yng Nghymru sut i fawrhau eu treftadaeth Brydeinig drwy bwysleisio dwy wedd ar eu statws gwleidyddol yn y wladwriaeth. Yn y lle cyntaf yr oeddynt yn Gymry â'r hawl ganddynt i weithredu cyfraith a threfn ar dir cydradd â'r Sais yn eu gwlad eu hunain. I'r beirdd a'r hynafiaethwyr Cymreig dyna oedd ystyr ac arwyddocâd dyfod y Tuduriaid, sef i 'waredu' Cymru rhag gorthrwm a sefydlu'r breintiedig mewn swyddi cyfrifol. Golygai hynny eu bod bellach wedi ailfeddiannu awdurdod dros bobl o'r un hil â hwy. O'r safbwynt hwnnw credid bod i swyddogaeth uchelwrol wedd fwy parhaol ac oesol amgenach na'r darlun mynych a geid o grafangu hunanol am dir a daear. Edrychwyd arnynt mewn cyd-destun ehangach. Yn ail, fe'u gosodwyd yng nghefndir yr etifeddiaeth Brydeinig gyntefig, a'r hawl gan uchelwyr yn y byd cyhoeddus i gyfrannu, eto ar dir cydradd, i lesâd y deyrnas gyfansoddiadol gyfan. Amlygiad o hynny oedd yr hawl a roddwyd i'r uchelwyr hynny i gynrychioli eu pobl yn Nhŷ'r Cyffredin. Fe'u dehonglwyd yn etifeddion teilwng i'r *imperium* Prydeinig, a chafwyd adfywiad, digon gwan, mae'n wir, yn y traddodiad daroganol. Dangosodd Syr William Maurice o'r Clenennau ddiddordeb mawr yn nyrchafiad Iago I ar ei esgyniad yn Frenin 'Prydain Fawr' wedi iddo uno coronau Lloegr a'r Alban yn 1603, ac areithiodd yn huawdl ar y pwnc hwnnw yn Nhŷ'r Cyffredin yr adeg honno. Fel ei gyd-fonedd Cymreig yn y Senedd credai'n gryf yn athrawiaeth dinasyddiaeth gydradd a dyrchafu'r Cymry i safle a fyddai'n cadarnhau'r statws hwnnw. Ystyrid bod y Deddfau Uno'n sylfaen i'r awdurdod a'r enedigaethfraint ar ei newydd wedd. Erbyn hynny ymlynai'r aelodau seneddol wrth egwyddorion gwleidyddol a oedd yn berthnasol i Gymru, a'r pwysicaf ohonynt oedd y pwyslais ar gynnal ac amddiffyn yr 'iaith', sef y gymundod ddiwylliannol Gymreig. Delwedd o'r fath oedd bennaf ym meddyliau sylwedyddion Cymru drwy gydol yr unfed ganrif ar bymtheg. Cyplyswyd y penderfyniad i adfer a chynnal yr enedigaethfraint uchelwrol â'r dyhead i wasanaethu llinach frenhinol a oedd yn hanfod o gyff Prydeinig.

Yn y cyd-destun hanesyddol hwn y cyfrannodd Arthur Kelton, y bardd o Amwythig, ei gerdd 'A Commendacion of Welshmen' tua 1546 — prin ddegawd wedi'r Ddeddf Uno gyntaf — yn fath ar folawd i'r Cymry. Yr oedd yn bropagandydd Tuduraidd pybyr ac yn hyddysg yn nhraddodiadau Sieffre o Fynwy, ac anogodd y Cymry i fod yn deyrngar i'r frenhiniaeth. Y mae rhan o'i gerdd yn cymeradwyo ewyllys da Harri VIII tuag at y Cymry trwy gyfrwng ardrefniad 1536-43, a rhoddir y deyrnged uchaf i swyddogaeth ganolog y Brenin yn hybu llwyddiant materol y teuluoedd bonheddig ac yn cadarnhau'r berthynas rhyngddi â'r Cymry â'r 'statudau newydd a chyfreithiau a gomisiynwyd yn swyddogol':

> I'r diben hwnnw
> Ymgydnabyddwch yn foesgar
> Un gyfraith, un serch,
> Un Duw goruchaf
> Ac un brenhinol rhi.[59]

Golygai'r teyrngarwch hwn feithrin balchder a'r gallu i gynnal y drefn gymdeithasol gydnabyddedig. Pwysleisia'r angen i gydymffurfio ag egwyddorion y drefn honno. Y mae'r gerdd, yn ei hanfod, yn dilyn patrwm yr hyn a fynegwyd yng ngwaith y dyneiddwyr a sylwedyddion eraill. Clyment y presennol wrth y gorffennol euraid ac ystyrient linach y Tuduriaid yn ddolen gyswllt y priodolwyd iddi nodweddion hanesiol a hynafiaethol. Yn lle gorthrwm y gorffennol daethai rhyddid trwy gyfrwng yr etifeddiaeth frenhinol, ac yn sgil honno, corff cyfreithiol unffurf i gymryd lle arferion y gorffennol.

Daeth canrif y Tuduriaid ag ynni ac asbri newydd i fywyd yr uchelwyr, ac wrth drafod fframwaith eu cymdeithas daw pum prif nodwedd i'r amlwg, bob un ohonynt, yn eu tro, yn ddibynnol ar ei gilydd. Yn y lle cyntaf priodolwyd iddynt uchelwriaeth freiniol a sylfaenwyd ar ach a thras. Dyna'r ffactor waelodol. Yn ail, ystyriwyd bod eu treftadaeth ynghlwm wrth adnoddau diwylliannol y genedl, yr ymdeimlad o berthyn i gymdogaeth, a honno'n rhan o gymundod cenedlaethol Cymreig yn ei ystyr hanesyddol a Phrydeinig. Yn drydydd, ac yn deillio o hynny, yr oedd cyfreithlondeb, sef sylfaen pellach i ethos yr uchelwriaeth yn ei chyfnod mwyaf toreithiog yng nghyd-destun y Deddfau Uno. Golygai hynny berchenogaeth sefydlog a ffyniannus ar dir ac eiddo, swyddogaeth gyfiawn a llwyddiant yn y byd gwleidyddol. Yn bedwerydd, yr oeddynt yn ymwybodol fod defod uchelwriaeth yn golygu dau beth: braint a dyletswydd. O safbwynt yr athrawiaethau a gyhoeddwyd parhaodd y drefn gymdeithasol i fod yn hierarchaidd a phatriarchaidd, a seiliwyd y canllawiau arbennig i ddiogelu hynny ar nawdd a gweddusder. Dehonglwyd y drefn gymdeithasol yn haearnaidd yn ôl gradd a chan bob haen swyddogaethau neilltuol i'w cyflawni. Er hynny, yng nghysgod newidiadau economaidd — a dyma'r pumed pwynt — datblygodd hyblygrwydd ac ystwythder a olygai fod unigolion, a theuluoedd cyfain weithiau, naill ai'n codi neu'n disgyn o un radd i'r llall. Parhawyd i roi'r pwyslais ar 'drefn' a 'gradd', ac yr oedd hynny'n wrthwynebiad pendant i'r ffactorau bygythiol yn hytrach na bod yn ddatganiad digyfaddawd ohonynt. Er nad yw'r ansefydlogrwydd cymdeithasol i'w ganfod mor eglur yn y gymdeithas uchelwrol Gymreig, ac er bod naws yr uchelwriaeth honno wedi goroesi, yn araf daeth y gwahaniaethau rhwng teuluoedd yn amlycach ac yn fwy niweidiol i'r rhai is eu gradd yn ystod yr ail ganrif ar bymtheg.

LLYFRYDDIAETH

Bowen, D.J., *Gruffudd Hiraethog a'i Oes* (1958)

Howells, B.E. (gol.), *Pembrokeshire County History III, Early Modern Pembrokeshire 1536-1815* (1987)

Jones, J.G. (gol.), *Class, Community and Culture in Tudor Wales* (1989)

Jones, J.G., *Concepts of Order and Gentility in Wales, 1540-1640: Bardic Imagery and Interpretations* (1992)

Stephens, R. *Gwynedd, 1528-1547: Economy and Society in Tudor Wales* (1979)

Williams, G.(gol.), *Glamorgan County History: IV, Early Modern Glamorgan* (1974)

NODIADAU

[1] *Francis Bacon's Essays*, gol. O. Smeaton (1968), tt.40-1.

[2] Thomas Churchyard, *The Worthines of Wales* (1587), tt.51-2.

[3] R. Flenley (gol.), *Calendar of the Register of the Council in the Marches of Wales, 1569-91* (1916), t.105.

[4] J.M. Traherne (gol.), *Stradling Correspondence: a Series of Letters written in the Reign of Queen Elizabeth* (1840), CXXXIX, t.168.

[5] *Penbrokshire, I*, t.190.

[6] G. Williams, *Grym Tafodau Tân: Ysgrifau Hanesyddol ar Grefydd a Diwylliant* (1984), t.146.

[7] Ibid., t.147.

[8] G.H. Hughes (gol.), *Rhagymadroddion, 1547-1659* (1951), t.32.

[9] LlGC, Llsgr. Tredegar 148 (Atodiad A).

[10] C. Davies (gol.), *Rhagymadroddion a Chyflwyniadau Lladin, 1551-1632* (1980), IV (ii), t.56.

[11] T.O. Phillips, 'Bywyd a Gwaith Meurig Dafydd a Llywelyn Siôn' (traethawd M.A. Prifysgol Cymru, 1937), xi (a), t.373.

[12] *Stradling Correspondence*, CXXXVIII, t.165.

[13] *HGFM*, t.35.

[14] LlGC, Llsgr. Brogyntyn 2,8.

[15] *Penbrokshire, I*, tt.35, 38-9.

[16] E. Roberts (gol.), *Gwaith Siôn Tudur* (1978), I, CLI, t.608. Am fwy o wybodaeth ar achyddiaeth a herodraeth y cyfnod gweler M.P. Siddons, *The Development of Welsh Heraldry*, I (1991); F. Jones, 'An Approach to Welsh Genealogy', *Traf. Cymmr.*, 1948, 348-91.

[17] H. Llwyd, *The Breuiary of Britayne*, cyf. T. Twyne (1573), fo.60(b).

[18] C. Davies, op. cit., t.75.

[19] Ibid., t.29.

20   *Rhagymadroddion,* t.17.

21   J.C. Morrice (gol.), *Barddoniaeth Wiliam Llŷn* (1908), VI, t.15.

22   *Gwaith Siôn Tudur,* I, CXLIX, t.596.

23   *Rhagymadroddion,* tt.32-3.

24   *HGFM,* t.25.

25   Rhys Meurig, *Morganiae Archaiographia,* gol. B.Ll. James (1983), t.68.

26   *The Worthines of Wales,* tt.106-7.

27   *Gwaith Siôn Tudur,* I, XIV, t.53.

28   LlGC, Llsgr. 465E,324.

29   *Stradling Correspondence,* LVIII, tt.65-6.

30   C. Davies, op. cit., III (a), t.39.

31   H.H.S. Croft (gol.), *The Boke named the Governour* (1883), I, tt.161-2.

32   *HGFM,* tt.15-16.

33   G.A. Williams (gol.), *Ymryson Edmwnd Prys a Wiliam Cynwal* (1986), XXVI, t.118.

34   *Penbrokshire,* III, t.57.

35   J. Leland, *Itinerary in Wales* (1906), gol. L. Toulmin Smith, tt.14, 18, 27, 84, 85.

36   *Gwaith Siôn Tudur,* I, X, t.39.

37   *HGFM,* xviii-xx.

38   C. Davies, op. cit., VI, t.71.

39   *Barddoniaeth Wiliam Llŷn,* I, t.2.

40   S. Guazzo, *La Civil conversatione del Signor Stefano Guasso ...* (1574). Cyfieithiad o'r Ffrangeg gan G. Pettie (1581), *The Civil Conversation of M. Steven Guazzo ...* Rhagair fo. 1(b).

41   LlGC, Llsgr. 9051E,72.

42   A.L. Rowse, *The Elizabethan Renaissance: the Life of the Society* (1971), t.109.

43   C. Davies, op. cit., IV (ii), tt.55-6.

44   *Penbrokshire,* III, t.56.

45   R. Kelso, *The Doctrine of the English Gentleman in the Sixteenth Century* (1964), tt.142-3.

46   J. Stradling, *Direction for Traveilers taken out of Justus Lipsius for the behoof of the right honourable lord the young Earl of Bedford being now ready to travell* (1592), Sig. B-B 3 verso, C2-C3 verso. Gw. K. Charlton, *Education in Renaissance England* (1965), t.217.

47   C. Davies, op. cit., VI, t.74.

48   *Barddoniaeth Wiliam Llŷn,* XXI, t.53.

49 E.G. Jones (gol.), 'History of the Bulkeley Family' (LlGC, Llsgr. 9080E), *Trafodion Cymdeithasol Hynafiaethol Môn*, 1948, 21-2.

50 D.J. Bowen (gol.), *Gruffudd Hiraethog a'i Oes* (1958), tt.33-7. Gw. hefyd *Rhagymadroddion*, tt.9-16.

51 *Gruffudd Hiraethog a'i Oes*, t.34.

52 *Rhagymadroddion*, tt.87-8.

53 Ibid.

54 Llyfrgell Sir De Morgannwg, Caerdydd, Llsgr.4.101, 102a.

55 J. Fisher (gol.), *The Cefn Coch MSS.* (1899), t.389.

56 Llsgr. Caerdydd 4.101,114.

57 T. Parry (gol.), *The Oxford Book of Welsh Verse* (1982), CXX, t.246.

58 J. Stradling, 'The Storie of the Lower Borowes of Merthyr Mawr', gol. H.J. Randall a W. Rees, *South Wales and Monmouth Record Society Publications*, I, 1932, 71-2.

59 A.H. Dodd, 'A Commendacion of Welshmen', *BBGC*, XIX, 1961, 248-9.

Pennod II

YR ARDREFNIAD TUDURAIDD 1534-43

PENDEFIGAETH, UCHELWRIAETH A'R PATRWM LLYWODRAETHOL

Yn 1532, cofnododd Thomas Cromwell, Prif Ysgrifennydd y Brenin Harri VIII, yn ei nodiadau preifat fod yn rhaid iddo ymroi i drafod y sefyllfa ddyrys yng Nghymru. Y pryd hwnnw dwysaodd amgylchiadau gwleidyddol yn Lloegr pan oedd Senedd y Diwygiad yn y broses o ryddhau'r deyrnas o awdurdod y Pab yn Rhufain. Yr oedd y tridegau cynnar yn cynrychioli un o'r cyfnodau mwyaf tyngedfennol yn hanes cyfansoddiadol Lloegr pan benderfynodd Harri VIII — yntau'n Frenin grymus ac eofn — drwy grafter gwladweinyddol ei weinidog galluocaf, a chyda chefnogaeth ei Senedd, sefydlu gwladwriaeth sofran unedig. Yr oedd Senedd y Diwygiad yn gyfrwng pwysig i gyflwyno un o'r newidiadau pwysicaf yn hanes Lloegr o safbwynt cyfansoddiad y deyrnas. Rai blynyddoedd cyn hynny, yn 1530, bu farw'r Cardinal Thomas Wolsey, Arglwydd Ganghellor a phrif weinyddwr y Goron, a fethodd yn ei ymdrech i ddiddymu priodas Harri a Catrin o Aragon, gweddw ei frawd Arthur. Gwysiwyd y Senedd yn Nhachwedd 1529 gyda'r bwriad, ymhlith gorchwylion eraill, o ymosod ar gamarferion yr Eglwys. Nid pwrpas gwreiddiol y Senedd honno oedd peri rhwyg rhwng yr Eglwys yn Lloegr a'r Eglwys Rufeinig. Yn wir, yr oedd Harri'n Frenin ceidwadol ac ni wnaed datganiadau athrawiaethol chwyldroadol ynddi. Ei hamcan oedd dangos cryfder Harri i'r Pab Clement VII er mwyn ceisio'i orfodi i ildio ar gwestiwn diddymu'r briodas. Yn 1532 aethpwyd ati i gwtogi ar awdurdod y *curia* trwy wahardd anfon trethi esgobol i Rufain a chyfyngu ymhellach ar fraint y clerigwyr ac awdurdod y llysoedd eglwysig. Uchafbwynt y digwyddiadau hynny oedd ymostyngiad y glerigaeth i'r Brenin pan ofynnodd y Confocasiwn iddo gymeradwyo'r gyfraith ganon a phan benderfynwyd peidio â deddfu mwy heb ei ganiatâd. Yn Nhachwedd yr un flwyddyn gwaharddwyd Harri gan y Pab rhag ymwahanu â Chatrin a chymryd Anne Boleyn, merch Syr Thomas Boleyn, un o'i weinidogion, yn wraig. Gellir olrhain y cysylltiad rhyngddo â hi yn ôl i'r flwyddyn 1526, ac yn y flwyddyn ganlynol y dechreuodd y gweithrediadau i geisio diddymu'r briodas â Chatrin.

Yr oedd y flwyddyn 1533 yn dyngedfennol. Yn Ionawr canfu Harri fod Anne Boleyn yn feichiog ac fe'i priododd yn ddirgel. Yn fuan wedi hynny cyhoeddodd Thomas Cranmer, Archesgob newydd Caergaint, nad oedd trwydded y Pab Julius II (1509), a ganiataodd i Harri briodi Catrin, yn gyfreithlon ac nad oedd y ddau erioed wedi priodi. Ym mis Mehefin coronwyd Anne Boleyn yn Abaty Westminster ac ym Medi ganwyd Elisabeth. Ni allai'r Pab oddef sefyllfa o'r fath ac aeth Harri rhagddo, gyda chymorth Thomas

47

Cromwell a'i Senedd, i ddileu ei awdurdod yn y deyrnas yn gyfan gwbl. Yn yr un flwyddyn, cafwyd Deddf Apeliadau a waharddodd anfon apeliadau i Rufain, ac yn rhaglith y ddeddf honno datganwyd maint a natur awdurdod cyfansoddiadol newydd y Brenin. Cyhoeddwyd yn ffurfiol fod Lloegr yn wladwriaeth sofran rydd a'r Brenin yn Ben Goruchaf arni. Nid oedd cynseiliau hanesyddol cadarn dros fynnu hawliau o'r fath ond bwriad Thomas Cromwell oedd sicrhau annibyniaeth y deyrnas o afael Rhufain:

> Y mae teyrnas Lloegr yn Ymerodraeth, ac felly y mae hi wedi cael ei chydnabod yn y byd, wedi'i llywodraethu gan un Pennaeth Goruchel a Brenin sy'n meddu ar urddas a safle brenhinol Coron ymerodrol y deyrnas honno: ac mae corff gwladwriaethol, yn cynnwys pob math a graddau o bobl a rennir yn ôl termau ac enwau, yn Eglwysig a Lleyg, wedi ei ymrwymo i roi iddo ef, nesaf at Dduw, ufudd-dod naturiol a gostyngedig.[1]

Yn y cyd-destun hwnnw cyhoeddir Lloegr yn ymerodraeth ac yn wladwriaeth hunangynhaliol a rhydd o awdurdod unrhyw rym gwleidyddol y tu allan iddi. Yr oedd Cromwell wedi teithio llawer, ac o bosibl, wedi dysgu am ystyr awdurdod o'r fath mewn Cyfraith Rufeinig. Fe ymddengys iddo hefyd fod yn gyfarwydd â syniadau Marsiglio o Padua a amddiffynnodd awdurdod yr Ymerodraeth Rufeinig Sanctaidd pan fygythiwyd hi gan y Babaeth a hawliai rym llawn. Mabwysiadodd Harri VIII yr awdurdod lleyg cyflawn — yr *imperium* — a gawsai gan Dduw. Cynhwyswyd yr athrawiaeth honno yn rhaglith y Ddeddf Apeliadau: llywodraethir y wladwriaeth gan y Brenin, ac ef yn unig. Oddi tano, ac o fewn eu cylchoedd priodol yn y wladwriaeth a'r Eglwys, gweithreda'r awdurdodau seciwlar a'r glerigaeth. Yn y flwyddyn ganlynol cafwyd Deddf Uchafiaeth a osododd awdurdod y Brenin yn llwyr ar yr Eglwys. Rhoddwyd iddo'r *potestas jurisdictionis*, yr hawl i lywodraethu'r Eglwys honno a gweithredu awdurdod cyfreithiol ynddi. Dyna hanfod y sofraniaeth genedlaethol a hawliwyd ac a feddiannwyd gan Harri VIII yn 1533-4 ac a gyfreithlonwyd yn Nhŷ'r Cyffredin trwy gyfrwng statud. Golygai hynny fod y Brenin wedi sefydlu ei awdurdod llywodraethol llawn yn y deyrnas trwy ddefnyddio'r grym yn ei Senedd, ac wedi gwneud hynny, cadarnhaodd y berthynas rhwng y Goron a deiliaid y deyrnas.

Canlyniad y digwyddiadau allweddol hynny oedd y penderfyniad pellach i ddileu'r hawliau rhyddfreiniol cyfansoddiadol a gwleidyddol a oroesai mewn sawl rhan o'r deyrnas. Ni allai brenhiniaeth, a weithredai ei hawdurdod llawnaf, oddef parhad rhanbarthau annibynnol lle yr arferid dulliau canoloesol o lywodraethu. Er mwyn dileu rhyddfreiniau ffiwdal annibynnol aeth Thomas Cromwell ati mewn deddf yn 1536 i gyflawni'r hyn a wnaeth Harri VII i liniaru dipyn ar ormes pendefigion. Yn rhaglith y ddeddf honno cyfeirir yn benodol at y bwriad hwnnw. Ceir yn y ddeddf ei hun rai cymalau sy'n ymdrin yn gyffredinol â Chymru a Lloegr, yn arbennig ynglŷn â materion troseddol, a deddfir mai'r Brenin yn unig yw ffynhonnell cyfraith yn y wladwriaeth. Ceir yng ngeiriad y ddeddf adlais o'r hyn a ddatganwyd yn y Ddeddf Apeliadau:

> Ond bydd gan ei Fawrhydi'r Brenin, ei etifeddion a'i olynwyr, brenhinoedd y deyrnas hon, yr holl a'r unig rym ac awdurdod wedi'u huno a'u gwau i Goron ymerodrol y deyrnas hon fel y perthyn yn ôl priod hawl ac ecwiti.[2]

Cam i'r cyfeiriad a gymerwyd gan y Brenin yn fwy terfynol yn ei berthynas â Chymru ychydig yn ddiweddarach oedd hynny. Achosodd y sefyllfa yn y Dywysogaeth a'r Mers gryn bryder i'r llywodraeth am rai blynyddoedd cyn 1536. Yr oedd yr hen arglwyddiaethau Normanaidd yn ansefydlog ac wedi goroesi eu defnyddioldeb, ac nid oedd gweinyddiaeth y Dywysogaeth mor effeithiol ag y gallai fod. Yn Nhywysogaeth y Gogledd, teulu Gruffudd y Penrhyn — disgynyddion Ednyfed Fychan — oedd fwyaf blaenllaw, a dyrchafwyd y trydydd William Gruffudd yn Siambrlen Gogledd Cymru yn 1508, a bu yn y swydd, ac eithrio am un cyfnod byr yn 1509, hyd ei farw yn 1531. Yr oedd ei dad o'r un enw wedi bod yn y swydd honno o 1483 hyd 1490, a sefydlodd nifer o gysylltiadau teuluol dylanwadol. Tebyg fu hanes Syr William Gruffudd, yr ail Siambrlen. Trwy briodas perthynai i deulu Stradling, Sain Dunwyd ym Morgannwg ac yr oedd hefyd yn gâr i Syr Rhys ap Thomas o Ddinefwr, Marchog Urdd y Gardys, Siambrlen siroedd Aberteifi a Chaerfyrddin a Chwnstabl a Stiward arglwyddiaeth Brycheiniog. Bu Syr William Gruffudd yn gwasanaethu mewn ymgyrchoedd milwrol dan Charles Brandon, Dug Suffolk, yn Ffrainc yn 1513, a gwarchae Thérouanne yn eu plith, ac fe'i hurddwyd yn farchog yn Tournai yn yr un flwyddyn. Cydoeswr iddo yn Nhywysogaeth y De oedd Syr Rhys ap Gruffudd, cynrychiolydd tŷ pwerus Dinefwr ac olynydd ei daid Syr Rhys ap Thomas a gymerodd ran flaenllaw yn cynorthwyo Harri Tudur yn ei ymgyrch i gipio'r Goron yn haf 1485 ac a ddaethai wedyn yn rym yn y rhanbarth hwnnw drwy gydol teyrnasiad Harri a rhan helaeth o deyrnasiad ei fab Harri VIII. Er i Syr Rhys ap Gruffudd fethu â sicrhau iddo'i hun yr awdurdod cyhoeddus a feddai Syr Rhys ap Thomas, yn arbennig swyddi Siambrlen a Phrif Ustus De Cymru, nid oes amheuaeth fod ganddo rym sylweddol a'i fod yn ŵr o barch ac anrhydedd. Yr oedd yn Babydd selog ac yn uchelwr a chanddo gysylltiadau o bwys y tu allan i Gymru hefyd.

Gwraig Syr Rhys ap Gruffudd oedd Catherine Howard, merch ail Ddug Norfolk, a hi fu'n gyfrifol, mae'n debyg, am ddwysáu'r anghydfod rhyngddo â Walter Devereux, Arglwydd Ferrers. Yr oedd hwnnw'n aelod amlwg o'r Cyngor yn y Mers a adfywiwyd yn 1525 dan awdurdod y Dywysoges Mari a'i sefydlu yn Llwydlo. Rhoddwyd i Devereux swyddi Prif Ustus De Cymru a Siambrlen siroedd Aberteifi a Chaerfyrddin, ac oherwydd hynny ni allai Syr Rhys ap Gruffudd guddio'i eiddigedd. Ym mis Mehefin 1529 y digwyddodd y gwrthdaro cyntaf rhwng y ddau ynglŷn â chynnal a chadw dilynwyr Syr Rhys ap Gruffudd yn nhref Caerfyrddin, a'r canlyniad fu iddo gael ei garcharu. Fe'i rhyddhawyd ar fechnïaeth, ac wedi achos a fu rhyngddynt yn Llys Siambr y Seren, dyfarnwyd y dylai'r ddau elyn gymodi. Ond nid oedd yr uchelwr eofn o Ddinefwr, a oedd yn ymwybodol o'i statws a'i hawliau cynhenid yn ei diriogaeth, yn fodlon ar y sefyllfa ac ynghyd â'i ewythr Siams ap Gruffudd, fe'i cyhuddwyd yn y flwyddyn ddilynol o deyrnfradwriaeth am iddo gynllwynio â'r Brenin Iago V o'r Alban i ddiorseddu Harri VIII. Mae'n wir mai tystiolaeth digon gwan a gyflwynwyd yn ei erbyn, ond fe'i cafwyd yn euog ac fe'i dienyddiwyd ar 4 Rhagfyr 1531. Mae'n anodd dyfalu pam y digwyddodd hynny. Yn ôl Eustace Chapuys, y llysgennad ymerodrol, ymddengys iddo greu gelyn o Anne Boleyn, a ddyrchafwyd ym Medi 1532 yn Ardalyddes Penfro. Mewn cyfnod argyfyngus yn hanes Lloegr nid oes amheuaeth fod Syr Rhys ap Gruffudd yn fygythiad difrifol i barhad llywodraeth effeithiol yng ngorllewin Cymru. Credai Elis Gruffudd, y milwr a'r hanesydd hynod ddiddorol hwnnw o Calais, mai barn Duw ar Syr Rhys ap Gruffudd am droseddau ei ragflaenwyr, yn arbennig ei daid Syr Rhys ap Thomas, oedd yn gyfrifol am ei ddienyddio:

> Oblegid clywais gan lawer o bobl o'r parthau hynny, dyweder o fewn 20 milltir o amgylch y lle y trigai hen Syr Rhys ap Thomas nad oedd ym meddiant iwmyn tlawd unrhyw dir, os byddai'n ei ffansïo, na chawsai ... heb ymgynghori â'r meddianwyr. Felly, gwelwn wirionedd y diarhebion a gyhoeddir: 'Diwreiddir plant yr anghyfiawn'; 'wedi balchder, marwolaeth faith'.[3]

Barn hallt, a dweud y lleiaf, ond yr oedd y croniclydd hwn yn fynych yn hoff o orliwio'i ddisgrifiadau o'r sefyllfa gyfoes yng Nghymru.

Ni allai'r Brenin oddef tirfeddiannwr Pabyddol grymus a threisgar yn tra-arglwyddiaethu yn rhannau gorllewinol ei deyrnas ac yntau yn y broses o ryddhau oddi wrth awdurdod y Pab. Ar ben hynny, yr oedd penderfyniad y Brenin i ddienyddio Edward Stafford, trydydd Dug Buckingham a pherchennog arglwyddiaethau Casnewydd, Brycheiniog, Y Gelli, Huntingdon a Caus ymhlith eraill, ddeng mlynedd cyn hynny'n enghraifft arall o Frenin na allai oddef barwn grymus a beryglai ei safle ar yr orsedd. Yr oedd Buckingham yn awyddus i adfer awdurdod ei deulu, ac ymdrechodd i wneud hynny drwy weithredu'n llym ei hawliau cyfreithiol a threthu ei ddeiliaid yn drwm. Bu hynny'n gyfrifol, i raddau mawr, am ei gwymp yn 1521. Yn ychwanegol at hynny ceisiodd adfer ei hawl i etifeddu Coron Lloegr oblegid yr oedd yn ddisgynnydd ar ochr ei daid o Anne, merch Thomas o Woodstock, pumed mab y brenin Edward III, ac ar ochr ei fam, o John Beaufort, mab John o Gaunt. Yr oedd ganddo hawl gref i'r orsedd. Bu ei dad, Henry Stafford, ail Ddug Buckingham, yn gefnogol i Risiart III a chynyddodd ei rym yn aruthrol mewn eiddo a swyddi yn ystod ei deyrnasiad byr. Ni pharhaodd y cyfeillgarwch yn hir oherwydd fe'i cythruddwyd am fod Rhisiart wedi oedi cyn rhoi tiroedd a swyddi eraill iddo ac oherwydd ei hawl i'r orsedd, a phenderfynodd gynllwynio yn ei erbyn a chynorthwyo Harri Tudur. Methiant llwyr, fodd bynnag, fu'r cynllwyn hwnnw ac fe'i dienyddiwyd.

Yn sicr, yr oedd Edward Stafford, yn rhinwedd ei dras, yn rym o'r pwys mwyaf yn y Mers hyd at flwyddyn ei farw, a phan ddienyddiwyd ef darostyngwyd un o'r prif fygythiadau i awdurdod Harri a oedd, ar y pryd, yn bryderus ynghylch yr olyniaeth. Yr oedd Buckingham a Thomas Wolsey, Canghellor y Brenin, yn elynion anghymodlon. Gweithredai Buckingham yn rhodresgar a balch ac yr oedd yn ymwybodol o'r teyrngarwch a ddangosid iddo ymhlith ei denantiaid. O gofio hynny, nid yw'n syndod fod grym Syr Rhys ap Gruffudd, ddegawd yn ddiweddarach, yn her i awdurdod y Goron. Ofnid y ceid ymosodiadau llyngesol o Sbaen ac Iwerddon ar benrhynau gorllewinol Cymru gyda'r bwriad o ddarostwng Lloegr. Nid dyna'r tro cyntaf i rymusterau o'r cyfandir fygwth Lloegr o du'r gorllewin ac nid gorchwyl anodd fyddai glanio ar wastadeddau Môn a Phenfro a phenrhyn Llŷn.

Yr oedd hi'n bur amlwg fod y sefyllfa yng Nghymru'n fater o bryder mawr i Harri a Thomas Cromwell ym mlynyddoedd cynnar y tridegau. Yr oedd Cromwell yn lleygwr, yn gyfreithiwr ac yn swyddog uchelgeisiol. Fe'i ganwyd yn fab i of o Putney yn Llundain a bu'n was i Thomas Wolsey. Nodweddid ef gan graffter meddwl, ac unwaith y daeth i wasanaethu'r Brenin aeth rhagddo i gryfhau awdurdod y Goron a'i ddyrchafu'i hun yr un pryd. Cyflym iawn fu'r dyrchafiad hwnnw yn y Llys Brenhinol. Teithiodd yn yr Eidal fel milwr ym myddin Ffrainc a'r Iseldiroedd, daeth yn fenthyciwr arian, ac yn 1523, yn aelod seneddol, a buan iawn wedi marw Wolsey sylwodd y Brenin ar ei alluoedd. Erbyn diwedd 1530 fe'i penodwyd yn aelod o Gyngor y Brenin, ac yn y flwyddyn ganlynol yn un o gynghorwyr agosaf Harri VIII. O 1534 ymlaen, ef oedd Prif Ysgrifennydd y Brenin. O ran ei ddaliadau crefyddol yr oedd yn Brotestant, ac yn 1535, fe'i dyrchafwyd yn Ficer Cyffredinol i weithredu grym goruchafol y Brenin mewn materion eglwysig. Yn ddiamau, yr oedd Cromwell yn unigolyn o bwys a gyflawnodd lawer dros ddatblygiad cyfansoddiadol y deyrnas yn nhridegau'r unfed ganrif ar bymtheg, ac nid rhyfedd iddo deimlo'n bryderus ynglŷn â'r sefyllfa yng Nghymru yn 1533. Mae'n amlwg fod ei dueddiadau gwleidyddol yn ymffurfio y pryd hwnnw a'i fod yn barod i ymdrin â phroblemau'r wlad yn derfynol o 1534 ymlaen.

Gwnaed ymdrechion lawer cyn 1536 i ddod i'r afael â'r sefyllfa yng Nghymru a'r Mers. Pan deyrnasai Brenin cryf ar orsedd Lloegr yn yr Oesoedd Canol gwelwyd rhagolygon y byddai'r arglwyddiaethau'n fwy darostyngedig i'r Goron. Er na lwyddwyd yn barhaol i sicrhau awdurdod llawn ynddynt aethpwyd ati'n gynyddol i gadarnhau grym rhagorfreiniol y Goron. Mae'n wir mai'r Goron oedd perchennog y rhan fwyaf o'r Mers erbyn blynyddoedd cynnar yr unfed ganrif ar bymtheg, ond safai grym Dug Buckingham ac Iarll Caerwrangon yn rhwystr iddi rhag ymestyn ei hawdurdod gyflawn yno. Yr oedd teulu Caerwrangon yn gryf iawn. Trwy ei briodas ag Elisabeth, merch

51

William Herbert, ail Iarll Penfro o'r greadigaeth gyntaf (Iarll Huntingdon wedi hynny), meddiannodd Charles Somerset, Iarll cyntaf Caerwrangon, arglwyddiaethau Gŵyr a Chilfai, Crucywel a Thretŵr, Cas-gwent a Rhaglan ymhlith eraill. Yr oedd y Goron yn ymwybodol o ddiffyg trefn yn llywodraethau'r Mers ac o'r angen i ddiwygio'r dulliau llwgr o weithredu ynddynt. Yn 1528 ac 1535 aethpwyd ati, trwy gyfrwng ordinhadau, i ddiwygio gweinyddiaeth gyllidol arglwyddiaeth Brycheiniog. Swyddogion brenhinol o hyn allan fyddai'n penodi is-swyddogion ynddi os na fyddai Iarll Caerwrangon yn arolygu ei swyddogion ei hun ac yn sicrhau eu bod yn gweithredu'n gyfiawn.

Ystyriwyd materion Cymru gerbron Cyngor y Brenin yn Rhagfyr 1533 ac un eitem ar raglen y Cyngor hwnnw oedd 'Diwygio gweinyddiaeth Cymru er mwyn cynnal heddwch a gweithredu cyfiawnder'. Hyd y gwyddys, nid aethpwyd ati i ddarparu dim ymhellach ynglŷn â'r eitem hon, na dim tebyg i'r hyn a gyflawnodd Edward IV yn 1473 pan gynhaliodd gynhadledd ar y cyd ag arglwyddi'r Mers yn Amwythig pryd y daethpwyd i gytundeb ar rai materion yn ymwneud â diwygio llywodraeth, ond ni wnaed penderfyniadau terfynol.[4] Yn y flwyddyn 1533 lluniwyd arolwg pur fanwl o'r prif ddiffygion yng Nghymru a barai anawsterau wrth geisio cadw heddwch a threfn, a chyfeiriwyd at reithgorau llwgr, cynnal a chadw troseddwyr, casglu 'cymorth' a dwyn gwartheg. Thomas Holte, twrnai'r Brenin, oedd yn gyfrifol am gynnwys y ddogfen honno, a chynigir ynddi rai diwygiadau pendant, sef nad oedd troseddwyr i gael eu dirwyo, eithr cael eu dedfrydu i farwolaeth, am gyflawni llofruddiaethau ond, pe digwyddai hynny, telid y ddirwy i'r Brenin. Argymhellwyd y dylid gweithredu cyntafanedigaeth a dileu 'cyfran', rhannu Cymru'n siroedd, gosod ustusiaid a gweithredu cyfraith y Brenin yno. Mae'n amlwg fod Cromwell yn awyddus i gyflwyno diwygiadau sylfaenol tebyg i'r rheini a fyddai'n dileu'r drefn na fu erioed yn llwyddiant. Ystyriodd gyflwyno mesur i ddarparu ustusiaid yn siroedd Cymru a gweithredu'r hen bolisi i atal unrhyw Gymro rhag dal swyddi yng Nghymru. Nid aeth ymhellach i'r cyfeiriad hwnnw gan iddo sylweddoli mai cam gwag pellach fyddai hynny. 'Cyflwr Cymru', ymhlith materion eraill, oedd yn ei feddwl yn gynnar yn 1534. Yn yr un flwyddyn nododd fod angen ymdrin â swyddogion yng Nghymru ac â'r sefyllfa yno, ac y dylid penodi bonedd ac iwmyn i arestio Pabyddion a gefnogai awdurdod Esgob Rhufain.

Yr oedd Thomas Philips (neu Philipps) o Gilsant, sir Gaerfyrddin, eisoes wedi cwyno ym Mai 1532, mewn deiseb o'i eiddo at Thomas Cromwell am gyflwr gwael heddwch a threfn yng Nghymru, ac nid ef oedd yr unig un i leisio barn ar y sefyllfa y pryd hwnnw. Ar 3 Mehefin 1534 lluniwyd adroddiad gan y llywodraeth yn pwysleisio tair enghraifft o gamddefnyddio cyfraith yng Nghymru, sef anghyfrifoldeb rheithgorau, 'arddel' a 'chymortha'.[5] Nid oedd y camarferion hynny'n newydd yn hanes y Mers na'r Dywysogaeth. Bygythiwyd rheithgorau'n fynych i gyflwyno dedfrydau llwgr i achub troseddwyr difrifol rhag cosb drom: trwy gamddefnyddio 'arddel' ffurfiwyd byddinoedd preifat yn y Mers i gynorthwyo arglwyddi i gynnal eu hawdurdod, a chasglwyd treth anghyfreithlon trwy gamddefnyddio hen arferiad 'cymortha'. Y tebyg yw fod yr adroddiad llym hwn wedi ysbarduno'r llywodraeth yn 1534-5 i lunio deddfwriaeth bendant i ddifa gweithrediadau anghyfreithlon o'r fath. Yr oedd Thomas Cromwell yn awyddus i gryfhau awdurdod y Cyngor yn y Mers, ac yn Ebrill 1533, nododd yr angen i 'sefydlu cyngor yng ngororau Cymru'.[6] Ar y pryd John Veysey, Esgob Caerwysg, oedd Arglwydd-Lywydd y Cyngor yn y Mers, ond nid oedd yn arweinydd cryf. Mae'n wir fod y sefydliad hwnnw, yn ei gyfnod ef, wedi meddiannu'r grym llywodraethol yng Nghymru a'r Mers. Yn lle gweithredu'n unig fel Cyngor i ymdrin â materion preifat Tywysog Cymru, lledwyd ei awdurdod drwy gomisiwn *oyer et terminer* — 'gwrando a phenderfynu' — a chomisiwn arall i alluogi'r Cyngor i weinyddu cyfraith mewn materion preifat.

Gyda'r grym hwn teithiodd aelodau'r Cyngor drwy'r Mers a siroedd y gororau a mynychu llysoedd Sesiwn Chwarter, a chawsai'r awdurdod hefyd i ymrwymo arglwyddi'r Mers, trwy gytundebau ffurfiol, i weinyddu cyfraith yn effeithiol. Er hynny, ychydig a wyddys yn fanwl am waith y Cyngor oherwydd diffyg tystiolaeth. Hefyd, gan nad oedd Veysey yn Arglwydd-Lywydd pwerus, nid ymddengys i'r Cyngor ymdrin yn effeithiol â phroblemau'r Mers y pryd hwnnw.

Cwynodd Thomas Philips ym Mai 1532 na wnaed ymdrech i leihau'r drosedd o ddwyn gwartheg na chosbi llwgr swyddogion yn y Mers. Ategwyd ei farn gan Syr Edward Croft o Gastell Croft yn sir Henffordd. Yr oedd cyflwr ardaloedd Croesoswallt a Phowys, yn ei farn ef, yn ddifrifol wael.[7] Mewn llythyr at Cromwell a Syr William Paulet, Rheolwr y Breswylfa Frenhinol, cyfeiriodd at absenoldeb John Veysey a'r ffaith mai dim ond pedwar o swyddogion oedd yn bresennol yn Llwydlo i drafod materion cyfraith a threfn. Yn ei ddatganiadau mynegodd ei bryder fod Cymru'n hollol anhrefnus ac na chosbwyd drwgweithredwyr. Priodolai'r gwendid hwnnw i'r ffaith mai esgobion oedd prif swyddogion y Cyngor o'r cychwyn, ac yn rhinwedd eu swyddi yn yr Eglwys ni allent weinyddu'r gosb eithaf. Os na phenodwyd Arglwydd-Lywydd cryfach a mwy egnïol, meddai, byddai'n amhosibl wedyn i adfer trefn yng Nghymru. Gwnaed sylwadau tebyg gan Thomas Croft, mab Syr Edward Croft, rai misoedd yn ddiweddarach. Cwynodd yntau fod cant o bobl wedi cael eu lladd yn y Mers ers pan ddaeth Veysey i'w swydd a bod neb wedi cael eu cosbi am hynny.[8] Ar sail hynny, credai mai'r Mers oedd y rhanbarth mwyaf afreolus yn yr holl deyrnas. Nid yw'n syndod felly fod Thomas Cromwell wedi bwrw iddi â'i holl egni tua diwedd 1533 i ymgodymu â'r broblem.

CYFRAITH, DEDDFWRIAETH A'R CYNGOR YN Y MERS

Yn y tridegau daethai'r Cyngor yn y Mers fwyfwy i'r amlwg fel sefydliad allweddol yng nghynlluniau Cromwell ar gyfer Cymru. Nid ymddengys fod uno'r genedl â Lloegr yn ei feddwl yn 1534 pan benododd Arglwydd-Lywydd newydd yn lle John Veysey. Rowland Lee oedd hwnnw, a daeth i'w swydd ym Mawrth 1534. Yr oedd yn frodor o Morpeth yn Northumberland ac fe'i haddysgwyd yng Nghaergrawnt lle graddiodd yn y gyfraith. Wedi iddo gael ei ordeinio'n offeiriad fe'i penodwyd yn brebendari eglwys golegol Norton gan William Smyth, Esgob Lincoln, a derbyniodd fywiolaethau eraill. Bu'n gofalu am Gregori, mab Thomas Cromwell, a gweithredodd fel caplan brenhinol a meistr yn y Siawnsri. O 1531 hyd 1534 yr oedd Lee yn gyson yng ngwasanaeth y Goron: gweithredodd yn gyfreithiol ynglŷn â diddymu priodas Harri a Chatrin o Aragon, a sicrhaodd deyrngarwch swyddogol archesgobaeth Caerefrog i awdurdod newydd y Brenin. Yr oedd yn un o'r rhai a weinyddodd y llw teyrngarwch i Anne Boleyn a rhoi terfyn ar Gonfocasiwn Caerefrog gan dystio nad oedd gan Bab Rhufain bellach awdurdod yn Lloegr. Meddiannodd fuddiannau tymhorol esgobaeth Cofentri a Llwytgoed yn 1533, ac fe'i dyrchafwyd yn Esgob yno yn Ionawr y flwyddyn ddilynol.[9] Lee a dau arall oedd yr esgobion cyntaf i gymryd llw newydd yn cydnabod y Brenin yn bennaf awdurdod ar yr Eglwys. Gwyddai John Vaughan, gwas i Thomas Cromwell, yn dda amdano, ac yn Nhachwedd 1537 rhybuddiodd ei feistr pa fath ŵr a benodwyd ganddo i'r esgobaeth. 'Yr ydych yn ddiweddar', meddai, 'wedi cynorthwyo creadur bydol, twrch daear a gelyn pob dysg dduwiol — pabydd, delwaddolwr ac offeiriad cnawdol — i swydd ei ddamnedigaeth yn esgob Caer [Cofentri a Llwytgoed].' Erbyn hynny, fodd bynnag, yr oedd wedi hen brofi ei effeithiolrwydd fel llywodraethwr llym a digyfaddawd yn y Mers.

Nid oedd gan Lee fawr o aelodau yn y Cyngor i'w gynorthwyo gyda'i dasg anferth, ac er mai'n araf y dechreuodd gwyno am hynny, hysbysodd Cromwell yn 1535 mai ef ei hun a weinyddai'r gyfraith yn y Mers.[10] O gofio am bryder cynyddol Cromwell am Gymru mae'n rhyfedd nad aeth ati i gywiro'r gwall ar ei union. Er hynny, gwyddai prif swyddog y brenin yn dda fod gan Lee allu unigryw i ymdrin â'r sefyllfa yn y Mers a gadawodd iddo gyflawni ei orchwylion gan nad oedd sicrwydd y pryd hwnnw beth fyddai tynged y Cyngor. Yn ôl Elis Gruffudd o Calais cyflawnodd Rowland Lee gampau anhygoel a chrogi 5,000 o ddihirod mewn chwe mlynedd, rhai ohonynt yn swyddogion brenhinol:

> Yr adeg honno y cwynodd yr esgob am rai cyfreithiau ac arferion a weithredwyd a'u cynnal mewn arglwyddiaethau arbennig a noddfâu yng Nghymru ac, fel canlyniad, collodd y noddfâu eu 'hawdurdod' fel mannau yng Nghymru a Lloegr o'r amser hwn ymlaen ac eithrio mewn achosion o ladd anfwriadol a lladd mewn hunanamddiffyniad. Yr amser hwn

hefyd meddiannodd y brenin frenhiniaeth pob arglwyddiaeth yn y deyrnas dan ei lywodraeth, gweithred a'i gwnaeth yn gyfreithlon i swyddog brenhinol hebrwng troseddwr o bob arglwyddiaeth yn Lloegr os ymdrechai un ffoi rhag cosb cyfraith y brenin.[11]

Gormodiaith, yn sicr, yw'r cofnod fod Lee wedi crogi'r fath niferoedd o droseddwyr, ond mae'n ddiamau fod Elis Gruffudd yn gywir yn ei farn ar y niwed a achosai noddfâu anghyfreithlon yn y Mers a'r penderfyniad i ddifa, trwy rym statud, yr holl ryddfreiniau annibynnol yn y deyrnas, deddfwriaeth y cyfeiriwyd ati eisoes.

Fel John Veysey o'i flaen, yr oedd Rowland Lee yn ŵr bydol, a thebyg i Cromwell, yn gyfreithiwr a fu yng ngwasanaeth Wolsey. Nid ef oedd y cyntaf ymhlith esgobion Cofentri a Llwytcoed i lenwi swydd Arglwydd-Lywydd Cyngor y Gororau oblegid penodwyd Geoffrey Blythe iddi yn 1512 a William Smyth o'i flaen yntau yn 1493. Yn wir, daeth Lee i olyniaeth esgobyddol yn rhinwedd ei swydd oblegid yr oedd pob un o'i ragflaenwyr yn esgobion yn Lloegr. Y cyntaf i'w benodi'n Arglwydd-Lywydd oedd John Alcock, Esgob Rochester, yn 1473 — ddwy flynedd wedi sefydlu'r Cyngor i weinyddu meddiannau Tywysog Cymru — a Lee oedd y pumed yn yr olyniaeth. Ef, yn sicr, oedd yr hynotaf a'r mwyaf beiddgar ohonynt. Fe'i hordeiniwyd yn offeiriad gan William Smyth, a gweithredodd, ynghyd â Cromwell ac eraill, yn ddirprwy i Wolsey i ddiddymu mynachlogydd. Bu'n deyrngar iawn i Wolsey a gwasanaethodd y Goron wedi cwymp y gweinidog hwnnw, yn arbennig ynglŷn ag achos diddymu priodas y Brenin. Y mae tebygrwydd rhwng gyrfaoedd cyhoeddus Cromwell a Lee ond gwobr y naill oedd esgyn i'r swydd fwyaf dylanwadol yn y deyrnas a'r llall oedd cadair esgobaeth Cofentri a Llwytgoed. Yr oedd y ddau ohonynt mae'n amlwg o'r un tueddfryd: wedi trafod llawer ar faterion gwladwriaethol, wedi gwylio'u buddiannau eu hunain â llygaid barcud ac wedi cytuno'n llwyr ar egwyddorion gwleidyddol sylfaenol. Nid oedd Syr Edward Croft o blaid penodi esgobion yn Arglwydd-Lywyddion y Cyngor oblegid y cyfyngiadau a osodwyd arnynt, yn rhinwedd eu swydd, mewn materion seciwlar, a chredai fod angen gweinyddwr a fyddai'n gallu defnyddio 'Cleddyf cyfiawnder' i gyflawni ei amcanion.[12] Oherwydd hynny y mae'n syndod pam y penodwyd Lee yn Arglwydd-Lywydd. Er hynny, gwyddai Cromwell yn dda amdano ac am ei ynni a'i benderfyniad di-ildio i fynnu gweithredu polisïau'r llywodraeth, a chanlyniad hynny oedd iddo dderbyn yr awdurdod i ddedfrydu troseddwyr difrifol i farwolaeth. Yn ei swydd teithiai'n ddiflino yn y gororau, fel y dengys ei ohebiaeth gyson â Cromwell, ac aeth ati'n eiddgar i leihau tor-cyfraith yng Nghymru a'r Mers. Y disgrifiad bywiocaf a mwyaf gonest ohono yw hwnnw gan Syr William Gerard yn ei ail *Discourse on Government in Wales* yn 1576:

Yr un a osodwyd [yn y swydd] oedd Rowland, esgob Cofentri a Llwytgoed, a elwid yn Esgob Rowland, un glew ei natur, hir ei ben, garw ei leferydd nad oedd y Cymry'n hoff ohono: cosbwr drwgweithredwyr yn dra llym, a'i ddymuniad (fel y cafodd yn wir) oedd sicrhau enw da a chymeradwyaeth gan y Brenin am ei wasanaeth … Bu i ymdriniaeth yr Esgob a'r dychryn y mae rhinwedd dysg yn ei greu yn y deiliad pan wêl ei fod yn cael ei lywodraethu dan awdurdod ynad dysgedig, o fewn iii neu iiii blynedd yn fras, eu brawychu gymaint fel mai ofn cosb, yn hytrach na'r awydd neu ddymuniad a oedd gan y bobl i newid eu Cymreictod, a weithiodd ynddynt gyntaf yr ufudd-dod y maent yn awr yn ei arfer.[13]

Ysgrifennwyd y geiriau hyn gan ŵr cyhoeddus, Ustus Cylchdaith Brycheiniog o'r Sesiwn Fawr a Dirprwy-Lywydd y Cyngor yn y Mers, gŵr a addysgwyd yn Ysbyty Cyfraith Gray yn Llundain ym mlwyddyn marwolaeth Lee ac a fyddai'n gwybod llawer amdano.

Wrth benodi Lee mae'n amlwg fod Cromwell yn awyddus i weld arweinydd cryf yn y Mers mewn cyfnod pan oedd ef ei hun yn casglu gwybodaeth ac yn araf ffurfio polisi mwy adeiladol yng Nghymru. Nid oes amheuaeth fod Cromwell yn teimlo bod angen Arglwydd-Lywydd llawer mwy ymosodol yn y Mers, fod angen cosbi'n llymach y troseddau a oedd wedi cynyddu yn y parthau hynny a'i bod yn angenrheidiol cael presenoldeb mwy effeithiol yno i hybu buddiannau'r Goron. Dymunai weld sefydlu Cyngor yn y gororau a fyddai'n gorfodi swyddogion anystyriol a gormesgar i ofni'n ddirfawr canlyniadau eu drwgweithredoedd.

Nid oedd y Cyngor yn y Mers hyd 1534 wedi creu'r argraff a fyddai'n debygol o beri cynnydd sylweddol yng ngrym y Goron. Er iddo gael ei ffurfio'n wreiddiol fel sefydliad rhagorfreiniol tyfodd i ymyrryd yn fwy pendant mewn materion gwladwriaethol, ac erbyn dyfod Lee i'w swydd yr oedd wedi ymsefydlu'n eithaf cadarn er mai ychydig o dystiolaeth sydd ar gael am ei weithrediadau. Grym personoliaeth Lee a'r cymorth a gawsai gan Cromwell a'i gyd-gynghorwyr a oedd yn bennaf cyfrifol am bolisi ymosodol y Cyngor yn ystod y ddwy flynedd allweddol cyn y Ddeddf Uno. Un o'r cynghorwyr hynny oedd Syr Thomas Englefield, Ustus Pledion Cyffredin, ac yn ôl Syr William Gerard, gŵr 'y gellid ei gymharu, yn rhinwedd ei ddysg a'i ymddygiad gwylaidd a doeth, ag unrhyw un yn y deyrnas'. Yr oedd gan Lee feddwl mawr ohono a gweithredodd y ddau ohonynt — mewn dulliau gwahanol mae'n wir — tuag at sefydlu heddwch a threfn. Gŵr arall yr oedd gan Lee barch mawr iddo am iddo'i gefnogi yn y Mers oedd Syr Richard Herbert o Drefaldwyn, ysgwïer grymus, a rhoddwyd teyrnged iddo gan Lee ar ei farwolaeth yn 1539 fel 'y gorau y gwn amdano o'r enw hwnnw.' 'Yr wyf yn ei golli gymaint' meddai ymhellach, 'â phe byddwn wedi colli un o'm breichiau, yn llywodraethu'r parthau hyn ym Mhowys, Ceri, Cydewain a Gwlad Clun'.[14]

Sylweddolodd Rowland Lee nad oedd hi'n bosibl cyrraedd ei amcan yn y Mers drwy ymlid troseddwyr yn barhaol a bod angen deddfwriaeth i gadarnhau ei weithrediadau. Gwelsai eisoes bod angen atgyweirio cestyll yn y Mers i gadw carcharorion ac fel arosfannau ar gyfer ef a'i gyd-swyddogion, a gohebodd â Cromwell ynglŷn â hynny. Yn Rhagfyr 1534 ysgrifennodd yn daer ato gan gyfeirio at yr angen i atgyweirio castell Maesyfed. 'Mae wyth lleidr wedi dianc ohono'r flwyddyn hon', meddai, a gofynnodd, bron yn ddiobaith: 'Beth yw pwrpas dal lladron heb le i'w cadw?'[15] Yr oedd yn bendant ei farn hefyd ei fod ef a'i swyddogion yn cyflawni'r hyn a allent 'i weinyddu cyfiawnder'. Teithiai'n fynych, ac o Gaerwrangon yng Ngorffennaf 1535 adroddodd wrth Cromwell iddo deithio'r pryd hwnnw i Gaerloyw a'i fod yn bwriadu ymweld â Bewdley ac Amwythig. Gallai felly fod yn nes at Gymru oherwydd, fel yr eglurodd, 'er eu bod wedi cael eu diwygio'n dda yr adeg honno heb beri ofn ynddynt byddent yn sicr o ddychwelyd i'w dull anniddig o ymddwyn'.[16] Rhoddai bwyslais mawr ar greu ofn a dychryn mewn pobl: gweithredai'n gyflym ac yn ddidostur, ac mae ei holl lythyrau at Cromwell yn datgan pa mor hyderus ydoedd, ond iddo gael ei gefnogaeth barhaol, ei fod yn adfer trefn yn y Mers. Dibynnai lawer iawn ar gefnogaeth Cromwell. 'Mae eich llythyrau cysurlon', meddai ar un achlysur wedi plwc o afiechyd, 'wedi fy ngwneud yn gryf a holliach ac yn alluog i ddychwelyd i wasanaethu'r Brenin'.[17] Ymroddodd yn ddiwyro i'w orchwylion: 'Yr wyf yn ddieithryn gartref', meddai o Lwydlo yn Ebrill 1536, 'oblegid fy musnes yma', ac ychwanegodd: 'yn y parthau hyn ceir rheolaeth dda iawn'.[18] Cyflawnodd ei orchwylion trwy ddefnyddio dulliau amrywiol; nid y lleiaf yn eu plith oedd defnyddio ysbïwyr i ddod o hyd i droseddwyr, a rhoi pardwn i'r rhai a fyddai'n barod i fradychu eraill. 'Y mae'n well rhyddhau un a all ddweud y gwir', meddai, 'a chosbi chwech neu fwy'.[19] Disgrifiodd lwyddiant ei bolisi gormesol ac ymhyfrydodd yn y niferoedd cynyddol o droseddwyr a ymostyngai i'w awdurdod. Meddai ef ac Englefield mewn llythyr, a ysgrifennwyd yng Nghaerloyw, at Cromwell ar 29 Mehefin 1535:

> Y mae Cymru wedi cael ei diwygio'n dda iawn ac, mewn cymhariaeth, ceir ychydig o ddwyn gwartheg; yn bennaf, ni wna unrhyw un eu prynu os amheuir eu bod wedi cael eu lladrata. Yr ydym yn llymach ar y lladron nag o'r blaen ac wedi'n gorfodi gan bolisi i ddal yr herwyr: felly, maent yn awr yn ildio'n gyflym, eu hunain yn dymuno pardwn, ac fe'u rhwymir dan gyfraith i gyflwyno.[20]

Cyfeiriodd Lee ynghynt at y dorf fawr o herwyr a ymostyngodd yn wirfoddol, hyd yn oed heb sicrwydd o ddiogelwch.[21] Mae'n debyg ei fod yn gorliwio'r sefyllfa ond nid oes amheuaeth fod ei awdurdod yn dwyn ffrwyth. Yn ei farn ef po uchaf o ran tras a statws oedd troseddwyr a ddedfrydwyd gorau oll iddynt gael eu crogi'n gyhoeddus. 'Oblegid bod y Lloyd dywededig [sef Richard Lloyd o'r Trallwng, y lleidr gwartheg] yn fonheddwr a lleidr ac yn dderbynnydd lladron', meddai Lee yn Ionawr 1536, 'byddai crogi un o'r fath yn peri i ddeugain ofni am eu bywydau'.[22] Mewn arolwg a wnaed o lywodraeth Iwerddon mewn cyfnod o wrthryfel yn 1601-3 ac o effeithiau cynhaliaeth filwrol ymhlith arglwyddi llwythol cyfeiriwyd at y dulliau a ddefnyddiodd Lee i oresgyn y broblem yng Nghymru:

> ... eto yr oedd Cymru'n eithriadol wyllt hyd at amser Esgob Rowland a gynhaliodd gymaint o ysbïwyr fel Arglwydd Lywydd y Mers ... ac yr oedd ganddo wybodaeth gyfrin mor dda ynglŷn â phwy oedd cynheiliaid lladron a'u barnu yn ddiduedd; oblegid po uchaf oedd y gŵr lleiaf oedd ei barch yn ei olwg ef; a thrwy'r dulliau hyn bu i lawer o gynheiliaid lladron a dorrwyd ymaith, a'r rhai, trwy esiampl eraill, a frawychwyd gymaint, ddiwygio'u ffyrdd gwyllt eu hunain. Mewn amser byr heddychwyd Cymru.[23]

Cyfeiria'r sylwedydd hwn at arwyddocâd polisi Lee mewn materion cyfreithiol cyhoeddus yn y Mers, sef ei alluoedd celfydd i ymdrin â phroblemau ymarferol yn y dull mwyaf effeithiol posibl. Dyna'n union faint ei gyfraniad. Dim mwy, dim llai.

Gwyddai Lee yn dda am natur y gymdeithas Gymreig am ei fod, o fewn amser byr, wedi ymgyfarwyddo â nodweddion y drefn genhedlig a grym a dylanwad y berthynas waed. Parai trefn gymdeithasol o'r fath, rheithgorau llwgr ynghyd ag amgylchiadau economaidd gwael gryn anghydfod a phroblemau i swyddogion heddwch yn y Dywysogaeth a'r Mers. Gwnâi sylwadau cyson ar ddiffygion y drefn gymdeithasol er mai ychydig iawn o ymdrech a wnaeth i ddiwygio'r sefyllfa'n llwyr. Ni allai ganfod ffordd amgenach i ymdrin â'r materion yn y Mers na bwrw'n drwm ar droseddwyr. Ychydig o dystiolaeth sydd ar gael iddo ymyrryd mewn materion yn y Dywysogaeth, a'r rheswm pennaf am hynny oedd bod y Cyngor yn y Mers eisoes wedi canoli ei weithredoedd yn y gororau a hefyd am fod peirianwaith gweinyddol y Dywysogaeth, os nad yn hollol effeithiol, o leiaf yn gweithredu'n ôl patrwm sefydlog. Un o'r prif broblemau a wynebwyd gan Rowland Lee yn y Mers oedd y dulliau cyntefig o feddiannu ac etifeddu tir a'r arferion cyfreithiol. Ceisiodd Harri VII osod amodau pendant a fyddai'n sicrhau bod y drefn yn cael ei gweithredu'n gyson drwy'r arglwyddiaethau ond nid yw'n debyg fod polisi o'r fath wedi llwyddo. Ac ni allai Lee yntau, er cymaint ei ynni a'i ddygnwch, gyflwyno dulliau newydd a fyddai'n torri tir newydd yn y modd y gweinyddid cyfraith. O'r safbwynt hwnnw, fe'i llyffetheiriwyd yn llwyr. Ei unig wrs oedd difa â llaw gref yr hyn a gredai ef oedd prif achosion anghyfraith, ac yr oedd ei welediad yn gyfyng. Ymhyfrydai'n fawr yn ei lwyddiant yn cosbi troseddwyr, a rhoddodd ar brydiau ddisgrifiad ffeithiol pur fanwl — a brawychus yn aml — o hynny. Meddai'n eiddgar wrth Cromwell yn Ionawr 1536, bron ar drothwy'r deddfau i gyflwyno swydd yr Ustus Heddwch i Gymru ac i uno'r wlad â Lloegr:

Yr ydym wedi anfon y ddau herwr i sefyll eu prawf, yn ôl cyfiawnder, a digwydd hynny yfory (Duw a faddeuo eu heneidiau). Ac ymhellach, o fewn dau ddiwrnod, wedi derbyn y lladron hynny ducpwyd pedwar herwr arall ger ein bron gymaint os nad mwy na'r dywededig … tri ohonynt yn fyw a'r llall wedi ei ladd ac mewn sach yn fwndel ar farch a grogwyd ar grocbren yma fel arwydd. Onid er Duw y byddech wedi gweld fel yr ymddangosodd. Digwyddodd bod yr un diwrnod yn ddiwrnod marchnad yma, ac oblegid hynny dilynodd trichant o bobl i weld hebrwng y lleidr yn y sach mewn dull na welwyd mohono cyn hynny. Beth a ddywedwn ymhellach: y mae'r holl ladron yng Nghymru yn crynu gan ofn … fel y gallwch yn awr ddatgan yn eofn … bod Cymru wedi ei darostwng i'r cyflwr bod un lleidr yn dal un arall.[24]

Dengys y dyfyniad hwn pa mor chwim a didostur y gweithredai Lee, pa mor hyderus ydoedd bod ei bolisi'n llwyddo a pha mor awyddus ydoedd i sicrhau cymeradwyaeth a chefnogaeth Thomas Cromwell. 'Er bod y lladron (fel y dywed yr hebryngwr hwn wrthych) wedi fy nghrogi yn eu dychymyg', meddai, 'yr wyf yn hyderus y byddaf gydradd â hwy yn fuan ym mhob gweithred'.[25] Dywedir iddo 'wareiddio' Cymru a pheri bod 'y defaid gwyn yn gallu gwarchod y rhai duon'. Gweithredai hefyd i amddiffyn hawliau cyfansoddiadol y Goron, a datganodd yn hallt ei wrthwynebiad i 'awdurdod treisgar esgob Rhufain' i'r graddau ei fod yn barod i bregethu yn ei esgobaeth er na fu, ar ei gyfaddefiad ei hun, erioed mewn pulpud.[26] Cymaint oedd ei eiddgarwch fel yr ymyrrodd yn yr ymrafael rhwng teuluoedd Cholmondeley a Mainwaring yn sir Gaer (a safai, fel y digwyddai, o fewn ei awdurdod ar y pryd), ac fe'i sicrhaodd ei hun fod yn y sir honno fwy o lofruddiaethau nac yng Nghymru yn y blynyddoedd 1534-6.[27] Gafaelodd yn dynn hefyd yn yr awenau yn siroedd gorllewinol Lloegr ac aeth rhagddo i atgyweirio cestyll a difa terfysgoedd hyd y gallai yn siroedd Amwythig, Henffordd, Caerwrangon a Chaerloyw. Ymgymerodd â'r dasg o heddychu yno mewn ffordd lawn mor ddiwyd ag y gwnaeth yng Nghymru. Yng Ngorffennaf, 1535, cosbwyd rhyw John Bedow o ddinas Henffordd ynghyd â dau arall am gamddefnyddio llythyrau brenhinol. Gyda sêl bendith Lee gorchmynnodd y Cyngor yn Llwydlo y dylid gweithredu fel a ganlyn ynglŷn â hwy:

Symudir [y tri troseddwr] i Henffordd yn awr a'u cyflwyno i'r maer yno gyda'r bwriad y byddai, y diwrnod marchnad nesaf, pan geir y gynulleidfa fwyaf o bobl, yn peri i'r dywededig John Bedow gael ei roi ar gefn march, ei wyneb tuag at gynffon y march, y dywededig James Walkis a William Blake i arwain y march drwy farchnadfa a strydoedd y ddinas a John Bedow i gael papurau o gwmpas ei ben gydag ysgrifen mewn llythrennau mawr wedi eu hysgrifennu yn cynnwys y geiriau hyn. 'Yr oedd hyn am gamddefnyddio llythyrau'r

brenin.' Ac wedi i'r tri pherson symud drwy'r strydoedd ...
yna i gosbi ... John Bedow ymhellach, er esiampl i eraill i'w
roi yn y rhigod, i aros yno yn ystod y cyfnod y pery'r
farchnad.[28]

Dilynir yr un patrwm: cosb gyhoeddus, sarhau troseddwyr a sefydlu
awdurdod y Cyngor yn y Mers yn y dull mwyaf ymarferol ymhlith gwreng
a bonedd.

Yn y cyswllt hwn y dylid pwyso a mesur arwyddocâd gyrfa Rowland Lee
yn ei swydd yn Arglwydd-Lywydd y Cyngor yn y Mers. Gweithredai fel y
gwas mwyaf addas i'r llywodraeth ar y pryd — yn geidwadol ei natur, yn
egnïol ei ysbryd a hollol ddibynnol ar gefnogaeth ei feistr. Cynrychiolai
safbwynt y llywodraeth y pryd hwnnw ar faterion canolog yn ymwneud â
diogelwch y deyrnas a chododd i'w swydd yn bennaf yn rhinwedd ei
wasanaeth teyrngar i'r Goron. Ar ben hynny, defnyddiai Lee ddulliau
confensiynol o gadw trefn a disgyblaeth ar y sefyllfa yng Nghymru a'r Mers.
Defnyddiodd ei Gyngor i weithredu'n hollol ymarferol, a chyflawnodd ei
ddyletswyddau yn y dull mwyaf oeraidd ac anffurfiol. 'Pan fo hwnnw a fydd
yma, fel yr wyf i, yn ofni unrhyw un', meddai yn 1534, 'bydded iddo chwarae
â'i bib a pheidio â chyflawni'r swydd hon ddim mwy'.[29] Er iddo weithredu'n
llawer llymach a grymus na'i ragflaenwyr ni chyfrifir ef yn ŵr craff ei welediad.
Yr oedd yn effeithiol yn unig o fewn canllawiau cyfyng ei weledigaeth. Ni
allai ymgodymu ag ystyriaethau cyfansoddiadol am eu bod, i bob pwrpas,
y tu hwnt i'w amgyffrediad. Gellir dehongli ei weithrediadau fel y dull symlaf
i ddifa anhrefn. Gwrthododd yn llwyr gymorth Cymry ac eithrio pan
ddefnyddiai dystiolaeth troseddwyr yn eu plith a weithredai fel ysbïwyr i
fradychu eraill tebyg iddynt. Nid aeth Lee i'r afael â'r broblem sylfaenol yn
y Mers, ac i'r graddau hynny, camddehonglodd y sefyllfa yno. Ni feddai ar
alluoedd cynhenid Cromwell i ddadansoddi'n gywrain strwythur gwleidyddol
Cymru. Yn hytrach, manteisiodd Cromwell ar y tymor byr y bu Lee wrthi'n
tramwyo'r priffyrdd a'r caeau i ystyried yr amgylchiadau'n ddwys ar lefel
ehangach a thrafod â gwŷr amlwg o Gymru a wyddai'n dda am y dulliau
mwyaf ymarferol i ddatrys y problemau. Yn eu plith cafwyd Syr Richard
Bwclai, William Herbert, Iarll Penfro wedi hynny, Syr Richard Herbert, Syr
John Price, Aberhonddu, William Owen o'r Henllys, sir Benfro, Syr Edward
Carne o Ewenni a John Salbri o Leweni a'i ewythr o'r un enw, y ddau ohonynt
yn wŷr amlwg yng ngweinyddiaeth sir Ddinbych o dridegau'r ganrif ymlaen.
Dywedir mai Syr Richard Herbert — gŵr a weithredai, fel y gweddill ohonynt,
yn ôl ei reddf — oedd yn gyfrifol am lunio deiseb a'i chyflwyno i'r Brenin
tua'r cyfnod yn union cyn deddf 1536 yn dymuno cael dileu cyfraith Cymru
ac uno'r wlad â Lloegr. Nid oes sicrwydd ynglŷn ag awduraeth na dilysrwydd
y ddogfen hon ond y mae ei chynnwys yn eglur ddigon ac yn nodweddiadol
o safbwynt Herbert a'i gyd-swyddogion yng Nghymru:

Yr ydym ni ... yn crefu am gael ein derbyn a'n mabwysiadu

dan yr un cyfreithiau a breintiau y mae eich deiliaid eraill yn eu mwynhau. Ni fydd ychwaith yn rhwystr i ni (fe obeithiwn) am ein bod wedi byw cyhyd dan [ein cyfreithiau] ein hunain … Ni fyddwn yn barod i'w cymharu â'r rhai hyn a ddefnyddir yn awr, a byddwn yn ymryson yn llai ynglŷn â pha mor dda a chydradd ydynt ynddynt eu hunain.[30]

Mae'n ddiamau mai at gyfreithiau tir Cymru y cyfeiriwyd yn benodol yn y geiriau hyn. Fe'u disodlwyd gan gyfraith Lloegr mewn sawl man yn y Dywysogaeth a brodoraethau arglwyddiaethau'r Mers gan y penteuluoedd brasaf eu byd a oedd yn awyddus i ddefnyddio'r dulliau mwyaf rhwydd i brynu a gwerthu tir ac i ymestyn maint eu hystadau. Er hynny, parhaodd y cyfreithiau hynny i fod yn faen tramgwydd i gynnydd economaidd sawl teulu ymhlith y mân fonheddig. Cyflwynwyd deiseb arall yn 1534 gan drigolion y Mers yn mynnu mai cyntafanedigaeth ddylai gael ei gweithredu neu rannu rhwng etifeddesau, ac y dylid sefydlu Siawnsri yng Nghymru i brosesu gwritiau a dogfennau cyfreithiol eraill y Goron.[31] Mae'n amlwg fod rhai tirfeddianwyr a rhydd-ddeiliaid wedi rhoi meddwl ar waith yng Nghymru a'r Mers fel y gellid cymeradwyo i'r Goron ddulliau o gyflwyno gwelliannau yn y weinyddiaeth.

Yr oedd cynghorwyr y Goron yng Nghymru, yn eu gwahanol feysydd, yn brofiadol yn gweinyddu'r gyfraith ac mewn cysylltiad â'r Llys Brenhinol a llywodraeth leol a rhanbarthol. O blith gwŷr o'r math hwn cawsai Cromwell y wybodaeth angenrheidiol a'i galluogodd i ffurfio'i bolisi terfynol. Er hynny, daeth Lee i'r adwy mewn cyfnod allweddol yn hanes cyfansoddiadol Lloegr a Chymru. Ynghanol y tyndra gwleidyddol, hawliai Cromwell fod angen llaw gref yn y Mers i geisio cynnal heddwch yn nwy flynedd olaf y 'chwyldro mewn llywodraeth', fel y'i gelwid, yn Lloegr. Gwyddai'n dda am Lee ac na fyddai'n cynhyrfu'r dyfroedd gwleidyddol nac ychwaith yn amharu ar strwythur gweinyddol Cymru ond i'r graddau y byddai angen ystwytho'r drefn. Oherwydd hynny, ynghyd â Syr Thomas Englefield a oedd yn gefn cryf iddo, teimlai'n ddigon hyderus i gynnig mesurau i'r Senedd yn 1534 a fu'n gyfrwng i erydu ymhellach y grym hanesyddol a hawlid ac a weithredid yn arglwyddiaethau'r Mers.

Cyfeiriwyd eisoes at deyrnged Syr William Gerard i Rowland Lee yn 1576, a'i ffydd ddiamheuol yn ei weinyddiaeth gadarn a'i allu i sicrhau teyrngarwch y Cymry i'r orsedd. Cyffelyb oedd tystiolaeth Dr David Lewis, y cyfreithiwr o'r Fenni, yn ei arolwg beirniadol o gyflwr cyfreithiol Cymru tua'r un adeg. Yn ei farn ef yr oedd Rowland Lee yn esiampl glodwiw o swyddog a ddefnyddiodd ei rym a'i awdurdod i'r amcan o gyflawni ei orchwylion yn effeithiol. 'Cymeradwyir Ioseff fel llywodraethwr doeth a phwyllog', meddai, 'oblegid llywodraethodd yr Eifftiaid yn dda a llym ac yn fy ngwlad i ceisiwyd gweinyddu'r feddyginiaeth yn amser Esgob Rowland a Mr Englefield ac wedi hynny yn yr amser byr y bu Syr Hugh Powlet [cyfreithiwr o sir Gaerloyw] yno, ac o weld bod profiad yn cael ei gyfrif y feistres orau, yn fy marn i, dylid ei dilyn hi'.[32] Er cymaint pwyslais Lee ar weithredu uniongyrchol sylweddolodd fod deddfwriaeth yn angenrheidiol i gadarnhau ei ymdrechion yn y Mers. Cyfiawnhawyd y ddeddfwriaeth a gafwyd yn 1534 mewn geiriau digon trwsgl mae'n wir, yn y rhaglith i'r drydedd mewn cyfres o bum deddf:

> Yn gymaint â bod pobl Cymru a'r Mers heb ofni cyfreithiau na statudau da a gwiw y deyrnas hon ers amser maith wedi parhau a dyfal ymdrechu i gyflawni a gweithredu amrywiol a niferus ladradau, llofruddiaethau, gwrthryfeloedd, llosgi tai bwriadol ynghyd â gweithredoedd ysgeler eraill a throseddau eraill, er mawr ofid i Dduw, er peri aflwyddiant ymhlith deiliaid gweddus y brenin ac er peri cynnwrf yn y wladwriaeth, troseddau a gweithredoedd a wreiddir ac a sefydlogir yn y bobl hynny fel na fyddent yn debyg o ymatal os na chywirir hwy'n llym a'u cosbi trwy eu difa a gwella'r sefyllfa yn ôl graddau troseddol y drwgweithredwyr.[33]

Cyfeiria'r rhaglith hon at dair agwedd wahanol ar gyflwr llywodraeth yng Nghymru a'r Mers yn y dyddiau hynny. Yn y lle cyntaf, cydnabyddir bod corff o gyfreithiau ar gael i reoli'r Cymry nad ystyrid eu bod bellach yn ddigon effeithiol. Yn ail, cymaint oedd gwendidau'r llywodraeth a'r swyddogion a gyflogwyd i'w gweithredu, fel nad oedd hi'n bosibl bellach i gadw heddwch a threfn heb sicrhau corff o ddeddfwriaeth gref i drawsnewid y sefyllfa. Yn drydydd achosai anghyfraith ddifrifol niwed parhaol i sefydlogrwydd y wladwriaeth.

Prif wendid y fframwaith gweinyddol yng Nghymru yn y cyfnod hwn oedd y rhaniad pendant rhwng y Dywysogaeth ac arglwyddiaethau'r gororau. Erbyn degawdau cynnar yr unfed ganrif ar bymtheg yr oedd gan y Mers fwy na phedair canrif o hanes a thraddodiad yn ymestyn yn ôl i gyfnod ymosodiadau'r Normaniaid. Sefydlwyd y Dywysogaeth yn 1284 gan Edward I er bod ei gwreiddiau hithau i'w canfod yng nghyfnod tywysogion Gwynedd a gyflwynodd ddiwygiadau cyfreithiol a gweinyddol gyda'r bwriad o greu Tywysogaeth unedig yn y drydedd ganrif ar ddeg. Yn 1267, pan ddyrchafwyd Llywelyn ap Gruffudd yn Dywysog Cymru, daeth ei safle cyfansoddiadol newydd yn gyfrwng i osod carreg sylfaen y Dywysogaeth. Roedd gan arglwyddiaethau'r Mers freintiau unigryw a etifeddwyd ganddynt wedi iddynt oresgyn yr hen deyrnasoedd Cymreig. Rhagorfreiniau brenhinol oedd y rhain, a'r mwyaf bygythiol ohonynt oedd yr hawl i ysbeilio a rhyfela. Yn araf, tyfodd 'defod y Mers', sef y corff o arferion cyfreithiol a geid yn arglwyddiaethau'r gororau. O'r cyfnodau Normanaidd cynnar, pan ganiataodd y Brenin i'r arglwyddi milwrol oresgyn tiroedd y Cymry a'u meddiannu, parhaodd yn ei safle fel uwch-arglwydd ffiwdal a thalwyd gwrogaeth iddo. Nid ymyrrodd y Brenin ym muddiannau preifat yr arglwyddiaethau hynny ond, dan amgylchiadau arbennig, gallai'r Goron weithredu awdurdod pendant ynddynt, er enghraifft, mewn achosion o fforffedu pan wrthryfelai arglwydd yn ei erbyn a phan ddeuai tiroedd siêd yn y Mers i'w feddiant. Profai hynny fod y Brenin yn meddu ar safle uwch-arglwyddiaethol ffiwdal. Y tebyg yw na ddewisodd y Goron, am wahanol resymau, ymyrryd ym materion mewnol yr arglwyddiaethau a chanlyniad hynny oedd y dybiaeth nad oedd ganddi na'r hawl na'r awdurdod i weithredu yn y dull hwnnw. Dyna sail yr ymadrodd a gynhwyswyd mor aml mewn dogfennau cyfreithiol perthnasol i'r Mers — *Brevis domini regis non currit in Wallia*. ('Nid yw gwrit yr Arglwydd Frenin yn weithredol yng Nghymru' — sef y Mers yn benodol yn y cyd-destun hwn.) Y rheswm am hynny, heb amheuaeth, yw'r breintiau a arferid ac a fynnid gan yr arglwyddi annibynnol er na ddiddymwyd y rhagorfraint brenhinol yn llwyr. Ceir enghreifftiau o rai brenhinoedd cryf, megis Edward I ac Edward IV, yn ceisio ymyrryd yn fwy effeithiol pan oedd amgylchiadau'n caniatáu hynny, ond nid oes amheuaeth fod y Mers yn ddraenen go bigog yn ystlys brenhinoedd Lloegr er bod nifer cynyddol o'r arglwyddiaethau, am wahanol resymau, yn dod i'w meddiant.

Enghraifft o'r ymdrech i geisio lliniaru rhyw gymaint ar y sefyllfa ddwys yn y Mers oedd penderfyniad Edward IV yn 1471, mewn cyfnod o ryfel cartref rhwng teuluoedd Iorc a Lancaster, i sefydlu Cyngor yn y Mers i weinyddu llys a thiroedd Tywysog Cymru — Cyngor a dyfodd yn ei ddylanwad ac a gawsai gomisiynau brenhinol yn fuan i ymdrin â materion cyfreithiol a milwrol yn y Mers a Chymru. Y tebyg yw i'r Cyngor greu amheuaeth ymhlith yr arglwyddi oblegid arf frenhinol ydoedd a weithredai o fewn eu tiriogaethau hwy ac a fygythiai eu hawliau sofran. Ni allai'r Cyngor weithredu'n ddigon effeithiol gan mai'r awdurdod rhagorfreiniol yn unig, ac nid grym statudol, a'i cynhaliai yn y bôn. Bylchog fu ei hanes a phrin y cofnodion ynglŷn ag ef hyd 1525 pan ailsefydlwyd y Cyngor, yn bennaf i weinyddu tiroedd y Dywysoges Mari. Rhoddasai Harri VII — o tua 1489-90 ymlaen, ac yn arbennig yn 1501 — ddyletswyddau cynyddol iddo ac fe'i defnyddiodd fel llys rhagorfreiniol i gryfhau'r grym brenhinol yn y Mers gyda'r awdurdod i orfodi arglwyddi i gynnal llywodraeth a threfn yn eu tiriogaethau. Sefydlwyd y Cyngor ganddo fel corff i reoli unigolion a fynnai weithredu eu hawdurdod cynhenid i'r eithaf yn cynnwys gweision y Brenin. Un o'r rheini oedd Edward Stafford, Dug Buckingham, ac yn 1504 daeth Harri VII i gytundeb ag ef i'w orfodi i weithredu'r gyfraith yn llymach a throsglwyddo troseddwyr i awdurdodau sirol neu i swyddogion yr arglwyddiaethau lle y cyflawnwyd eu troseddau.[34] Trwy hynny ceisiodd Harri VII ddod i'r afael â hanfodion y broblem yn y Mers, ond fel brenin ceidwadol a chanoloesol ei ysbryd, ni allai ymgodymu â'r broblem sylfaenol sef parhad y Mers a'r angen i'w difa gyda'r amcan o greu gwladwriaeth unedig. Ceisio cynnal y drefn fel yr oedd a wnaeth Harri a dyna oedd y sefyllfa hyd 1536 pan aethpwyd ati i ddatrys y broblem. Dan yr hen drefn y gweithredai Rowland Lee yn ystod ei flynyddoedd cynnar fel Arglwydd-Lywydd pan aeth rhagddo i ddarparu mesurau deddfwriaethol yn 1534-5.

Mae rhai cwestiynau sylfaenol yn codi mewn perthynas â'r ddeddfwriaeth hon. A ellid gweithredu grym cyfraith Lloegr yn y Mers heb i'r arglwyddiaethau'n gyntaf fod yn rhan gyfansoddiadol o deyrnas Lloegr? Y tebyg yw mai gweithredu'n union o safbwynt grym rhagorfreiniol a wnaeth Harri VIII, a defnyddio'i safle fel uwch-arglwydd ffiwdal er gwaethaf 'defod y Mers'. Cwestiwn arall yw i ba raddau yr oedd y Mers yn ffynhonnell anhrefn llwyr? A barnu oddi wrth dystiolaeth Rowland Lee tirogaethau ar fin cael eu hadfer i gyflwr o drefn oedd y parthau hynny. I ba raddau yr oedd y Mers yng Nghymru yn fwy ansefydlog na rhannau eraill o'r deyrnas megis Mers yr Alban? Mae angen astudiaethau cymharol o'r tiriogaethau ffiniol hyn cyn y gellir dod i gasgliad mwy pendant faint o dor-cyfraith a geid ym Mers Cymru pan ddaeth Lee i awdurdod. Mae un peth yn sicr, sef bod amgylchiadau yn y tiriogaethau hynny'n ei gwneud hi'n haws i anhrefn ddigwydd ac i nodded gael ei roi i droseddwyr. Parhaodd diffyg unffurfiaeth cyfraith a dwysawyd y sefyllfa gan y symud rhydd a dibaid ymhlith troseddwyr o siroedd Lloegr a'r Dywysogaeth i'r Mers ac o un arglwyddiaeth i'r llall ynddi.

Ceir tystiolaeth ddigonol yng ngweithiau beirdd y cyfnod i ddangos pa mor argyfyngus y gallai'r sefyllfa fod dan amgylchiadau gwleidyddol dyrys, yn arbennig yn arglwyddiaethau'r Mers. Amlygir hynny'n bennaf yng nghywyddau beirdd fel Iorwerth Fynglwyd, Lewys Môn a Tudur Aled. Pwysleisiwyd ganddynt yn fynych briodoleddau milwrol a'r awch am fwynhau safleoedd cyhoeddus am fod hynny'n gyfrwng i amlygu awdurdod, sefydlogi'n diriogaethol ac amddiffyn buddiannau'r noddwr. Yn araf cyfeiriwyd sylwadau'r beirdd at bwysigrwydd ymarfer cyfreithlondeb ac at gyfrifoldeb swyddog mewn safle cyhoeddus. 'Aeth, wlad y Waun, i'th law di', meddai Tudur Aled am Morus ab Ieuan ap Hywel o Langedwyn wrth iddo gyfeirio ato fel gŵr a feddai ar yr awdurdod i fedru cynnal tor-cyfraith neu i'w reoli mewn rhanbarth ar ffin gythryblus gogledd-ddwyrain y Mers yn y bymthegfed ganrif.[35] Y mae'r llinell yn pwysleisio awdurdod tiriogaethol a'r galluoedd a feddai rhai unigolion, yn rhinwedd eu tras a'u huchelgais neu eu hysbryd gormesgar, i fynnu gosod eu hewyllys ar eraill trwy gamweithredu. Yn y cyd-destun hwnnw mae tystiolaeth y beirdd, o'i ddehongli'n fanwl, yn ategu llawer o'r hyn a geid mewn ffynonellau gweinyddol a chyfreithiol ar ansawdd llywodraeth yn ystod y degawdau cyn y Deddfau Uno.

A beth am yr amgylchiadau yn y Dywysogaeth? Pa mor effeithiol oedd y peirianwaith cyfreithiol yno? Sylfaenwyd ei llywodraeth ar Statud Cymru (1284) a gweithredwyd cyfraith drosedd Lloegr a chymysgedd o gyfraith sifil Lloegr a Chymru. Er gwaethaf y tyndra achlysurol rhwng y Cymry a'r Saeson a drigai ynddi goroesodd y Dywysogaeth ddrwg-effeithiau'r dadfeiliad cymdeithasol ac economaidd yn yr Oesoedd Canol diweddar a Gwrthryfel Glyndŵr, ac er bod y drefn weinyddol i raddau'n colli mewn effeithiolrwydd dan bwysau rhyfel cartref, pleidgarwch a dirywiad cymdeithasol, parhaodd y Dywysogaeth yn uned lywodraethol gyflawn a gweithredol. Er mor hallt oedd barn Syr John Wynn o Wedir, yn y cronicl o hanes ei deulu, am ddiffyg trefn yn y gogledd nid oedd ei ddehongliad yn hollol gywir. Yr oedd ganddo gymhelliad pendant wrth ddisgrifio anhrefn yn y Dywysogaeth, yn arbennig yng nghwmwd Eifionydd, cyn dyfod Harri Tudur i'r orsedd. Yr oedd Wynn yn uchelwr breintiedig a gawsai fudd mawr dan lywodraeth y Tuduriaid ym mlynyddoedd olaf yr unfed ganrif ar bymtheg, ac nid rhyfedd iddo fwrw'i lid ar drefn a greodd gymaint o anesmwythdra. Mae'n ddiddorol sylwi hefyd fod ganddo rai cyfeiriadau sy'n dangos bod sefydliadau gweinyddol y Dywysogaeth yn gweithredu'n bur effeithiol, a bod rhai arwyddion pendant yn y Dywysogaeth o ffyniant economaidd. Cyfeiria at hynodrwydd tri o'r trefi castellog mwyaf a ymgyfoethogai ac a gynyddai yn yr ardaloedd lle gweithredai Lee ac mewn cyfnod pan oedd hen drefn y tylwyth yn prysur ddadfeilio:

> Yn y dyddiau hynny ffynnodd Caernarfon oblegid ei masnach a hefyd am fod siecr, siawnsri a llysoedd cyfraith gwlad Lloegr yng ngogledd Cymru yno'n barhaol, ac ychydig y tramwyir y ffordd i Lundain a'r Mers gan fod moesgarwch a dysg yn blodeuo ynddi. Gelwid hwy yn gyfreithwyr Caernarfon, yn fasnachwyr Biwmares ac yn fonheddwyr Conwy … Clywais amrywiol rai o farn ac o ddysg gyfreithiol yn datgan y cedwid cofnodion llysoedd y brenin yng Nghaernarfon yn y dyddiau hynny mor drefnus a ffurfiol â'r rhai a gedwid yn Westminster.[36]

Yng Nghymru'r bymthegfed ganrif cafwyd datblygiadau o'r pwys mwyaf yn y bywyd economaidd, ac un rheswm am hynny oedd y gymdeithas newydd a ddeilliasai o adfeilion yr hen un. Y mae un peth yn sicr, sef nad effeithiodd Gwrthryfel Glyndŵr i'r un graddau ar bob rhan o Gymru, yn arbennig y rhannau deheuol lle y parhaodd y bywyd masnachol i ffynnu, ac amrywiai effeithiau'r gwrthryfel ar y trefi yng Nghymru. Amlygwyd canlyniadau mwyaf difrifol y gwrthryfel yng nghanolbarth a gogledd Cymru, ond er hynny, parhaodd y trefi castellog i ddatblygu eu hadnoddau economaidd. Tyfu hefyd a wnaeth y teuluoedd bonheddig, a'u hysbryd unigolyddol yn peri bod eu meddiant ar dir ac eiddo yn cynyddu a'u grym swyddogol yn ymestyn. O blith y rhain — y mân fonedd — y canfu Rowland Lee, yn ôl ei gyfaddefiad ei hun, lawer o'i droseddwyr yng Nghymru a'r Mers. Defnyddient pa ddull bynnag a oedd wrth law i hybu eu buddiannau eu hunain. Enghraifft hynod o hynny yw Walter Herbert, stiward Magwyr yn sir Fynwy: yn ôl tystiolaeth Rowland Lee amdano cynhaliodd hwnnw nifer dda o amrywiol droseddwyr ar ei diroedd.[37]

O'r realiti hanesyddol hwn yr amlygwyd gwendidau'r bywyd gwleidyddol yng Nghymru'r cyfnod hwn: nid yn unig y ddeuoliaeth, eithr hefyd y rhaniadau a ymddangosodd rhwng y bwrdeistrefi breintiedig yn y Dywysogaeth a'r cymunedau brodorol a'u hamgylchynai, ac yn y Mers, y ffiniau rhwng y Saesonaethau a'r Brodoraethau. Yn y naill sector a'r llall yn y Dywysogaeth cafwyd nodweddion neilltuol a achosai dyndra parhaol rhwng dwy genedl. Yn y Mers hefyd amlygwyd yr hollt rhwng dau ddiwylliant, ac fel canlyniad, crewyd ansefydlogrwydd ac anesmwythyd. Manteisiwyd ar ddeublygrwydd cyfreithiol mewn rhai cyfeiriadau a gresynwyd bod y ddeuoliaeth wedi goroesi mewn cyfeiriadau eraill. Yn y cyd-destun hwnnw y dylid dehongli arwyddocâd deddfwriaeth 1534-5. Y mae mwyafrif y deddfau — chwech ohonynt mewn nifer — yn berthnasol i'r Dywysogaeth a'r Mers. Cyfeirir at 'Gymru a'r Mers' ac eto, o ddarllen y cynnwys, mae'n ddiamau mai'r trafferthion yn y Mers a achosai'r poen mwyaf i Lee. Anelir y deddfau'n benodol at geisio lleddfu'r sefyllfa mewn arglwyddiaethau cymysg eu harferion cyfreithiol a gweinyddol. Eu cyfansoddiad gwleidyddol a roddodd i'r parthau hynny eu nodweddion unigryw. Yn y Mers uniaethwyd yr arglwydd a'i *jura regalia* â *dominium* tiriogaethol. Yr oedd y cyswllt yn annatod. Ni cheid tir heb arglwydd a gweithredai'r arglwydd hwnnw'n ôl corff o gyfraith a etifeddasai. Oblegid hynny aeth Rowland Lee ati i geisio dinistrio'r grym hwnnw trwy gymhwyso nerthoedd rhagorfreiniol y Goron a'u haddasu i ddatrys cymhlethdod y gyfundrefn lywodraethol.

* * * * * *

Yn y deddfau a gafwyd yn 1534-5 y rhaglithiau yw'r adrannau allweddol. Yn eu ffurfioldeb a'u hieithwedd ffug-aruchel cynhwysir ynddynt y prif gymhelliad i'r ddeddfwriaeth gyflawn. O'u darllen, deuir yn ymwybodol o hanfodion arglwyddiaeth dda yn y llysoedd barn wrth i'r swyddogion weithredu arferion y gyfraith a'i defnyddio i amddiffyn a diogelu deiliaid yr arglwydd. Yr unig ffordd, ym marn Thomas Cromwell, i sicrhau parch i gorff o gyfraith oedd sefydlogi grym cynhenid y Goron o fewn y deyrnas. Y tu ôl i Lee a'i bolisi safai Cromwell a'i athroniaeth wleidyddol fwy adeiladol ar natur awdurdod brenhinol. Ychydig ynghynt, yn sesiwn 1534 y Senedd, deddfwyd i gydnabod y Brenin yn Ben Goruchaf ar yr Eglwys. Yr oedd hynny'n rhoi iddo'r hawl i osod ei awdurdod ar yr Eglwys fel barnwr goruchaf fel y gwnâi mewn materion seciwlar ac nid oes amheuaeth iddo ychwanegu'n sylweddol at ei rym a gweithredu'n fwy hunanfeddiannol yn ei berthynas â'r sefydliad hwnnw.[38]

Y mae'r gyfres hon o ddeddfau'n cynrychioli uchafbwynt ymdrechion y Goron i ymestyn ei hawliau rhagorfreiniol i arglwyddiaethau'r Mers ac i gadarnhau awdurdod y wladwriaeth sofran genedlaethol. Yn 1534 aethpwyd ati i fynnu bod cyfraith yn cael ei gweinyddu'n briodol yn llysoedd yr arglwyddiaethau. Y mae'r ddeddf gyntaf yn enghraifft dda o hynny, sef ymgais i ddelio ag anudoniaeth ymhlith rheithwyr yn llysoedd y Mers. Fe ymddengys fod hynny'n hen broblem, sef bygwth rheithwyr i wyrdroi'r dystiolaeth a dedfrydu'n anghywir er mwyn rhyddhau troseddwyr. Tramgwyddwyd, meddid, yn erbyn 'ecwiti a chyfiawnder', sef egwyddorion sylfaenol gweithredu cyfraith gwlad.[39] Yr oedd y weithred honno'n wrthun ac yn tanseilio holl awdurdod llywodraeth dda. Cyfeiriodd Rowland Lee at drosedd o'r fath mewn llythyr at Cromwell yn 1536 pan ryddhawyd Roger Morgan a'i ddilynwyr o'r llys ar gyhuddiad eu bod wedi llofruddio gwraig weddw. 'Y mae hon yn drosedd anfoesol sy'n gyffredinol yng Nghymru', meddai, 'ac mae angen mawr ei diwygio … ac felly, trwy gynnal a dirgel weithredu, cafwyd y partïon yn ddieuog … Fy arglwydd, os na ddiwygir hyn ffarwél i bob rheolaeth dda'.[40] Y mae rhybudd Lee'n ddeifiol. Yn rhaglith y ddeddf ceryddir 'ymlynwyr, cyfeillion a cheraint' am eu gweithredoedd anghyfreithlon. Yn ôl y darpariaethau penodir swyddog i atal llwgrweithredu ymhlith rheithgorau trwy ofalu amdanynt. Os gweithreda rheithiwr yn anghyfreithlon fe'i dygir gerbron y Cyngor yn y Mers neu Ustus y llys a oedd yn gyfrifol am ryddhau'r troseddwr neu'r troseddwyr a'u cosbi. Amlygir yn y darpariaethau hyn ysbryd y ddeddfwriaeth a geid y pryd hwnnw. Y prif gymhelliad eto oedd cryfhau teyrngarwch i deyrnas unedig dan awdurdod y Goron. Mewn materion yn ymwneud â datblygiad y wladwriaeth y mae'r Goron honno'n awyddus i ymestyn ei grym rhagorfreiniol ac yr oedd difa'r system cyfraith yn arglwyddiaethau'r Mers yn un o'i phrif amcanion.

Sail sefydlu gwladwriaeth gadarn a chytbwys yw cynnal cyfraith a threfn. Nid dull a ddefnyddir yn unig i ddiddymu neu ddifa yw cyfraith ond hefyd cyfrwng i amddiffyn a chynnal cyfreithlondeb, a dyna oedd gwerth ac arwyddocâd cyfraith gwlad unffurf. Er mwyn llwyddo mae'n rhaid i'r llywodraeth ennill ymddiriedaeth deiliaid y deyrnas yng ngalluoedd amddiffynnol y gyfraith. Ni ddylid tanseilio'r gyfraith nac ymyrryd â'i phrosesau ac ystyrid bod unrhyw un a geisiai gamweinyddu neu ddiystyru'r gyfraith yn troseddu'n erbyn y wladwriaeth. Dyma'r egwyddor a geir yn y ddeddf hon, ac er mwyn cryfhau awdurdod cyfraith gwlad ychwanegir ati gyfraith ecwiti. Ni ellid newid cyfraith gwlad ond gellid ei hatodi. Yr oedd rheithgorau llwgr yn ffiaidd ac nid oedd cyfraith gwlad ynddi'i hun yn ddigon i ymdrin â materion o'r fath yn y Mers a safai y tu allan i'w hawdurdod. Yn ychwanegol at hynny, nid oedd grymuso awdurdod y Goron yn y Mers yn orchwyl mor hawdd ag y tybir oblegid cafwyd yno gymdeithas ddeuol a gweithredai rheithwyr Saesneg a Chymraeg yn y llysoedd. Ymhlith y Cymry'n arbennig tueddid yn reddfol i ochri â cheraint mewn llys barn. Disgwylid y byddai'r berthynas dylwythol yn creu amgylchiadau anodd a cheisio gwyrdroi cyfraith, a gallai rheithgorau cymysg hefyd beri gwrthdaro. Mewn sefyllfaoedd o'r fath, disgwylid i'r llywodraeth ddiogelu'r gyfraith, ond hyd nes y llwyddai'r Brenin i weithredu ei ragorfreiniau yn y Mers, ni allai ond eu hawlio. Y Cyngor yn y Mers a ddefnyddiwyd fel y prif gyfrwng sefydliadol i gyflawni hynny.

Dengys cynnyrch beirdd y canu caeth pa mor fygythiol i heddwch a threfn oedd sefyllfa o'r fath. Cyfeirir yn gyson at 'ddilynwyr', 'ymlynwyr' a 'rhodwyr nos' a huriwyd gan uchelwyr lleol a ddefnyddiai pa ystryw bynnag i sefydlu a chadarnhau eu hawdurdod. Gan mai corff o gyfreithiau'r Mers a weithredid yn y llysoedd barn y tu allan i'r Dywysogaeth, a chan fod perchenogion yr arglwyddiaethau'n absennol rhoddwyd manteision i unigolion ymwthgar elwa ar amgylchiadau gwleidyddol a chyfreithiol. At anudoniaeth yn ddiau y cyfeiriodd Iorwerth Fynglwyd yn ei gerdd i Rhys ap Siôn o Aberpergwm, Glyn Nedd, a orfodwyd i herwa wedi iddo golli ei etifeddiaeth:

> Wrth ddau beth yr aeth y byd —
> Wrth ofn, ac wrth werth hefyd ...
> A phob cyfraith affeithiawl
> A llw dyn aeth yn llaw diawl.[41]

Noda'r cwpledi hyn dair brif elfen ym mhatrwm cymdeithas ddadfeiliedig y Mers, sef effeithiau drwg y datgymalu ar gyfreithlondeb, dyrchafu'r unigolion pwerus dan amgylchiadau ansefydlog a'r manteision personol a ddeilliai o hynny. Y canlyniad oedd, meddai'r bardd, na roddwyd gwerth ar weinyddu cyfraith gytbwys a dibrisiwyd un o hanfodion cynnal cymdeithas wâr, sef y gwerth a osodwyd ar lw mewn llys barn. Ni weithredai swyddogion na rheithgor yn ôl gofynion y gyfraith ac anwybyddid a gwyrdroid barn a chyfiawnder. Y mae'r llinellau'n disgrifio'r amgylchiadau dyrys a fodolai yn y Mers: ni weithredwyd 'cyfraith effeithiol' a diystyrwyd ei hanfodion, sef gweinyddu cyfiawnder a seiliwyd ar dystiolaeth ddilys a barn 'gwŷr rhydd a chyfreithlon y gymdogaeth'.

Cyffelyb oedd cymhelliad yr ail ddeddf a roddai'r cyfrifoldeb ar geidwaid cludfeydd dros afon Hafren i rwystro troseddwyr o Wlad yr Haf a swydd Gaerloyw rhag dianc i dde Cymru neu Fforest y Ddena i osgoi canlyniadau eu drwgweithred.[42] Digwyddai hynny'n fynych yn ystod oriau'r nos, ac amcan y ddeddf oedd gofalu na fyddai ceidwaid y glanfeydd yn cludo dieithriaid dros yr afon wedi iddi dywyllu. Wedi i'r troseddwyr ddianc i'r Mers fe'u diogelwyd gan 'freintiau amrywiol' ac nid gorchwyl hawdd i'r rhai y troseddwyd yn eu herbyn oedd eu dwyn i gyfraith. Yr oedd hi'n bur amlwg bod y fasnach anghyfreithlon mewn gwartheg yn digwydd ddwy ffordd a bod glanfeydd megis Aust a Portishead yn brysur dros ben oherwydd hynny. Diffyg cyfundrefn unffurf a amlygid yn yr achos hwn unwaith eto. Parai anghyfrifoldeb ceidwaid y glanfeydd drafferth mawr i'r llywodraeth. Nid oedd y gyfraith ar seiliau digon cadarn, ac ystyrid bod yn rhaid rhoi terfyn ar y symudiadau anghyfreithlon hynny. Bwriad y ddeddf oedd cyflwyno rhyw gymaint o unffurfiaeth gyfreithiol, a darpariaeth allweddol yn y ddeddf oedd bod gan Ustusiaid Heddwch sir Gaerloyw a Gwlad yr Haf hawl yn eu Sesiynau Chwarter i wysio'r ceidwaid a'u hymrwymo i sicrhau na fyddai drwgweithredwyr yn cael eu cludo ar draws afon Hafren. Rhestrid enwau'r ceidwaid hynny gan Ustusiaid Heddwch siroedd Caerloyw a Gwlad yr Haf, cam pwysig ymlaen yn y gorchwyl o ymestyn grym cyfreithiol y Brenin yn y Mers. Gosododd y ddeddf gyfrifoldeb ar y ceidwaid a'r Ustusiaid Heddwch a'r amcan yw cynnal system gyfreithiol unffurf. Un elfen bositif yn y ddeddf hon yw'r baich gwarchodol a roddwyd ar ysgwyddau swyddogion brenhinol i ymyrryd yn ffurfiol ym materion y Mers.

Ymdrin â'r un math o broblem hefyd a wna'r ddeddf nesaf i sicrhau y byddid yn holi ynglŷn â llofruddiaethau a drwgweithred mewn arglwyddiaethau yn y Mers a dwyn troseddwyr i gyfrif mewn llysoedd yn y siroedd Seisnig cyfagos.[43] Deddf faith yw hon yn cynnwys nifer o ddarpariaethau i gyfyngu ar anhrefn, ac maent oll yn ffurfio rhan o'r polisi sylfaenol. Deddfir ynddi ar gyfer Cymru a'r Mers ac mae'r rhaglith yn ddisgrifiad manwl o'r troseddau mwyaf erchyll a gyflawnwyd. Er bod y deddfroddwyr yn gorliwio'r sefyllfa yr oedd hi'n amlwg fod angen gweithredu ac yr oedd Cromwell eisoes wedi ei ymrwymo'i hun i gyflawni'r polisi a arfaethwyd ganddo. Cyfeirir yn y rhaglith at y sefyllfa ddisyfyd ac anferthedd y dasg o'i gwella, ac mae'r cymal cyntaf yn taro'r cyweirnod priodol wrth ddeddfu y dylid parchu'r llysoedd drwy eu mynychu a gweithredu ynddynt yn ôl y gyfraith. Grym rhagorfreiniol y Goron a ymddengys yma unwaith eto gyda'r bwriad o weithredu unffurfiaeth. Cynigir iawndal i unigolion a orfodwyd i dalu trethi anghyfreithlon, trosedd a gyflawnwyd fynychaf gan swyddogion barus y Mers. Â'r Goron rhagddi i ymyrryd yn y berthynas rhwng yr arglwydd a'i ddeiliaid — enghraifft bellach o'i hawdurdod yn ymestyn ei grym cyfreithiol y tu hwnt i'r hyn a oedd yn arferol. Wynebid dau anhawster wrth geisio gweithredu'r cymal hwn, sef grym yr awdurdod oedd gan y swyddogion — llawer ohonynt yn uchelwyr — ac amharodrwydd tenantiaid ac eraill i ddwyn achos yn eu herbyn. Ar ben hynny gweithredwyd yn benodol i wahardd unrhyw un a drigai yng Nghymru a'r Mers rhag dwyn arfau, megis bwâu a gwaywffyn o bob math — o fewn dwy filltir i unrhyw dref, eglwys, ffair a mannau cyhoeddus eraill ac eithrio i ddibenion gwaedd ac ymlid.[44] Y mae'r rheswm am hynny'n ddealladwy ac eto, mewn cyfnod pan nad oedd gan y llywodraeth fyddin sefydlog a phan ddibynnid gymaint, mewn cyfnod o ryfela, ar yr unigolyn a'i allu i drin arfau, nid ymddangosai fod deddfu o'r fath yn synhwyrol. Eto, gan fod cyflwr y Mers mor fygythiol i sefydlogrwydd y llywodraeth honno teimlid bod angen deddfwriaeth o'r fath wedi'i hanelu at gadw heddwch a threfn mewn tiriogaethau penodedig. Nid diben y cymal hwn oedd gwahardd ymarfer milwrol yn gyfan gwbl eithr gosod cyfyngiadau yn yr ardaloedd lle gellid ymarfer.

Aeth y deddfroddwyr ati hefyd i ddileu rhai arferion a fuasai gynt yn ddigon parchus yn y Dywysogaeth a'r Mers, sef 'cymortha' ac 'arddel'.[45] Bwriad gwreiddiol y ddau arferiad fel y'i gilydd oedd bod yn gymdogol a chynnal ewyllys da mewn cymunedau gwledig. Yn achos 'cymorth' cynorthwy-wyd teuluoedd neu unigolion mewn angen gan ddilyn patrwm a oedd wedi'i hen sefydlu mewn cymdeithas amaethyddol dros y canrifoedd. Ymddengys yn Arolwg o Esgobaeth Tyddewi (1326) fel tâl mewn arian (ac nid nwyddau) gwerth un fuwch neu fwy, ac ar sail hynny gwnaed taliadau cyffelyb i'r pennaeth tylwythol, yn arferol, ar Galan Mai ('Cymorth Calan Mai').[46] Yn y Mers daeth yn raddol i fod yn dâl gorfodol i'r arglwydd, er iddo ymddangos yn ddigon cyfreithlon mewn cofnodion swyddogol. Y tebyg yw mai tâl am gael pori anifeiliaid oedd 'cymorth' yn wreiddiol ond nid dyna'r bwriad yn y bymthegfed ganrif oherwydd cyfeirir yn y ddeddf hon at 'casglu neu drethu gorfodol', ac erbyn y ganrif honno yr oedd gorthrwm o'r fath yn ddigon cyffredin. Yn lle bod yn arwydd o ewyllysgarwch yn y gymdogaeth daethai 'cymorth' i fod yn dreth orfodol. Gwnaed datganiad mewn arolwg o'r sefyllfa ychydig cyn y Ddeddf Uno:

> Y mae camwedd mawr arall a gorthrymau ar y bobl, sef casglu cymhorthau fel pe byddai unrhyw fonheddwr neu berson drwg yn llofruddio unrhyw ŵr neu gael ei roi ar brawf fel lleidr yna fe dâl ei ddirwy i swyddogion aflan yr arglwyddiaethau bychain ac yna casgl gymhorthau o blith deiliaid tlawd y brenin i dalu'r dirwy hwnnw.[47]

Defnyddiai arglwyddi eu hawdurdod i fanteisio ar arferion o'r fath i ychwanegu at eu hadnoddau ariannol. Yn ôl y ddeddf, gwaharddwyd casglu unrhyw fath o gymorth, *'bidal, tenant's ale'*, sef gwahoddiadau ffurfiol i ymgynnull yn gymdeithasol, na thaliadau gorfodol eraill. Ple bynnag y deuai tyrfa ynghyd i ddathlu achlysur arbennig, megis priodas neu blant yn cael eu cyflwyno i'w hofferen gyntaf, manteisiwyd ar y cyfle i gasglu cymorth a gallai hynny sicrhau enillion bras i'r arglwydd, ac mewn arglwyddiaethau brenhinol, i'r swyddogion.

Arferiad clodwiw arall a gamweithredwyd oedd 'arddel' ('arddelw'), gweithred ddigon cyfreithlon pryd y byddai rhywun yn gyfrifol am ymddygiad person arall. Yr oedd i 'arddel' nifer o ystyron yng nghyfreithiau Cymru ond, yn y cyd-destun yma, y mae'r sefyllfa'n bur syml.[48] Yn gyfreithiol gallai gŵr wadu fod gan lys arbennig yn y Mers yr hawl i'w roi ar brawf a'i gosbi drwy haeru na ddeuai dan awdurdod cyfreithiol y llys hwnnw. Gallai ddadlau ei fod yn byw mewn arglwyddiaeth arall a'i fod dan lw o deyrngarwch i arglwydd honno. Beth a allai hynny olygu? Yn y lle cyntaf, gallai troseddwr gyflawni trosedd mewn un arglwyddiaeth lle nad oedd yn atebol i'r arglwydd ac osgoi cosb gyfreithiol. Cyfyd hynny gwestiwn sylfaenol: pwy oedd tenantiaid yr arglwydd? Yn arferol, yn ôl y gyfraith, y rhai hynny a ddaliai dir ganddo, ond cafwyd nifer dda heb dir, a'r arfer oedd iddynt gymryd llw i wasanaethu'r arglwydd am ei loches a'i amddiffyniad drwy dalu ffi a elwid 'adfowri'. Ni ellid eu rhwystro, fodd bynnag, rhag talu'r ffi honno i arglwyddi eraill a'u gosod eu hunain dan nawdd ac awdurdod sawl arglwydd. O ganlyniad, rhoddwyd cyfle i ddihirod di-feistr osgoi cosb oblegid byddai'r arglwydd yn diogelu eu buddiannau — eu 'harddel' — mewn llys barn. Prif effeithiau hynny oedd bod y gwasanaeth a gynigiwyd gan wŷr o'r fath yn groes i amcan y llywodraeth ganolog wrth iddi geisio cynnal heddwch a threfn. Y mae geiriau'r ddeddf yn 1534 yn egluro'r sefyllfa:

> Y mae'r troseddwyr lawer gwaith yn ffoi o'r arglwyddiaeth honno neu fan arall lle cyflawnwyd y drosedd a symud i arglwyddiaeth arall yn y Mers ac yno, drwy gymorth, cysur a ffafr yr arglwydd yn yr arglwyddiaeth honno neu ei swyddog

neu swyddogion, maent yn aros a thrigo yno, ac yn yr arglwyddiaethau hynny y mae arglwyddi'r Mers yn hawlio defod a braint na all unrhyw un o weinidogion na deiliaid y brenin fynd i mewn [i'r arglwyddiaeth] i ymlid [neu] restio unrhyw droseddwr a symudodd yno ... ac oblegid hynny y mae'r troseddwyr hynny'n ddi-gosb ac yn cymell ac annog pobl ddrwg eraill.[49]

Mae'n amlwg mai prif ofid y llywodraeth oedd y rhyddid a gawsai arglwyddi a'u swyddogion i gyflawni drwgweithred a chynnal y byddinoedd preifat a achosai gymaint o drafferthion yn y Mers. Dyma'r 'gemau tra gwerthfawr' y cyfeiriodd awdur *The History of the Gwydir Family* atynt.[50] Ac nid yn y Mers yn unig y cyflawnwyd anfadweithiau oblegid gwarchodwyd 'dilynwyr' a 'hurfilwyr' yn fynych hefyd gan deuluoedd pendefigaidd ffiwdal yng ngogledd Lloegr a rhannau eraill o'r deyrnas. Deddfodd Harri VII yn erbyn 'cynnal' byddinoedd yn lifrai'r arglwydd yn 1487.[51] Mewn blynyddoedd ansefydlog yn Lloegr adeg Rhyfeloedd y Rhosynnau achosodd anhrefn rhanbarthol gryn fygythiad i undod y deyrnas. Defnyddiai teuluoedd fel Percy a Dacre eu grym tiriogaethol i rymuso'u gwrthwynebiad i'r Goron. Yng Nghymru, yn rhanbarthau'r Mers yr achoswyd y difrod mwyaf i awdurdod y Goron yn ei hymdrech i ymestyn ei hawliau cyfansoddiadol. Yn y Mers effeithiodd gwrthryfel a rhyfel cartref ar sefydlogrwydd gwleidyddol a chawsai troseddwyr — nifer ohonynt yn herwyr a dihirod — ryddid i weithredu'n anghyfrifol. Talwyd dirwy i'w rhyddhau rhag gorfod wynebu cosb am gyflawni llofruddiaethau a throseddau eraill, a chanlyniad hynny oedd iddynt barhau i ysbeilio'r wlad. Gwelodd Syr John Wynn ddrwg-effeithiau'r arferiad hwnnw:

Yr oedd yn gyfreithlon i gyfeillion troseddwyr, pwy bynnag oeddynt, ddod â phum punt ar gyfer pob gŵr fel dirwy i'w arglwydd ac i'w ryddhau, oddigerth achosion o deyrnfradwriaeth. Arferiad damniol yn y dyddiau hynny yn arglwyddiaethau'r goror a arferwyd hefyd ym Mawddwy hyd at ordinhad newydd Cymru yn seithfed flwyddyn ar hugain Harri VIII.[52]

Cyfeirir yma at y Ddeddf Uno pryd yr unwyd arglwyddiaeth Mawddwy â Meirionnydd. Yr oedd honno'n arglwyddiaeth derfysglyd a thraddodiad ynddi o dor-gyfraith parhaol. Ynddi y gweithredai'r 'Gwylliaid Cochion' a anrheithiai'r wlad. Yn y gogledd-ddwyrain, yn Ysbyty Ifan yn Hiraethog, llochesai lladron ar hen diroedd Urdd Marchogion Ysbytywyr Ioan Sant — 'nyth cacwn', meddai Syr John Wynn drachefn, a 'anrheithiodd yr holl wlad ... ystorfa lladron a llofruddwyr ... a chanddynt wrth gefn gyfeillion a derbynwyr ym mhob rhan o sir Feirionnydd a gwlad Powys'.[53] Cyfeiriodd at ysbeilio tir yn un o'r ardaloedd mwyaf anghysbell yng ngorllewin arglwyddiaeth Dinbych yn ail hanner y bymthegfed ganrif. Mewn cywydd moliant i hendaid Syr John Wynn yn Nolwyddelan yng nghantref Nanconwy canodd Lewys Môn am ei wrhydri yn amddiffyn ei wlad rhag ymosodiadau'r dihirod hynny:

> Llai tyrfâu gwylliaid tra fych,
> Llai o rodiaw lle'r ydych;
> Llai treisir gywir a gwan,
> Llai draw nyth lladron weithian ...[54]

Mae'n amlwg fod yr ardaloedd rhwng Ysbyty Ifan ac arglwyddiaeth Mawddwy yn dra ansefydlog oblegid y rhyddid a gawsai drwgweithredwyr — llawer ohonynt yn fewnddyfodiaid — a rhydd-ddeiliaid anfodlon eu byd. Yr oeddynt yn niweidiol i lywodraeth yn yr arglwyddiaethau ar ffiniau gorllewinol y Mers, a cheir tystiolaeth eu bod hefyd yn gweithredu yn y de-ddwyrain. Cyfeiriwyd eisoes at y grym a oedd gan Walter Herbert yn arglwyddiaeth fechan Magwyr, ac yn ôl barn sylwebyddion — yn arbennig Richard Price a Dr David Lewis — am gyflwr y parthau hynny ym mlynyddoedd canol yr unfed ganrif ar bymtheg, parhaodd 'cymortha' ac 'arddel' i ddwysáu'r sefyllfa. Teimlai Rowland Lee yn 1540 fod amcan rhan o'r ddeddf i ddileu camarferion wedi'i thanseilio am fod George Mathew, yr ysgwïer pwerus o Radyr yn nwyrain Morgannwg, ac aelod o un o deuluoedd bonheddig mwyaf blaenllaw y parthau hynny, wedi derbyn caniatâd swyddogol gan y Brenin i gasglu 'cymorth'. 'Yn wir', meddai, 'y mae'n fraint fawr, o ystyried popeth, am fod ganddo gyfeillion lawer ac fe red drwy Gymru benbaladr ... er mantais iddo gwerth mil morc'. Yr oedd y weithred o 'gymortha' yn tanseilio awdurdod Rowland Lee gan fod arglwyddi neu stiwardiaid yn mynnu eu hannibyniaeth cyllidol a chadarnhau eu gafael ar eu tenantiaid yr un pryd.[55] Arferiad niweidiol arall i unrhyw ymdrech i sefydlu trefn lywodraethol unffurf yn y Mers oedd 'arddel' am fod cynnal a chadw byddinoedd preifat yn gyfrwng i gryfhau *jura regalia* yr arglwydd a disefydlogi bywyd economaidd yr arglwyddiaeth.

Er nad gorchwyl hawdd oedd ymyrryd yn effeithiol ym meddiannau'r arglwyddiaethau annibynnol a cheisio ymestyn rhagorfreiniau brenhinol iddynt, mae'r ddeddf hon yn gosod sylfeini cadarn ar gyfer hynny trwy roi mwy o rym i Ynadon Brawdlys (Aseis) ac Ustusiaid Heddwch yn siroedd y gororau i weithredu'n fwy pendant mewn rhai cyfeiriadau yn y Mers mewn achosion troseddol megis cynhyrchu arian bath yn anghyfreithlon a rhoi eiddo ar dân. Yn ôl y ddeddf, gallai Ustusiaid Rhyddhau o Garchar ('Gaol Delivery') ac Ustusiaid Heddwch, yn y '... siroedd yn Lloegr lle gweithredir y gwrit brenhinol' a oedd agosaf at yr arglwyddiaeth lle cyflawnwyd y troseddau hynny, holi trwy ddedfryd rheithgor o'r sir agosaf a gwrando'r achos yn ôl cyfraith Lloegr fel pe bai'r troseddau wedi cael eu cyflawni yn Lloegr.[56] Hefyd, gallai'r Ustusiaid a'r Ynadon weithredu mewn perthynas â rhai materion cyfreithiol yn y Mers dan awdurdod y Goron. Er bod barnwyr yn yr arglwyddiaethau, efallai, wedi gwrando achosion y troseddwyr hynny eisoes gallai llysoedd y Goron yn y siroedd cyfagos weithredu ymhellach yn eu herbyn. Yr oedd swyddogion Brawdlys neu Lys y Sesiwn Chwarter yn ystyried y troseddwyr yn herwyr, yn hysbysu swyddogion y Mers o hynny drwy dystysgrif a rhoi gorchymyn iddynt i ddychwelyd y troseddwyr i'r sir i sefyll eu prawf. Dyma'r math o awdurdod y ceisiai'r Goron ei gweithredu, ac er nad oedd ganddi ddim ac eithrio'i rhagorfraint yn brif gyfrwng i hawlio'i grym, aeth Lee ac Englefield ati, ynghyd ag eraill ar ei rhan, i lunio'r math o ddeddf a oedd yn allweddol bwysig i amlygu natur y broblem a'r dulliau i'w datrys ar y pryd.

Yn gysylltiedig â hynny, deddfwyd ymhellach i gosbi Cymry treisgar a geisiodd ymosod ar drigolion siroedd Henffordd, Caerloyw ac Amwythig ac achosi terfysgoedd ynddynt.[57] Yr oedd y ddeddf fer honno'n nodweddiadol o weinyddiaeth Lee a'r lloches a fwynhâi troseddwyr yn y Mers. Yn ôl y ddeddf gorchmynnwyd Ynadon Brawdlys i garcharu troseddwyr am flwyddyn, enghraifft eto o'r Goron yn gwarchod buddiannau ei ddeiliaid yn siroedd y gorllewin drwy weithredu'i hawdurdod rhagorfreiniol.

Yr olaf o'r deddfau yn ymwneud â Chymru'n union cyn deddf cyflwyno swydd yr Ustus Heddwch yng Nghymru oedd honno'n ymdrin â chamarferion yn fforestydd Cymru.[58] Yn y cyswllt hwnnw eto ceisir dod i'r afael â nifer o gamarferion a weithredid ar diroedd y Mers a gyfyngai ar hawliau teithwyr yn y fforestydd a'r rhai a'u defnyddiai i bori gwartheg a bwydo moch ac ati. Dirwywyd rhai'n drwm am gamarfer rheolau'r fforestydd ac ystyrid hynny'n orthrwm arnynt. Nodir nifer o arferion yn y ddeddf ac aethpwyd ati i ryddhau'r rhai hynny a ddefnyddiai fforestydd o grafangau gormesgar y swyddogion. Yr oedd angen trefn a roddai i gyfraith gwlad fwy o awdurdod yn y fforestydd hynny, a chyfle i'r rhai a deithiai ynddynt ac a wnâi ddefnydd ohonynt, fwynhau hawliau heb ofni trais. O gofio fod y Brenin yntau'n arglwydd preifat yn y Mers, anelwyd y ddeddf honno at ddileu camarferion yn ei diriogaethau ledled gororau a de Cymru. Caniatawyd i deithwyr yn y fforestydd hynny dramwyo'n rhydd heb orfod talu toll a gorchmynnwyd y swyddogion i ddychwelyd anifeiliaid crwydrol i'w perchenogion heb iddynt orfod talu dirwyon trwm amdanynt.

O fwrw golwg dros y ddeddfwriaeth hon gwelir pa mor benderfynol oedd Harri VIII i gryfhau ei awdurdod cyfreithiol yn y Mers. Er iddo ymyrryd fwyfwy ym muddiannau'r arglwyddi nid aeth mor bell â'u diddymu ac nid oes unrhyw arwydd yn y deddfau hynny ei fod am wneud hynny. Hefyd, er iddo ymestyn ei awdurdod i'r Mers ni ddinistriwyd grym yr arglwyddi a disgwylid iddynt gyflawni eu dyletswyddau gweinyddol a chyfreithiol. Estynnwyd grym sefydliadau cyfreithiol Lloegr i'r Mers gyda'r bwriad o ddryllio arferion a fu'n gyfrwng i ddwysáu'r anhrefn. Sefydlwyd awdurdod y Cyngor yn y Mers ar dir cadarnach fel offeryn i rymuso awdurdod rhagorfreiniol y Brenin. Mae'r ddeddfwriaeth yn dystiolaeth i'r defnydd a wnaeth Rowland Lee ohoni i ddibenion pendant ac i gyflawniadau'r Cyngor hwnnw yn sefydlu unffurfiaeth yng nghyfundrefn y weinyddiaeth. Nid yw'n sicr a lwyddodd y Cyngor ai peidio i greu gweinyddiaeth fwy effeithiol a chryfhau ei reolaeth yn y Mers. Sut bynnag, trwy ymosod ar y gwendidau oddi mewn mynnodd y llywodraeth ddod at wraidd yr ansefydlogrwydd gwleidyddol drwy gynyddu awdurdod y Cyngor fwyfwy o fewn peirianwaith arglwyddiaethau'r Mers. Canlyniad hynny fu'r penderfyniad terfynol yn 1543 i osod y Cyngor ar sail statudol a gofalu bod ei bwerau cyfreithiol a gweinyddol yn cael eu gwarchod.[59] Ers hynny, trwy gydol yr unfed ganrif ar bymtheg, er gwaethaf ei wendidau, tystiwyd yn gyson i gyfraniad allweddol y Cyngor yn cynnal llywodraeth dda yng Nghymru a'r gororau. Yr oedd gan y Cyngor hwnnw yr awdurdod i weinyddu cosb, a pharhaodd hwnnw wedi 1543, ac yn y cyd-destun hwnnw aeth George Owen rhagddo i drafod ei weithgarwch:

> ... Nid yw'r Cyngor hwn, er ei fod yn cael ei alw'n Gyngor, yn ymdrin â materion ynglŷn â chyngor yn gymaint ag y mae'n gwrando a phenderfynu achosion hawl oblegid, yn awr, fe'i defnyddir fel llys cyffredin i weinyddu cyfiawnder ac mae wedi tyfu i fod felly ar gyfer pob gŵr i ddod ag achosion iddo, ac mae'n debyg, o ran awdurdod, i'r llys a elwir y Siawnsri yn Westminster sy'n llys ecwiti, i liniaru llymder y gyfraith mewn amrywiol achosion.[60]

Deilliai'r grym arbennig hwnnw o'r pwerau a roddwyd i'r Cyngor yn y Mers yn ysbeidiol o 1471 ymlaen pan roddwyd caniatâd i Dywysog Cymru benodi ynadon i wrando achosion a chosbi troseddwyr ac i holi ynghylch rhyddfreiniau arbennig arglwyddi'r Mers. Adlewyrchwyd hynny'n eglur yn neddfwriaeth 1534-5 a datryswyd y broblem yn derfynol, eto ar ffurf deddfwriaeth, yn fuan iawn wedyn.

Polisi i gwrdd ag anghenion ar y pryd a gafwyd yn y deddfau hyn. Nid aethpwyd ymhellach na rhoi trefn ar y sefyllfa fel yr oedd. Gwnaed ymdrechion eisoes i ddod i'r afael â rhai o'r problemau mwyaf dyrys a gafwyd o gyfnod Edward I ymlaen. Ymhlith pethau eraill, deddfwyd i gyfreithloni gweithredu gwrit brenhinol yn y Mers (1275), cyfyngu ar hawl y Cymry i ddwyn arfau (1402) ynghyd â chyfres o ddeddfau'n ymdrin â chadw heddwch a threfn (1401, 1407, 1414, 1441-2, 1448-9) ac ymdrechion brenhinoedd fel Edward I, Edward III, Rhisiart II ac Edward IV i ymestyn eu rhagorfreiniau yn y Mers (1275, 1354, 1385, 1471). Pwysigrwydd deddfau 1534-5 yw'r ffaith iddynt fel corff gynrychioli uchafbwynt y polisi brenhinol i ganoli awdurdod rhagorfreiniol, y tro hwnnw dan amgylchiadau ac amodau newydd yn un o'r tiriogaethau mwyaf afreolus yn y deyrnas. Nid yw'n wybyddus faint o ôl llafur Lee sydd ar y deddfau hyn ond mae'n ddiamau iddo ymgynghori â Cromwell ar y materion pwysicaf. Dylid rhoi mwy o bwyslais, efallai, ar gyfraniad ei ddirprwy, Syr Thomas Englefield, a oedd yn gyfreithiwr profiadol a swyddog llawer craffach na Lee ei hun. Mae'n ddigon posibl, felly, mai Englefield oedd yn gyfrifol am agweddau adeiladol y ddeddfwriaeth hon. Er na allai ef, fwy na Lee, weld ymhellach na'r angen i ddileu anghyfraith dros dymor byr, eto, mae'r polisi i ymestyn grym y frenhiniaeth yn y Mers yn arwyddo bod meddwl gwladweinyddol doeth ar waith a'r tebyg yw mai Englefield a feddai ar hwnnw.

Y DREFN DUDURAIDD: EI NODWEDDION A'I CHANLYNIADAU

Sut bynnag, yr oedd meddwl Thomas Cromwell yn troi i gyfeiriad arall gyda'r bwriad o gyflwyno polisi mwy adeiladol a phellgyrhaeddol o safbwynt sefydlogi'r berthynas rhwng Cymru a Lloegr. Yn ddiamau, cytunodd â deddfwriaeth 1534-5 fel mesur dros dro yn unig ond bwriadai ei chryfhau a'i defnyddio fel conglfaen i adeiladu arni trwy gyflwyno cyfnewidiadau mwy pendant a pharhaol. Mae'n anodd deall i ba raddau y gellid bod wedi gweithredu'r ddeddfwriaeth honno dros hir dymor oherwydd cynhwysai ddarpariaethau manwl y byddai'n anodd eu gweithredu'n effeithiol gan fod cyfansoddiad arglwyddiaethau'r Mers ar y gorau'n aneglur ac amhendant. Mewn sefyllfa o'r fath ceisiai Cromwell weithredu'n ymosodol, a'r dull mwyaf effeithiol i gyflawni hynny oedd trwy gyflwyno cyfraith Lloegr i Gymru mewn tiriogaethau lle'r oedd awdurdod cyfreithiol y Goron eisoes yn ffaith.

Ar 4 Chwefror 1536 cyflwynodd Cromwell swydd yr Ustus Heddwch i Gymru, penderfyniad nad oedd yn hawdd o gofio am amgylchiadau economaidd Cymru. Cafwyd eisoes yn y Dywysogaeth gyfundrefn gyfreithiol sefydlog ac o'i mewn y gweithredai'r Barnwyr Uchel Lys ynghyd â'r Siryfion, Crwneriaid a Siedwyr.[61] Yr hyn sy'n arbennig ynglŷn â chyflwyno'r swydd yw mai ychwanegu haen newydd a wnaed ac nid dileu'r hen, ac wrth gyflawni hynny gweithredid corff o gyfraith a oedd yn bod eisoes. Yr Arglwydd Ganghellor neu Geidwad y Sêl Fawr a gomisiynai'r swyddogion newydd. Gwireddwyd amcanion y Goron yn y Dywysogaeth trwy iddynt weithredu'n bendant yr hyn y ceisiai ei gyflawni yn y Mers. Nid oedd y swydd yn newydd yn Lloegr oherwydd, yn 1361, fe'i gosodwyd yno ar sail ddeddfwriaethol gadarn yn y siroedd. Cyflawnasant ddyletswyddau angenrheidiol, ac erbyn degawdau cynnar yr unfed ganrif ar bymtheg yr oeddynt yn llywodraethwyr amlwg gydag amrywiol swyddogaethau i'w cyflawni. O ddarllen cynnwys y statud yn 1536 gwelir mai ychydig o wybodaeth a geir am y dyletswyddau hynny. Datgenir yn gryno y rheswm am greu'r swydd, sef yr angen difrifol i weithredu cyfiawnder yn siroedd y Dywysogaeth, sir y Fflint a sir Balatîn Caer ynghyd ag arglwyddiaethau Penfro a Morgannwg. Yn yr unedau hynny penodwyd Ustusiaid Heddwch, Ustusiaid y Cworwm (ustusiaid â gwybodaeth gyfreithiol ganddynt) ac Ustusiaid Rhyddhau o Garchar, a disgwylid iddynt oll gyflawni'r un dyletswyddau â'u cyd-ustusiaid yn siroedd Lloegr. Telid pob dirwy a thaliadau eraill i'r Siecrau lleol — Caer, Caernarfon a Chaerfyrddin, ynghyd â Phenfro a Chaerdydd, a gorchmynnwyd y Siryfion i gasglu'r dirwyon a rhoi cyfrif amdanynt yn y sefydliadau hynny. Yn y cymal olaf pwysleisiwyd bod y Siryfion, Uwch ac Is-Gwnstabliaid a swyddogion eraill yn atebol i'r Ustusiaid Heddwch, arwydd o'r pwysigrwydd a roddwyd i'r swyddogion hynny a'u safle canolog yn y sir.

Mae tystiolaeth yn dangos yn ddigon eglur faint o bwyslais a roddwyd ar swydd yr Ustus Heddwch yn gynyddol drwy gydol yr unfed ganrif ar bymtheg. Un nodwedd hynod yn y ddeddf hon yw na chyfeirir at unrhyw gymhwyster eiddo fel a gafwyd yn Lloegr lle y disgwylid i bob Ustus fod yn berchen ar dir neu nwyddau gwerth o leiaf £20 y flwyddyn. Rhoddai hynny statws cadarn iddynt oherwydd yn ôl perchenogaeth ar dir ac eiddo y mesurwyd gwerth bonedd yn y dyddiau hynny. Ni chredai Rowland Lee y dylid rhannu Cymru yn siroedd ac ni theimlai bod uchelwyr Cymru'n ddigon sylweddol eu byd a synhwyrol i allu ymgymryd â'r swydd, ac mewn llythyr enwog at Cromwell ym Mawrth 1536, ychydig cyn i'r ddeddf fynd drwy'r Senedd, datganodd ei farn yn gadarn a diymdroi: 'Ac am Ustusiaid Heddwch a Rhyddhau o Garchar', meddai, 'ni chredaf ei bod hi'n rhy ddoeth oblegid ychydig o Gymry uwch Brycheiniog sy'n werth £10 mewn tir, a dweud y gwir, y mae eu callineb yn llai na'u tiroedd'.[62] Geiriau hallt a hollol ddifrïol, ond yn ei farn ef, nid oedd yr uchelwyr yng Nghymru fawr gwell na'r lladron eu hunain a byddent yn ychwanegu at anghyfraith yn hytrach na'i dileu. Teimlai mor gryf am hynny fel y carai roi cyngor i Cromwell yn bersonol. Yr oedd yn bendant ei farn ar y mater hwn ynglŷn â chosbi troseddwyr difrifol:

> Oblegid os safent eu prawf gartref, lle y mae un lleidr yn rhoi un arall ar brawf, fel y darparwyd cyn y statud diwethaf [sef statud 26 Harri VIII, c. 6] yn y cyswllt hwn, yna mae'r hyn a gychwynnwyd gennym wedi darfod amdano. Ni ellwch roi i'r Cymry fwy o bleser na thorri'r statud hwnnw … Gan fod eto beth cynnal lladron gan fonheddwyr os â'r statud hwn ymlaen, ni fydd gennych ddim arall ond cynnal ac ychydig o gyfiawnder.[63]

Safbwynt di-ildio yw hwn yn codi o amheuaeth Lee ynglŷn â chymhellion a doethineb y Goron. Credai y dylid parhau i weithredu'r ddeddf a roddai'r awdurdod cyfreithiol i Ustusiaid Heddwch ac Ynadon Brawdlys yn siroedd gorllewinol Lloegr weithredu i sicrhau heddwch a threfn mewn cydweithrediad â'r Cyngor yn y Mers yn hytrach na rhoi'r cyfle i ddihirod gael eu rhoi ar brawf yng Nghymru. Yn ddiamau, dyna'r llythyr llymaf — ac i raddau y mwyaf adeiladol — a anfonodd Lee at Cromwell, oblegid yr oedd yn argyhoeddedig mai'r system o gynnal llywodraeth o'r tu allan i Gymru fyddai fwyaf manteisiol ac nid ymddiried i'r Cymry y cyfle i'w rheoli eu hunain.

Er nad yw'r ddeddf yn cyfeirio'n benodol at benodi Ustusiaid Heddwch o blith uchelwyr Cymru mae'n bur amlwg mai hwy fyddai'n derbyn y rhan fwyaf o'r swyddi newydd. Yr oedd Lee yn awyddus i'r mesurau a ddeddfwyd ddwy flynedd ynghynt barhau i gael eu gweithredu i gadw'r Cymry mewn trefn. Un peth oedd penodi Ustusiaid Heddwch a chofnodi eu henwau ar femrwn y Siawnsri a ffynonellau swyddogol eraill, peth arall yn hollol oedd sicrhau swyddogion cymwys a'u defnyddio'n effeithiol ac ymarferol i gynnal heddwch a threfn. O safbwynt eu galluoedd materol mae'n debyg nad oedd Lee ymhell o'i le pan gyfeiriodd at dlodi'r rhydd-ddeiliaid mwyaf blaenllaw yng Nghymru gan nad oedd uchelwyr Cymru, ac eithrio nifer fach o deuluoedd dethol a blaenllaw, yn ddigon cyfoethog i feddiannu ystadau mawr. Rhydd-ddeiliaid digon cyffredin oedd y mwyafrif yn eu plith, ac ategir hynny gan George Owen yn ei arolwg o weinyddiaeth Cymru yn 1594:

> Pan ddaeth y brenin Harri VIII i wneud iawn am yr ysgelerderau hynny a sefydlu cyfreithiau da a iachusol yn eu plith a rhoi iddynt ustusiaid o'u cenedl eu hunain, sef Siryfion ac Ustusiaid Heddwch ym mhob sir, yna fe'i gorfodwyd i gymryd a derbyn rhai i fod yn Ustusiaid Heddwch y gellid eu cael yn y wlad gan na allai mwyafrif y bonheddwyr ysgrifennu na darllen oherwydd fe'u rhwystrwyd rhag cael pob math o ddysg ac addysg dda.[64]

Aeth Owen rhagddo i bwysleisio bod y sefyllfa erbyn ei ddyddiau ef wedi gwella'n arw o safbwynt galluoedd materol a statws yr uchelwyr ac oblegid hynny credai y dylid penodi Ustusiaid o radd uwch a berchid gan drigolion y siroedd. Pwysleisiai yntau bwysigrwydd safle a bri lleol fel priodoleddau angenrheidiol ar gyfer sefydlu llywodraeth dda. Yr oedd y sefyllfa yn 1536, meddai, yn union fel yr oedd hi yn Lloegr yn nheyrnasiad Harri VI cyn y ddeddf yn gosod £20 fel y cymhwyster ar gyfer gweithredu fel Ustus, cyfnod pan 'ddringai amrywiol fathau o wŷr tlawd eu byd i'r fainc … gwŷr nad oedd y bobl yn barod i'w derbyn hwy na'u rheolaeth'.[65] Gwrthwynebwyd y mesur i raddau hefyd gan Syr Richard Bwclai o Fiwmares a ysgrifennodd at Cromwell yn 1536 yn gofyn iddo oedi cyn eu penodi yng ngogledd Cymru gan y byddai ei elynion yn cynnig symiau mawr o arian am y swydd. Ofnai y byddai'n colli ei statws yn y weinyddiaeth, ac felly gwrthwynebodd y ddeddf o safbwynt gwahanol i Lee.[66] Yn yr un flwyddyn ffurfiwyd nifer o ddadleuon yn gwrthwynebu penodi Ustusiaid Heddwch yng ngogledd Cymru ac yn cefnogi'r drefn a sefydlwyd gan Edward I.[67]

Faint a wyddai Rowland Lee am y Dywysogaeth tybed? Ystyriai mai tlodi a diffyg addysg oedd y prif resymau dros beidio â phenodi uchelwyr Cymru'n Ustusiaid Heddwch, ond nid oes sicrwydd o ble y cafodd wybodaeth fanwl i brofi hynny. Fe ymddengys mai ychydig o gysylltiadau a oedd ganddo â phrif swyddogion y Dywysogaeth ond gwyddai'n dda mai'r drefn Gymreig o ddal tir oedd y rhwystr pennaf i ffyniant economaidd. Mae'n wir mai statws cyffredin y rhydd-ddeiliaid yn y Dywysogaeth oedd yn gyfrifol i raddau fod y grym gweinyddol pennaf ym meddiant swyddogion brenhinol — y Siambrlenni, Cwnstabliaid a Siryfion — gwŷr a chanddynt gysylltiadau'n bennaf â'r bwrdeistrefi. Cododd y diffygion mewn cadw trefn yn bennaf o amwysedd y sefyllfa gyfreithiol a barodd fod awdurdod gwleidyddol yn cael ei ddarnio a bod yr adnoddau economaidd yn annatblygedig.

Sut bynnag, y tebyg yw mai bwriad Cromwell oedd defnyddio'r uchelwyr yn swyddogion lleol ac, i bob pwrpas, i'w meddiant hwy y daethai swydd yr Ustus Heddwch o'r dechrau. Cododd y ddeddf a'i cyflwynodd sylfaen newydd ar gyfer symud gam ymhellach tuag at greu unffurfiaeth lywodraethol oblegid, yn fuan wedi hynny, eto yn sesiwn olaf Senedd y Diwygiad, lluniwyd deddf arall yn Nhŷ'r Cyffredin 'i weinyddu cyfreithiau a chyfiawnder yng Nghymru ar ffurf debyg i'r hyn a geir yn y deyrnas hon'. Hon oedd y Ddeddf Uno, a Thomas Cromwell yn ddiau oedd yn bennaf gyfrifol amdani. Y mae ôl ei syniadau cyfansoddiadol ef arni ac mae'n amlwg pam y lluniwyd hi.[68] Erbyn hynny yr oedd y Brenin, ar sail gyfansoddiadol, bellach yn Ben Goruchaf ar eglwys a gwladwriaeth. Yr oedd wedi ysgubo ymaith holl awdurdod y Pab ac yn y broses o ddiddymu'r mynachlogydd, arwyddion allanol olaf y grym estronol hwnnw. Credai Cromwell hefyd yn athrawiaeth y deyrnas sofran unedig a theimlai nad oedd llywodraeth ddeuol Cymru yn ateb gofynion yr oes o gwbl. Gwyddai drwy amrywiol ffyrdd nad oedd yr arglwyddiaethau'n gweithio'n effeithiol, pryderai am y posibilrwydd y gellid ymosod ar Loegr trwy lanio ar arfordiroedd Cymru a theimlai nad oedd Cymru'n cyfrannu cyllid i goffrau'r deyrnas i'r graddau ag y gallai. Mewn gair yr oedd Thomas Cromwell yn dra beirniadol o gyflwr gwleidyddol y wlad a'i llywodraeth ddeuol. Ni ellid creu teyrnas unedig heb yn gyntaf ddatrys y broblem sylfaenol yng Nghymru. Eisoes yn 1525 unwyd Llydaw â Ffrainc i gryfhau'r wladwriaeth genedlaethol honno. Gwyddai Cromwell hefyd, yn anad unpeth arall, bod yna garfan bur gref o fonheddwyr ar eu prifiant yng Nghymru — llawer ohonynt yn etifeddion i swyddogion a fu'n gwasanaethu'r Goron ac arglwyddiaethau'r Mers. Diau mai cymryd ei siawns a wnaeth, yn arbennig o gofio am ofidiau Rowland Lee, ond nid oedd ganddo ddull arall o weithredu. Mae'n wir ei fod wedi ystyried ailweithredu deddfau penyd Harri IV er mwyn gwahardd Cymry rhag dal swyddi ond ni ddaeth dim o hynny. Pe byddai wedi ceisio atgyfodi a gweithredu polisi o'r fath ni fyddai'n llwyddiant oherwydd gallai achosi chwerwedd difrifol ymysg uchelwyr Cymru a oedd bellach wedi prifio digon yn gymdeithasol i ddisgwyl mwy o gefnogaeth a ffafr gan y Goron. Hefyd, ni allai fforddio mewnfudo swyddogion o siroedd y gororau i gyflawni'r gorchwyl o reoli Cymru. Buasai hynny'n gynllun drud dan sawl Brenin am ganrifoedd cyn hynny. Teimlai fod uchelwyr profiadol yn ddigon aeddfed i ysgwyddo beichiau gweinyddol. Ar ben hynny, nid oedd ganddo ddewis ond eu defnyddio os oedd am gyflwyno ar fyrder y rhaglen wleidyddol a ffurfiwyd ganddo.

Yn union cyn y Ddeddf Uno lluniwyd mesur arall a gadarnhaodd hawliau'r Brenin, yng Nghymru a'r Mers, i wrando achosion troseddwyr neu i roi pardwn a phenodi Ustusiaid llys.[69] Yn ôl y ddeddf hon yn enw'r Brenin yn unig y gellid anfon gwritiau o'r Siawnsri. Rhoddodd hynny hwb ymlaen ymhellach i gyflwyno mesur eang ei amcanion, sef y Ddeddf Uno, ac mae'r rhaglith i honno'n dangos y graddau y teimlai'r Brenin bod angen cwblhau'r prosesau a weithredwyd yn ystod y ddwy flynedd cyn hynny. Ceir ynddi ddatganiadau camarweiniol fel, er enghraifft, bod Cymru erioed wedi bod yn rhan o Loegr. Nid oedd hynny'n hanesyddol gywir wrth reswm. Os cyfeirio at y Dywysogaeth yn unig a wneid — ac mae hynny'n bur amheus — ni ellid olrhain awdurdod uniongyrchol Lloegr yno'n ôl ymhellach na 1284 beth bynnag. Â'r rhaglith rhagddi i gyhoeddi, er bod Lloegr a Chymru erioed wedi bod yn un deyrnas, y ceid yng Nghymru nifer o arferion a chyfreithiau a oedd yn dra gwahanol i'r rhai hynny a weithredid yn y deyrnas gyflawn. Cyfeirir yn arbennig at yr iaith wahanol a siaredid yng Nghymru:

> … sydd heb fod yn debyg o gwbl i famiaith naturiol y deyrnas hon nac mewn cytgord â hi, ac oblegid hynny mae rhai pobl digywilydd ac anwybodus wedi creu gwahaniaeth rhwng deiliaid y Goron yn y deyrnas hon a'i deiliaid yn nominiwn a Thywysogaeth Cymru, sydd wedi peri anghydfod, gwahaniaeth, ymryson, gwahanfur, grwgnach a therfysg rhwng y deiliaid dywededig. Felly, y mae ei Fawrhydi, oblegid y sêl, cariad a ffafr a ddengys tuag at ei ddeiliaid yn ei ddominiwn yng Nghymru, gan ofalu a bwriadu eu darostwng i drefn, sylw a gwybodaeth berffaith o'i gyfreithiau yn ei deyrnas, a difa'n llwyr un ac oll o'r arferion a'r defodau sy'n wahanol iddynt, a dod â deiliaid dywededig ei deyrnas a'i ddominiwn yng Nghymru i gytundeb ac undod cyfeillgar, gyda chyngor, caniatâd a chytundeb pwyllog yr Arglwyddi Eglwysig a Lleyg [ac aelodau o Dŷ'r] Cyffredin yn y Senedd bresennol a chynulledig hon, a thrwy awdurdod y cyfryw rai, wedi ordeinio, deddfu a sefydlu …[70]

Y mae gosodiad o'r fath yn anhanesyddol. Os oedd Cymru, fel y datgenir yn y rhaglith a'r cymal cyntaf, eisoes yn rhan annatod o Loegr pam yr oedd angen deddfu i roi hawlfreiniau llawn i'r Cymry? Ai oblegid bod y rhai 'anwybodus a digywilydd' wedi mynnu bod gwahaniaethau ac yn manteisio ar hynny i beri anghydfod? Os felly, unioni cam a wna'r Brenin ac ar sail hynny cyflwynir y drefn weinyddol newydd. O safbwynt yr iaith, o ddarllen geiriad y testun yn fanwl, cred rhai haneswyr nad amcan y rhaglith oedd ei chysylltu hi â'r 'arferion tywyll aneglur' ('sinister usages') am fod cyfeiriad at yr iaith ar wahân mewn cymal arall. Nid yw rhesymeg barn o'r fath yn hollol glir oblegid ni fyddai diben cyfeirio at yr iaith o gwbl oni bai fod y deddfwyr am ei chyplysu ag arferion annerbyniol a barai amwysedd ac anghydweld yn y berthynas rhwng y Cymry a'r Saeson. Y mae un peth yn sicr: bwriad pennaf Thomas Cromwell oedd gosod fframwaith gweinyddol a chyfreithiol Lloegr ar Gymru a'r Mers. Er mwyn 'darostwng [y Cymry] i drefn, sylw a gwybodaeth o'i gyfreithiau yn ei deyrnas' ystyrid bod angen dileu'r iaith rhag cael ei defnyddio mewn perthynas â rhai gweithrediadau cyfreithiol a gweinyddol ffurfiol yn ogystal ag arferion a defodau cymdeithasol eraill a oedd yn anghymharus â chyfraith gwlad Lloegr.[71] Yr oedd hynny'n unol ag ethos y datblygiadau a gafwyd yn Senedd y Diwygiad ac athrawiaeth yr *imperium* a oedd yn sail i awdurdod newydd Harri VIII.

Gwyddai Thomas Cromwell yn dda am weinyddiaeth y Dywysogaeth, a seiliodd y ddeddf yn bennaf ar ei llywodraeth hi. Gan fod ei pheirianwaith gweinyddol yn ddigon effeithiol ni allai lai na'i pharhau a'i hymestyn. Oblegid hynny, nid yw deddfau 1536 ac 1543 yn hollol newydd. Eu hamcan oedd gweithredu trefn y Dywysogaeth yn y siroedd newydd a ffurfiwyd o'r hen arglwyddiaethau a ddiddymwyd yn 1536 fel unedau gwleidyddol. Golygai hynny ddileu cyfreithiau tir Cymru (y deddfwyd yn derfynol yn eu cylch yn 1543), ffurfio pum sir newydd, yn cynnwys sir Fynwy ar sail wahanol i'r gweddill, creu unffurfiaeth iaith mewn materion cyfreithiol a gweinyddol, sefydlu dwy Siecr a dwy Siawnsri yn Ninbych ac Aberhonddu a darparu ar gyfer y siroedd hynny, a chreu aelodau seneddol yn y siroedd yng Nghymru. Yn ychwanegol at gyfnewidiadau gweinyddol eraill deddfwyd fod gan y Brenin hawl i newid neu ddileu unrhyw ran neu'r cyfan o'r darpariaethau hyn o fewn cyfnod o dair blynedd, ac estynnwyd yr amod hwnnw am gyfnod pellach o dair blynedd wedi hynny.

Yn yr ail ddeddf yn 1543 gosodwyd y Cyngor yn y Mers ar sail statudol yn hytrach na bod yn gorff rhagorfreiniol, sefydlwyd llysoedd y Sesiwn Fawr mewn pedair cylchdaith, cyflwynwyd Ustusiaid Heddwch — wyth mewn nifer — ynghyd â swyddogion eraill megis Ceidwaid y Cofnodion (*Custos Rotulorum*), Siryfion, Crwneriaid a Siedwyr yn y siroedd, a Chwnstabliaid yn y cantrefi, ac ychwanegwyd manylion am weithredu'r llysoedd newydd yng Nghymru.[72] Y mae'r ddeddf yn hwy o lawer na'r gyntaf, ac at ei gilydd, yn fwy trefnus a phendant. Mae'n bwysig cofio hefyd nad oedd Cromwell erbyn hynny wrth yr awenau am iddo gael ei ddienyddio dair blynedd ynghynt am ddigio'r brenin. Yn y Senedd y pryd hwnnw gweithredai Aelodau Seneddol am y tro cyntaf, ac er mai digon swil ac encilgar oeddynt ar y cychwyn, yn raddol daethant ymhen amser i fagu traddodiad seneddol Cymreig.

O sylwi'n fanwl ar ddarpariaethau 1536 ac 1543 mae'n amlwg mai mewn tri chyfeiriad yn unig y cyflwynwyd newidiadau sylfaenol a greodd undod gweinyddol llawn rhwng Cymru a Lloegr, sef gweithredu cyfraith unffurf drwy'r wlad, cyflwyno swydd yr Ustus Heddwch ac ethol Aelodau Seneddol. Ym mhob agwedd arall ar y weinyddiaeth parhau'r hyn a fu i bob pwrpas wnaeth y ddeddfwriaeth. Gweithredai llysoedd y Sesiwn Fawr yn ddilyniant i sesiynau'r Dywysogaeth yng Nghaernarfon a Chaerfyrddin, a pharhawyd hen swyddogaethau'r Dywysogaeth — Siambrlenni, Ynadon yr Uchel Lys, Siedwyr, Crwneriaid, Siryfion ac ati — a'u hymestyn i weithredu yn y cylchdeithiau a'r siroedd newydd. Yn Neddf 1536 datgenir mai ar siroedd gogledd-orllewin Cymru y modelwyd llawer o'r weinyddiaeth a gyflwynwyd i'r siroedd newydd. Fel canlyniad estynnwyd fframwaith y Dywysogaeth i Gymru hyd ei ffiniau dwyreiniol. Unwyd Cymru fel endid cyfreithiol a gweinyddol ynddi hi ei hun, ac i'r graddau hynny, ffurfiodd uned a oedd, i bob pwrpas, yn annibynnol a pharhaodd hynny hyd 1830 pan ddiddymwyd llysoedd y Sesiwn Fawr. Y tebyg yw na fyddai Cromwell wedi cytuno â pholisi o'r fath gan fod hynny'n hollol groes i'w gredoau gwleidyddol. Sut bynnag, aeth deddfroddwyr 1536-43 ati i strwythuro Cymru ar sail yr hyn a weithredwyd eisoes. Yng Nghytundeb Trefaldwyn yn 1267 y cydnabuwyd awdurdod Llywelyn ap Gruffudd yn gyfansoddiadol gan Harri III fel Tywysog Cymru yn ei Dywysogaeth newydd. Y pryd hwnnw ymestynnai ei diriogaeth i rannau o'r Mers yn y de-ddwyrain ac o Aberteifi yn y de-orllewin i gyffiniau Caer yn y gogledd-ddwyrain. Yn 1284 rhoddodd Edward I drefn ar ei diroedd a oedd, wedi rhyfel 1277, yn gyfyngedig eto i Wynedd Uwch Conwy. Sefydlodd Dywysogaeth yng ngofal ei fab hynaf a gosod fframwaith cyfreithiol a gweinyddol newydd ar hen diriogaeth a unwyd bellach â theyrnas Lloegr. Cadarnhawyd Tywysogaeth Llywelyn ap Gruffudd dan awdurdod Coron Lloegr ac eto, er bod Statud Cymru wedi creu siroedd a oedd, yn diriogaethol, fel siroedd Lloegr, o ran eu strwythur gweinyddol a chyfreithiol, yr oeddynt yn annibynnol. O'r safbwynt hwnnw gosododd Statud Cymru gynsail parhaol yn hanes cyfansoddiadol Cymru. Fel y dywed Syr Goronwy Edwards am bolisi Harri VIII yng Nghymru:

> Ac felly fe waredodd Deddfau 1536 ac 1543 Gymru o'r ymrannu trwy ei huno'n wleidyddol oddi mewn iddi hi ei hun. O safbwynt cyfansoddiadol fe gyflawnwyd yr uno hwnnw yn bennaf drwy gymathu llywodraeth Cymru gyfan â llywodraeth tywysogaeth Cymru. Yn dilyn Cytundeb 1267 a Statud 1284 gellir ystyried Deddfau 1536 ac 1543 fel y trydydd cam a sicrhaodd — a hynny ar batrwm tywysogaeth Cymru — undod gwleidyddol Cymru gyfan.[73]

Beth, felly, oedd natur ac arwyddocâd y Deddfau Uno ac a yw hi'n briodol eu galw dan yr enw hwnnw? Mae'n debyg mai'r hanesydd Seisnig A.F. Pollard a roddodd boblogrwydd i'r teitl yn 1902.[74] Yn gyffredinol fe'u dehonglwyd fel y ddeddfwriaeth a unodd Gymru a Lloegr yn wleidyddol ond nid felly y bu. Ceir dau fath o uno yn Neddf 1536, sef uno cyffredinol seiliedig ar dybiaeth anhanesyddol, ac uno manwl yn cydio'r Mers wrth siroedd yn Lloegr neu Gymru neu ffurfio siroedd ar wahân. Ni cheir dyddiad pendant i'r uno cyntaf fel a geir yn yr ail. Y rheswm am hynny oedd bod y Goron yn haeru mai parhad o undod a fu oedd bwriad y Ddeddf a chadarnhau a wna yn hytrach na chreu. Rhan o Gymru'n unig a unwyd â Lloegr, sef tiriogaethau Llywelyn ap Gruffudd yn 1284, ac o gymharu rhaglithiau'r statud hwnnw a'r Ddeddf Uno, gwelir bod tebygrwydd hynod rhyngddynt yn eu geiriad. Mae'n amlwg felly fod statud 1284 yn gynsail i'r deddfroddwyr yn 1536. Yr hyn a gyflawnodd Deddf 1536 oedd ymestyn i Gymru gyfan y system sirol a sefydlwyd mewn rhan o Gymru'n unig yn 1284. Felly, ystyriwyd bod rhaglith Statud Cymru yn ddatganiad diamwys o'r berthynas rhwng Lloegr a Chymru, a chan fod y statud hwnnw'n parhau mewn grym yn 1536 fe'i defnyddiwyd gan ddeddfroddwyr y pryd hwnnw fel sail i'r ddeddfwriaeth newydd. Cyflawni undod hynod ar sail yr hyn a ddigwyddasai eisoes a wnaeth y Deddfau Uno ac fe 'gymathwyd' Cymru â Lloegr yn hytrach na chael ei 'huno' â hi neu ei 'chyfeddiannu' ganddi.

81

Rhan o ròl pledion gyntaf Llys y Sesiwn Fawr yn sir Frycheiniog (1543)

O gofio hynny, a'r ffaith fod Harri VIII wedi cadw iddo'i hun berthynas bersonol â Chymru, nid oes amheuaeth fod y ddeddfwriaeth honno'n allweddol i ddeall uchafbwynt gweithredu cyfansoddiadol a ymestynnai'n ôl dros ddwy ganrif a hanner.

O gofio am drefn digwyddiadau gwleidyddol y cyfnod hwnnw ni ddylid meddwl bod Deddf 1543 yn ddilyniant naturiol o Ddeddf 1536. Er mwyn deall gwir arwyddocâd y trefniant gwleidyddol y pryd hwnnw mae'n ofynnol i'r hanesydd ddehongli'r datblygiadau a gafwyd yn ystod y blynyddoedd rhwng y ddwy Ddeddf. Dangosodd Dr Peter Roberts eisoes bod y blynyddoedd 1536-43 yn allweddol i ddeall natur polisi'r Tuduriaid.[75] Mae'n amlwg fod Harri VIII wedi sefydlu perthynas unigryw â Chymru yn 1536, a pharhau i ymgynghori a wnâi ei weinidogion ar y dull y dylid ffurfio trefniant terfynol. Sefydlwyd dau gomisiwn gan y Ddeddf hon, y naill i archwilio ffiniau'r siroedd newydd, a'r llall i ymchwilio i gyfreithiau tir Cymru. Nid yw adroddiadau'r comisiynau hyn ysywaeth wedi goroesi, ond mae'n amlwg nad oedd rhai ffiniau'n eglur mor ddiweddar ag 1538 oblegid nid oedd swyddogion yn gwybod pa bwerau a oedd ganddynt,[76] ac yn Rhagfyr 1536, nid oedd Siryf sir Henffordd yn sicr o gwbl pa arglwyddiaethau a unwyd â'i sir ef a pha rai a ffurfiwyd yn rhan o siroedd Cymru, a pharhaodd yr ansicrwydd hwnnw yn y flwyddyn ganlynol.[77]

Cwynodd Rowland Lee ei fod yn parhau'n ansicr beth oedd y sefyllfa rhyngddo ef ac arglwyddi'r Mers ynglŷn ag achosion o drosedd. Penderfynwyd anfon yr Ustus William Sulyard i Gymru i'w gynorthwyo yn y gorchwyl o sirio Cymru ac yr oedd ef mewn cyswllt â Llundain mor ddiweddar ag 1539 yn gofyn cyngor ar faterion cymhleth.[78] Mae'n bosibl fod y comisiynwyr a benodwyd yn 1536 yn parhau wrth eu gwaith yn 1540 ac, efallai, wedi hynny ond nid oes unrhyw dystiolaeth bendant eu bod wedi ymroi o gwbl i'r gorchwyl o archwilio arferion cyfreithiol Cymru. Gwrthwynebodd rhai y penderfyniad i barhau gweithredu cyfreithiau Cymru wedi 1536, arwydd pellach o'r cyfnewidiadau a oedd eisoes wedi digwydd a'r eiddgarwch i fabwysiadu un corff cyfreithiol a fyddai'n dileu amwysedd. Yn 1541 lluniwyd argymhellion pwysig ynglŷn â diwygio'r weinyddiaeth ymhellach yng Nghymru. Cynhwyswyd y rhain mewn dogfen a elwid '*A breviat of the effects devised for Wales*' ac ynddi cynlluniwyd i sefydlu llysoedd y Sesiwn Fawr a Siawnsri yng Nghymru a diddymu'r Cyngor yn y Mers, gyda'r bwriad eto o osod Cymru ar lefel wahanol i Loegr.[79] Erbyn hynny ymddangosodd rhai datblygiadau pwysig yn hanes cyfansoddiadol Lloegr oblegid, yn 1537, ganwyd etifedd i Harri VIII a'i drydedd wraig, Jane Seymour, morwyn fonheddig ei ddwy wraig gyntaf. Y tebyg yw mai'r bwriad oedd creu Tywysogaeth neilltuol ar gyfer yr etifedd a chreu ynddi weinyddiaeth a fyddai'n rhoi iddi safle annibynnol dan awdurdod y Tywysog, arwydd pellach o'r berthynas arbennig a ddatblygasai rhwng y Brenin a Chymru, a hefyd o'r ffaith mai parhau i edrych am y dull mwyaf effeithiol o lywodraethu Cymru a wnâi'r pryd hwnnw. Ni chrewyd Edward yn Dywysog Cymru, fodd bynnag, ac ni wireddwyd y Dywysogaeth arfaethedig. Nid yw'r rheswm am hynny'n eglur, ond gan fod y Brenin yn awyddus i warchod yr olyniaeth, ac oherwydd fod Edward yn ifanc iawn mae'n bosibl na allai'r Brenin y pryd hwnnw ymddiried llywodraeth y Dywysogaeth iddo ar sail gyfansoddiadol. Sut bynnag, y mae'n arwyddocaol i nodi mai parhau i chwilio am ddull i ddatrys problem Cymru a wnâi Harri VIII yn y blynyddoedd cyn yr ail Ddeddf Uno. Nid gorchwyl hawdd oedd ad-drefnu gweinyddiaeth gwlad a fuasai'n rhanedig yn wleidyddol, cymdeithasol, hiliol a diwylliannol o gyfnod goruchafiaeth y Normaniaid ymlaen. Cyfnod o arbrofi ac ailgynllunio ydoedd, cyfnod o ansicrwydd ac o addasu yn ôl amgylchiadau.

Beth oedd effeithiau hyn oll ac i ba raddau yr oedd yr ad-drefnu manwl yn llwyddiant? O ddarllen ymateb sylwedyddion cyfoes nid oes amheuaeth mai pinacl llywodraeth y Tuduriaid oedd y Deddfau Uno. Gorfoleddent yng nghampau Harri VIII yn sicrhau rhyddfreinio'r Cymry yn dilyn buddugoliaeth ei dad yn cipio Coron Lloegr. Ymhyfrydent yn y myth Tuduraidd a roes ystyr, i raddau, i hanes y Cymry, sef cynnal y traddodiad am ysblander gorffennol y Brythoniaid a fu'n gyfrwng i ddehongli'r Dadeni Dysg yng nghyd-destun hanes Cymru. Mae'n ddiau mai George Owen oedd y mwyaf llafar yn eu plith, yn arbennig yn ei *Dialogue of the Government of Wales*, sef astudiaeth fanwl a beirniadol o sefydliadau cyfreithiol Cymru yn ei ddyddiau ef. Yn y gwaith hwnnw aeth rhagddo gydag arddeliad i glodfori effeithiau dyfodiad y Tuduriaid i rym a manteision hir dymor y Deddfau Uno i Gymru. Dyma a ddywed yn ei ragair byr i'r gwaith hwnnw:

> Ynddo hefyd ymddengys diwygio dedwydd y llywodraeth honno yn amser Harri yr wythfed trwy iddo rannu'r wlad yn siroedd a darparu cyfreithiau melys a llesol ar gyfer llywodraethu, ac o gymharu llywodraeth bresennol Cymru â llywodraeth gweddill y deyrnas hon, yr wyf yn canfod ein bod yn awr mewn ystad well o lawer nag unrhyw ran arall ohoni, yn cael ein llywodraethu'n fwy rhydd a chyda llai o faich … O ystyried yn dda y pethau hyn dylent ein hannog i fynd ar ein gliniau i ddiolch i'r Duw byw sydd mor drugarog wedi darparu ar gyfer ein rhyddhau o'n gorthrwm cyntefig a'n gwneud ein hunain yn fwy parod i dderbyn ei ewyllys a bod yn ufudd i'r Tywysog â chalon barotach a chadarnach, a thrwyddo ef, fe'n llywodraethir ni'n heddychlon o gymharu ein gorthrymderau blaenorol â'n cyflwr dedwydd yn y presennol.[80]

Seilia George Owen ei arolwg o lwyddiant y drefn gyfreithiol yng Nghymru ar ei ddehongliad ef o addasrwydd y ddeddfwriaeth i gwrdd ag anghenion penodol Cymru mewn cyfnod argyfyngus yn ei hanes gwleidyddol ac i drosglwyddo'r weinyddiaeth i ofal arweinwyr uchelwrol ymhlith y Cymry. Wrth drafod y sefydliadau gweinyddol mae'n rhoi canmoliaeth ddigymysg pellach i alluoedd cynhenid y ddau frenin Tuduraidd cyntaf i ymgodymu'n llwyddiannus â phroblemau sylfaenol Cymru fel y dehonglodd ef hwy. Pwysleisir y gwahaniaethau pwysicaf yng nghyflwr Cymru cyn y Deddfau Uno ac wedi hynny'n gryno gan Rhys ap Meurig o'r Cotrel yn ei *Morganiae Archaiographia*, fel y cyfeiriwyd eisoes (tudalen 16). Ystyrir ganddo:

> Y mae'r cyfreithiau a weithredir i'w llywodraethu [y Cymry] yn ysgrifenedig ac felly'n sicrach o gael eu gweinyddu'n gywir a diduedd. Y mae'r hyn a gyfiawnhawyd y pryd hwnnw drwy rym, er nad trwy gyfiawnder, yn awr yn derbyn cosb addas drwy gyfraith. Arweiniodd anghytgord rhwng Lloegr a Chymru at laddedigaethau, goresgyniadau, gelyniaethau, llosgiadau, tlodi a ffrwythau rhyfel. Magodd yr undod hwn gyfeillgarwch, cytgord, cariad, cynghrair ... cymorth, cyfoeth, a heddwch. Boed i Dduw ei ddiogelu ac ychwanegu ato.[81]

Datganiad llai beiddgar nag eiddo George Owen efallai ond gwêl Rhys ap Meurig yntau newid tra arwyddocaol yn hanes Cymru yn y flwyddyn honno. Geiriau grasol hefyd oedd gan Dr David Powel i'w hychwanegu ar ddiwedd ei ragair i *The Historie of Cambria, now called Wales* (1584). Cyfeiria at bolisi Harri VIII bron fel atgof, a'i brif sylw yw fod unffurfiaeth lywodraethol wedi sicrhau bod ymgyfreithio bellach rhwng brodorion yn digwydd yng Nghymru. Rhydd gyfrifoldeb ar y brenhinoedd Tuduraidd i 'fod yn dda a chyflawni eu dyletswyddau: dan amgylchiadau felly'n unig y bydd pobl Cymru'n barod i ddysgu, ufuddhau ac ymwrthod â phob drwgweithred ac anfoddhad'.[82] Â Humphrey Llwyd ymhellach na chyfeirio'n unig at ragoriaethau symbolaidd y deddfau i edrych ar effeithiau pellgyrhaeddol y rheini ar y gymdeithas yng Nghymru, a nodir ganddo rai nodweddion tra diddorol.

> ... a bu i'r Tywysog mwyaf grymus, y brenin Harri'r wythfed, ei fab, eu rhyddhau'n gyfan gwbl o bob caethiwed a'u gwneud ym mhob peth yn gydradd â'r Saeson. Felly, daeth i fod eu bod yn rhoi o'r neilltu eu hen arferion, y rhai a oedd gynt yn arfer byw mor gynnil, yn awr maent wedi eu cyfoethogi ac yn efelychu'r Saeson mewn bwydydd a dillad ...[83]

Â rhagddo i'w beio am or-ymorchestu yn eu tras a bod yn fwy parod i wasanaethu pendefigion yn hytrach na dysgu crefftau. Y mae'n rhoi pwyslais hefyd ar eu parodrwydd i drigo fwyfwy mewn trefi a meithrin dulliau Seisnig o fyw. Byr a phwrpasol yw disgrifiad Edward, Arglwydd Herbert o Chirbury, o ddisgrifiad Harri VIII. Ystyriai'r Brenin, meddai, mai rhesymol fyddai uno rhan o'r deyrnas â'r gweddill, a bod teyrngarwch y Cymry'n cymeradwyo hynny.[84] Cymeradwyaeth o'r fath hefyd a ddatgelir yn agwedd meddwl uchelwyr Cymru ym mhob cyfrwng — yn ohebiaeth breifat, cofnodion cyfraith a gweinyddiaeth, a sylwebaeth — ac sy'n mynegi grym yr ymlyniad wrth sefydliad brenhinol â'i fryd ar gynnal y berthynas weithredol rhyngddynt.

Dangosodd yr elw a gawsai'r teuluoedd uchelwrol hynny gymaint fu eu hymroddiad hwy eu hunain i feithrin y fath gyfathrach.

O wahanol safbwyntiau edrychai sylwedyddion yr unfed ganrif ar bymtheg ar y polisi Tuduraidd fel cam llesol ymlaen tuag at greu cenedl wâr ddisgybledig. O'r safbwynt hwnnw'n bennaf y dylid dehongli deddfwriaeth o'r fath. Y mae pob un ohonynt yn pwysleisio'r drefn, y ddisgyblaeth, yr ufudd-dod, y sefydlogrwydd a'r teyrngarwch, ac arwyddai hynny rai o brif nodweddion y bywyd llysol a chyhoeddus. Dylid dehongli'r Deddfau Uno, nid yn unig fel campwaith y Tuduriaid yn cydio'r ddwy wlad yn gyfansoddiadol â'i gilydd, ond hefyd fel cyfrwng i gyfuno dyheadau materol y ddwy genedl a chadarnhau barn deddfroddwyr y tridegau am natur ac ansawdd gwladwriaeth gyfunol sofran. Adlewyrchant agweddau amrywiol ar ffurfiant a chynhaliaeth y wladwriaeth honno. Pwrpas llawer o gyhoeddiadau'r dyneiddwyr cynnar yn Lloegr oedd canfod beth oedd amcan a natur y wladwriaeth, a dehongli ystyr y lles cyffredin. Er mai cyfeirio at y rhwyg rhwng Harri VIII a'r Babaeth a wna Thomas Starkey, sylwedydd ar syniadau gwleidyddol, yn y geiriau a ganlyn, a ysgrifennodd yn 1529, rhydd bwyslais ar yr ymchwil am awdurdod cyfansoddiadol dan y frenhiniaeth:

> Gan fy mod yn gweld nad oedd gan eich Mawrhydi ddim mwy yn eich meddwl na difa pob cam mewn defod a chyfraith … yn hon eich cyfunwlad, oblegid y gobaith mawr sydd gennyf eto o weld y gwir ddaioni cyffredinol hwnnw … fy mhwrpas yn y sylwebaeth hon yw ymdrin â'r dull a'r modd o arfer y lles cyffredin a'r polisi cyfiawn hwn …[85]

Mynega ei obaith y caiff y Brenin ras Duw i ddifa camarferion eraill. Wrth ddatgan ei ddamcaniaeth wleidyddol mae Starkey, ac eraill o'r un tueddfryd ag ef, yn gosod cynseiliau i bolisïau brenhinol ac undod y deyrnas. Egwyddor gyffelyb a saif y tu ôl i'r statud i osod arglwyddiaethau annibynnol y deyrnas dan awdurdod y Goron yn 1536 cyn llunio'r Ddeddf Uno. Eglura Syr Thomas Elyot, ysgolhaig a gwladweinydd, ei farn ef ar yr hyn a olygai gwladwriaeth ddelfrydol a threfn gymdeithasol naturiol iddo ef. Cyflwyna'r 'lles cyhoeddus' — y *res publica* — ac â rhagddo i ddehongli lle a chyfraniad y llywodraethwr delfrydol mewn gwladwriaeth gyfunol lle y mwynheid statws cyfreithiol cyfartal. Pan ddeddfwyd yn 1536 fod y Cymry i fwynhau 'pob rhyddid, rhyddfraint, hawliau, breintiau a chyfreithiau o fewn y deyrnas hon a thaleithiau eraill y Brenin' cyfeiriwyd yn benodol at y cydraddoldeb hwnnw. Ar y llaw arall, yn union wedi marwolaeth Syr Thomas Englefield ym Medi 1537, gofynnodd Rowland Lee i Cromwell anfon rhywun yn ei le ar fyrder o gofio am gyflwr bygythiol Cymru a'r Mers.[86] Ystyr ei apêl yn y cyd-destun hwnnw oedd diogelu undod cynhenid y parthau hynny o fewn y deyrnas sofran newydd heb ddeall grym y tueddiadau gwleidyddol mewngyrchol y pryd hwnnw. Er na sefydlogwyd llywodraeth Cymru'n derfynol yn y blynyddoedd 1536-43, ac er mai argymhellion dros dro'n unig oedd nifer o'r rhai a gafwyd cyn deddfu'n derfynol yn 1543, nid oes amheuaeth mai yng nghyd-destun sefydlu'r wladwriaeth gyflawn y dylid dehongli'r uno â Lloegr am fod y ddeddfwriaeth yn ffurfio rhan o feddylfryd yr oes ynglŷn â chreu teyrnas gyfunrhyw gyfansoddiadol.

Gosododd y Deddfau Uno'r garreg sylfaen i lywodraeth y Tuduriaid a chawsai ddylanwad ar agweddau amrywiol ar hanes datblygiad y genedl. Y mae'r dylanwad amlycaf i'w ganfod yn strwythur gweinyddol Cymru a gweithredu cyfraith gwlad Lloegr yn unffurf. Nid bod hynny wedi atal rhai nodweddion cyfreithiol Cymreig rhag goroesi ond, dros genedlaethau lawer, yr oedd defodau cyfraith gwlad Lloegr wedi ennill llawer o dir. O'r safbwynt hwnnw trobwynt o bwys oedd y ddeddfwriaeth yn hytrach na man cychwyn. Canolbwyntiwyd yn bennaf ar awdurdod cyfansoddiadol y frenhiniaeth. Rhaid oedd lledu a chadarnhau'r awdurdod hwnnw yn ôl tueddiadau'r oes. Dan y gyfraith honno gweithredai'r Brenin ei holl ragorfreiniau, ac wedi 1534, mynnai rym ehangach. Y gyfraith honno sy'n rhoi i ddeddfwriaeth Cymru ei hynodrwydd yng nghyfnod y 'chwyldro mewn llywodraeth'. Y bwriad oedd rhoi ystyr newydd i'r cysyniad o'r corff gwleidyddol yn ei berthynas â Chymru. Daeth y wlad i fod yn uned gyfansoddiadol yn y corff hwnnw o fewn fframwaith sefydliadol Lloegr. Cyfraith Lloegr oedd yn gyfrifol am ei strwythuro'n rhan o'r peirianwaith canolog. Er bod Cymru, i bob pwrpas, yn uned weinyddol annibynnol fe'i hunwyd, neu'n fwy cywir, fe'i cymathwyd â Lloegr ar sail gyfreithiol. Nodwedd bwysicaf yr unfed ganrif ar bymtheg oedd ymgorffori'r wladwriaeth Seisnig dan reolaeth y Brenin, y Cyfrin Gyngor, y Senedd a'r Eglwys, a'r elfen gydiol rhyngddynt oedd cyfraith gwlad:

> Fel na all dyn fyw'n gyfforddus heb frawdgarwch dynion, felly, ni all unrhyw frawdgarwch sefyll heb gyfraith a disgyblaeth, ac fel y mae corff dyn a phob rhan ac aelod ohono yn derbyn eu bywyd, synnwyr a'u symudiad oddi wrth enaid neu ysbryd dyn felly cyfreithiau pob gwlad a theyrnas yw ei henaid a'i bywyd.[87]

Geiriau William Lambarde o sir Gaint yw'r rhain, y gweinyddwr lleol a'r sylwedydd craff ar egwyddorion llywodraeth ranbarthol. Y mae ei sylwadau'n canolbwyntio ar arwyddocâd undod gwladwriaethol seiliedig ar drefn a disgyblaeth. Yn y cyd-destun hwnnw cydlynir Cymru â chyfraith Loegr. Datblygodd yr endid gwleidyddol ymhlith y Cymry fel undod cyflawn dan *imperium* y frenhiniaeth. Yr oedd Harri VIII yn awyddus i sicrhau chwyldro gwladwriaethol a fyddai'n rhoi iddo rym economaidd ond hefyd — a phwysicach — sofraniaeth wleidyddol.

Pwy oedd yn gweithredu'r sofraniaeth wleidyddol honno yn enw'r Brenin yng Nghymru wedi 1536? Er mai'r llys brenhinol a'r sefydliadau llywodraethol oedd grym sylfaenol awdurdod cyfansoddiadol nid oes amheuaeth mai yn y rhanbarthau — y siroedd a'r cantrefi — y gwelwyd y grym mewn gweithred.

Rhoddodd y Deddfau Uno y cyfle i'r Goron sefydlu ei chorff o gefnogwyr yn y rhanbarthau hynny a feithrinai werthoedd llysol. Yr hyn a wnaeth y Goron oedd hyrwyddo buddiannau'r elfen elitaidd honno yn hytrach na chynnal yr hen bendefigaeth ranbarthol ym mhob agwedd ar weithredu grym yn y siroedd. Yn ogystal â chydnabod twf a galluoedd cynhenid yr uchelwyr fe'u cyflyrwyd i dderbyn a gwerthfawrogi'r corff cyfreithiol newydd a weithredwyd ganddynt. Yn eu tiriogaethau eu hunain fe'u gorchmynnwyd i gyflawni eu gorchwylion, trwy ras dwyfol, yn union fel yr awdurdodwyd y frenhiniaeth ei hun i wasanaethu'r deyrnas. William Salesbury a ddatganodd fod 'llywodraeth calon Brenin' yn gyfrwng i hyrwyddo disgyblaeth a sefydlogrwydd dinesig, ac arwyddodd hynny ei gred mewn grym mewngyrchol a allai gynnal buddiannau pob rhan o'r deyrnas yn gyfartal.[88] O'r un ffynhonnell cawsai llywodraethwyr Cymru eu hawdurdod, ac nid yw'n rhyfedd fod sylwedyddion yr unfed ganrif ar bymtheg yn rhoi pwyslais ar gyd-berthynas a chyd-ddibyniaeth yr uchelwyr a'r frenhiniaeth. O'r safbwynt hwnnw cynrychiolai'r Deddfau Uno ddatblygiad sylfaenol yn nhwf yr uchelwyr yng Nghymru am eu bod wedi uniaethu llywodraeth â'r frenhiniaeth trwy rym statud.

Y prif arwydd o'r cyfnewidiadau sylfaenol yng Nghymru oedd trefn y weinyddiaeth a sefydlwyd oddi mewn i fframwaith peirianwaith gweinyddol yr hen Dywysogaeth. Canolwyd llywodraeth bellach yn gyfan gwbl ar sefydliadau brenhinol ac yr oedd yr holl brosesau cyfreithiol a gweinyddol — comisiynau, gwritiau, siecrau, siawnsrïau ac ati — yn seiliedig ar awdurdod y Goron. Gweithredid yn lleol neu ranbarthol y grym a drosglwyddwyd i swyddogion a awdurdodwyd gan y Goron Duduraidd. Aeth Thomas Cromwell rhagddo i ddatrys y broblem *quis custodiet ipsos custodes?* (pwy a wylia'r gwylwyr eu hunain?) trwy roi'r awdurdod pennaf i'r Brenin a'i Gyfrin Gyngor.

Disodlwyd hen bwerau'r bendefigaeth yn araf er i olion cryf ohonynt barhau. Ar frig y gymdeithas cafwyd Ieirll Caerwrangon (Dugiaid Beaufort wedi hynny) ym Morgannwg, Gŵyr, Cilfai, Crucywel, Tretŵr a Rhaglan, a theulu Herbert a gynrychiolwyd gan William Herbert ym Morgannwg ac a grewyd yn Iarll Penfro yn 1551. Cymerodd y teuluoedd hyn ran allweddol mewn gwleidyddiaeth leol, yn arbennig yn y trefi. Yn y gymdeithas wledig, fodd bynnag, yn araf trosglwyddwyd y cyfrifoldeb am weithredu'r ddeddfwriaeth i'r uchelwyr brodorol. O ddehongli'r ffenomen hon o safbwynt gweinyddiad cyfraith trosglwyddwyd i'r uchelwyr yn ffurfiol y dreftadaeth y disgwylient yn eiddgar amdani. Edrychent ar y deddfau fel *raison d'être* eu bodolaeth fel corff o weinyddwyr cyhoeddus ac yn symbol o'r grymusterau a oedd eisoes i'w canfod yng nghwrs eu datblygiad.

Buasai uchelwyr y Dywysogaeth a'r Mers mewn safleoedd pur ddylanwadol dros gyfnodau maith. Yr oeddynt wedi hen arfer bod ar alw brenhinoedd ac arglwyddi fel dirprwyaid gweinyddol. Y mae ffynonellau swyddogol yn dangos pa mor ddiwyd oeddynt a pha mor frwd i sicrhau dyrchafiad yn y bymthegfed ganrif er gwaethaf parhad deddfwriaeth Harri IV ar lyfr y statud. Yr oedd cynnal llywodraeth drwy ddirprwyaeth, fodd bynnag, yn gyfrifol i raddau am lywodraeth lwgr oblegid yr uwch-swyddogion Seisnig a gâi'r ffïoedd. Parodd polisi Thomas Cromwell i'r uchelwyr ddod fwyfwy i'r afael â phroblemau gweinyddol drwy feddu ar y swyddi allweddol a gweithredu yn y byd gwleidyddol. Canlyniad hynny oedd iddynt gynrychioli haen ehangach o'r 'dosbarth' gweinyddol nag a geid yn Lloegr, a hefyd bod â llai o gyfoeth. Sut bynnag, o blith y garfan flaengar hon y cododd y llywodraethwyr mwyaf effeithiol dan y Tuduriaid yng Nghymru. Ni sefydlwyd heddwch a threfn ar unwaith, ac ni weithredodd y sefydliadau gweinyddol yn esmwyth ychwaith am beth amser i ddod. Ac yn ystod blynyddoedd canol y ganrif lleisiwyd barn bur bendant mewn rhai cyfeiriadau ynglŷn â hynny. Ond, o gymryd y ddeddfwriaeth yn ei chrynswth, nid oes amheuaeth fod polisi'r Tuduriaid wedi cyflymu'r prosesau cymdeithasol ac economaidd a bod Cymru wedi elwa'n faterol fel canlyniad i hynny. Cynyddodd y diddordeb yn y byd masnachol, cyfreithiol ac addysgiadol a chlymwyd teuluoedd uchelwrol yng Nghymru fwyfwy drwy briodas wrth deuluoedd bonedd yn Lloegr. Yn sicr, ni cheisiodd neb edrych yn ôl dros ysgwydd y ganrif a chanfod, yn y blynyddoedd cyn 1536 (ac eithrio achlysur gorseddu Harri Tudur), unrhyw rinweddau y gellid eu hadfer, ac mae'r sylwedyddion yn unol eu barn ar hynny. Safbwynt pur amheus yw hwnnw, wrth reswm, o gofio am gyfraniad annileadwy y gorffennol i fywyd gwleidyddol, gweinyddol, cymdeithasol a diwylliannol Cymru'r cyfnod hwnnw. Yr hyn a wnaeth y Deddfau Uno oedd crisialu'r datblygiadau a ddigwyddasai eisoes a chadarnhau'r tueddiadau hynny ar gyfer y dyfodol. Gwêl George Owen y datblygiad araf tuag at ffurfio cyfunwlad gytbwys a chwbl effeithiol ei llywodraeth. Gwyddai nad oedd Cymru, erbyn ei gyfnod ef, wedi ymsefydlogi'n llwyr fel rhan o'r wladwriaeth: eto, yr un pryd, yr oedd yn awyddus i ddangos nad gwlad isradd ei safonau a adawodd y Tuduriaid ar eu hôl. Y mae ei gyfeiriadau at y 'metamorphosis' neu'r trawsffurfiad mawr a ddigwyddasai, ac yn bennaf at gadernid teyrngarwch yr uchelwyr i'r frenhiniaeth newydd, yn dangos fel y bu'r frenhiniaeth honno'n fantais fawr i'r genedl gyfan.

> Nid oes wlad yn Lloegr wedi ffynnu gymaint mewn can mlynedd nag a wnaeth Cymru o gyfnod llywodraeth Harri VII i'r amser hwn; cymaint fel y byddai'r tadau, pe byddent yn byw'n awr, yn meddwl amdani fel gwlad ddieithr wedi ei gwladychu â chenedl estron, y wlad a'r deiliaid wedi newid gymaint, y bobl wedi newid yn eu calonnau yn fewnol a'r tir yn ei wedd allanol, o ddrwg i dda ac o wael i well.[89]

Ysgrifennodd Owen dros hanner canrif wedi'r Deddfau Uno, ac yr oedd mewn sefyllfa i asesu'r effaith a gawsant ar Gymru. Gwelsai'r pryd hwnnw mai proses araf oedd sefydlu llywodraeth unffurf a bod yn y broses honno ddatblygiadau blaengar a barodd y newid sylfaenol yn y gymdeithas yng Nghymru ac a roddodd i'r uchelwyr freintiau *de jure*. Dyma'r 'metamorphosis' — y trawsffurfio — y cyfeiriodd mor afieithus ato. Yr hyn a gyflawnodd y ddeddfwriaeth yng Nghymru oedd datrys problemau'r gorffennol er mwyn hwyluso darpariaethau ar gyfer y presennol ac nid creu Cymru newydd. Yr oedd llawer iawn o'r hen Gymru wedi goroesi ac wedi bod yn anhepgorol i ffurfiant y weinyddiaeth ar ei newydd wedd, a golygai hynny newid o'r pwys mwyaf yn statws cyfansoddiadol y Cymry. O hynny ymlaen fe'u cyflwynwyd i fath o fywyd a oedd yn eang ac apelgar. Mae'n wir fod nifer y Cymry a aeth dros y ffin i chwilio am well byd wedi cynyddu; eto, er cymaint y dylanwadau bonheddig cyffrous a fu arnynt, meddai uchelwyr Cymru ar nodweddion ymddygiad cwbl Gymreig y gwyddai'r Saeson yn dda amdanynt. O'r safbwynt hwnnw ni newidiwyd Cymru gan y Deddfau Uno i'r graddau a dybiwyd, eithr rhoddodd gyfle iddi i'w haddasu'i hun i gwrdd â gofynion cymdeithas newydd. Ni allai ysgrifbin ar femrwn newid cymeriad cenedl hirhoedlog ac ni ddisgwylid i hynny ddigwydd. Eto, bu'r drefniadaeth a'r ynni newydd yn gyfrwng hanfodol i ailgyfeirio'r genedl honno, a hynny, yn y bôn, a barodd i'r gwendidau diwylliannol ymddangos yn gryf ynddi. Newid agwedd wnaeth yr uchelwyr yn hytrach na throi cefn: rhoi cyfle i'r uchelwyr ymwthgar feithrin cymdogaeth dda dan amgylchiadau newydd, ac yn araf fabwysiadu dulliau Seisnig a moethus o fyw a ddaethai'n nodweddiadol o fyd y plas, y Llys Brenhinol a'r swydd gyhoeddus yng Nghymru. Erbyn ail hanner yr unfed ganrif ar bymtheg cyflymodd y broses hon a chyflawnodd anghenion dyfnaf y teuluoedd hynny a etifeddasai briodoleddau'r uchelwriaeth freiniol.

LLYFRYDDIAETH

Edwards, J.G., *Tywysogaeth Cymru 1267-1967. Astudiaeth mewn Hanes Cyfansoddiadol* (1991). Cyfieithiad gan Gwynn ap Gwilym.
Rees, W., *The Union of England and Wales* (1948)
Roberts, P.R., 'The "act of union" in Welsh history', *Traf. Cymmr.*, 1972-3
Williams, G., *Wales and the Act of Union* (1992)
Williams, W.O., *Tudor Gwynedd* (1958)

NODIADAU

[1] St. 24 Harri VIII c.12; *SR*, III, 1509-45, t.427.

[2] St. 27 Harri VIII c.24; *SW*, t.74.

[3] LlGC, Llsgr. Mostyn 158,492(b). Gw. hefyd J.G. Evans (gol.), *Reports on Manuscripts in the Welsh Language*, I, x.

[4] *L. & P.*, VII, rhif 781, t.298.

[5] Ibid., V, rhif 991, t.462.

[6] Ibid., VI, rhif 386, t.177.

[7] Ibid., VI, rhif 210, t.95.

[8] Ibid., rhif 946, t.411.

[9] L. Stephen a S. Lee (gol.), *Dictionary of National Biography* (1885-1900), XXXII, tt.373-6.

[10] *L. & P.*, VI, rhif 1385, t.554.

[11] LlGC, Llsgr. Mostyn 158,509(b); D.Ll. Thomas, 'Further notes on the Court of the Marches', *Y Cymmr.*, XIII, 1899, 111.

[12] *L. & P.*, VI, rhif 210, t.95.

[13] *CSPD*, 1547-1580, rhif 107, t.10.; 'Further notes ...', Atodiad F. 159-60.

[14] *L. & P.*, XIV (Rhan i), rhif 1020, t.469; P.R. Roberts, 'A petition concerning Sir Richard Herbert', *BBGC*, XX,1962, 45-9.

[15] *L. & P.*, VII, rhif 1571, t.586.

[16] Ibid., VIII, rhif 1058, t.417.

[17] Ibid., IX, rhif 354, t.118-9.

[18] Ibid., X, rhif 754, t.316.

[19] Ibid., VII, rhif 988, t.379.

[20] Ibid., VIII, rhif 947, t.369.

[21] Ibid., VIII, rhif 861, t.337.

[22] Ibid., X, rhif 204, t.72. Gw. hefyd XIV, II, rhif 384, tt.133-4.

[23] *Calendar of State Papers relating to Ireland, 1601-3* (1912) gol. R.P. Mahaffy, t.384, t.254.

24   *L. & P.*, X, rhif 130, tt.43-4; H. Ellis (gol.), *Original Letters Illustrative of English History* (1846), 3edd gyfres., III, rhif CCLXI, tt.13-14.

25   T. Wright, *The History of Ludlow* (1852), t.378.

26   *L. & P.*, VIII, rhif 839, tt.321-2.

27   Wright, op. cit., tt.392-4.

28   R. Flenley (gol.), *A Calendar of the Register of the Council in the Marches of Wales 1569-1591* (1906) t.47.

29   *L. & P.*, VII, rhif 1353, t.514.

30   Edward Herbert, Arglwydd Chirbury, *The Life and Reign of King Henry the Eighth*, t.436.

31   *L. & P.*, VII, rhif 1456, t.545.

32   'Further notes ...', Atodiad B, 128-33; D. Mathew, 'Some Elizabethan documents', *BBGC*, VI, 1931, 74-7.

33   St. 26 Harri VIII c.6; *SW*, t.54.

34   T.B. Pugh, 'The indenture for the marches between Henry VII and Edward Stafford (1477-1521), Duke of Buckingham', *English Historical Review*, LXXI, 1956, 436-41.

35   T.G. Jones (gol.), *Gwaith Tudur Aled* (1926), 1, XXXV, t.154.

36   *HGFM*, t.49.

37   Wright, op. cit., tt.383-5.

38   St. 26 Harri VIII c.1. *SR*, III, t.492.

39   St. 26 Harri VIII c.4. *SW*, tt.51-2.

40   H. Ellis, op. cit., III, rhif CCLXXII, tt.47-50.

41   *The Oxford Book of Welsh Verse*, XCVI, t.195.

42   St. 26 Harri VIII c.5. *SW*, tt.52-4.

43   St. 26 Harri VIII c.6. *SW*, tt.54-62.

44   Ibid., tt.56-7.

45   Ibid., tt.57-8.

46   W. Rees, *South Wales and the March, 1284-1415* (1924), tt.229-34; D. Lewis, 'The Court of the President and Council of Wales and the Marches from 1478 to 1575', *Y Cymmr.*, XII,1898, 42-6.

47   *Royal Commission on Land in Wales and Monmouthshire* (1896), Atodiadau i'r Adroddiad, t.3.

48   *SW*, tt.57-8; Rees, op. cit., tt.221-2.

49   St. 26 Harri VIII c.6. *SW*, t.62.

50   *HGFM*, t.39.

51   St. 3 Harri VII c.15. *SR*, II, 1377-1504, t.522.

52   *HGFM*, t.40.

53 Ibid., t.52.

54 E.I. Rowlands (gol.), *Gwaith Lewys Môn* (1975), XLVIII, t.173.

55 *L. & P.*, X, rhif 1178, tt.491-2.

56 St. 26 Harri VIII c.6. *SW*, tt.58-60.

57 St. 26 Harri VIII c.7. *SW*, t.63.

58 St. 27 Harri VIII c.7. *SW*, tt.69-72.

59 St. 34-35 Harri VIII c.26. *SW*, t.102.

60 *Penbrokshire*, III, t.21-2.

61 St. 27 Harri VIII c.5 *SW*, tt.67-9.

62 *L. & P.*, X, rhif 453, t.182.

63 Ibid.

64 *Penbrokshire*, III, tt.55-6.

65 Ibid., t.54.

66 *L. & P.*, XI, rhif 525, t.213.

67 Ibid., XI, rhif 522, t.213.

68 St. 27 Harri VIII c.26. *SW*, tt.75-94.

69 St. 27 Harri VIII c.24. *SW*, tt.73-5.

70 *SW*, tt.75-6.

71 *SW*, t.76.

72 St. 34-35 Harri VIII c.26. *SW*, tt.102-3.

73 J.G. Edwards, *Tywysogaeth Cymru 1267-1967*, tt.27-37.

74 A.F. Pollard, *Henry VIII* (1905), t.365.

75 P.R. Roberts, 'The Union with England and the Identity of ''Anglican'' Wales', *Transactions of the Royal Historical Society*, XXII,1972, 49-70; idem, 'A breviat of the effectes devised for Wales c.1540-41', *Camden Miscellany*, XXVI, 1975, 31-45.

76 *L. & P.*, XXII (Rhan i), rhif 1042, tt.384-5. Gw. hefyd XV, rhif 494, t.210.

77 Ibid., XI, rhif 1338, t.538.

78 Ibid., 1539, I, rhif 492, t.193.

79 'A breviat of the effectes devised for Wales', loc. cit.

80 *Penbrokshire*, III, tt.3-4.

81 *Morganiae Archaiographia*, t.68.

82 D. Powel, *The Historie of Cambria, now called Wales* (1584), gol. H. Llwyd: I'r Darllenydd.

83 *The Breuiary of Britayne*, fol.60.

84 *Life and Reign of King Henry the Eighth*, tt.438-9.

85   S.J. Herrtage (gol.), *England in the Reign of King Henry the Eighth: Starkey's Life and Letters* (1878), Rhan i, p.lxxiv.

86   *L. & P.*, 1537, (Rhan ii). rhif 770.

87   *William Lambarde and Local Government* (1962), gol. Conyers Read, t.128.

88   W. Salesbury, *A Dictionary in Englyshe and Welshe* (1547) [iv].

89   *Penbrokshire*, III, t.56.

Pennod III

GWEINYDDIAETH,
GWLEIDYDDIAETH A THREFN

Y WLADWRIAETH A'R PEIRIANWAITH GWEINYDDOL

Yn Ionawr 1576 cwynodd Dr David Lewis, cyfreithiwr blaengar o'r Fenni a Barwn y Morlys, yn arw wrth Syr Francis Walsingham, Ysgrifennydd y Wladwriaeth, am gyflwr enbydus rhannau o'r hen Fers yn ne-ddwyrain Cymru, a hynny ddeugain mlynedd wedi'r Deddfau Uno. Yr oedd yn bryderus iawn ynghylch y sefyllfa, yn arbennig parhad rhai arferion a fuasai gynt yn niweidiol i lywodraeth dda yn yr arglwyddiaethau annibynnol, ac mae ei sylwadau'n cyfeirio'n benodol at ddrwg-effeithiau arferion o'r fath. Y mae ei eiriau'n atsain llawer o'r pryderon a fynegwyd gan eraill flynyddoedd ynghynt, yn arbennig Rowland Lee a'i gyfoeswyr, ac yn ddiweddarach, George Owen:

> Y mae'r anhrefnau mawr yng Nghymru, yn arbennig yn ne Cymru, wedi cynyddu'n ddirfawr yn y dyddiau diwethaf: trwy gadw bonheddwyr y mae'n rhaid, yn ôl dull y wlad, eu cynnal ym mhob gweithred pa mor ddrwg bynnag y bônt. Y mae ganddynt hefyd frodyr maeth yn loetran a cheraint diog a dilynwyr eraill sy'n gwneud dim ond chwarae cardiau a dîs a phigo a dwyn a lladd ac anafu unrhyw ŵr pan ddaw'r cyfle ac, eto, byddent yn golchi eu dwylo wedi iddynt gyflawni'r weithred ddrwg. Wedi iddynt gyflawni eu troseddau symudir y loetranwyr drwg hyn at rai o'u cyfeillion mewn man arall fel na ellir dod o hyd iddynt i'w cosbi pan ddaw'r amser, ac yn y cyfamser daw'r bonheddwyr i gytundeb â'r partïon y troseddwyd yn eu herbyn ac yna, gan nad oedd gan y lladron unrhyw beth eu hunain, mae'n rhaid i'r bonheddwyr eu cynorthwyo trwy gymortha i fodloni'r partïon y troseddwyd yn eu herbyn. Gwŷr disylwedd a heb enw da'n cael eu penodi'n Siryfion ac Ustusiaid Heddwch, y rhan fwyaf ohonynt yn byw trwy ysbeilio.[1]

Mae'n amlwg nad oedd Lewis yn credu bod gweinyddiaeth y Tuduriaid yn llwyddiant. Yn ei farn ef cafwyd gormod o ddiffygion amlwg, yn bennaf oherwydd aneffeithiolrwydd ac anghymhwyster swyddogion. Erbyn 1575, yr oedd y Cyngor yn y Mers wedi llacio'i afael ar y weinyddiaeth yng Nghymru. Flwyddyn ynghynt anfonodd y Frenhines gyfarwyddiadau i'r

Arglwydd-Lywydd iddo ddiwygio'r Cyngor a difa'r camarferion amlycaf. Ni allai Syr Henry Sidney wella'r sefyllfa dros dymor byr, ac i'w gynghori'n fanylach ar gyflwr Cymru galwodd Walsingham ar Dr David Lewis a Syr William Gerard, Prif Ustus Cylchdaith Brycheiniog. Nid yw'n arbed unrhyw eiriau hallt wrth feirniadu llywodraeth leol yn y parthau hynny a chyfeiria at swyddogaethau penodol. Â Lewis rhagddo i drafod diffygion eraill ymhlith nifer o swyddogion megis Siryfion, Ustusiaid Heddwch, Meiri a beilïaid trefol, a chyfeiriwyd yn ei arolwg at olion amlwg o arferion 'cymortha' ac 'arddel' ac o fethiant y Cyngor yn y Mers i ddisgyblu gweision y llywodraeth a'u gorfodi i weithredu'n ôl cyfraith gwlad.

Y mae sylwadau manwl Dr David Lewis yn bwysig o gofio nad oedd yn gyfeillgar â Syr Henry Sidney, Arglwydd-Lywydd y Cyngor ar y pryd a bod sefyllfa wleidyddol ddwys wedi datblygu yn y deyrnas wedi ysgymuno'r Frenhines yn 1570 a'r cynnydd mewn gwrthwynebiad iddi ar dir cyfansoddiadol yn y Senedd. Dengys ei lythyr hefyd agweddau ar gyflwr difrifol y gymdeithas yn rhannau o hen ranbarthau'r Mers ac anfanteision cael Cyngor nad oedd, yn ei farn ef, yn gallu cynnal heddwch a threfn yn effeithiol. Mae'n amlwg fod Lewis i raddau'n rhagfarnllyd ac efallai'n gorliwio, ond dengys hefyd nad oedd polisïau'r Tuduriaid mor llwyddiannus â hynny a bod nifer o'r hen wendidau'n parhau i beri ansefydlogrwydd a phryder. Y mae tystiolaeth o'r fath yn codi peth amheuaeth ynglŷn â llwyddiant y polisïau hynny, a chadernid y sefydliadau a ddefnyddiwyd gan y Goron i gynnal ei hawdurdod. A yw hyn oll, tybed, yn arwydd o fethiant yr uchelwyr i gynnal trefn ac o barhad eu hymddygiad ystrywgar wrth wylio'u buddiannau eu hunain? Ac ymhellach, pa mor ddylanwadol oedd gweithredoedd gweinyddol yr uchelwyr ac i ba raddau y rhoddodd polisïau Thomas Cromwell a'i ddilynwyr iddynt y grym llawn yr oedd ei angen arnynt i gynnal heddwch a threfn?

Ar y llaw arall, ceir tystiolaeth bendant yng nghwrs yr unfed ganrif ar bymtheg sy'n rhoi sylw i ragoriaethau'r Cyngor yn y Mers. Yn ei swydd fel Dirprwy-Lywydd gwêl Syr William Gerard ef yn gyfrwng effeithiol i ddwyn trefn i'r wlad, ac yn sefydliad a adeiladwyd yn gadarn ar sylfeini a osodwyd gan Rowland Lee. Yr oedd George Owen yntau'n uchel ei air i'r Cyngor, a nododd — eto mewn ffordd hollol nodweddiadol o'i oes — mai ei brif bwrpas ar y dechrau oedd 'gwareiddio a heddychu' yng Nghymru, parhau i gynnal awdurdod y Goron a gweinyddu'r Dywysogaeth a'r arglwyddiaethau.

> Ac er bod rhai yn meddwl ei fod yn llys dianghenraid yn yr amser presennol, o ystyried yr ufudd-dod a geir yng Nghymru yn awr, ac y byddai'n well iddo gael ei ddiddymu yn hytrach na'i barhau, yn ddiamau maent yn camgymryd yn fawr yn meddwl hynny os na fyddai rhyw lys arall neu awdurdod tebyg ar gael ar gyfer cosbi'r amrywiol droseddau dywededig, ac unioni llawer o'r achosion a adroddwyd eisoes; oblegid os

diddymir y tŷ neu Gyngor hwnnw ond am ychydig flynyddoedd heb le i unioni cam mewn llawer o'r materion hynny, y rhai sy'n byw'n awr yn heddychlon ac sy'n credu bod y llys hwnnw'n ddianghenraid fyddai'r cyntaf i deimlo'r llymder o'i golli.[2]

Ysgrifennwyd y geiriau hyn yn 1594. Erbyn hynny yr oedd y Cyngor wedi hen sefydlogi ac wedi cael ei dderbyn yn bencadlys llywodraeth ranbarthol yng Nghymru, a'r Arglwydd-Lywyddion — er bod rhai ohonynt wedi cyfnod Rowland Lee yn absennol — yn fwy parod i drin a thrafod problemau Cymru mewn dull mwy gwaraidd ac yn fawr eu parch am hynny. Y ddau mwyaf blaenllaw yn eu plith oedd Syr Henry Sidney, a oedd yn y swydd o 1560 i 1586, a'i fab-yng-nghyfraith Henry Herbert, ail Iarll Penfro, o'r flwyddyn honno hyd ei farw yn 1601. Dengys tystiolaeth na chafwyd cymaint o'r beiddgarwch na'r eofndra bygythiol ag a welwyd yng nghyfnod Lee. Yn araf, newidiodd y sefyllfa, ac er bod sawl enghraifft o wrthdaro rhwng uchelwyr ynghyd ag achosion cynyddol yn y llysoedd barn ynglŷn â hawlio eiddo ac mewn perthynas â chamarfer mewn swyddi a materion cyffelyb, mae'n ddiamau fod dylanwad y Deddfau Uno dros dymor hir yn dangos y pwyslais cynyddol ar ddisgyblaeth a'r parch tuag at drefn, a cheir tystiolaeth hefyd i brofi hynny. Mae'n amlwg mai tystio i effeithiolrwydd unigolion breintiedig mewn swyddi bras a wnâi sylwedyddion ond, er hynny, mae'n eglur fod y Cyngor yn y Mers wedi gwarchod yn bur effeithiol fuddiannau'r llywodraeth leol yn siroedd Cymru a'r gororau.

Dosbarthwyd gweithrediadau'r Cyngor yn y Mers yn ddwy ran, cyfreithiol a gweinyddol. Gan nad yw holl gofnodion y llys wedi goroesi nid gorchwyl hawdd yw ceisio asesu'n llawn y graddau y bu'r sefydliad yn llwyddiant. O gymharu'r hyn sydd ar gael — yn arbennig y cofnodion gweinyddol sydd wedi goroesi am y cyfnod 1569-91 â ffynonellau eraill — gellir amcangyfrif y math o faterion yr ymdrinnid â hwy. Yn sicr, gosododd Lee, Englefield ac eraill y garreg sylfaen i weithgaredd dibaid y Cyngor yng nghastell Llwydlo. Trwy ei fynych ohebiaethau â Thomas Cromwell cyfeiriodd Lee at ei safle allweddol mewn materion cyfreithiol, a bu'n gymorth i lunio deddfwriaeth i liniaru dipyn ar broblemau tor-cyfraith. Ar ben hynny, aeth Lee ati i atgyweirio a chryfhau cestyll yn y Mers, nid er mwyn gwella amddiffynfeydd y gororau ond yn hytrach i sicrhau bod digon o garchardai ar gael i gadw troseddwyr.

Yn yr ail Ddeddf Uno gosodwyd y Cyngor yn y Mers ar dir statudol, ond ni ddiffiniwyd gorchwylion yr Arglwydd-Lywydd na'r comisiynwyr yn fanwl. Byr a moel iawn yw'r datganiad fel yr ymddengys yn y statud:

> Bydd Llywydd a Chyngor yn bod ac yn parhau yn Nhiriogaeth
> a Thywysogaeth Cymru a'r Mers gyda'r holl swyddogion,
> clercod ac eraill sy'n gysylltiedig â hwy yn y dull a'r modd

yn ôl defod ac arfer; y Llywydd a'r Cyngor i weithredu'r Grym a'r Awdurdod i wrando a barnu, yn ôl eu doethinebau a'u synhwyrau, achosion a materion a bennir ar eu cyfer gan ei Fawrhydi'r Brenin, yn ôl arfer a defod.[3]

Mewn geirau eraill, yr oedd y Cyngor i weithredu'n union fel y gwnâi cyn y ddeddf ond, yn anffodus, nid yw'r cyfarwyddiadau a roddwyd i'r Cyngor hwnnw wedi goroesi yn ystod y blynyddoedd rhwng 1527 ac 1553, ac yn y cyfnod allweddol hwnnw yr ymffurfiodd yn sefydliad i weinyddu cyfraith a threfn drwy holl siroedd Cymru a'r pedair sir ar ororau Cymru. Â George Owen ati i ddisgrifio galluoedd ecwiti'r Cyngor i 'liniaru ... eithafion a llymder cyfraith gwlad y wlad hon ...'.[4] Yn ôl cyfarwyddiadau 1553 disgwylid iddo wrando achosion sifil a throseddol a dducpwyd gan unigolion a oedd yn rhy dlawd i fynd â'u hachosion i'r llysoedd canolog yn Llundain: gwrando achosion troseddol o bob math, archwilio achosion o gamlywodraethu, cynnal byddinoedd preifat ac archwilio dedfrydau ffug ac ati.[5] Tyfodd y Cyngor i fod yn llys trefnus a thra gwahanol i'r hyn ydoedd pan symudodd y Dywysoges Mari Tudur i ororau Cymru yn 1525. Y mae cyfnod Rowland Lee o bwys allweddol yn hanes y twf yng ngrym y Cyngor: yr oedd ef yn ymwybodol o'r angen am ddiwygio'r sefydliad, a gwnaed cyfeiriadau lawer at hynny yn ei gyfnod.

Castell Llwydlo, prif ganolfan y Cyngor yn y Mers

Y mae'n ddiddorol sylwi hefyd fod cyfansoddiad y Cyngor yng ngogledd Lloegr, a sefydlwyd yn nheyrnasiad Edward IV, erbyn 1537 wedi newid a'i fod o hynny ymlaen yn gweithredu awdurdod cyfreithiol y Goron yn hytrach na bod yn Gyngor personol i'r Brenin, ac mae'n bosibl mai'r diwygiad o fewn y Cyngor yn Llwydlo a fu'n gyfrifol am hynny. Yn ychwanegol at ei ddyletswyddau cyfreithiol ysgwyddodd y Cyngor yn y Mers y cyfrifoldeb o weinyddu Cymru ac mae'n amlwg fod Lee a'i olynwyr wedi arolygu'n fanwl y peirianwaith gweinyddol ym mhob sir yng Nghymru a gororau Lloegr.

Ymhlith gweithrediadau'r Cyngor yr oedd y cyfrifoldeb am weithredu polisïau gwleidyddol ac economaidd y llywodraeth ganolog, cysylltu ewyllys y brenin (a weithredai drwy'r Cyfrin Gyngor) â Chymru, ymwneud â materion amddiffyn a gweithredu fel sefydliad heddlu a llys lle y penodid swyddogion i weinyddu siroedd Cymru a'r gororau. Prif ddyletswydd gweinyddol y Cyngor oedd arolygu holl weithrediadau swyddogion y Brenin yn y siroedd. O edrych ar gofrestr y Cyngor am y blynyddoedd 1569-91 ymddengys mai'r agwedd honno oedd bwysicaf, ond ni fyddai dod i gasgliad o'r fath yn gywir gan fod y mwyafrif o gofnodion cyfreithiol y Cyngor wedi eu colli. Y mae sylwebaethau cyfoes ar y Cyngor, sef yr hyn a ysgrifennodd Syr William Gerard a George Owen yn bennaf, yn rhoi'r pwyslais mwyaf ar waith cyfreithiol y Cyngor, ond nid oes amheuaeth fod agweddau gweinyddol ar ei weithrediadau, o gofio am bwysigrwydd cadw heddwch a threfn yn y deyrnas a'r perygl cynyddol o ymosodiad ar arfordiroedd Cymru trwy gydol y ganrif, yn gyfrifol, i raddau pell, am ei dwf a'i ddylanwad. Yn achlysurol ym mlynyddoedd cynnar teyrnasiad Elisabeth I penodwyd yr Arglwydd-Lywydd yn Arglwydd-Raglaw dros Gymru a'r gororau, a digwyddai hynny fynychaf mewn cyfnodau o argyfwng. O 1585 ymlaen fe'i penodwyd yn rheolaidd i'r swydd pan oedd y deyrnas yn rhyfela â Sbaen a'r bygythiadau tramor yn enbytach. Yn y swydd honno yr oedd yn gyfrifol am oruchwylio amddiffynfeydd castellog y wlad mewn cydweithrediad â swyddogion y siroedd — y Siryfion a'r Ustusiaid Heddwch fel arfer — ond ganddynt hwy, yn arbennig y Siryf, yr oedd y pŵer mwyaf mewn materion o'r fath.

O safbwynt aelodaeth y Cyngor yn y Mers mae'n amlwg oddi wrth dystiolaeth yng ngohebiaeth Rowland Lee mai ychydig a oedd wrth law i'w gynorthwyo i reoli Cymru. Ym Medi 1537, wedi marw Englefield, gofynnodd yn daer i Thomas Cromwell am rywun i ddod yn ei le am fod ganddo ormod o waith cosbi troseddwyr, a pharhaodd i atgoffa'i feistr o'r gwaith lluddedig a gyflawnai i gadw heddwch a threfn. Gwyddai fod Englefield yn ddirprwy effeithiol a dibynadwy, ac meddai wrth Cromwell â'i dafod yn ei foch: 'Y mae dihirod o Gymry'n dweud bod un diawl wedi mynd, yn golygu Mr Englefield, a'r ysgrifennwr yw'r llall!'[6] Edliwiodd i'r troseddwyr na allent fyth ei drechu er cymaint eu casineb tuag ato. Gallai fod yn dra beirniadol o'r llywodraeth ar brydiau: er enghraifft, cwynai nad oedd ganddo ddigon o adnoddau i atgyweirio cestyll yn y Mers. 'Os yw ei Fawrhydi'r Brenin am ddiwygio'r wlad hon', meddai, 'yna mae'n rhaid i'w ras wario canpunt mwy neu lai i'r amcan hwnnw'.[7] Ar y pryd gweithredai yn ardal Llanandras 'ymhlith nifer mwyaf trwchus o ladron'. Ofnai y byddai'r cweryl rhwng Iarll Caerwrangon a Walter Devereux, Arglwydd Ferrers, ynglŷn â Stiwardiaeth Arwystli a Chyfeiliog, yn arwain at derfysgoedd a fyddai'n tanseilio'i awdurdod. 'Nid oedd cymaint o derfysgu yng Nghymru ag sy'n awr', meddai, 'ym Morgannwg maent yn cyrchu beunydd; yn Ninbych, twr o bobl na welwyd am lawer blwyddyn'.[8] Cyfeirio a wnâi'r pryd hwnnw'n benodol at Syr John Salbri ('Siôn y Bodiau', fel y gelwid ef oherwydd ei gryfder) o Leweni (m. 1578), a orchmynnwyd i gadw'r heddwch ar ddiwrnod ffair yn y dref. Dangosodd hwnnw ei wrthwynebiad i weithred y Cyngor yn gwahardd trigolion y dref rhag bod ag arfau yn eu meddiant. Gallai ef, meddai Lee, eu trin yn ddigon hy, 'a thynnodd ei ddagr a'i ddangos [yn fygythiol] i'r negesydd [o'r Cyngor] a'i ceryddodd'. Yr oedd Salbri'n ŵr nerthol yn sir Ddinbych a hefyd, yn ddiweddarach, yng Ngwynedd, ac yr oedd ei ymddygiad, meddai Rowland Lee, yn fwy bygythiol nag unrhyw swyddog arall. Cymaint oedd ei bryder ar y pryd fel y gorfodwyd iddo ddatgan nad oedd y Cyngor yn cael ei barchu yn Ninbych a'r cyffiniau ac nad oedd trigolion y dref na'r swyddogion yn barod i ufuddhau i'w orchmynion. Cwynent am drethiant a gorthrwm cyffredinol nad oedd yn gydnaws ag ysbryd y Deddfau Uno. Yr oedd yr anhrefn yng nghanolbarth Cymru a'r Mers mor ddifrifol fel y daeth Lee i'r casgliad mai lladron penffordd yn unig a geid yn ardaloedd Ceri, Cydewain, Arwystli a Chyfeiliog — 'Lladron oeddynt yn fy ngolwg i', meddai'n goeglyd, 'a lladron fyddant'.[9]

Ym mlynyddoedd olaf ei lywyddiaeth yr oedd Lee yn dra llym ei agwedd tuag at y rhai a dorrai'r gyfraith. Dienyddiwyd pedwar bonheddwr 'o'r dras orau' ganddo yn sir Amwythig yn 1538, a sicrhaodd y brenin tua'r un adeg fod ei ddeiliaid yng Nghymru 'mewn trefn dda'.[10] Yr oedd yn fwy pryderus ar y pryd am gyflwr sir Gaer gan fod mwy o lofruddiaethau a throseddau eraill wedi digwydd yno nag yng Nghymru gyfan dros gyfnod o ddwy flynedd. Wrth gyfeirio at y sir honno credai y byddai pobl yn cwyno am lymder ei weithredoedd yno, ond 'mae'n rhaid cosbi', meddai, 'oblegid heb gosb ni chywirir y pethau sydd mor ddi-drefn yng ngolwg cyfraith gwlad'.[11] Gwêl yr angen i weithredu cyfraith ecwiti. Gresynnai fod cymaint o dor-cyfraith ymhlith swyddogion y Goron dan awdurdod Siryfion anghyfrifol fel na ellid eu diswyddo am eu bod wedi eu penodi am eu hoes. Yn 1541 cwynodd Cromwell fod sipsiwn yn parhau i anwybyddu'r gyfraith yn eu herbyn ac yn tramwyo'r wlad a rheibio'r tir, gwedd ddiddorol arall ar anhrefn a ddeilliai o ansefydlogrwydd y Mers. Yn ei lythyr at Lee y pryd hwnnw beirniadodd yn llym swyddogion lleol am fethu â chyflawni eu dyletswyddau:

> Y maent yn parhau i oedi yma yn y deyrnas ... a rheibir, lladratir a thwyllir deiliaid gorau'r Brenin yn ddyddiol ganddynt; eto, mae swyddogion a gweinidogion ei Fawrhydi, trwy anwybyddu eu dyletswyddau i'w Fawrhydi, yn caniatáu iddynt oedi a loetran ym mhob man, a gweithredu eu twyll, gweithrediadau troseddol a thrais yn ddi-gosb.[12]

Rhannai Lee y pryderon hyn ac aeth ymhellach i feio'r llywodraeth ganolog am fod mor amhendant ynglŷn â threfnu ffiniau'r siroedd newydd. Ni allai weinyddu cyfiawnder yng Nghymru'n effeithiol, meddai, wrth gyfeirio, mae'n debyg, at yr oedi cyn cyhoeddi casgliadau'r comisiwn a benodwyd yn 1536 i archwilio'r sefyllfa. Yn fuan wedi hynny anfonodd y Cyfrin Gyngor y Prif Ustus William Sulyard, aelod o'r Cyngor yn y Mers, i Gymru i gynorthwyo Lee i gyflawni ei orchwylion, ac ysgrifennodd y ddau ohonynt at Cromwell ym Mawrth, 1539 gan nodi nad oedd yr argymhellion yn dderbyniol gan rai cymunedau yn sir newydd Trefaldwyn.[13] Ar 11 Ebrill 1540 datganwyd yn ffurfiol fod y gorchwyl o bennu ffiniau sir Ddinbych wedi'i gyflawni. Ni wyddai Lee ddim am hynny, fodd bynnag, a'i unig wybodaeth oedd bod Syr Richard Herbert, Trefaldwyn, un o brif gynghorwyr Cromwell yng Nghymru pan drafodwyd gyntaf y polisi o sirio Cymru, wedi cyflwyno nifer o ddeisebau o wahanol rannau o'r Mers, gyda chymorth Humphrey Llwyd, aelod seneddol bwrdeisdref Dinbych, i ystyriaeth Cromwell a'r Senedd.[14] Ni olygai hynny na wyddai Lee ddim oll am y sirio ond nid ymddengys ei fod wedi cael y wybodaeth ddiweddaraf ynglŷn â chyflawni'r gorchwyl. Dengys hynny ei fod wedi cael ei anwybyddu, mae'n bosibl, oherwydd nad oedd yn cytuno â'r polisi ar y dechrau.

Fe ymddengys fod Lee'n caledu yn ei agwedd tuag at y Cymry ac uchelwyr y gororau. Mynegodd ei feddwl yn glir yn 1539 pan ddatganodd y byddai crogi un bonheddwr o fri a droseddai yn arbed bywydau ugain ac yn llawer mwy effeithiol na chrogi cant o drueiniaid tlawd.[15] Credai fod y Cymry bellach wedi adfer eu hen arfer o ladrata ymhlith ei gilydd. Ei farn gyffredinol, fodd bynnag, ym mlynyddoedd olaf ei lywyddiaeth oedd fod Cymru yn llawer mwy heddychlon, a theimlai'n fodlon ei fod wedi ymgodymu'n llwyddiannus â phrif broblemau Cymru. Yr hyn sy'n peri peth syndod yn ei yrfa yw iddo ddyfalbarhau yn ei dasg er cymaint ei wrthwynebiad pendant i rai agweddau ar bolisïau Cromwell yng Nghymru.

Yn sicr bu marwolaeth Rowland Lee yn Ionawr 1543 yn ddigwyddiad o bwys mawr yn hanes sefydlu llywodraeth a threfn yng Nghymru oblegid arwyddodd ei yrfa ddiwedd cyfnod o ymdrin â symptomau'n hytrach nag achosion anniddigrwydd yng Nghymru a'r Mers. Ni welodd fawr ddim o'r polisi i gymathu Cymru a Lloegr yn cael ei weithredu, ac eithrio sirio ardaloedd y gororau, ac nid yw'n debygol ei fod wedi cymryd rhan o gwbl yn y trafod a fu ar yr argymhellion a wnaed yn 1540-1 i geisio sefydlogi ymhellach fframwaith gweinyddol y wlad. Pan gofnodwyd yr ail Ddeddf Uno ar lyfr y statud, a phan sefydlwyd y Cyngor y rhoddodd ef gymaint o'i wasanaeth iddo ar dir cadarnach, yr oedd yr Esgob cyhyrog hwnnw wedi marw. Wedi ei farwolaeth, ond nid o angenrheidrwydd oblegid hynny, cymerwyd camau pendant i weithredu'r drefn weinyddol newydd. Dangosai cylchdeithiau'r Sesiynau Mawr nodweddion annibynnol yng ngweinyddiad y gyfraith, ac wedi eu sefydlu, penodwyd un Ustus i bob cylchdaith. Fe'u hawdurdodwyd i gynnal, yng ngeiriad y statud:

Pob math o bledion y Goron … yn y modd llawnaf fel y gwna Prif Ustus y Brenin yn Lloegr ac Ustusiaid y Brenin ar Fainc y Brenin yno … a hefyd i gynnal Pledion Brawdlys a phob ple arall ac achosion real, personol a chymysg yn y modd llawnaf fel y gwna Prif Ustus Pledion Cyffredin y Brenin yn Lloegr.[16]

Yr oedd ganddynt hefyd y grym a'r awdurdod i archwilio pob achos o 'deyrnfradwriaeth, llofruddiaethau, ffelonïau … a phob trosedd a gweithred ddrwg arall'. Yr oedd gan y Sesiwn Fawr ei threfniadaeth weinyddol neilltuol ei hun yn cynnwys siawnsri (un i bob cylchdaith), Protonotari (Clerc y Goron yn y llys), Twrnai brenhinol ynghyd â mân swyddogion a chyfreithwyr. Gweithredai'r sesiynau hyn awdurdod Mainc y Brenin a'r Pledion Cyffredin, ac ymestynnwyd i'r siroedd newydd y gyfraith drosedd a weinyddid eisoes yn yr hen Dywysogaeth.

Cyfyngwyd swydd y Siryf i un flwyddyn yn neddf 1543.[17] Sicrhaodd hynny fod llai o awdurdod ym meddiant un swyddog tra phwerus dros gyfnod o flynyddoedd a bod mwy o gyfle i arolygu ei orchwylion yn fwy manwl. Ef oedd prif gynrychiolydd gweithredol y Brenin yn y sir ac yn Lloegr y tarddodd y swydd ganrifoedd yn ôl tua ail hanner y ddegfed ganrif. Cyflwynwyd y swydd i Gymru am y tro cyntaf yn Statud Cymru 1284, a gweithredodd y Siryf yn brif weinyddwr a oedd yn gyfrifol am effeithiolrwydd peirianwaith y sir. Yn ôl y Ddeddf Uno disgwylid iddo wasanaethu swyddogion eraill, megis yr Ustusiaid Heddwch, a phenodwyd y Siryf i'w swydd wedi i'r Cyngor yn y Mers gyflwyno enwebiadau ar gyfer bob sir yng Nghymru i Gyngor y Brenin. Er na fwynhaodd y Siryf awdurdod i'r un graddau a feddai yn yr Oesoedd Canol yng Nghymru a Lloegr mae'n ddiamau iddo barhau i fod yn swyddog o fri: llywyddai ar Gwrt y Sir, lluniai reithgorau i weithredu yn y brawdlysoedd, gweithredai writiau brenhinol, casglai ddirwyon, a chadwai garchar y sir ynghyd â chant a mil o ddyletswyddau gweinyddol a chyllidol eraill a sicrhâi fod y llywodraeth frenhinol yn cael ei chynnal. Dwywaith y flwyddyn llywyddai ar y Twrn, llys cofnod, ac yn 1543 penodwyd Siryfion i'r siroedd newydd. Ym mhob un ohonynt enwebwyd tri pherson 'sylweddol' a dewiswyd un o'u plith i'r swydd. Amlygir statws y Siryf yng ngwaith y beirdd a ystyriai'r safle yr uchaf ymhlith holl freintiau cyhoeddus y bonheddwr lleol. Yn aml, cyfeirid ato yn 'wladwr doeth', yn gofalu am fuddiannau'r wladwriaeth, ac fe'i canmolid am iddo ddefnyddio'i alluoedd cynhenid er lles y rhai dan ei awdurdod. Yr oedd gan George Owen barch mawr i'r Siryf ac fe'i mola yn ei *Dialogue:* 'bob tro'n ŵr o bwyll a barn a chanddo allu fwy na gwŷr llai eu statws', ac ar achlysur arall fe'i geilw'n 'brif ŵr o sylwedd yn y sir … prif swyddog o ymddiriedaeth ac enw da'.[18] Ni weithredai bob tro'n ôl llythyren y ddeddf mae'n wir, ac un o nodweddion amlycaf yr unfed ganrif ar bymtheg yw'r camarferion a'r llwgrwobrwyo a gysylltid â gweithredu'r swydd. Yn ôl natur ei swydd rhoddwyd cyfle cyson i'r Siryf i ymyrryd â gwahanol agweddau ar y weinyddiaeth er mantais bersonol iddo'i hun. Cafwyd camweithredu hefyd ymhlith swyddogion eraill yn y weinyddiaeth leol, ac nid oedd hynny'n syndod, o gofio am eiddgarwch yr uchelwyr dros gynnal eu buddiannau eu hunain.

Y swyddog prysuraf yng ngweinyddiaeth y sir, fodd bynnag, oedd yr Ustus Heddwch. Yn ôl y Ddeddf Uno yn 1536 caniatawyd wyth Ustus i weithredu ym mhob sir er bod enwau prif swyddogion cyfraith, yn rhinwedd eu swyddi, ar ben bob comisiwn heddwch. Swydd allweddol oedd hon, ac yn araf yng nghwrs y ganrif, cynyddodd nifer yr Ustusiaid Heddwch yng nghomisiynau heddwch y siroedd, a bu cryn feirniadu ar hynny o du'r llywodraeth ganolog. Er bod George Owen — yntau'n Ustus blaenllaw yn sir Benfro — yn gefnogol iawn i'r swydd newydd honno ym mhatrwm gweinyddu sirol, gwêl wendidau yn y modd y gweithredid y Sesiynau Chwarter ac yn statws nifer o'r Ustusiaid a weithredai ar y fainc. Credai y dylid gwella'u hansawdd drwy benodi Ustusiaid o blith unigolion mwy sylweddol eu byd, gorchwyl a gyflawnwyd yn Lloegr yn 1439 pan ddeddfwyd fod pob Ustus Heddwch i fod gwerth £20 y flwyddyn mewn tir, neu'n ddysgedig yn y gyfraith. Nid oedd y sefyllfa yn nawdegau'r ganrif, pan ysgrifennai ef, gydradd â'r hyn ydoedd yn 1536 pan orfodwyd Cromwell i benodi Ustusiaid o blith rhydd-ddeiliaid digon cyffredin eu byd ac ymatal rhag gosod y cymhwyster arferol ar bob un a geisiai'r swydd. Gan fod amgylchiadau materol yr uchelwyr wedi gwella'n sylweddol erbyn diwedd y ganrif, mewn cymhariaeth â'r blynyddoedd cynharaf, credir ei bod yn angenrheidiol, o safbwynt cynnal heddwch a threfn a chadw braint ymhlith arweinwyr rhanbarthol, i benodi Ustusiaid a gynrychiolai'r rhai a berchid fwyaf yn y gymdeithas.

> Canfyddwn yr un anghyfleustra'n awr yng Nghymru a gaed yn Lloegr yn amser Harri VI oblegid, gyda ni, y mae amryw o ddynion a'u bywoliaeth yn iselwael yn dringo i'r fainc nad yw'r bobl … yn barod i'w cydnabod yn llywodraethwyr … carwn pe byddai rhai bonheddwyr da yng Nghymru yn ystyried hyn, er daioni eu gwlad a cheisio gan y Senedd i'w ddiwygio ar fyrder … pan ddaeth y Brenin Harri VIII i unioni'r camweddau mawr hynny a sefydlu cyfreithiau da a llesol yn ein plith, a rhoi iddynt Ynadon o'u cenedl hwy eu hunain … yr oedd yn ewyllysio ac yn gorfod cymryd a derbyn y cyfryw rai i fod yn Ustusiaid Heddwch a ganfuwyd yn y wlad oblegid, y pryd hwnnw, nid oedd digon mewn nifer mewn sawl sir yng Nghymru a allai feddu ar diroedd gwerth £20 neu a oedd yn ddysgedig, oblegid ni allai'r mwyafrif o blith bonheddwyr nac ysgrifennu na darllen am iddynt gael eu rhwystro'n gyfan gwbl rhag cael dysg ac addysg dda.[19]

Ni chredai y dylid goddef Ustusiaid isradd oblegid byddai hynny'n niweidiol i les y gymdeithas leol a'r wladwriaeth. 'Y mae un prif nodwedd i swydd yr Ustus Heddwch', meddai, 'sef y gall dyn da wneud daioni mawr a gŵr drwg niwed mawr'.[20] Un fraint fawr a welsai Owen a'i gyfoedion mewn gweithredu swyddi o'r fath oedd gweledigaeth y Tuduriaid a'u bwriad i osod llywodraeth Cymru, wedi cyfnod maith o galedi a gorthrwm dan y Saeson, ym meddiant uchelwyr Cymreig unwaith eto. Cyfeirio wna Owen yn bennaf at ddeddfau penyd Harri IV ac effeithiau dybryd y rheini. Er ei fod yn gorliwio'r sefyllfa, ac yn ôl y dystiolaeth sydd ar gael, yn anghywir mewn sawl gosodiad o'i eiddo, mae'n pwysleisio'r myth meseianaidd y credai mor gryf ynddo y byddai'r genedl yn cael ei gwaredu pan ddeuai'r 'mab darogan' i'w etifeddiaeth wedi'r hirlwm maith.

Credai sylwedyddion cyfoes fod angen cydbwysedd gweithredol rhwng swyddogion y Goron, yn cynnwys yr Uwch a'r Is-Gwnstabliaid yn y cantrefi a'r plwyfi, Crwneriaid, sef swyddogion Pledion y Goron, Siedwyr a mân feilïaid eraill, i arbed anghydfod a sicrhau, fel y pwysleisiodd Dr David Lewis, fod 'y wlad mewn trefn dda ac yn cael ei harwain mewn ufudd-dod llawn'. Ac meddai hwnnw ymhellach wrth gyfeirio'n feirniadol at sefyllfa anfoddhaol y llywodraeth ychydig dan hanner canrif wedi'r Ddeddf Uno:

> Nid ystyrir awdurdod y Cyngor yno fel y bu yn y gorffennol oblegid ni wna Siryf, Ustus Heddwch, Maer, Beili neu swyddog o unrhyw dref gorfforedig arestio'n ofalus a chymryd ymaith unrhyw bersonau sydd â chyfaill o bwys ganddynt er bod eu beiau mor ddifrifol ac amlwg ac er fod ganddo lythyr y Cyngor i'r amcan hwnnw.[21]

Yn ôl y Barnwr craff amlygir tair agwedd allweddol ar anallu'r llywodraeth ranbarthol i gyrraedd ei hamcan, sef methiant y Cyngor yn y Mers i fynnu ufudd-dod iddo ymhlith swyddogion lleol, parhad enghreifftiau o 'gynhaliaeth' ac 'arddel' mewn materion cyfreithiol ac aneffeithiolrwydd swyddogion lleol i gyflawni eu dyletswyddau'n ôl deddf gwlad. Ysgrifennai Lewis mewn cyfnod o dyndra, ac er fod ganddo ragfarnau pendant pwysleisir yn ei ymateb rai o wendidau sylfaenol llywodraeth ranbarthol yng Nghymru ym mlynyddoedd cynnar teyrnasiad y Frenhines Elisabeth, a methiant llwyr y llywodraeth ganolog i ymgodymu â'r broblem. Tua blwyddyn cyn i Lewis ddatgan ei ofnau ysgrifennodd Richard Davies, Esgob Tyddewi, yn llym am yr Ustusiaid Heddwch am eu bod, yn ei farn ef, yn cefnogi 'teyrnas y Gwrth-Grist', sef y Pabyddion. 'Yma, carwn pe byddai'r Ustusiaid Heddwch sydd gyda ni yng Nghymru', meddai'n daer, 'yn derbyn cerydd a dysg; er fy mod yn siarad yn gyffredinol amdanynt, eto gwn fod rhai ohonynt yn gweithredu'n union a mwy yn ôl ewyllys Duw nag a wna eraill'.[22] Er ei fod yn cydnabod didwylledd rhai ohonynt y tebyg yw mai cyfeirio at Ustusiaid gweithredol yn siroedd y de-orllewin a wnâi'r Esgob y pryd hwnnw. Dengys ei sylwadau pa mor ansefydlog a newidiol oedd teyrngarwch swyddogion y Goron, hyd yn oed dan reolaeth y Tuduriaid, a pha mor esgeulus y gallent fod o'u dyletswyddau ar ddiwedd saithdegau'r ganrif.

Yn yr unfed ganrif ar bymtheg rhoddwyd pwyslais mawr ar rai priodoleddau allweddol yng nghyfansoddiad y wladwriaeth sofran. Y pwysicaf yn eu mysg oedd y dyletswyddau moesol, sef teyrngarwch, gweithredu awdurdod yn gyfiawn a diogelu rhagorfreiniau brenhinol. Pwysleisiwyd yn bennaf athrawiaeth ufudd-dod a theyrngarwch diamheuol i awdurdod uwch. Yr oedd cydnabod awdurdod y deyrnas gyflawn yn arwydd o gryfder y berthynas rhwng y Brenin a'i ddeiliaid a safai dan awdurdod swyddogion lleol. Dibynnai lles y wladwriaeth yn y siroedd a'r trefgorddau yn sylfaenol ar y cydlyniad rhwng y swyddogion hynny a'r Goron yn y sefydliadau cyfreithiol a gweinyddol. Os torrid y cysylltiad hanfodol hwnnw bygythid parhad yr endid gwleidyddol. Yn ei lythyr at Syr William Cecil, Arglwydd Burghley, yn 1575, yn disgrifio rhai o ddiffygion mwyaf difrifol y gymdeithas yng Nghymru, yr oedd Richard Price yn dra phryderus ynghylch cynnal cyfraith a threfn yng Nghymru. Y mae ei baragraff agoriadol yn arwydd o'i gred mewn undod cyfansoddiadol yn y deyrnas, a rhydd glod i Burghley am ei ymdrechion i gynnal y wladwriaeth honno:

> Fy arglwydd hynod a da, y mae'r gofal mawr a mwyaf rhagluniaethol, y mae eich anrhydedd (fel y gŵyr y byd) wedi ei ddangos o hyd tuag at wladwriaeth gyflawn y deyrnas hon a'r llywodraeth dda yn rhoi imi'r hyfrdra, ar hyn o bryd, i ddynodi i chi rhai anhrefnau mawr sy'n blino cyfundod y wlad dlawd hon, Cymru, a'i deiliaid da; ac oblegid hynny yr wyf yn cael fy nghyffroi'n obeithiol, am fod y senedd yn ymgynnull … y gellir unioni'r cam trwy eich doethineb a'ch hyrwyddiad.[23]

Yr oedd Price ei hun yn ŵr o safle yn sir Frycheiniog, yn fab iau i Syr John Price ac yn dirfeddiannwr sylweddol. Beirniadai'n hallt yr arfer o 'gymortha' a oroesodd y Deddfau Uno, ac mae ei ragarweiniad yn amlygu rhai nodweddion sylfaenol. Yn y lle cyntaf, dengys y dyfyniad uchod yr angen i gynnal undod y wladwriaeth genedlaethol gyflawn drwy weithredu llywodraeth leol a rhanbarthol yn ffurfiol ac effeithiol. Dengys pa mor fygythiol oedd safle wan Cymru i heddwch a threfn, a theimlai mai trwy weithredu'n gyfansoddiadol yn y Senedd oedd yr unig ffordd sicr o gynnal sefydlogrwydd. Un rheswm am y sefyllfa honno oedd parodrwydd uchelwyr Cymru i weithredu'n anghyfreithlon er budd iddynt eu hunain, a golygai hynny benaethiaid teuluoedd a feddai ar swyddi lleol gan fwyaf. Â'r Dr David Lewis ymhellach na hynny i ddatgan, fel y gwna George Owen, nad oedd Ustusiaid Heddwch na'r gyfundrefn a weithredwyd ganddynt yn ddigon effeithiol a'u bod yn fwy parod i gynnal drwgweithredwyr. I ba raddau yr oedd y cyhuddiad hwnnw'n gywir nid oes modd profi ond ceir digon o dystiolaeth sy'n awgrymu nad oedd llywodraeth leol yn or-effeithiol yng Nghymru. Gellir cynnig sawl rheswm am hynny. Er gwaethaf y Deddfau Uno parhâi'r gymdeithas yng Nghymru i lynu wrth hen arferion na allai'r llywodraeth eu difa ac na fynnai'r uchelwyr eu hunain ychwaith weld eu difa. Mewn cymdeithas geidwadol cedwid yn glòs at y dulliau cyntefig o gynnal grym a magu teyrngarwch i'r arglwydd lleol, a pharhaodd yr arferiad hwnnw ymlaen i'r unfed ganrif ar bymtheg. Yn fynych, gweithredai'r arglwyddiaeth uchelwrol honno'n reddfol ac yn fwy effeithiol oherwydd cysylltid hi'n bennaf ag awdurdod tylwythol, a chan mai'n araf y llwyddodd y wladwriaeth Duduraidd i ddatgymalu'r cysylltiadau personol lleol gwelid olion alaethus gweithredu o'r fath pan fwynhâi'r arglwydd neu'r uchelwr deyrngarwch ei denantiaid a'i ymlynwyr. Yn gynyddol yn ystod yr unfed ganrif ar bymtheg amlygid drwg-effeithiau'r arglwyddiaeth honno oherwydd cynyddodd nifer y 'gwŷr di-feistr' fel canlyniad i'r chwyddiant ariannol a'r diweithdra, ac achosodd hynny bryder pellach i'r llywodraeth, a'r amgylchiadau hynny'n bennaf a barodd gryn anesmwythyd i Dr David Lewis:

> Mae'n rhaid cosbi'n llym dirmygau ac anhrefnau a pho uchaf ei radd yw'r gŵr po fwyaf yw'r drosedd, a dylai'r gosb fod yn fwy, ac mae'n rhaid iddi fod yn fwy corfforol drwy garcharu [troseddwyr] yn hytrach na [chosbi] o'r pwrs rhag ofn i'r wlad deimlo'r boen trwy gymortha yn fwy na'r troseddwr ... mae'n rhaid rhwymo gwŷr di-feistr, loetranwyr a diogiaid i ymddwyn yn dda yn y trefi a'r wlad, ac y mae llawer iawn ohonynt yng Nghymru ...[24]

Mae'n amlwg fod Lewis yn ymwybodol o symptomau amlycaf y *malaise* cymdeithasol yng Nghymru ei gyfnod. Yn ei lythyr at Syr Francis Walsingham crynhoa'n bur effeithiol yr hyn a ystyrid ym mlynyddoedd canol canrif y Tuduriaid yn arwydd o gymdeithas a ymdrechai i ddod i dermau â'r hinsawdd wleidyddol newydd, a cheisio'i haddasu'i hun, yn weinyddol a chyfreithiol, i amgylchiadau newydd. 'Yr ydych wedi bod yn flaenllaw yn cymortha er budd preifat i chi eich hunain', meddai Henry Herbert, Arglwydd-Lywydd y Cyngor yn y Mers wrth Ddirprwy-Raglawiaid sir Gaernarfon yn 1596, 'ac rwy'n deall y byddwch yn llawer mwy blaenllaw yn y cymortha hwn er daioni cyhoeddus y wladwriaeth gyflawn'.[25] Ystyrir yma eto, mewn cyfnod o argyfwng ar ddiwedd y ganrif pan oedd Lloegr yn rhyfela â Sbaen, y rheidrwydd i reoli nwydau ac ymddwyn yn gyfrifol pan fynnai'r wladwriaeth ufudd-dod llwyr o'r uchaf, o ran statws, hyd yr isaf. Mae datganiad Herbert yn rhoi pwyslais ar hygrededd y wladwriaeth honno. Ym marddoniaeth gaeth ail hanner y ganrif cloriannwyd yr uchelwyr mewn swydd yn ôl eu galluoedd i wasanaethu'r wladwriaeth honno, a phwysleisiwyd eu cyfraniadau unigol o'r safbwynt hwnnw. Un o brif nodweddion Beirdd yr Uchelwyr oedd eu pwyslais ar uchelwriaeth freiniol. Y mae gan Siôn Phylip o Ardudwy, er enghraifft, rai cerddi moliant grymus i Gruffudd Fychan II o Gorsygedol, Siryf Meirionnydd yn 1588 ac 1603. Yn un o'i gywyddau moliant cyfeiria'r bardd craff hwnnw at awdurdod tiriogaethol ei noddwr a'i benderfyniad i weithredu deddf gwlad ('deddf fydawl'). Gŵr ydoedd, meddai, a oedd, trwy ei ymroddiad i wasanaethu'r Goron, yn 'euro gwladwriaeth'. Ac meddai'r un bardd wrth gyfarch yr un gŵr ar achlysur arall:

Dy ran yw cadw'r union ...
Drwy bwyll cyfiawnder a barn.[26]

Pwysleisir yma eto'r cysylltiad hanfodol rhwng uchelwriaeth dda a gweithredu cyfiawnder a bod y naill yn seiliedig ar y llall. O ddarllen lliaws o gywyddau gan amrywiol feirdd i noddwyr tebyg canfyddir mai i'r cyfeiriad hwnnw'n benodol yr âi'r beirdd wrth foli gwladweinyddiaeth yr uchelwr unigol. O gofio am natur a phwrpas y brydyddiaeth honno a'r ffaith ei bod hi'n gaeth i gonfensiynau pendant ceir ynddi gryn wybodaeth am athroniaeth uchelwriaeth yn yr unfed ganrif ar bymtheg. Cyfansoddai'r beirdd y cerddi o fewn fframwaith gydnabyddedig y Gyfundrefn Farddol, ac er eu bod yn aml, erbyn diwedd y ganrif, yn sylwedyddion fwy deifiol ar wendidau'r uchelwyr yn y gymdeithas, yn y bôn ceidwadol oedd eu cynnyrch. Adlewyrchir ynddynt yr ymlyniad wrth 'arglwyddiaeth' ranbarthol a pharhad honno o fewn strwythur y deyrnas gyflawn. Amlygiad o'r arglwyddiaeth ranbarthol a welwyd ym mharhad 'cymortha'. Rhan fawr o'r broblem, yn ôl Richard Price, yn ei lythyr at Arglwydd Burghley, oedd bod trwyddedau yn cael eu rhoi i unigolion i gasglu'r 'cymorth' hwn a bod hynny'n rhoi cyfle i amrywiol swyddogion weithredu eu grym yn y modd mwyaf eofn a dibrisio iawnderau eraill. Ffurfiai hynny ran sylfaenol o'u 'harglwyddiaeth', a dyna'r rheswm pam yr oedd George Owen, yn ei drafodaeth helaeth ar is-lysoedd y siroedd, mor feirniadol ohonynt, gan eu bod yn sefydliadau a weithredwyd gynt yn unedau gwleidyddol y Mers, ac a oroesodd yr hen drefn arglwyddiaethol. Y mae Price yntau'n dra beirniadol o hynny oblegid, yn ei farn ef, mân swyddogion trahaus a feddiannai'r awdurdod a'i weithredu'n llwgr. Addaswyd 'arglwyddiaeth' i olygu'r gwrthwyneb i'r hyn a ddatgenid mor huawdl yng ngweithiau'r beirdd. Ffieiddiai Rowland Lee fod cymaint o ryddid yn cael ei roi i uchelwyr grymus a ddefnyddiai eu pŵer i gynnal eu hawdurdod mewn ardaloedd a gydnabyddwyd bellach, o ran eu llywodraeth, yn aneffeithiol ac a allai, pe byddai'r amgylchiadau'n caniatáu, roi'r cyfle iddynt gystadlu â'r Goron yn y Mers.

Effeithiau niweidiol a gawsai hen arferiad 'arddel' a'r gwarchod anghyfreithlon a fu ar droseddwyr a herwyr. Ceir tystiolaeth yn frith mewn ffynonellau i ddangos nad oedd y llywodraeth, drwy gydol y ganrif, mor sefydlog ac y cred rhai haneswyr. Ceir mewn cofnodion llys, yn lleol a chanolog, ddigon o dystiolaeth i ddangos maint a natur y gwrthdaro a fu rhwng uchelwyr â'i gilydd, ac yn eu plith yn fynych cafwyd swyddogion brenhinol blaenllaw a ystyrid yn bileri'r achos yn eu hardaloedd. Cyfeiriodd Richard Price at Is-Siryfion, beiliaid a'u dirprwyon yn y cantrefi ynghyd â swyddogion pendefigion ac ati a ddefnyddiai eu hawdurdod i gynnal goruchafiaeth bersonol nad oedd bellach yn addas ar gyfer gwasanaethu gwladwriaeth sofran unedig. Aeth Dr David Lewis, yn ei ffordd gecrus ei hun, ati i feio Arglwydd-Lywydd y Cyngor yn y Mers, sef ei elyn Syr Henry Sidney, am fod yn gwbl aneffeithiol yn cyflawni ci orchwylion. Rhoddodd lawer mwy o sylw, meddai, i faterion cyfreithiol pur nag i'r prif angen, sef ailsefydlu cyfraith a threfn.

Teimlai hefyd y dylid cwtogi ar nifer yr Ustusiaid Heddwch ym mhob sir a'u cyfyngu i wyth mewn nifer, a'r rheini'n wŷr cymeradwy. Y mae ei sylwebaeth yn llym ac yn adlewyrchu sefyllfa a allai wneud niwed mawr i enw da'r llywodraeth, ond mae'n amlwg oddi wrth natur ei feirniadaeth nad oedd yr awdurdodau wedi medru llwyr ddatrys problem cyfraith a threfn a bod ysbryd y Mers yn parhau i fod mor fyw ag erioed. Y mae'r anallu i ymgodymu â'r beichiau hynny yn atsain tystiolaeth Rowland Lee am gyflwr arglwyddiaeth fechan Magwyr (y cyfeiriwyd ati eisoes) a'r lloches ddiogel a roddai Syr Walter Herbert ynddi i nifer dda o ddihirod, rhai ohonynt yn alltudion a ffoasai i'r Mers o gantrefi neu siroedd cyfagos ac a elwid yn *advocarii* neu'n 'wŷr arddelw' a fwynhâi gefnogaeth yr arglwydd. O gymharu'r hyn sydd ganddo i'w ddweud â thystiolaeth George Owen yn ei *Description of Wales* (1602), gwelir bod yr un problemau'n achosi blinder yn siroedd Morgannwg, Mynwy, Brycheiniog a Maesyfed ym mlynyddoedd olaf yr unfed ganrif ar bymtheg. Yr oedd Lewis yn ymwybodol o'r anawsterau a gawsai'r Cyngor yn yr 1570au i reoli'r ardaloedd hynny. Bu Syr Henry Sidney yn absennol dros gyfnodau maith wedi iddo gael ei benodi'n Arglwydd-Ddirprwy Iwerddon, swydd a'i trodd i gyfeiriad arall i gyflawni dyletswyddau gwladwriaethol yno fel na allai ganolbwyntio ar broblemau sylfaenol ynghlwm wrth ei swydd gyntaf. Wedi iddo ddychwelyd ym Mawrth 1571 ceisiodd Sidney ymroi'n fwy dyfal i'w gyfrifoldebau, ond ni allai ddod i'r afael â hwy yn ddigon effeithiol. Holodd y Cyfrin Gyngor yn 1570 ynglŷn â dulliau'r Cyngor o weithredu, ac aeth Henry Townshend, a benodwyd yn 1578 yn ail Ustus Cylchdaith Caer, ati i baratoi nodiadau ar faterion y dylid eu diwygio yng Nghymru, ac ychwanegodd at gyfarwyddiadau'r Frenhines i'r Cyngor.[27] Hefyd, lluniwyd gorchmynion newydd ar ei gyfer a chafwyd cwyno difrifol am ansawdd yr enwebiadau a wnaeth Sidney gogyfer â llenwi swydd y Siryf yn y siroedd. Parhaodd i gyflawni ei orchwylion yn Iwerddon o Awst 1575 hyd at Fedi 1578 pryd y dirywiodd ei iechyd. Ni chawsai lawer o gymorth effeithiol gan ei ddirprwy, Syr Andrew Corbett, ac aeth Sidney ati i'w amddiffyn ei hun yn ddigon eofn yn wyneb beirniadaeth gynyddol. Methodd ymgodymu'n llwyddiannus â phroblem gweithredoedd Pabyddol, ac amlygwyd hynny yn 1583 pan ymatebodd yn ffyddiog ddigon wrth gymharu sefydlogrwydd Cymru'n ffafriol ag unrhyw ran o Ewrop. 'Nid oes yn Ewrop', meddai mewn llythyr at Walsingham, 'well pobl na'r Cymry i'w llywodraethu'.[28] Oherwydd ei amgylchiadau, nid yw'n rhyfedd mai tra chymodlon oedd cywair llythyr Sidney, a dyna a geir hefyd, i raddau pell, yn sylwebaeth Syr William Gerard, er ei fod ef, wrth geisio egluro ufudd-dod y Cymry i'r frenhiniaeth, yn pwysleisio mwy yr arswyd a grewyd yn sgil polisïau Lee yn hytrach nag unrhyw ysbryd cymodlon ar ran y llywodraeth. Yn 1574, mewn cyfarwyddiadau a roddwyd i Arglwydd-Lywydd Cyngor y Gogledd yng Nghaerefrog, cyfeiriwyd at effeithiolrwydd polisi llym Rowland Lee yng Nghymru.

Mae'n wir nad oedd safon llywodraeth ranbarthol yn gyson dda ac nad oedd swyddogion yn or-barod i gyflawni eu dyletswyddau i fodloni'r Cyfrin

Gyngor, eto ni ddylid casglu bod y weinyddiaeth yn hollol aneffeithiol, ac ni ellir dyfarnu fod y Tuduriaid yn ddiffygiol yn y cyfeiriad hwn. Dim ond yn achlysurol y cafwyd argyfwng gwleidyddol a olygai fod angen amddiffyn y deyrnas yn gyson rhag ymosodiadau tramor. Mwy difrifol o lawer oedd y bygythion mewnol a chynyddol ymhlith y Pabyddion yn ail hanner y ganrif — Cynllwyn Ridolfi (1571), Cynllwyn Throckmorton (1583) a Chynllwyn Babington (1586). Yr oedd pob un ohonynt yn fygythiad mawr i'r frenhiniaeth a sefydlogrwydd y deyrnas ac yn manteisio ar ymyrraeth parhaol o'r cyfandir. Yr oedd hwnnw'n ddiau'n gyfnod cyffrous a pheryglus. Flwyddyn cyn Cynllwyn Ridolfi ysgymunwyd Elisabeth a'i gosod ar drugaredd y pwerau Pabyddol mawr, megis Ffrainc a Sbaen. Dan amgylchiadau o'r fath aethpwyd ati i gryfhau amddiffynfeydd y deyrnas. Brithir ffynonellau gweinyddol â manylion di-ben-draw am fwstro milwyr a darparu adnoddau ariannol i gynnal annibyniaeth y deyrnas a'i pharatoi rhag treisgyrchoedd o'r cyfandir, yn bennaf drwy ddefnyddio Iwerddon fel safle i ymgyrchu ohono.

Gosodwyd y cyfrifoldebau hyn yn fynych ar ysgwyddau boneddigion a oedd, yn bur aml, yn anfoddog a checrus. Gwrthododd Thomas Lewis, Y Fan, yn nwyrain Morgannwg, weinyddu llwon dau Grwner a chynnal Llys y Sir ym Morgannwg yn 1570, ac er i Gyngor y Mers geisio ymyrryd i arbed y sir rhag cael ei 'thra reoli gan hunan ewyllys' ni chafwyd llawer o lewyrch ar ei ymdrechion. Yn Nhachwedd 1574 ysgrifennodd Syr Henry Sidney at aelodau'r Cyngor yn eu hannog, yn ei absenoldeb, i fod yn fwy cydwybodol yn eu gorchwylion trefniadol 'er budd y wlad yn gyhoeddus fel na ellir ein cyhuddo o esgeulustod wrth gynorthwyo i hyrwyddo cynlluniau da i gadw trefn'.[29] Tua'r un cyfnod penderfynwyd edrych yn fanwl ar angen i ddiwygio'r hen drefn a chyflwyno trefn newydd yn y Cyngor. Mynegwyd pryderon difrifol eto ynglŷn â chyflwr y Cyngor yn 1576, yr un flwyddyn y cyflwynodd Dr David Lewis ei achwynion yntau, ac ar ddiwedd y ganrif, er na chredai George Owen y dylid ei hepgor am fod ynddo rinweddau pendant, yr oedd yn ymwybodol ar ddiwedd teyrnasiad Elisabeth o'r feirniadaeth gynyddol ohono. Yn ei farn ef yr oedd angen llunio arolwg o gyfraniad y Cyngor o gyfnod Lee ymlaen, a phenderfynu pa mor effeithiol fu'r gorchwyl o gynnal heddwch a threfn.

Y mae agwedd ffafriol George Owen tuag at brif sefydliadau gweinyddol Cymru'n dangos yn eglur ddigon pa mor hanfodol oeddynt i'r amcan o lywodraethu'n effeithiol. Yr oedd y Cyngor yn ganolog ym mheirianwaith sefydliadol Cymru ond gwêl Owen wendidau amlwg ynddo fel llys. Ychydig iawn sydd ganddo i'w ddweud am ei orchwylion gweinyddol: fe'i disgrifia'n bennaf fel llys cyfreithiol, a dengys y dystiolaeth sydd ar gael amdano pa mor bwysig oedd y wedd honno ar ei weithgarwch. Ystyrid bod mwy o gyfreithwyr na gweinyddwyr yn bresennol yn Llwydlo, ac er bod adran gyfreithiol y Cyngor wedi lledu ei apêl yn y wlad yn gyffredinol rhoddodd gyfle hefyd i gyfreithwyr weithredu'n llwgr a diegwyddor. Nid yw Owen yn pwysleisio hynny ond rhydd ddigon o dystiolaeth i ddangos nad oedd y Cyngor yn ei ddyddiau ef yn gweithredu mor effeithiol ag y gallai.[30]

Cymaint oedd George Owen yn rhan o'r drefn weinyddol yn ei sir fel nad oedd yn barod i gyfaddef y dylid dileu na hepgor unrhyw ran o adeiladwaith sefydliadol y Tuduriaid. Er llymed ei feirniadaeth o rai ohonynt teimlai mai diwygio doeth fyddai'r feddyginiaeth orau. Fel ei gyfoedion, credai'n gryf mewn cynnal cadernid y drefn weinyddol a chyfreithiol, a theimlai hefyd mai'r Deddfau Uno oedd y prif sylfaen. Gwelai fod strwythur hierarchyddol y weinyddiaeth yn cydasio'n berffaith â threfn gyffelyb yn y gymdeithas. Gweithredid awdurdod ar i lawr a chysylltid pob cangen ohono, o ba haen bynnag, â'r frenhiniaeth ar y brig. Y gyfundrefn honno sy'n nodweddu'r sylwadau a geid fynychaf am lywodraeth Cymru yn y ganrif honno. Y mae hyd yn oed John Penry, er cymaint llymder beirniadaeth hwnnw ar lywodraeth Elisabeth I yn ei draethodau ar anghenion ysbrydol y genedl, yn cydnabod awdurdod ordeiniedig y frenhiniaeth, a chyfeiria at Elisabeth fel 'yr unig un, o holl benaduriaid y ddaear' a hawliai ei 'holl ufudd-dod a'i wasanaeth yn yr Arglwydd Iesu'.[31] Er garwed safbwynt Dr David Lewis ar faterion gweinyddol yn y Mers ni allai awgrymu gwell cyfundrefn na'r hyn a weithredid eisoes ond iddi gael ei diwygio'n drylwyr. Ni chyfeiria at y Deddfau Uno er iddo gydnabod bodolaeth y drefn gyfansoddiadol, ond ymddengys nad oedd yn hollol fodlon ar y modd y gweithredid y drefn honno, ac efallai, o gofio'r diffygion sylfaenol y sylwodd arnynt yng ngoroesiad yr hen strwythur, ar y drefn ei hun yn ei hanfod. Mae'n amlwg fod gweddillion yr hen drefn wedi parhau i amharu ar ffurflywodraeth y Tuduriaid, yn arbennig yn y siroedd newydd. Un peth oedd gosod canllawiau ar diroedd a oedd, dros ganrifoedd, wedi ymgynefino â mesur helaeth o annibyniaeth a threfn ffiwdal, peth arall yn hollol oedd ceisio cysoni hynny â threfniadaeth gyfansoddiadol unffurf. Ysgrifennai George Owen gryn hanner canrif a mwy wedi'r Deddfau Uno, ac er iddo fod yn gyfarwydd â'u manteision ac â chyfansoddiad arglwyddiaethol y Mers, eto, ni cheir ganddo wybodaeth fanwl am y gwahaniaethau a geid, hyd yn oed, yn ei ddyddiau ef, rhwng tiroedd y Goron yn y Dywysogaeth a'r Mers. Edrychai ar y drefn fel fframwaith cyflawn y gellid ei weithredu, ond i'r llywodraeth ymgymryd â diwygio'r peirianwaith. Yn ei farn ef parodrwydd y Cymry i dderbyn cyfreithiau 'goleuedig' yn lle dioddef gorthrwm y gorffennol, ynghyd â thynerwch y Tuduriaid tuag at Gymru, oedd yn bennaf cyfrifol am ffyniant y wlad. Er ei holl fanylder dehonglai'r diffygion yn y weinyddiaeth yng ngoleuni aneffeithiolrwydd y drefn ar y pryd ac nid fel gwaddol o'r gorffennol:

Y mae Cymru y dydd hwn yn genedl o bobl wedi eu diwygio
o'r newydd ond heb fod eto wedi ymsefydlu mewn ystad
berffaith; ac yn awr, o gael eu llywodraethu gan y deddfau
da hyn er 27 Harri VIII, ymddengys rhai gwendidau yn y
llywodraeth sefydledig honno, y gellir eu diwygio mewn modd
ystwythach na phan y'i ffurfiwyd hi ar y dechrau, ac ymhen
amser, o bwt i beth, fe dyf i ffurfio cenedl berffaith o bobl

110

wedi'u llywodraethu'n dda.[32]

Gwêl yr angen am ddiwygio swyddogion llywodraeth leol er cymaint ei ganmoliaeth iddynt, a theimla mai diwygio'n hytrach na diddymu'r drefn a chyflwyno elfennau newydd oedd bwysicaf. Rhydd bwyslais ar weinyddu cyfraith a threfn dan awdurdod llywodraethwyr o'r un hil â'r Cymry eu hunain. Ac meddai Dr David Powel yntau yn ei ragymadrodd i *Historie Cambria, now called Wales* (1584):

> Nid yn unig gwendid a dolur ... sy'n awr wedi eu cymryd ymaith eithr hefyd sefydlwyd unffurfiaeth lywodraethol, ac mae pob camwri yn cael ei archwilio, ei wrando a'i benderfynu oddi mewn i'r wlad.[33]

O edrych ar restri o swyddogion lleol Cymru yn y blynyddoedd 1536-1603 mae'n amlwg y deuai'r rhan fwyaf ohonynt o blith y teuluoedd uchelwrol traddodiadol ac eraill ar eu prifiant. Bellach, yr oedd cyfyngiadau'r gorffennol y tu ôl iddynt a'u prif bryder yn awr oedd sicrhau eu bod ar eu hennill yn y byd oedd ohoni. Y symbol pennaf o'u huchelgeision oedd swyddogaeth ac arweinyddiaeth. Ac eithrio'r swyddi uchaf yng Nghymru, megis Barnwyr Llys y Sesiwn Fawr — ac yn 1576 penodwyd un Barnwr arall i bob Cylchdaith am fod pwysau'r gwaith cyfreithiol yn trymhau — deuai'r mwyafrif o gyff Cymreig a mawrygent eu cysylltiadau agos â chymdogaeth a charennydd. Ystyrid bod swydd yn cyflawni dau angen sylfaenol ym mywydau'r uchelwyr, sef cadarnhau eu harucheledd yn ôl braint a defod uchelwriaeth frodorol a sicrhau eu hymlyniad wrth y sefydliadau breniniaethol hynny a ystyrid yn bwysig iddynt am eu bod yn barhaol. Seiliwyd yr uchelwriaeth freiniol yn benodol ar y ddwy nodwedd hynny i'w swyddogaeth ac fe'u hatgoffwyd am hynny'n gyson gan feirdd y canu caeth. Rhoddent bwyslais ar urddas a gweithredu cyfiawnder a ddeilliai o'r ymwybyddiaeth o dras a chydlyniaeth. Mewn swydd gallai uchelwr arddangos a gweithredu'r rhinweddau a ystyrid bennaf ym mywyd y breintiedig. Meddai'r Pencerdd Gruffudd Hiraethog am Siôn Prys o Eglwyseg mewn cywydd mawl iddo:

> Man ar fainc, mae'n wir ei fod,
> Myn ei ordr mewn awdurdod.
> On'd ydyw iawn, oen Duw da,
> Fod awdurdod i wrda?[34]

Dengys cwpledi o'r fath sut yr eid ati'n ffurfiol i ddisgrifio swyddogaeth yng Nghymru oes y Tuduriaid. Pwysleisir yn y llinellau bum priodoledd a nodweddai'r swyddog amryddawn, sef cynnal statws, sefydlu trefn, gweinyddu cyfraith, cydnabod ei hawl ddwyfol i lywodraethu a gwarchod buddiannau uchelwriaeth. Pwysleisid y priodoleddau cynhenid a berthynai'n unig i brif swyddogion a sefydliadau gweinyddol y siroedd, y cantrefi a'r plwyfi a ffurfiai gerrig sylfaen y weinyddiaeth Duduraidd.

Dehonglwyd y sir fwyfwy fel yr uned gymunedol fwyaf naturiol. Plethwyd i'w gilydd nifer o nodweddion a oedd yn gyffredin i'r gymdeithas frodorol, megis yr ymdeimlad o leoliaeth neu ranbarthedd, annibyniaeth a theyrngarwch i werthoedd lleol, parhad traddodiad, ymlyniad wrth y dref sirol, cadarnhau ac atgyfnerthu cysylltiadau teuluol a diogelu gradd a safle cymdeithasol. Yr oedd yr holl ffactorau hynny'n sylfaenol bwysig yng ngwneuthuriad yr uchelwr Tuduraidd, ac er bod y gymdeithas yng Nghymru wedi profi a chael blas ar lawer o'r dylanwadau dros Glawdd Offa yn y cyfnod hwn, yn ei hanfod, cymdeithas draddodiadol geidwadol a geid ynddi. Adlewyrchwyd hynny'n fynych yn ymateb swyddogion i'w dyletswyddau a'u hymrwymiad i'r drefn sefydliadol.

SWYDDOGAETH, AWDURDOD A HANFODION Y BYWYD CYHOEDDUS

O'r prif swyddi lleol yng Nghymru'r unfed ganrif ar bymtheg bernid mai'r Siryf, y Dirprwy Raglaw (o 1587 ymlaen) a'r Ustus Heddwch oedd uchaf eu bri am eu bod yn cynrychioli tair gwedd sylfaenol ar weinyddiad llywodraethol — cyllid, amddiffyn a heddwch a threfn, agweddau allweddol ar lywodraeth a oedd yn aml yn cyd-daro ac a sicrhâi iddynt ffafr brenhiniaeth a ddibynnai'n gyfan gwbl ar drefniadaeth a disgyblaeth ymhlith y rhai mwyaf deallus a phrofiadol yn y gymdeithas. Yn ei lythyrau at Ddirprwy-Raglawiaid sir Gaernarfon yn 1596-7, er enghraifft, pwysodd Henry Herbert, Iarll Penfro, arnynt i ymroi'n fwy eiddgar i wasanaeth y deyrnas mewn cyfnod o gyfyngder gwleidyddol, yn arbennig ynglŷn ag amddiffyn annibyniaeth y deyrnas gyfunol. Cyfeiriodd at y 'lles cyhoeddus' a'r wladwriaeth, at yr angen i 'gynnal eu henw da' ac at y perygl, os na chyflawnwyd y gorchwylion, y byddid yn 'peryglu'r wladwriaeth gyflawn'.[35] Dehonglwyd 'gwladwriaeth' fynychaf yn ei ystyr ehangaf, ac yng nghyd-destun yr awdurdod newydd a grewyd gan Harri VIII iddo'i hun. Perthynai i'r Brenin hwnnw briodoleddau Maciafelaidd pendant oblegid defnyddiwyd holl adnoddau'r deyrnas i ddiwallu anghenion hanfodol yr undod cynhenid gwladwriaethol neu'r *imperium*, fel y gelwid ef yn gyfansoddiadol. Gwladwriaeth o'r fath fu'r garreg sylfaen i'r gweithrediadau a nodweddai lywodraeth y Tuduriaid yng Nghymru. Hawliai'r frenhiniaeth yr awdurdod goruchaf yn y deyrnas i weithredu o fewn y genedl wleidyddol. Yn y cyd-destun hwnnw y canfu'r beirdd hwythau ystyr i'r grym tiriogaethol a fwynhâi'r uchelwyr. Dehonglwyd y 'gwladwr' yng nghefndir ei briod alwedigaeth, ac yn y cyd-destun hwnnw y canodd Morus Berwyn, un o'r beirdd llai adnabyddus, i Huw ab Wiliam o Werclas ym Meirionnydd, a oedd yn noddwr iddo:

> Gwladwr oedd, ar glod yr aeth,
> Gwaelod ar bob gwladwriaeth.[36]

Cydweddai'r syniadau a fynegwyd mewn cwpledi o'r fath â'r ddelwedd a geid yn *The Boke named the Governour* gan Syr Thomas Elyot, a gyhoeddwyd yn 1531. Darluniai'n fanwl y gŵr goludog perffaith, cyfiawn ac union ei ffordd, hael ei ymddygiad a chlodfawr ei dras y rhoddwyd addysg lawn iddo yn ei flynyddoedd cynnar i'w ddarparu ar gyfer cyflawni ei ddyletswyddau gwladwriaethol. Rhagdybid bod y math hwn o ŵr hunanfeddiannol yn dra chyfarwydd â pheirianwaith llywodraeth leol, yn deyrngar i egwyddorion cyfraith gwlad, yn gydwybodol wrth gyflawni ei orchwylion gweinyddol, yn barchus ymhlith ei gydnabod ac yn symbol perffaith o gyfiawnder. Dyna'r ddelfryd ond nid y realiti.

O dan y llywodraethwyr uchaf eu hawdurdod y gweithredai'r is-swyddogion, nifer ohonynt yn ymestyn o'r Crwneriaid, y Siedwyr a'r Dirprwy-Siryfion ar y pen uchaf, i'r beilïaid lleol a oedd yn gyfrifol am y llysoedd bach yn y cantrefi a'r trefgorddau. Iddynt hwy y trosglwyddwyd y cyfrifoldebau am weinyddu amrywiaeth o fân lysoedd megis y Cwrt Lît a'r Cwrt Barwn mewn siroedd a grewyd o'r hen arglwyddiaethau a Llys y Cantref. Oherwydd diffyg tystiolaeth nid yw'r wybodaeth yn ddigon i allu mesur i ba raddau yr oedd y swyddogion hynny'n ddiffygiol yn cyflawni eu gorchwylion. Ym marn George Owen, yr oedd angen diwygio'r llysoedd hyn ac nid eu dileu. Y mae sylwebwyr eraill tebyg iddo, er nad ydynt yn trafod y pwnc mor fanwl ag ef, hefyd yn tueddu i feio mân swyddogion ac yn barnu mai gwendidau'r gweinyddu ymhlith haenau isaf y gymdeithas oedd efallai'n bennaf gyfrifol am yr ansefydlogrwydd y cwynai rhai fel Dr David Lewis ac eraill amdano. Cynhaliwyd nifer dda o Lysoedd y Cantref yn anghyfreithlon, yn arbennig yn y siroedd newydd, ac mewn aml fan fe'u dyrchafwyd — eto'n anghyfreithlon — fel y tystia Owen, i safle pwysicach na Llys y Sir:

> Y mae'r Siryf ac achwynwyr y llys, hynny yw, pob rhydd-ddeiliad yn y sir, yn Farnwyr yno [Llys y Sir]; dylai hwn fod yr amlycaf a'r mwyaf ymhlith llysoedd bach y sir, ond maent wedi ei ddarostwng i fod y gwaelaf o bob llys yng Nghymru oherwydd gelwir llysoedd eraill llai nag ef, a gynhelir yn arferol gan y Siryf, yn Llysoedd y Cantref.[37]

Un ystyriaeth a gydnabu'r uchelwyr oedd bod angen gweithredu cyfraith a threfn yn unol ag egwyddor sefydlu'r wladwriaeth newydd. Addaswyd hen sefydliadau a swyddi, cyflwynwyd ambell sefydliad newydd ac amlygwyd un o brif gymhellion deddf 1536 sef, yn ôl y geiriad, darostwng y Cymry 'i'r union drefn yn y deyrnas hon ... a dod â hwy, ei ddeiliaid dywededig yn y deyrnas hon a'i ddominiwn, i gytgord heddychlon ac undod'.[38]

Term arall a ddefnyddiwyd droeon i ddisgrifio agwedd meddwl yr uchelwyr oedd 'graslonrwydd' neu 'syberwyd' ('*civility*'), sef y gynneddf a'i galluogai i ymddwyn yn weddaidd mewn cymdeithas wâr. Cyfrannai hynny tuag at gynnal y gymdeithas gyflawn lle pwysleisid graddau mewn safle a chyfrifoldeb yn ôl y safle hwnnw. Gosodwyd fframwaith gweinyddol a chrewyd undod cyfreithiol yng Nghymru'n bennaf, nid ar sail sefydliadol yn unig, ond hefyd ar dir cymdeithasol a amlygai'r berthynas agos rhwng yr uchelwr ac eraill uwch ac is eu gradd nag ef ac a fu'n gyfrwng i sefydlogi cymdeithas a oedd yn ddibynnol ar nawdd a lletygarwch gŵr y plas. O ganlyniad, canfuwyd 'undod mewn gwelediad rhwng y bobl gyffredin a'r bonedd'. Daethai'r gymdeithas i fod yn endid cyflawn ac yn estyniad tiriogaethol a gweinyddol i'r hen Dywysogaeth. Yr undod hwnnw a fu'n gyfrifol, i raddau, pam na ffrwydrodd anniddigrwydd yn derfysg yng Nghymru a pham na cheid gwrthdystiad fel a geid yn Iwerddon a rhannau o Loegr. I raddau hefyd, achoswyd hynny gan ddiffyg arweiniad pendefigol, o gymharu â pharhad grym o'r fath yn Lloegr, ac yn Iwerddon, grym y llwyth a sêl Babyddol. Pwysicach, efallai, oedd y warchodaeth a osododd uchelwyr Cymru ar eu rhanbarthau yn dilyn cyfnod maith o fwrw prentisiaeth yng ngwasanaeth y Goron a'r profiad a gawsant, yn gynyddol, o drin a thrafod swyddi gweinyddol. Ceid yn Lloegr a Chymru drefniadaeth wleidyddol a darpariaeth weinyddol fwy effeithiol nag odid unrhyw wlad arall yng ngorllewin Ewrop. Cyfunwyd yr unedau lleol yn effeithiol dan un gyfraith gwlad a chafwyd rhwydwaith o lysoedd rhanbarthol dan awdurdod y llywodraeth ganolog. Mae barn haneswyr y gorffennol am y math o achosion a wrandewid yn Llys Siambr y Seren — y Llys Brenhinol a ddarostyngodd awdurdod uchelwyr a swyddogion trahaus — wedi cymylu dipyn ar natur a chyfraniad y llys hwnnw i gosbi drwgweithred. Arferid credu bod y cynnydd mewn achosion yng Nghymru a ddeuai gerbron y llys a'r disgrifiadau manwl o weithredoedd ffiaidd yn golygu na fu'r llys yn llwyddiant. Efallai fod barn o'r fath yn gorliwio'r sefyllfa. Mae'n wir fod cynnydd yn nifer yr achosion a wrandawyd gan y llys ond anfynych y ceid tystiolaeth lawn a chytbwys yn y llys eithr datganiadau achwynyddion ac ymateb diffynyddion. Nid oes amheuaeth mai malais yn bennaf a gyfrifai am y math o gyhuddiadau a dducpwyd gerbron y llys hwn fel y llys yn Llwydlo, a thystiodd Syr William Gerard i hynny yn ei sylwadau ar y Cyngor yn y Mers. Nid oedd Llys Siambr y Seren yn aneffeithiol yn ei ymgais i gosbi drwgweithredwyr grymus, a cheir enghraifft dda o'i ymyrraeth ym Morgannwg lle yr enillodd nifer o deuluoedd bonheddig y flaenoriaeth yng ngwleidyddiaeth y sir yn ail ran y ganrif. Bu gwrthdaro enbyd rhwng teuluoedd Herbert a Mathew yng Nghaerdydd yn y nawdegau, ac yn y llys hwnnw dirwywyd Syr William Herbert o Abertawe 1,000 morc a chosbwyd eraill o'i deulu a'i ddilynwyr am beri cynnwrf a therfysg.

Yr argraff gyntaf a geir yn y cofnodion yw bod y cyfnod yn derfysglyd a bod uchelwyr rheibus yn treisio a thra-awdurdodi ar y gwan a'r diamddiffyn. Mae lle i amau'n fawr ddehongliad o'r fath, ac er bod achosion yn gyffredinol wedi cynyddu yn nhreigl blynyddoedd teyrnasiad Elisabeth I — y mwyafrif ohonynt o siroedd Dinbych a Threfaldwyn, rhanbarthau yn y Mers lle ceid olion cryf o'r hen drefn — arwydd pendant yw hynny fod mwy o uchelwyr yn barod i wario arian mawr i ymgyfreithio'n hytrach nag ymgynhennu â'i gilydd â grym arfau.

Nid Llys Siambr y Seren oedd unig gyrchfan tirfeddianwyr cecrus. Defnyddiwyd ganddynt Lys y Siecr, sef llys i'r Goron adfeddiannu tiroedd, nwyddau a dyledion, i ymladd eu hachosion tiriog, a Llys y Siawnsri, lle gweithredwyd cyfraith ecwiti i gywiro camfarnu cyfraith gwlad. Yn ail hanner yr unfed ganrif ar bymtheg datblygodd cysylltiadau agos rhwng Llysoedd y Siecr, y Cyngor yn y Mers a'r Sesiwn Fawr, ac edrychwyd yn gynyddol ar y llys yn Llundain, yn bennaf, fel llys apêl. Yn Llys y Siawnsri ceid mwy o achosion ym ymwneud â siroedd dwyrain Cymru am y rheswm mai yno y parhaodd olion o hen arferion cyfreithiol y Mers. Gorddweud a wnaeth Syr William Gerard yn ei draethawd ar gyflwr Cymru yn 1576 pan ddatganodd fod y Cymry 'mor sifil ac ufudd i gyfraith ag yw'r Saeson yn Lloegr'.[39] Priodolai hynny, wrth reswm, i lwyddiant y Cyngor yn y Mers ac arolygaeth hwnnw ar fuddiannau Cymru. Amcangyfrifir bod y Cyngor wedi gwrando ar tua 2,000 o achosion erbyn canol nawdegau'r ganrif a bod yr achosion hynny'n cynyddu, a'r mwyafrif ohonynt yn ymdrin â materion sifil yn hytrach na throseddol. Ni ellir cau llygad i nifer o'i wendidau mae'n wir ond arwyddocâd yr hyn sydd gan Gerard i'w ddweud yw fod endid daearyddol newydd Cymru bellach dan awdurdod un corff cyfreithiol, a hwnnw'n gorff cydnabyddedig a weithredai i ddiogelu buddiannau pob haen gymdeithasol. Yn ei swydd fel Arglwydd-Ganghellor Iwerddon cynghorodd y Cyfrin Gyngor i geisio heddychu'r wlad trwy gymryd esiampl o'r hyn a ddigwyddasai yng Nghymru trwy awdurdod y Cyngor yn Llwydlo.

Daeth ymgyfreithio'n weithred amlwg, ac yn fynych gwyrdrowyd y gyfraith er budd a mantais bersonol trwy ddefnyddio'r dulliau arferol a barai fod llwgrwobrwyo ac anudoniaeth yn parhau, i raddau, i fod yn rhan o'r broses. Manteisiwyd ar fudrelwa i sarnu ar fuddiannau cydymgeiswyr am dir a swyddi, tenantiaid a charennydd mewn cyfnod o chwyddiant ariannol, ac effeithiau hynny ar werth eiddo. Yn ei lyfr rhyfedd *The Golden Fleece* (1626) ymosododd William Vaughan, y gŵr eofn ac anturus hwnnw o Dor-y-coed, sir Gaerfyrddin — bonheddwr, awdur, arloeswr trefedigaethol a swyddog yn ei sir enedigol — yn hallt ar ormes tirfeddianwyr rheibus. Teimlai fod gormod o gyfreithio a chyfreithwyr a achosai gynnydd afiach yn y gystadleuaeth gyson am dir a gorwario di-alw amdano:

> Y dyddiau hyn yr ydym yn meithrin asynnod deugoes sy'n gwneud dim ond ymgecru y naill a'r llall yn y gyfraith. Oblegid hynny yr ydym yn defnyddio ein hamser gwerthfawr na ellir ei ail brynu ... Pe bai rhesymau am yr achosion yn cael eu dileu byddai dynion yn ymarfer hwsmonaeth yn ddiwyd gartref, yn ymwneud â chau tir, plannu perllannau, gwrteithio eu tiroedd â chlai cyfoethog ac nid crafu'r ddaear â heffrod gwan neu fustych.[40]

Yn wahanol i George Owen, credai Vaughan fod gormod o lysoedd a chyfreithwyr yn tagu buddiannau tenantiaid ac eraill. Yn y cyd-destun hwnnw y canodd Edwart ap Raff yn gynnar yn yr ail ganrif ar bymtheg i'r cyfreithwyr trwmbluog:

> Llawer sy'n mynd yn lluoedd
> Y gwir sy'n wir, gresyn oedd,
> Yn gecrus — gwmbrus eu gwaith —
> Yn gyfrwys yn y gyfraith ...
> A hyn a fag, hen wyf i,
> Adwy lydan o dlodi.[41]

Y mae'r cwpledi'n arwyddocaol am eu bod yn tanlinellu rhai o wendidau sylfaenol y gymdeithas gefnog yng Nghymru'r cyfnod hwnnw, sef ymgyfreithio parhaol er budd i rai a cholled i eraill. Sarhawyd y benthyciwr arian, ac ar adegau, y rhai a fenthycient ganddynt, ac fe'u dychanir mewn sawl cywydd a cherdd rydd. Meddai Ellis Wynn wrth ei frawd Syr John Wynn o Wedir ar un achlysur pan oedd y tirfeddiannwr anfoddog hwnnw dros ei ben a'i glustiau mewn dyled i usurwyr yn Llundain:

> O'm rhan i, carwn i chwi barchu eich henw da gymaint a'ch eiddo, a gadael y syched hwnnw na ellir fyth ei dorri am brynu mwy ... oherwydd credwn yma [yn Llys y Siawnsri yn Llundain] pan bryn dyn arian i brynu tir ni wna fawr ddim lles i'w enw da a llai er elw materol iddo.[42]

Rywbryd rhwng 1588 ac 1593 cyfieithodd Siôn Conwy *A Summons for Sleepers* gan Leonard Wright (1589) dan y teitl *Definiad i Hennadirion*, gwaith dychanol a gwrth-Biwritanaidd a ymosododd yn llym ar usuriaeth ac ymgyfreithio. Dilornir ganddo 'yr ocrwr [usurwr], yr hwn a ddug lawer gŵr gonest i drueni'. Cyflwyna'r gwaith wedd ffiaidd ar weithredoedd y benthyciwr:

> Ni chei orchfygu na brathu dy frawd ac ennill trwy usuriaeth; canys nid ydyw hynny na chymorth na diwallu, eithr tlodi ac anrheithiad iddynt. Melltigedig ydyw'r benthyg ac sy'n dwyn benthyg i gardota ... Ac felly benthyca ar usuriaeth a welir yn felys yn y dechreuad, eithr yn y diweddiad y llygriad gwenwynig a red dros ei gyfoeth cyn gynted fel y try ei gwbl olud yn ddyled arnaf.[43]

Amlygir hefyd ei gasineb tuag at 'gyfreithwyr chwannog, y rhain sydd cyn dewed yr awr hon yn heidio ag oedd y mynachod twyllodrus yn yr hen amser'. Gwêl ynddynt ysbryd trahauster a gormes:

> Fel hyn, tan synnwyr a lliw cyfiawnder, hwy a gribiniasant ac a gasglasant pen golud a braster y tir, i ysbeiliad ac anrheithiad llawer gŵr gonest tlawd: balchder a gwisg wychaidd y rhain sydd yn eglur yn arwyddocáu fod eu bryd

i ysbeilio pwrsau cyfrin o ymryfaelgar ffyliaid i dalu drostynt,
wrth y rhain y mae eu cynheiliad i nofio mewn sidan cyhyd
ag y byddant hwythau yn ymsythu mewn carpiau.[44]

Nid dyma'r unig dystiolaeth sy'n dangos camweddau'r usuriwr yn y cyfnod
pan oedd y cynnydd mewn prisiau yn achosi cyni, hyd yn oed i'r tirfeddianwyr
grymusaf. Fodd bynnag, y mae'r ddau ddyfyniad fel y'i gilydd yn pwysleisio
ymateb i ddwy agwedd benodol ar y tueddiadau cyfreithiol a ddaethai i'w
llawn dwf yn yr unfed ganrif ar bymtheg: yr ymdrech i gynnal ac amddiffyn
statws ac i ymlynu wrth un o brif nodweddion y statws hwnnw, sef dal tir
a daear a bod yn berchen arno.

Nid oedd y cybydd druan bob tro'n cael ei feio. Yn ei gwndid enwog
'Breuddwyd Tomas Llywelyn ap Dafydd ap Hywel', y mae'r bardd hwnnw'n
ffafrio'r cymeriad hwnnw'n hytrach na'r tafarnwr am ei fod yn ymwrthod
â'r ddiod feddwol ac yn ymlynu wrth safonau moesol disgybledig. Ceir rhyw
naws Biwritanaidd yn ei linellau, ac amlygir ganddo y dewis a gynigir i
unigolion rhwng moesoldeb ac anfri mewn cymdeithas ansefydlog:

> dau wêll yw syr Siôn gebydd
> na syr Siôn a feddwa beunydd ...
> doethineb a duwiolder
> yw gochlyd pob drwg arfer.[45]

Cerdd hynod ei syniadaeth yn wir yw hon a gyfansoddwyd mewn cyfnod
pan feirniadwyd y cybydd a'r usuriwr yn hallt. Benthyciwyd arian yn bennaf
i'r diben o estyn gorwelion materol teuluoedd bonheddig, a chyflogwyd
cyfreithwyr i roi sêl bendith ar eu hymdrechion. Cyfeirir mewn sawl cerdd
gaeth o fawl at yr 'aur coch' a'r cistiau llawn arian. Nid oedd y trawsnewid
i drefn gyfreithiol Lloegr bob tro'n ystwyth. Yr haenau uchaf yn y gymdeithas
a gawsai'r budd mwyaf o'r drefn newydd oblegid yr oedd nifer ohonynt wedi
hen wreiddio ymhell cyn i'r Tuduriaid ddod i'r orsedd. Er bod George Owen
yn canmol y llywodraeth i'r entrychion gofalodd rhag dweud bod y sefyllfa'n
hollol ddelfrydol: yr oedd yn awyddus i ddangos ei galluoedd neu ei photensial
yn hytrach na'i chyflawniad.[46] Rhydd enghreifftiau o'r camarfer cyfreithiol
a nodir ganddo anfanteision hynny i achwynwyr ac amddiffynyddion tlawd.
Beia'r Cyngor yn y Mers am y lliaws twrneiod a'r mân achosion maleisus
a geid ynddo. Mae'n ddiamau mai rhydd-ddeiliaid cyffredin, yn bennaf, a
deimlai bwysau'r gyfraith arnynt. Gyda'i dafod ar ei foch y canodd Siôn Tudur
i'r Siryf a'r Ustus Heddwch gan eu barnu'n llym am eu camweddau:

> Wrth frif y siryf mesurir camau,
> Ei freibiau yntau fry a baentir.
> Ustus Heddwch trwch lle trochir gweiniaid,
> Daw ar ei enaid deuryw anwir.[47]

Cowydd yn Cyfflybu Buwoliaeth y Cedyrn
ar trowsior it Eira o waith Edmund Prys

Gwolaid eira glwys mwyn ... wyn
Ir ... vn ... ar ... bryn
Gwolaid ... ... glwysfiw ...
yn i dodi nod adfwyn
yw vn modd wedi toddai
Ar fron ... Afon i ... ...
Ar Afon yn vnion od
Ai ... ... ar Môr isod
Pawb ai ... fol ... ...
A ... ... ar arall
fal ... fryn gwyn ni fyn ...
Ni ... Afon yn ...
Hithau ai ... ...
... ... ar ... ...
y bryn yw ... ...
Bryn ... ...
Swydogion yw'r Afonydd
... ... yn ... ...
Ar i warad i rhedant
... pawb yw, ... pant
Ar y Môr ... ...
Ar Môr ... ...
Ni all symud ... ...
y ... a ... bawb arno
Ar Môr ni rhyraidd goryn
... braw a ... ... bryn
Ag ni rhyraidd or ...
... i ... ar frig y fron
Ar eira ... mor ...
... ... nid anaml ...
Cyfflyba ... eira ...
... ... a ...
Wrth ... ... ar ...

Yn llawer mwy celfydd canodd Edmwnd Prys yn llym am swyddogion wedi 1577 pan garcharwyd nifer o fân fonedd Llŷn ac Eifionydd am wrthwynebu cynlluniau Iarll Caerlŷr yn rhinwedd ei swydd yn Brif Goedwigwr Fforest Eryri. Y mae ganddo ddelweddau deifiol a hynod effeithiol, ac awgryma nad oedd llywodraeth yn gyfiawn yng Nghymru. Tanlinella afreoledd a llygredd swyddogion trahaus a'r gwanc anniwall yn eu plith am gyfoeth ac eiddo:

> Aeth y byd diffaith heb wedd
> Ar olwyn afreoledd.
> Bonedd a fwrian' benyd
> Ar bawb o wrengwyr y byd.[48]

Cynhwysir yn y gerdd hon argraffiadau eithaf treiddgar. Y mae'r cyfansoddiad ynddo'i hun yn sylwebaeth graff ar y byd a oedd ohoni. Turia'r bardd dan yr wyneb, fel petai, a darganfydda nad mêl i gyd oedd safle breiniol yr uchelwr mewn swydd gyhoeddus. Datgelir ganddo wir anian y gwŷr bonheddig, a saif ei gerdd mewn gwrthgyferbyniad llwyr i'r mwyafrif llethol o awdlau a chywyddau ei gyfnod. Cafwyd enghreifftiau lawer, mewn cofnodion swyddogol a phreifat, o gamweithredu a llwgrwobrwyo. Meddai Thomas Martin, cyfreithiwr yn Llundain, wrth Syr John Wynn o Wedir yn 1592 gan gyfeirio at y gorchwyl o benodi Siryf yn sir Gaernarfon y flwyddyn honno:

> Gwyddwn na fyddech yn hoffi'r Siryf am eleni, ond ni allwn
> wneud dim ynglŷn â'r peth ... Byddai £10 wedi bod o gymorth
> ar y dechrau, ond pan yw dynion yn ymddiried mewn geiriau
> a heb ddefnyddio gwell dulliau mae'n rhaid iddynt fodloni
> i dderbyn pethau fel y digwyddant.[49]

Yn yr un sir cyhuddwyd Richard Vaughan o Lwyndyrus, Llŷn, am ddewis ei gefnogwyr — 'ei gyfeillion annwyl a gorau' — yn aelodau o reithgor yn 1580 i wrando achos yn erbyn Thomas Owen o Blas Du, y Pabydd a'r llochesydd offeiriaid Iesuaidd. Drachefn, yn 1602, hysbyswyd yr Arglwydd-Geidwad, Thomas Egerton, bod y triwyr a enwebwyd i swydd y Siryf ym Meirionnydd, sef Huw Nannau, Gruffudd Fychan a Lewis Anwyl, yn geraint i Elisa ab Wiliam Llwyd o Riwedog a oedd, rai blynyddoedd ynghynt, wedi llofruddio gŵr yn nhref Y Bala ac wedi parhau'n ddi-gosb am fod Siryfion y sir yn gyfeillion mynwesol iddo.

Mae'n ddiddorol sylwi bod beirdd fel Edmwnd Prys yn cwyno mewn cyfnod pan roddwyd y pwys mwyaf ar gyfreithlondeb ac ar ddod ymlaen yn y byd. Yr oedd hynny'n rhan o ethos y bywyd gwâr a disgybledig. Cynyddu a wnâi nifer y cyfreithwyr yng Nghymru y pryd hwnnw. Yr oedd ymgyfreithio, yn ogystal â gweinyddu cyfraith, yn swyddogaeth ganolog ym mhob agwedd ar y bywyd cyhoeddus. Gyda'r ad-drefnu cyfreithiol a diddymu'r mynachlogydd yr oedd mwy o eiddo ar y farchnad a chymaint o dir yn newid dwylo. Cymdeithas hyblyg oedd hi, ac fel canlyniad, cymdeithas gyfreithgar.

Aethai nifer o egin fonedd i Ysbytai'r Brawdlys, nid gymaint i gynyddu mewn gwybodaeth gyfreithiol ond yn hytrach i ymgydnabod â natur a chymeriad bywyd gwâr — y 'social cachet' fel y'i gelwid — a derbyn rhyw gymaint o wybodaeth am y gyfraith yn sgil hynny. Tystiodd Humphrey Llwyd yn huawdl am uchelgeision o'r fath yn *Commentarioli Descriptionis Britannicae Fragmentum* (1572) a gyfieithwyd i'r Saesneg gan Thomas Twyne dan y teitl *The Breuiary of Britayne* (1573):

> ... Nid oes gŵr sy'n rhy dlawd i allu anfon ei blant i ysgolion,
> a'r rhai sy'n elwa o hynny cânt eu hanfon i'r prifysgolion lle,
> gan mwyaf, fe'u gorfodir i astudio cyfraith sifil.[50]

Â rhagddo i hysbysu mai Cymry oedd y mwyafrif o'r cyfreithwyr a weithredai gyfraith sifil neu gyfraith gwlad yn y deyrnas. Gorliwio, mae'n wir, ac eto, yr un pryd, rhydd dystiolaeth gadarn i bwysigrwydd cyfraith ac ymgyfreithio ymhlith y dosbarthiadau bonheddig yng Nghymru. Canwyd yn fynych gan y beirdd i foneddigion hyddysg yn y gyfraith: 'Defod âi'n dyfiad uniawn', yn ôl Owain Gwynedd, oedd gweinyddu'r ddeddf i Huw Owain, ei noddwr o Gae'r Berllan, Llanfihangel-y-Pennant, a chafwyd llu o gyfeiriadau tebyg mewn awdlau a chywyddau eraill. Mewn cyfnod o addasu a chymhwyso daethpwyd yn ymwybodol o'r angen i ymgydnabod â theithi'r drefn gyfreithiol swyddogol a magu gwreiddiau cyfreithiol unffurf a dyna, i raddau helaeth, oedd un o brif ragoriaethau'r gwŷr bonheddig a'r sail i'w llwyddiant.

Cyfeiriodd William Salesbury yn 1547 at yr heddwch a'r sefydlogrwydd a fwynheid yn nheyrnasiad Harri VIII o'i gymharu â'r anghydfod a geid mewn gwledydd eraill,[51] a chredai eraill ymhlith ei gyd-ddyneiddwyr a gyfarchai urddasolion mai sail eu ffyniant oedd cyfreithlondeb a gweddeidd-dra. Hynny, yn ei hanfod, a gyfrifai am ystwythder y modd y gweithredid cyfraith. Canfuwyd gweddau cyffelyb ar weithredu cyfraith yng ngweithiau sylwedyddion Seisnig yr unfed ganrif ar bymtheg, megis William Lambarde o swydd Gaint, a roddodd lawer cyngor ac arweiniad i'w gyd-ustusiaid a rheithgorau ynghylch yr anrhydedd a berthynai i'r gyfraith o'i pharchu a'i hiawn ddefnyddio. 'Cyfeirir mater a phwnc eich holl lafur a'ch ymegnïo yr adeg hon', meddai, 'tuag at anrhydeddu Duw, gwasanaethu eich sofran a sicrhau heddwch, sefydlogrwydd a'r daioni cyffredin yn eich sir, yn ein gwlad gynhenid'.[52] Yn y cyd-destun hwnnw hefyd yr ysgrifennodd Henry Herbert, Iarll Penfro, at Ddirprwy-Raglawiaid sir Gaernarfon yn eu hannog i gynnal urddas y deyrnas uwchlaw pob ystyriaeth arall wrth ymdrin â materion milwrol:

> Oblegid y mae'n rhaid ystyried yr hyn a wnewch yn awr yn
> deillio o'ch natur a'ch hymarweddiad da i hybu unrhyw
> weithred i wasanaethu ei Mawrhydi a diogelwch eich gwlad
> ... Credaf y byddai'n niweidiol i'ch henwau da, yn ôl eich
> galluoedd, pe byddech yn amharod i gyflawni eich
> gorchwylion.[53]

Y mae'r geiriau hynny'n allweddol i ddeall safbwynt y rhai a geid ymhlith yr uchaf mewn awdurdod, ac yr oeddynt hwythau'n sensitif i'r angen i ddiogelu eu parch yng ngolwg y llywodraeth ganolog, tuag at gyfrifoldeb a dyletswydd. Cystwyir swyddogion yn aml am eu hanallu neu arafwch i gynnal heddwch a threfn, a brithir y ffynonellau â chynghorion, cyfarwyddiadau a bygythiadau, a phwysleisir y berthynas rhwng parchu'r drefn a'i chynnal er eu lles personol eu hunain a'u teuluoedd. Er mwyn cynnal goruchafiaeth gyfreithiol sefydlwyd trefn gymdeithasol ar batrwm y Deddfau Uno a'r gyfundrefn hierarchyddol. Mewn llythyr oddi wrth y Cyngor yn y Mers, yn Rhagfyr 1585, at y swyddogion lleol yn pwyso arnynt i ymwroli a chyflawni eu dyletswyddau amddiffynnol wedi i'r rhyfel â Sbaen ddechrau, a phan amharwyd ar ei effeithiolrwydd oblegid absenoldeb yr Arglwydd-Lywydd, pwysleisiwyd yr anfodlonrwydd a allai ddigwydd pe llaciai'r uchelwyr eu gafael ar awenau llywodraeth leol.

Dengys ansicrwydd o'r fath, nid yn unig fod yr Arglwydd-Lywydd yn awyddus i gadw trefn ond hefyd fod y Cyngor ei hun yn dechrau colli gafael ar ei awdurdod. Heb warchodaeth gyflawn a pharhaol gallai'r wlad ddirywio i gyflwr o anhrefn. Sefydlogrwydd y strwythur gweinyddol a fu'n gyfrifol am barhad y sadrwydd hwnnw. Methiant y Cyngor i gynnal ei awdurdod, fodd bynnag, ac effeithiau niweidiol hynny ar gymdeithas leol a'i hymateb hi i'r sefydliadau cyfraith a threfn, a achosai bryder i swyddogion y llywodraeth ganolog.

Ni fu odid un teulu bonheddig, na'i ganghennau, yng Nghymru yn y cyfnod hwn yn rhydd o afael y gyfraith, a gwagiwyd pocedi y mwyafrif ohonynt. Y mae cofnodion y llysoedd canolog yn Llundain a'r llysoedd rhanbarthol yn gyforiog o dystiolaeth am achosion o drais, yn arbennig mewn perthynas â thir ac eiddo. Aent i'r eithaf yn fynych i achub cam a diogelu eu henw da (neu 'gredyd') ac, ar brydiau, achosai'r cydgystadlu brwd hwn gryn anfadwaith. Mewn achos o lofruddio yn Eifionydd yn 1551, er enghraifft, pan gafwyd Morus ab Elisa, Uwch-Gwnstabl y cwmwd ar y pryd, a mab Elisa ap Morus o'r Clenennau, a oedd yn Ustus Heddwch, yn euog o ladd cymydog a chydymgeisydd am dir ac eiddo yn nhrefgordd Gest, fe'i rhyddhawyd ef a'i gyd-ddihirod gan reithgor Llys y Sesiwn Fawr yng Nghaernarfon. Llygrwyd y dystiolaeth yn eu herbyn, ac er i Forus ab Elisa golli ei swydd a gorfod byw dan fygythiad dialedd carennydd y llofruddedig, nid ymddengys i'r achos cyfreithiol na'i ganlyniadau beri unrhyw anesmwythder yn Eifionydd na'r cyffiniau. Er hynny, gallai grym tiriogaethol, o'i gamddefnyddio, fygwth sefydlogrwydd llywodraeth ranbarthol a chryfhau teyrngarwch lleol. Yn ôl pob tystiolaeth, yr oedd John Wyn ap Huw o Fodfel, Llŷn, yn ŵr mor gadarn fel na fentrwyd i'w wrthwynebu, ac ofnai rheithgorau ei gyhuddo a'i ddwyn i farn. Y gŵr mwyaf dylanwadol yn sir Benfro ym mlynyddoedd canol teyrnasiad Elisabeth I, yn ddiau, oedd Syr John Perrot, uchelwr gormesol, yn ôl pob sôn, nad arbedai ddim i hyrwyddo'i fuddiannau ci hun. Pan ganodd Dafydd Fynglwyd yr unig gerdd sydd ar gael er clod iddo a chyfeirio ato fel

'Capten gwŷr' a 'Penmeistr ei wlad' sylwodd ar y ddwy agwedd bwysicaf ar ei yrfa, sef ei swyddi pwysfawr yn ne-orllewin Cymru a'i oruchafiaeth lwyr ar eraill. Dilyn confensiwn, efallai, ond arwydd hefyd o'r priodoleddau tra-arglwyddiaethol a nodweddai gymaint o'r uchelwyr da eu byd yn yr oes honno.

PLAID, GWLEIDYDDIAETH A CHYNI'R GYMDEITHAS

Fel yr addaswyd uned ddaearyddol y sir fwyfwy i fframwaith system cyfraith a gweinyddiad dan y Tuduriaid, ac wrth iddi ddatblygu'n fwy sefydlog erbyn diwedd y ganrif, gellir amgyffred beth yn union a olygai'r gyfraith honno i bob haen o fewn strwythur y gymdeithas. Hanfod cyfraith yw gofalu am les cyffredin y gymuned leol gyflawn, ac er cymaint eu beiau, yr oedd yr uchelwyr, yn y bôn, yn llwyr ymwybodol o natur ac arwyddocâd y cyfrifoldebau a ymddiriedwyd iddynt. Swydd y *Custos Rotulorum*, er enghraifft, oedd cynnal y cynseiliau cyfreithiol yn Llys y Sesiwn Chwarter fel y gellid gweithredu'r gyfraith yn fwy effeithiol a sefydlu corff o arferion a chynddelwau cydnabyddedig. Er cymaint y gwahaniaeth rhwng cymunedau sirol a rhanbarthol ystyrid bod hanfodion trefn a threfniadaeth yn y peirianwaith cyfreithiol yn gyffredin i bob cymuned o fewn y wladwriaeth. Yn yr ysbryd hwnnw y gwrthwynebwyd trais a gorthrwm yn y gymdeithas gyfan, a'r enghraifft hynotaf yw'r ymgais a wnaed i amddiffyn hawliau cyfunol pan ymosodwyd yng Ngwynedd yn saithdegau'r ganrif ar ymdrechion di-drugaredd Iarll Caerlŷr, yn ei swydd yn Brif Goedwigwr Fforest Eryri, i adfeddiannu tiroedd y Goron y tresmaswyd arnynt gan rydd-ddeiliaid lleol. Penodwyd comisiynau, rhestrwyd rheithgorau a holwyd tystion yn fanwl, a chreodd hynny wrthwynebiad ffyrnig ymhlith mân uchelwyr Is Gwyrfai, Llŷn ac Eifionydd.

O esgyniad Elisabeth i'r orsedd ymlaen daeth ymbleidio gwleidyddol yn elfen amlycach nag y bu yn y berthynas rhwng y bendefigaeth a'r uchelwyr. Ffurfiai'r teuluoedd uchelael hynny a chysylltiad ganddynt â Chymru bleidiau trwy gynnal a chefnogi eu hymlynwyr ymhlith teuluoedd bonheddig. Nid oedd bri a dylanwad pendefigol yn ddieithr yng Nghymru yn y gorffennol ond, gan fod yr uchelwyr bellach yn aelodau seneddol ac yn amlycach mewn llywodraeth leol, gellid eu defnyddio'n fwy effeithiol i bwrpas cryfhau dylanwad teuluoedd ar frig y gymdeithas. Trwy ddefnyddio eu hadnoddau yn y Llys Brenhinol, ynghyd â'u swyddi a'u dulliau o gynllwynio a chynghreirio llwyddasant, er eu bod yn aml yn absennol, i gynnal eu bri yn y rhanbarthau yng Nghymru.

Ymhlith y brasaf eu byd safai Ieirll Essex yn ne-orllewin Cymru ac i raddau gogledd Cymru, Ieirll Penfro ym Morgannwg, teulu Somerset, Ieirll Caerwrangon, yng Ngwent a sir Frycheiniog, a Iarll Caerlŷr yng Ngogledd

Syr John Perrot

Cymru. Sefydlwyd teulu Devereux yn sir Benfro a chynyddodd ei rym yn ystod blynyddoedd canol y ganrif. Robert Devereux, ail Iarll Essex (m. 1601), oedd yr aelod a sefydlodd y garfan gryfaf o ymlynwyr yng ngorllewin a gogledd Cymru, ac yn eu plith Syr Gelly Meyrick, Gladestry (sir Faesyfed), uchelwr mwyaf pwerus sir Benfro, Roger Vaughan o Faesyfed, Syr Robert Salesbury o Rug, Corwen, a Syr Richard Trefor o Drefalun, Wrecsam. Defnyddiodd Syr Gelly Meyrick, stiward teulu Essex, yn gynrychiolydd iddo, a bu hwnnw'n ddilynydd teyrngar i'w feistr yn ei ymgyrchoedd milwrol ar y cyfandir. Ym Morgannwg, teulu Herbert oedd yn flaenllaw. Dyrchafwyd Syr William Herbert — 'llygad holl Gymru' yn ôl 'Syr' Thomas Wiliems — yn Arglwydd-Lywydd y Cyngor yn y Mers yn 1550, yn Iarll cyntaf Penfro o'r ail greadigaeth ac yn Farwn Caerdydd yn 1551. Fe'i dilynwyd gan ei fab Henry Herbert, un o'r pendefigion cyfoethocaf yn y deyrnas wedi iddo etifeddu tiroedd lawer ar ochr ei fam a'i dad, a gwnaeth gastell Caerdydd yn ddeniadol iddo'i hun a'i deulu. Wedi marw ei dad yng nghyfraith, Syr Henry Sidney, yn 1586, fe'i dyrchafwyd yn Arglwydd-Lywydd y Cyngor yn y Gororau. Bu priodas Charles Somerset, Iarll cyntaf Caerwrangon (m. 1526) ag Elisabeth, etifeddes William Herbert, ail Iarll Penfro o'r greadigaeth gyntaf, yn 1492 yn bwysig yn nhwf y teulu yng Nghymru, ac yn 1504 fe'i dyrchafwyd yn Farwn Herbert o Raglan, Cas-gwent a Gŵyr. Ei ail fab, Henry Somerset, yr ail Iarll, a estynnodd ddylanwad y teulu ym Mrycheiniog, Morgannwg a Gwent, a chadarnhawyd ei hawliau mewn tiroedd a swyddi yno yn Neddf Uno 1536. Wedi ail-greu iarllaeth Penfro yn 1551 collodd y teulu lawer o'i rym yng Nghymru ond fe'i adfywiwyd gan Edward Somerset, pedwerydd Iarll Caerwrangon, ac yn 1590 fe'i dyrchafwyd yn aelod o'r Cyngor yn y Mers. Y mwyaf pwerus o blith y pendefigion yng Nghymru, fodd bynnag, oedd Robert Dudley, Iarll Caerlŷr. Yr oedd yn ffefryn y Frenhines, ac yn 1564 fe'i dyrchafwyd i'w iarllaeth ac yn Arglwydd Dinbych. Enillodd awdurdod mawr iddo'i hun yng ngogledd Cymru a sicrhau cefnogaeth teulu Wyniaid Gwedir, Syr William Gerard a'r Dr Elis Prys o Blas Iolyn yn ei ymgyrch i adfeddiannu tiroedd y Goron yn Eryri.

Bu cysylltiadau'r teuluoedd pendefigol hyn â nifer o deuluoedd bonheddig lleol yn gymorth mawr iddynt gryfhau eu hawdurdod yng Nghymru. Ffurfiodd yr Herbertiaid — yr unig deulu gwir Gymreig yn eu plith — rwydwaith pwerus o gysylltiadau oddi mewn ac oddi allan i'r teulu yn ymestyn o Abertawe i Went a sir Drefaldwyn. Yr oedd natur eu hymyrraeth ym mywyd cyhoeddus y wlad yn gyfystyr â chreu carfan gref o uchelwyr a ddyrchafwyd mewn swydd ac awdurdod lleol fel canlyniad i'w nawdd. Cafodd materion y Llys Brenhinol ddylanwad mawr ar dueddiadau gwleidyddol ac effeithiodd hynny ar ansawdd a chyfeiriad llywodraeth leol ac ar y berthynas rhwng teuluoedd â'i gilydd a rhwng tirfeddianwyr a thenantiaid. Rhoddai hynny wedd newydd ar faterion gwleidyddol yng Nghymru oherwydd gymaint oedd y dylanwadau personol ac allanol arnynt fel y gellid dadlau nad oedd gwleidyddiaeth gynhenid Gymreig yn bod yn oes Elisabeth. Er bod unigolion a theuluoedd bonheddig Cymreig wedi elwa'n bersonol o'u cyfathrach â'r bendefigaeth nid oes amheuaeth mai pwrpas y cynghreirio o safbwynt y pendefigion oedd defnyddio grym lleol yr uchelwyr i'w hamcanion personol eu hunain.[54]

Cymar i Robert Dudley, Iarll Caerlŷr, o safbwynt grym ac awdurdod oedd ei lys-fab Robert Devereux, ail Iarll Essex, a ailddyrchafodd ddylanwad ei deulu ym Mhenfro wedi marw Syr John Perrot o Haroldston yn 1592. Gwrthdrawodd Essex â Henry Herbert, ail Iarll Penfro, mab-yng-nghyfraith Syr Henry Sidney, a'i olynydd yn Arglwydd-Lywydd y Cyngor yn y Mers. Canolfan teulu Devereux oedd Plas Llandyfái (Lamphey), a rhoddwyd y faenor esgobol honno i Syr Richard Devereux gan Harri VIII wedi i'r Esgob William Barlow ei hildio iddo. Er i Robert Devereux fod yn absennol cymerodd ddiddordeb mawr yng ngweinyddiaeth ei sir, a dilynodd arfer ei dad, Walter Devereux, yr iarll cyntaf — a ddyrchafwyd yn 1574 — yn gosod ei gefnogwyr mewn safleoedd o awdurdod yno. Estynnodd ei awdurdod i rannau o sir Faesyfed a sir Ddinbych, a chawsai gefnogaeth, yn bennaf o blith aelodau o deuluoedd na chawsant ffafr gan blaid teulu Cecil yn y Llys Brenhinol. Wedi 1592, cododd y teulu i'r brig, a pharhaodd Essex yn ei safle uchel hyd at 1601 pan ddienyddiwyd ef wedi i'w wrthryfel fethu â sicrhau iddo'r orsedd. Yng ngeiriau un bardd anhysbys, rhoddodd i'w ddilynwyr 'mawr faeth' a chynhaliaeth 'fwy na chawsai brenhinoedd'. Sut bynnag, er i'w etifedd fedru dal ei afael ym meddiannau'r teulu, collodd ei awdurdod. Cefnogai'r arfer o roi uchelwyr mewn swydd, yn bennaf, am eu bod yn deyrngar iddo, a phan orchmynnodd y Frenhines yn 1591 na châi unrhyw ymlynwr wrth deulu pendefigol ddal swydd Ustus Heddwch, llwyddodd i wrthweithio hynny oherwydd, erbyn 1601, yr oedd o leiaf wyth o'i ddilynwyr ymhlith yr uchelwyr lleol a oedd yn Ddirprwy-Raglawiaid mewn siroedd yng Nghymru a'r gororau. Meddai Robert Devereux wrth yr Arglwydd-Geidwad, Syr John Puckering, yng Ngorffennaf 1595:

> Er fy mod yn gyndyn i ymwrthod â bod yn feistr i gynifer o foneddigion gonest yng Nghymru sydd, oblegid eu serch tuag ataf, yn dymuno fy ngwasanaethu a'm dilyn, ac sydd mewn swydd Ustus yn y parthau hynny; eto, byddai'n well gennyf roi iddynt eu rhyddid a'u rhyddhau o'u hymlyniad wrthyf na'u bod, yn y cyswllt hwn, yn colli un tipyn o'u henwau da a fwynhaent gynt. Gwnaf hyn drwy ystyried gwasanaeth Ei Mawrhydi a lles y nifer o siroedd lle trigant, bob un ohonynt, yn ôl yr hyn a wn, yn foneddigion galluog iawn a digonol. Digon felly o hyn allan, heb ffurfioldeb mwy, yw eu bod yn ymserchu ynof, ac erfyniaf ar eich arglwyddiaeth na chollant eu safleoedd am y rheswm hwn.[55]

Dengys yr adran hon o'i lythyr bedwar safbwynt sy'n allweddol i ddeall pwysigrwydd grym pendefigol a swyddogaeth leol ym mlynyddoedd olaf yr unfed ganrif ar bymtheg: parhad pendefigaeth, yn ei chyfnod olaf, i ymgrafangu am gefnogaeth ymhlith yr uchelwyr; cynnal a chadw gwŷr o ddylanwad lleol; eu plannu mewn swyddi blaenllaw yn y siroedd ynghyd â gofalu am weithredu heddwch a threfn dan adain y math o awdurdod pendefigol — bellach wedi hen ddadfeilio — a fwynheid gynt yn arglwyddiaethau'r Mers.

Bu marwolaeth Iarll Essex a Henry Herbert, ail Iarll Penfro, yn yr un flwyddyn, yn ddigwyddiadau hynod oherwydd arwyddodd y ddau achlysur ddadfeiliad terfynol grym a dylanwad ymhlith aelodau sefydlog y teuluoedd pendefigol yng Nghymru. Yn y gorffennol crewyd dolen gyswllt gref rhyngddynt â'r uchelwyr mewn llywodraeth leol ac yn y Senedd, ond bellach, daethai hynny i ben. Er cymaint oedd bri'r bendefigaeth, yn nwylo'r uchelwyr y rhoddwyd awenau'r llywodraeth, ac er eu diffygion hwythau ychydig ohonynt, o ganlyniad, a gollodd swydd ac urddas. Er enghraifft, daeth Edward Kemeys o Gefnmabli i swydd Siryf Morgannwg bedair gwaith yn gyson bob deng mlynedd — 1575, 1585, 1595, 1605 — ac fe'i cyhuddwyd yn aml o lwgrwobrwyo a chydweithio'n dwyllodrus â'r môrleidr John Callice. Aberthwyd braint ac anrhydedd, yn aml, ar allor swydd ac uchelgais.

Dimensiwn pellach i gyfreithlondeb oedd y pwyslais a roddwyd ar amddiffyn y 'corff gwladwriaethol'. Ofnwyd anghydfod, dinistr a therfysg, a mesurwyd yr ymlyniad wrth gyfraith a threfn yn fynych mewn cyd-destun gwleidyddol. Enghraifft o hynny oedd y camau a gymerwyd i amddiffyn arfordiroedd rhag bygythiadau tramor, yn bennaf o wledydd Pabyddol Sbaen ac Iwerddon. Dwysawyd y sefyllfa wedi sefydlu'r drefn Brotestannaidd yn 1559 ac, wedi penodi Dirprwy-Raglawiaid yn 1587, aethpwyd ati i ymfyddino a rhannu siroedd yn ddwy ran gyda'r amcan o gasglu trethi, a chyflawni gorchwylion amddiffynnol yn fwy effeithiol. Teimlai Syr William Maurice a'i gyd-ddirprwy, Syr John Wynn, fod y dyletswyddau'n rhy feichus ac yn cymryd llawer gormod o'u hamser. Fe'u ceryddwyd yn bur llym gan Henry Herbert am eu diffyg brwdfrydedd, ac ymatebasant yn dalog nad oedd ganddynt yr adnoddau i gyflawni'r swydd. Synhwyrwyd hefyd fod yna gryn ddiffyg cyd-ddealltwriaeth yn fynych rhwng y ddau ohonynt. 'Sut y gall eich meddyliau fod yn unfryd ar fater amddiffyniad cyhoeddus', meddai, 'pan maent yn rhanedig oherwydd ymrafaelion preifat?' Rhoddodd ei fys ar wendid sylfaenol, wrth gwrs, a cheisiodd y ddau ohonynt esgusodi eu haneffeithiolrwydd trwy fynnu mai natur anhygyrch tirwedd sir Gaernarfon, anewyllysgarwch, ynghyd â diffyg diddordeb mewn milwrio wedi cyfnod maith o heddwch a gyfrifai am hynny.[56] Clymid yr angen i amddiffyn gwlad wrth ddyhead ehangach i sicrhau annibyniaeth gwladwriaeth â'i sylfeini ar bedwar corff cyfansoddiadol y deyrnas — y Goron, y Senedd, y Gyfraith a'r Eglwys Brotestannaidd Sefydledig.

Ymhlith tueddiadau gwleidyddol uchelwyr Cymru erbyn diwedd yr unfed ganrif ar bymtheg amlygwyd yr ymlyniad cynyddol wrth y Goron a'i sefydliadau ar raddfa ehangach yn hytrach na chynnal teyrngarwch i deuluoedd neu unigolion yn unig. Tyfodd y ddelwedd o'r 'piler cyfiawnder' a'r 'ceidwad gweiniaid' i arwyddo egwyddorion lletach a phellgyrhaeddol yn y byd gwleidyddol. Daeth y brentisiaeth a fwriwyd gan aelodau seneddol, yn arbennig, yn foddion i fynegi a chadarnhau'r 'corff gwladwriaethol'. Nid oedd pob un o'r llywodraethwyr yn ddifai ond yr oeddynt, o ran galluoedd cynhenid, yn gymwys ac eang eu gwelediad, ac yn ddigon teyrngar a chraff i sylweddoli fod ganddynt ddwy swydd hanfodol i'w cyflawni, sef bod yn feistri ar eu tiriogaethau lleol a bod yn weision glew i awdurdod gwladwriaeth sofran. O safbwynt gweithredu yn Nhŷ'r Cyffredin, wedi cyfnod o tua hanner canrif o lonyddwch ymhlith aelodau Cymru yn y Senedd, deffrowyd yr anian gwleidyddol pan ddechreuwyd cydgystadlu am y fraint. Ym Morgannwg, cafwyd cyfres o gynhennau digon annymunol, a thebyg fu'r hanes ym Meirionnydd, yn arbennig rhwng teuluoedd Y Llwyn, Dolgellau a Nannau, a rhwng Salbrïaid Rug a Phrysiaid Rhiwlas. Ym Môn hefyd cafwyd ymrafael tanbaid rhwng teuluoedd Oweniaid Bodeon a'r Frondeg a Bwcleiaid Henblas, Biwmares. Ar eu cynnydd hefyd oedd y pleidiau hynny a gyfrannodd at dyndra mewn materion sirol fel a gafwyd rhwng teuluoedd Edwards, Y Waun, ac Aylmer, Pantiocyn, a rhwng Syr John Salbri o Leweni (aelod amlwg o blaid teulu Cecil) a Syr Richard Trefor o Drefalun (milwr, gwleidydd a chefnogwr plaid Essex) yn 1588 ac 1601, a rhwng Edward Herbert o Chirbury ac Arthur Price, Y Faenor, yn Nhrefaldwyn yn 1588. Yn 1599, cyhuddwyd nifer o fonheddwyr yn sir Ddinbych o gyflawni llofruddiaethau erchyll a chael eu cynnal gan Salbrïaid Llewen. Mewn sir a fuasai gynt, fel Trefaldwyn, yn rhan o'r Mers nid yw'n syndod fod hen dueddiadau cynhennus yn codi i'r wyneb yn achlysurol, yn arbennig pan geid cyfle i godi i'r brig ym mywyd cyhoeddus y sir.[57] Mae'n ddiamau hefyd mai amgylchiadau ansefydlog yn y parthau hynny a gyfrifai am anfadweithiau lladron a dihirod ar ororau'r hen Dywysogaeth bron drwy gydol yr unfed ganrif ar bymtheg, a'r hynotaf yn eu plith oedd Gwylliaid Cochion Mawddwy, carfanau o rydd-ddeiliaid ansefydlog ac anfodlon eu byd a ganfu eu hunain wedi 1536, bellach, yn dal tiroedd dan drefn frenhinol newydd a chwithig iddynt hwy, yn sir Feirionnydd a'r cyffiniau. Hwy a lofruddiodd Lewys ab Owain, Dirprwy-Siambrlen Gwynedd, Barwn y Siecr yng Nghaernarfon a Siryf Meirionnydd, ger Mallwyd yn Hydref 1555, ac yntau'n dychwelyd i'w gartref yng Nghwrt Plas-yn-dre yn Nolgellau o Lys y Sesiwn Fawr yn y Trallwng. Y mae cefndir ac achos y digwyddiad hwnnw'n dangos nad oedd amgylchiadau rhydd-ddeiliaid yn yr ardaloedd ffiniol hynny'n rhy dda ac nad oedd ymateb ffafriol yno ychwaith i bolisi'r Tuduriaid. Yn ôl Huw Arwystl ac Owain Gwynedd, er enghraifft — dau o bum bardd a ganodd ei farwnad — yn enw'r llywodraeth ac yn ysbryd polisi Rowland Lee y dedfrydodd Lewys ab Owain 'rhai gorau eu rhagoriaeth' i farwolaeth yn y parthau hynny, ac oblegid hynny dialwyd arno. Ac meddai Simwnt Fychan amdano:

> Cadarn oedd yn cadw er neb
> Acw ordor y cywirdeb;
> Llid fawr gan y gwilliaid fu,
> Llaw hwn oedd yn llonyddu.[58]

Yr oedd yn swyddog mor amlwg ym mywyd cyhoeddus ei sir ac mor awyddus i gynnal trefn fel na allai osgoi wynebu bygythiad a gwrthwynebiad y rhai mwyaf gwrthnysig o blith teuluoedd bonheddig Meirionnydd a'r cyffiniau. Pan etholwyd ef yn Aelod Seneddol ei sir yn 1547 cyfeiriodd Owain ap Gwilym, y bardd-offeiriad o Dal-y-llyn, yn ei gerdd foliant iddo, at ymrafaelion ac eiddigedd a allai beryglu ei fywyd yn ystod ei gyfnod yn y Senedd.

Fel y cyfeiriwyd eisoes, ymestynnai'r anniddigrwydd ar y gororau'n ysbeidiol o Ysbyty Ifan hyd at y de-ddwyrain ac yr oedd yn destun pryder i'r llywodraeth ers blynyddoedd maith. Ar ddiwedd y ganrif cwynai George Owen am gamarferion Siryfion yn ardal fynyddig Pumlumon ar ffiniau tair sir — Aberteifi, Trefaldwyn a Maesyfed — lle gweithredai 'lladron a herwyr' yn dwyn gwartheg gyda chydweithrediad y swyddogion hynny.[59] Beiai'r awdurdodau a'r uchelwyr lleol, yn cynnwys Ustusiaid Heddwch, am fod yn amharod i ddifa drwgweithred o'r fath am eu bod yn elwa cryn dipyn o'u cydberthynas â'r dihirod. Ymhlyg mewn sefyllfaoedd o'r fath yr oedd parhad hen arferion anghyfreithlon cynnal a chadw herwyr, 'arddel' a 'chymortha'. Yr oedd sawl ardal ar y ffiniau'n ogofâu lladron ac yn arwydd o amgylchiadau ansefydlog na allai'r llywodraeth eu difa'n llwyr. O gofio am y cefndir cythryblus ni ddylid dehongli llofruddiaeth y Barwn Owain na'r drwgweithredu yng nghanolbarth Cymru mewn cyd-destun rhy gyfyng a chyffredinol. Mae i'r digwyddiad ei arwyddocâd mewn byd lle nad oedd amgylchiadau economaidd yn sefydlog. Parhaodd anghydfod ynglŷn â throsglwyddo tir a'r dulliau amheus o'i feddiannu, ac yn ddiweddarach yn y ganrif, y cynnydd mewn prisiau a'r cynaeafau gwael.

Gwedd arall ar yr un polisi i gynnal heddwch a threfn oedd ymateb y llywodraeth ganolog a lleol i'r cynnydd mewn crwydraeth a thlodi, problem barhaol a fu'n gyfrifol am gryn gorff o ddeddfwriaeth yn ystod yr unfed ganrif ar bymtheg. Conglfaen y ddeddfwriaeth honno ym mlynyddoedd canol y ganrif oedd Statud y Crefftwyr (1563), mesur a adeiladodd ar yr hyn a ddeddfwyd eisoes, a'i fwriad oedd 'difa segurdod, gwella hwsmonaeth a rhoi i'r person a gyflogir gyfartaledd addas o gyflog mewn amser o brinder fel ag mewn amser o lawnder'. Gosodwyd rheolau caeth ar y llai breintiedig: trefnu i blant fwrw eu prentisiaeth o ddeg hyd un-ar-hugain mlwydd oed, gorfodi gwŷr di-waith rhwng deuddeg a thrigain mlwydd oed i weithio fel llafurwyr amaethyddol a gosod merched dibriod rhwng deuddeg a deugain mlwydd oed dan warchodaeth a'u rhoi i weithio. Cyfyngwyd ar raddfeydd cyflogau a achosodd galedi mewn cyfnod o chwyddiant, darparwyd llafur rhad a gosodwyd disgyblaeth lem ar y tlawd. Disgwylid i'r Ustusiaid Heddwch gadw llygad barcud ar y sefyllfa o fewn eu tiriogaeth a gofalu fod is-swyddogion y cantrefi, y plwyfi a'r trefgorddau'n cyflawni eu dyletswyddau. Dibynnai'r llywodraeth yn gyfan gwbl ar ymroddiad Uwch ac Is-Gwnstabliaid, beilïaid ac Arolygwyr y tlawd i'w dyletswyddau, a deuai gorchmynion aml o'r Cyfrin Gyngor i'r Cyngor yn y Mers, ac oddi yno i'r siroedd, i sicrhau cysondeb yn y materion hynny. Yn 1567 comisiynwyd Syr Richard Bwclai II,

William Mostyn ac eraill yn nhref Caerwys, sir y Fflint, i raddio beirdd a diwygio'u cyfundrefn yng ngogledd Cymru drwy ddidoli'r rhai cymwys i brydyddu oddi wrth y rhai anghymwys ac isradd.[60] Datganwyd yn y comisiwn fod crwydriaid a segurwyr yn eu galw eu hunain yn ddatgeiniaid, rhigymwyr a beirdd wedi cynyddu'n fawr ac na ellid eu goddef yn y diriogaeth. Nid y boneddigion yn unig a ddioddefai oherwydd y cynnydd hwn mewn crwydriaid o'r fath a ddeuai at eu drysau i chwilio am nawdd a chynhaliaeth ond hefyd y beirdd cydnabyddedig a gollai fywoliaeth am fod y glêr — dosbarth isel o feirdd a cherddorion — yn eu hamddifadu ohoni. Gorchmynnwyd bod 'crwydriaid abl a segur' i gael eu rhoi ar waith, a chan fod mwyafrif y comisiynwyr yn Ustusiaid Heddwch barnwyd eu bod yn gymwys i roi trwyddedau crwydro i'r tlawd yn ogystal â thrwyddedau prydyddu i'r beirdd 'o hil gerdd'. Y mae ymyrraeth y llywodraeth mewn materion o'r fath yn dangos bod ystyriaethau economaidd yn bwysig pan benodwyd comisiwn 1567. Yn 1571, gorchmynnwyd yr Ustusiaid Heddwch gan y Cyfrin Gyngor i arestio a chosbi dihirod, crwydriaid a 'gwŷr di-feistr' trwy eu gosod yn y cyffion traed a'u chwipio cyn eu hanfon yn ôl i'r mannau lle trigent ynddynt dros y tair blynedd blaenorol. Nid pwysau economaidd ac ofni tor-cyfraith yn unig a ysgogodd y llywodraeth i weithredu eithr hefyd ei dyletswydd i ddifa unrhyw arwyddion o wrthwynebiad i'r Frenhiniaeth a'r wladwriaeth, er enghraifft, ar ran Pabyddion eithafol.

Parai cynaeafau gwael a newyn gryn ddioddefaint mewn cymdeithas wledig a gwan ei hadnoddau. Yn ystod newyn mawr 1586-7, er enghraifft, gorchmynnwyd yr Arglwydd-Lywydd i roi trefn ar brynu a gwerthu ymhlith ffermwyr a masnachwyr ŷd. Pryderai'r Cyngor yn y Mers yn fawr iawn flwyddyn ynghynt am ei anallu i feistroli'r sefyllfa anhrefnus yng Nghymru wedi i Syr Henry Sidney ddychwelyd i gyflawni ei ddyletswyddau yno. Priodolwyd y diffygion i wendidau mewn llywodraeth sirol a chyndynrwydd Siryfion ac Ustusiaid i hysbysu'r Cyngor am ymrafaelion lleol.

> Ac er mai'r prif reswm dros sefydlu'r Cyngor hwn yn y parthau hyn yw i gadw'r wlad yn dawel trwy ddifa'r fath weithrediadau anfad, eto, cymaint yw malais y bobl fel eu bod yn dial am gamweddau tybiedig yn eu herbyn ac yn erlyn ei gilydd yn hytrach na chwyno wrth y Cyngor a rhoi gwybodaeth iddo, a theithio y tu allan i ffiniau awdurdod y llys hwn a benodwyd yn arbennig i unioni'r camau hynny. Gan nad oes gan yr Arglwydd-Lywydd na'r Cyngor wybodaeth bellach ni all ond gosod y bai ar y siryfion, ustusiaid heddwch a swyddogion eraill.[61]

Amlygir nifer o ffactorau yn yr adroddiad hwn a allai achosi cryn ofid i'r llywodraeth ganolog, megis parhad tor-cyfraith, aneffeithiolrwydd y Cyngor mewn materion o'r fath, yr ymgyfreithio cynyddol yn y llysoedd brenhinol yn Llundain lle y mynegwyd gwrthwynebiad i Gyngor Llwydlo ar dir maint a natur ei awdurdod cyfreithiol, esgeulustod swyddogion lleol ynghyd ag islif o anfodlonrwydd cymdeithasol. Dengys tystiolaeth yng nghofnodion Llys Sesiwn Chwarter sir Gaernarfon y cyni a achosai ladrad a chamymddwyn, yn bennaf ymhlith yr haenau isaf. Daeth yr Ustusiaid i'w llafur yno yn 1541, ac mae rhòl ditio (cyhuddo) y flwyddyn honno ar gael a thystiolaeth ddigonol ynddi eu bod wedi ymroi iddi'n frwdfrydig i weithredu'r gyfraith.[62] Ceir yn y cofnodion amrywiaeth dda o'r math o droseddau a gyflawnwyd, ac adlewyrchent nodweddion cymdeithas a wynebai gyni parhaol. Yn sesiwn gyntaf y llys yng Nghaernarfon dedfrydwyd gŵr i farwolaeth am ddwyn llond pum trol o wair gwerth ugain ceiniog,[63] ac yn 1556, chwipiwyd gŵr a dwy wraig o Ddinorwig am ddwyn dafad gwerth chwe cheiniog.[64] Achlysur trist oedd hwnnw yn Hydref 1557 pan chwipiwyd y ferch druan honno o Ffestiniog ac wedyn ei hoelio gerfydd ei chlust yn y farchnadfa yng Nghaernarfon am ddwyn gwerth ceiniog o gaws a darn arian gwerth chwe cheiniog yng Nghlynnog.

Yn sgil dirwasgiad mawr yn 1596 disgwylid i'r Cyngor yn y Mers ofalu am y tlawd a'r anghennus ac arolygu tafarndai a chynghori ynglŷn â lleihau eu niferoedd. Cyfeiriodd beirdd ym mlynyddoedd olaf y ganrif at gyni ymhlith gwreng a bonedd. Meddai Edwart ap Raff am 'flwyddyn ddrud 1597':

> Tri mis haf trwm, ysywaeth,
> Drud yw'r ŷd, diriaid yr aeth.
> Ond rhyfedd, o drawsedd draw,
> I gywaethog ei weithiaw.[65]

Cyfeirir at orthrwm a mantais y cyfoethog ar draul y gwan ac â rhagddo i awgrymu analluogrwydd y llywodraeth i reoli'r sefyllfa. Thema foesol a oedd gan Tomas ap Dafydd ap Hywel o'r Rhigos yn ei gwndid maith, ac ynddo ymosodir ar yr Eglwys gan y dafarn — yn nhraddodiad cerddi crefyddol yr Oesoedd Canol — oherwydd ei hamhoblogrwydd a'i diffyg apêl. Ateb yr Eglwys oedd bod y dafarn yn ganolfan i anhrefn yn ogystal ag anfoesoldeb, a'r anhrefn hwnnw a fygythiodd y drefn a sefydlwyd drwy ddeddf ddwyfol.[66] O safbwynt arall cyfeiriodd John Penry at ddialedd Duw oherwydd pechod y bobl. Cyfeiria'n benodol at gynhaeaf gwael 1585:

> Teimlwn fod gan yr Arglwydd lawer ffordd yn ein herbyn yr amser hwn oblegid prinder popeth, yn arbennig bwydydd a nifer mawr o dlodion. Yr oedd pob dyn yn ein plith yn arfer hau cymaint o ŷd a oedd yn ddigon ar gyfer ei deulu drwy'r flwyddyn neu wneud gymaint o'i ddefaid a gwartheg eraill a allai brynu'r cyfryw. Ildiodd cynhaeaf anhymhorol 1585 ychydig iawn o ŷd. Felly, methodd llawer hau dim y flwyddyn ddiwethaf am nad oedd ganddynt fara ŷd, a llai o had o lawer. Bu bron i aeaf 1585 ddifa'r cyfan o'u gwartheg, ac felly'n awr y mae gwir ewyn eu cynhaliaeth wedi'i golli. Y mae llawer

a drigai'n dda a chynnil yn gorfod rhoi heibio eu tŷ a'u cartref ac ymroi i fegera ...[67]

Creai sefyllfa o'r fath anhrefn yn ogystal â chaledi, ac fel canlyniad, cymerodd Iarll Penfro, Arglwydd-Lywydd y Cyngor yn y Mers, gamau i geisio diwygio prynu a gwerthu ŷd yn y marchnadoedd, a gweithredodd yn yr un modd yn 1586 ac 1587. Er pwysiced y cymhellion economaidd yr oedd y llywodraeth hefyd yn dra hyderus y gallai ddatrys problemau heddwch a threfn.

Ymgais i ymdrin â symptomau tlodi a diweithdra oedd Deddf y Tlodion 1598 — a gadarnhawyd yn 1601 — a rannodd yr anffodusion yn wahanol garfanau, a phob un ohonynt yn derbyn triniaeth wahanol. Rhoddwyd cymorth i'r tlodion haeddiannol, plant amddifad, cloffion, hen bobl heb gynhaliaeth a'r tlodion iach hynny a fethodd â chael gwaith er iddynt chwilio amdano. Penodwyd Arolygwyr y Tlawd ym mhob plwyf ac fe'u hawdurdodwyd i gasglu trethi a'u harolygu ar gyfer dosbarthu cymorth i'r anghenus. Ni ddangoswyd trugaredd o gwbl tuag at ddihirod a'r crwydriaid segur, ac eto, nid ymddengys fod eu nifer wedi lleihau ar ddechrau'r ganrif ddilynol pryd y tyrrwyd yn amlach i'r trefi i chwilio am gynhaliaeth. Mewn oes pan roddwyd cymaint o bwysau ar gynnal statws ac eiddo materol nid yw'n syndod fod y teuluoedd mwyaf abl yn manteisio ar eu sefyllfa. Tebyg fu hanes y *nouveaux riches* yn y trefi, yn bennaf ymhlith masnachwyr, cyfreithwyr a gweinyddwyr a oedd yn ddigon hir eu pennau i fudrelwa. Yn aml ceid gwrthdaro rhwng eu cymhellion preifat a'u hamcanion wrth gyflawni dyletswyddau cyhoeddus. Gwasanaethwyd y gymdeithas yn effeithiol i'r graddau fod hynny'n dwyn elw i uchelwyr y sir a boneddigion a masnachwyr y trefi. Nid ar chwarae bach y cyflawnwyd holl anghenion y gymdeithas leol ar ei heithaf ac y gweithredwyd y 'daioni cyffredin', eithr tyfu'n araf a wnaeth ymrwymiad o'r fath.

Pan ddeuir i'r afael â thrafod mesur llwyddiant y Tuduriaid i osod cyfraith a threfn ar Gymru y mae'n hanfodol bwysig nodi rhai ffactorau allweddol. Yn y lle cyntaf, ni chrewyd unrhyw wrthwynebiad i gyfundrefn newydd y Tuduriaid a osodwyd ar Gymru yn yr 1530au am nad oedd pendefigaeth yn y Mers bellach a allai ysbrydoli nac arwain unrhyw derfysg bygythiol, gan mai'r uchelwyr a dra-arglwyddiaethai yn y rhanbarthau ac am fod y drefn newydd wedi'i llunio i gydweddu ag anghenion y gymdeithas y pryd hwnnw.

Yn ail, yr oedd y datblygiadau crefyddol yng Nghymru'n gyfrwng i gadarnhau awdurdod y frenhiniaeth a'i sefydliadau. Mae'n bosibl mai gormodiaith oedd cymeradwyaeth Nicholas Robinson, Esgob Bangor, i George Bromley, Ustus Cylchdaith Môn, yn 1567, am ei lafur doeth a chydwybodol yn cynnal heddwch a threfn. Eto, dan ei arweiniad, meddai'r Esgob, 'trigai'r bobl mewn ufudd-dod, rhyddid a heddwch'. A dyna farn y bardd Thomas Churchyard yn ei gerdd adnabyddus, *The Worthines of Wales* (1587), a George Owen, wrth gwrs, yn ei weithiau ef.[68] Cymerai'r ddau ohonynt olwg delfrydol ar y sefyllfa, ac meddai Churchyard yn ei epistol ymgyflwynol i'w gerdd:

> Oblegid gadewch i'r lleiaf yn y llys ddod i'r wlad honno
> [Cymru] bydd yn cael ei gyfarch, ei ganmol a'i gydnabod fel
> pe bâi'n fab i ryw Arglwydd yn y tir hwnnw, ac ymhellach
> cred y bobl gyffredin mai dyled a gwasanaeth yw hi i ddilyn
> gwarthol dieithryn … nid oes na gwaedd nac ymlid (ynglŷn
> â lladrad) o fewn cannoedd o filltiroedd o farchogaeth, felly
> pa un ai oblegid ofn cyfiawnder, cariad tuag at Dduw ynteu
> ymarweddiad da, ni chlywir o gwbl yno am fân ladradau na
> dim.[69]

Er holl drafferthion Elisabeth I oddi mewn i'r wlad, yn gyllidol ac yn ei
pherthynas â Phiwritaniaid a Phabyddion ac â phwerau tramor fe ymddengys,
erbyn diwedd wythdegau'r ganrif, fod y drefn Duduraidd bellach wedi'i hen
sefydlu yng Nghymru ac na fyddai mwyafrif uchelwyr y wlad yn barod i
gefnogi unrhyw fygythiad iddi.

Yn drydydd, mewn swyddi cyhoeddus, safai'r uchelwyr fel cyfangorff dros
gynnal undod gwladwriaethol er lles iddynt eu hunain a'u cymunedau. O'u
safbwynt hwy llywodraethwyd y deyrnas mewn dull a gymharai, o ran ei
strwythur, â'r drefn y credent hwy oedd fwyaf manteisiol iddynt. Gan amlaf,
portreadwyd gwŷr o'r fath yn ddelfrydol yng ngweithiau'r beirdd, rhai a
adnabuwyd trwy eu dulliau ymarferol o weithredu, teyrngarwch, cyfiawnder
a gallu. Trigent mewn deufyd — cylch y bywyd cyhoeddus cymeradwy a byd
hybu'r buddiannau preifat pryd y plygid bob egwyddor i hyrwyddo lles
bersonol. Gallai gŵr o'r fath fod, ar y naill law, yn amddiffynnwr cyfraith
a threfn mewn llys, ac ar y llaw arall, yn 'ŵr terfysglyd a chynhennus' yng
ngolwg eraill a'i dirmygai, ac ar yr un pryd ymlynai'n deyrngar wrth y Goron
a'i sefydliadau. Dyna'r paradocs rhyfedd a gyfrifai, i raddau pell, am lwyddiant
y drefn Duduraidd yng Nghymru.

Yn bedwerydd, ni phallodd peirianwaith llywodraeth leol er cymaint ei
wendidau. Trefniadaeth effeithiol, yn y pen draw, oedd achos ei barhad a'i
lwyddiant. Plethwyd i'w gilydd ddau fath o deyrngarwch, sef i'r Goron
Duduraidd ac i'r dreftadaeth gynhenid Gymreig. Deilliai'r naill o'r cysylltiad
annatod â sefydliadau a'r llall o'r ymlyniad wrth 'yr iaith', sef hanfod y
cymundod Cymreig. Er nad oedd seiliau economaidd Lloegr yn gryf ar
ddiwedd y ganrif, ac er nad oedd cysylltiadau'r frenhiniaeth â'i seneddau
ychwaith yn hollol iach, parhaodd swyddogion llywodraeth leol i gynnal
fframwaith trefniadol cadarn. Bu'r bartneriaeth rhwng y Goron a'r uchelwyr
yn ganllaw sicr i ddiogelu buddiannau pwysicaf y gymdeithas yng Nghymru
a'u gwarchod mewn cyfnod mwy bygythiol yn hanes y berthynas rhwng
teulu'r Stiwartiaid a'i ddeiliaid.

LLYFRYDDIAETH

Jones, G.E., *The Gentry and the Elizabethan State* (1977)

Jones, J.G., *Wales and the Tudor State, 1534-1603* (1989)

Lloyd, H.A., *The Gentry of South-West Wales, 1540-1640* (1968)

Robinson, W.R.B., 'The Tudor revolution in Welsh government, 1536-1543: its effects on gentry participation', *English Historical Review*, CCCCVI, 1988

Williams, P., *The Council in the Marches of Wales under Elizabeth I* (1958)

Williams, W.O. (gol.), *Calendar of the Caernarvonshire Quarter Sessions Records, I, 1541-1558* (1956)

NODIADAU

[1] *CSPD*, 1547-1580, CVII (4), t.514; 'Further notes …', *Y Cymmr.*, XIII, 1899, Atodiad B, 128-33; D. Mathew, 'Some Elizabethan documents …', 74-7.

[2] *Penbrokshire*, III, t.24.

[3] St. 34-35 Harri VIII c.26. *SW*, t.102.

[4] *Penbrokshire*, III, t.23.

[5] S. Haynes, *Collections of State Papers* (1740), tt.193-201.

[6] *L. & P.*, XII (Rhan ii), rhif 896, t.312.

[7] H. Ellis, *Original Letters*, 3edd gyfres, II, rhif CCLII, t.370.

[8] *L. & P.*, XII, (Rhan ii), rhif 1148, t.530.

[9] Ibid., rhif 1237, t.434.

[10] Ibid., XIII (Rhan ii), rhif 276, t.110.

[11] Ibid., XIII (Rhan i), rhif 1411, t.523.

[12] Ibid., XII (Rhan ii), rhif 1173, t.415; T. Wright, op. cit., t.389.

[13] *L. & P.*, XII (Rhan i), rhif 1091; XIV, rhif 1539 (i), t.492.

[14] Ibid., XIV (Rhan i), rhif 492, t.193.

[15] Ibid., XIV (Rhan ii), rhif 384, t.133.

[16] St. 34-35 Harri VIII c.26; *SW*, tt.102-3.

[17] *SW*, tt.114-5.

[18] *Penbrokshire*, III, tt.67, 71.

[19] Ibid., tt.54-6.

[20] Ibid., t.58.

[21] 'Further notes …', *Y Cymmr.*, XIII, 131; Mathew, op. cit., 76.

[22] D.R. Thomas, *The Life and Work of Bishop Davies and William Salesbury* (1902), Atodiad C, t.49.

[23] H.Ellis. op. cit., Ail gyfres, III, rhif CC, t.42.

24   'Further notes ...', 132; Mathew, op. cit., 76-7.

25   T. Jones Pierce (gol.), *Calendar of the Clenennau Letters and Papers in the Brogyntyn Collection* (Rhan i) (1947), rhif 106, t.31; LlGC Llsgr. 9051E,170; J.R. Dasent (gol.), *Acts of the Privy Council*, XXV, t.307.

26   A.Ll. Hughes, 'Noddwyr y Beirdd yn Sir Feirionnydd. Casgliad o'r Cerddi i deuluoedd Corsygedol, Dolau-gwyn, Llwyn, Nannau, Y Rug, Rhiwedog, Rhiw-goch, Rhiwlas ac Ynysymaengwyn' (traethawd M.A. Prifysgol Cymru, 1969), I, XXVII, t.57.

27   H. Ellis, op. cit., Ail gyfres, III, rhif CC, tt.43-4.

28   *CSPD*, 1581-1590, rhif CLIX, t.98.

29   Flenley, op. cit., t.124.

30   *Penbrokshire*, III, t.24.

31   John Penry, *Three Treatises concerning Wales*, gol. D. Williams (1960), t.11.

32   *Penbrokshire*, III, t.91.

33   D. Powel, *The Historie of Cambria*. I'r Darllenydd.

34   St. 18 Elisabeth I, c.8; *SW*, tt.152-4. D.J. Bowen (gol.), *Gwaith Gruffudd Hiraethog* (1990), rhif XXVII, t.96.

35   *Clenennau Letters and Papers*, rhif 106, t.301.

36   J. Fisher, op. cit., t.368.

37   *Penbrokshire*, III, tt.62-3, 64, 70-1.

38   St. 27 Harri VIII c.26; *SW*, t.76.

39   'Further notes ...', 163.

40   William Vaughan, *The Golden Fleece* (1626), Rhan ii, tt. 31, 35.

41   LlGC, Llsgr. Brogyntyn 6,56b.

42   LlGC, Llsgr. 9052E,271.

43   T. Jones (gol.), *Rhyddiaith Gymraeg, 1547-1618* (arg. 1988), II, rhif XXX, t.133.

44   Ibid., t.137.

45   L.J. Hopkin James a T.C. Evans (gol.), *Hen Gwndidau, Carolau a Chywyddau* (1910), LV, t.84.

46   *Penbrokshire*, t.91.

47   *Gwaith Siôn Tudur*, I, rhif CXLVI, t.584.

48   *The Oxford Book of Welsh Verse*, rhif CXX, t.245.

49   LlGC, Llsgr. 9051E,135.

50   *The Breuiary of Britayne*, fo. 60(b)

51   William Salesbury, *Dictionary*, Cyflwyniad [1] [11].

52   Lambarde, op. cit., t.101.

53   LlGC, Llsgr. 9051E,145.

54 A.H. Dodd, 'North Wales and the Essex Revolt', *English Historical Review*, LIX, 1944, 348-70.

55 LlB Llsgr. Harleian 6997,74. Gw. P. Williams, *Council in the Marches under Elizabeth I*, t.286; H.A. Lloyd, *Gentry of South-West Wales*, tt.113-8.

56 *Clenennau Letters and Papers*, rhif 48, t.15.

57 J.E. Neale, *The Elizabethan House of Commons* (1949), V, tt.111-28; idem, 'Three Elizabethan Elections', *English Historical Review*, XLVI, 1931, 209-27.

58 LlGC, Llsgr. Peniarth 124,296.

59 *Penbrokshire*, III, t.93-4.

60 *Reports on Manuscripts in the Welsh Language*, I, tt.291-2.

61 Flenley, op. cit., tt.227-8.

62 W.O. Williams (gol.), *Calendar of the Caernarvonshire Quarter Sessions Records*, I, 1541-1558 (1956), tt.2-11.

63 Ibid., t.150(93).

64 Ibid., t.159.

65 R.A. Charles (gol.), 'Gwaith Edwart ap Raff' (Casgliad teipiedig LlGC, 1970), t.75. Gw. D.H.E. Roberts ac R.A. Charles, 'Raff ap Robert ac Edwart ap Raff', *BBGC*, XXIV, 1971, 296.

66 G. Williams, *Grym Tafodau Tân*, tt.168-79.

67 *Three Treatises concerning Wales*, tt.41-2.

68 *CSPD*, 1547-1580, XLIV, rhif XXVII, t.301; Mathew, op. cit., 77-8.

69 *The Worthines of Wales*, vii.

Pennod IV

BYD A BYWYD EGLWYSIG

YR HEN FFYDD, Y FFYDD NEWYDD A'R GENEDL

Yn y flwyddyn pan ddeddfwyd y mesur cyntaf i uno Cymru â Lloegr yr oedd Senedd y Diwygiad ar fin gorffen ei gwaith yn gosod awdurdod y Brenin ar sylfeini newydd. Ddwy flynedd ynghynt, trwy gyfrwng y Ddeddf Uchafiaeth, fe'i cyhoeddwyd yn ben aruchelaf ar Eglwys a Gwladwriaeth, a chyn hynny, dinistriwyd awdurdod y Pab yn y deyrnas. Diddymwyd y mynachlogydd, a rhoddwyd i Harri'r galluoedd cyfreithiol a gweinyddol uchaf mewn materion eglwysig. I'r amcan hwnnw cryfhawyd hawliau brenhinol dros yr eglwys. Ni olygai hynny fod y cyfan a ffurfiai ran o gyfansoddiad yr Eglwys bellach wedi cael ei ddiddymu; yn wir, parhaodd yr Eglwys i gynnal ei threfniadaeth ganoloesol, ond yn awr, rhoddwyd pwyslais ar gyfreithlondeb cyfansoddiadol dan y frenhiniaeth. Er bod gwedd chwyldroadol i'r newidiadau hyn pan ehangodd nerthoedd y Brenin fel canlyniad i sefydlu'r deyrnas sofran genedlaethol, parhaodd strwythur yr Eglwys i fod yn geidwadol. Diffiniwyd y sofraniaeth honno yn y rhagarweiniad i'r Ddeddf Apeliadau pryd y cyfeiriwyd at yr 'ymerodraeth' y teyrnasai Harri arni yn Lloegr a Chymru. Tarddai'r *imperium* hwn o'r awdurdod dwyfol, fel y gwnâi awdurdod y Pab, ac fe'i gweithredwyd drwy gyfrwng y 'corff gwleidyddol'. Mewn cyd-destun eglwysig trosglwyddwyd i feddiant y Brenin *potestas jurisdictionis* y Pab, sef yr hawl i lywodraethu'r Eglwys yn gyflawn. Ni hawliodd y brenin y *potestas ordinis* a olygai weithredu awdurdod ysbrydol neu offeiriadol: yn hytrach, roedd gan Harri VIII awdurdod newydd a roddai iddo rym esgobol i weinyddu cyfraith eglwysig yn y deyrnas gyflawn. Oherwydd bod ei hawliau'n deillio o Dduw, a chan fod uchafiaeth frenhinol yn ddwyfol credai y gallai weithredu fel 'Ficer Crist' yn y deyrnas honno. Dan ei reolaeth daeth yr Eglwys yn Lloegr a Chymru yn *Ecclesia Anglicana*, a rhoddwyd iddi rôl newydd. Cydnabuwyd y Brenin yn ymgorfforiad llawn o awdurdod y wladwriaeth gyfun mewn byd ac eglwys.

Gan fod pedair esgobaeth yr Eglwys yng Nghymru dan awdurdod archesgobaeth Caergaint nid oedd angen deddf uno o gwbl i gyfreithloni hawl y Brenin i ymyrryd ym muddiannau sefydliad a oedd eisoes yn rhan o drefn eglwysig Lloegr. Awdurdodwyd gweithredu'r Ddeddf Uchafiaeth (1534), ynghyd â'r deddfau crefyddol eraill y cytunwyd iddynt yn y Senedd, yng Nghymru fel mewn rhannau eraill o'r deyrnas.

Nid oedd cyflwr yr Eglwys yng Nghymru'n foddhaol o gwbl, ond nid oedd bywyd crefyddol yn waeth yno nag mewn sawl tiriogaeth esgobaethol arall, yn arbennig yng ngogledd Lloegr. Yr oedd yr Eglwys yng ngorllewin Ewrop yn gyffredinol yn dioddef oherwydd ei gwendidau, sef safon wael y Babaeth, dirywiad yr Urddau Mynachaidd, dadfeiliad economaidd, gwrth-glerigaeth a'r cynnydd mewn heresi ynghyd â thwf dyneiddiaeth. Yr oedd safonau'r offeiriadaeth yn isel ac yng Nghymru yr oedd yr esgobion yn ddi-Gymraeg ac yn absennol o'u hesgobaethau. Yr oedd yr Eglwys yn dlawd, anghysbell a cheidwadol, y plwyfolion yn anllythrennog ac ofergoelus a'r plwyfi'n fawr a gwasgarog. Dilynwyd traddodiadau a defodau a nodweddai'r Fam Eglwys yn yr Oesoedd Canol, ac nid oedd trwch y boblogaeth yn deall ei chredoau canolog ond yn eu derbyn am eu bod yn rhan o drefn bywyd mewn ardaloedd diarffordd lle nad oedd gwerin Cymru yn ymwybodol o unrhyw newidiadau mewn canolfannau dysg yn Lloegr ac ar y Cyfandir. Nid rhyfedd felly na chafwyd unrhyw wrthwynebiad i'r newid a ddaeth i ran yr Eglwys o'r tridegau ymlaen. Yr oedd y pwyslais ar ddefodaeth ynddi wedi'i llethu a'i gwneud yn ddiymadferth yn wyneb yr ymosodiad a fu arni. 'Yr wyf wedi cyflawni fy nyletswydd yn ddiwyd yn difa a chymryd ymaith camarferion arbennig, ofergoeliaethau a rhagrithiau', meddai'r Dr Ellis Price, Plas Iolyn, am esgobaeth Llanelwy; ac wrth gyfeirio at ddelw Derfel Gadarn yn yr esgobaeth honno, meddai ymhellach:

> Mae'r bobl syml wedi cael eu denu a'u hudo gymaint i addoli'r ddelw hon i'r graddau fod yna ddywediad cyffredin yn eu plith, os cynigir unrhyw beth i ddelw Derfel Gadarn mae ganddi'r grym i'w codi hwy o uffern pan ddamnir hwy.[1]

Dangosodd comisiynwyr a benodwyd yn 1535 i archwilio cyflwr y tai crefydd pa mor wael oedd y mwyafrif ohonynt, ac yr oedd hi'n amlwg nad oeddynt bellach yn cyflawni eu swyddogaeth o gymharu â thair canrif ynghynt. Y mwyaf parod i leisio barn am lesgedd y tai hynny oedd William Barlow, Prior Hwlffordd, ac Esgob Tyddewi wedi hynny, clerigwr pengaled a beirniadol a benodwyd yn un o'r comisiynwyr brenhinol. Cyflwynodd comisiynwyr eraill eu hadroddiadau'n llawn am gyflwr y sefydliadau hynny ym mhob rhan o Gymru. Meddai Dr John Vaughan a Dr Adam Becansaw am y sefyllfa yn abaty Sistersaidd Glyn-y-groes:

> O'r 22ain hyd at y 26ain ymwelsom ag Abaty Glyn-y-groes lle mae angen diwygio llawer o bethau. Daeth yr abad i mewn a, than lw, fe'i holwyd a'i gludo … ynghyd ag un o'r mynaich a oedd yn wrthgiliwr ('apostate'), i gastell Holt lle yr arosasant yn disgwyl am benderfyniad y Brenin yn eu cylch. Y mae'r fynachlog hon a'r eglwys wedi nychu'n arw ac mewn dyled o 300 morc i'r Brenin ac eraill. Gobeithiwn ddifeddiannu'r abad ar y 4ydd neu'r 5ed o Fedi, a dymunwn wybod beth yw eich dymuniad ynglŷn ag ethol un arall. Ceir chwe mynach yn y tŷ, ond nid oes un ohonynt yn addas i fod yn abad ac eithrio'r prior, gŵr rhinweddol ac o dueddiadau da, sy'n gwrthod bod

yn abad oherwydd fod y tŷ mewn cymaint o ddyled ac yn adfeiliedig. Carai abad y Cymer, sy'n hwsmon da, ei gael yn fawr, a byddai'n rhoi 20 *l.* i chwi amdano ond dim mwy.[2]

Yn y dyfyniad hwn ceir arwyddion pendant o natur y gwendid sylfaenol yn y tai crefydd — cyflwr adfeiliedig yr adeiladau, ansawdd gwael yr abadaethau a'r mynaich ynghyd â thlodi'r sefydliadau. Drwyddo draw, yr oedd y *Valor Ecclesiasticus* — adroddiad swyddogol y comisiynwyr eglwysig yn 1535 — yn ddamniol ac yn gyfle i'r Goron benderfynu'n derfynol i ddiddymu'r sefydliadau hynny a oedd yn cynrychioli parhad awdurdod y *curia* Pabyddol yn Lloegr a Chymru.

Adlewyrchai cyflwr y mynachlogydd y *malaise* a nodweddai'r Eglwys yn gyffredinol. Y mae llythyrau manwl William Barlow at Thomas Cromwell yn dangos yn eglur ddigon pa mor ddigalon oedd cyflwr y bywyd crefyddol yn esgobaeth Tyddewi fel y gwelai ef y sefyllfa, o safbwynt un a oedd yn eiddgar dros ei ddiwygio. Ceisiodd bregethu'r Efengyl, meddai wrth Cromwell, mewn tiriogaeth a oedd yn 'newynu am Air Duw', a hynny yn wyneb gwrthwynebiad mawr, yn arbennig o du'r Esgob Richard Rawlins, ei ragflaenydd. Ychydig sy'n wybyddus amdano, ond yn ôl tystiolaeth Barlow, ni ofalai am gyflwr ei Eglwys na'i offeiriaid: 'nid oes un sy'n pregethu Gair Duw'n ddidwyll', meddai, ac â ymlaen i restru nifer o'r gwendidau mwyaf difrifol.[3] Defnyddia eiriau hallt, a pharhaodd ei agwedd filwriaethus tuag at yr offeiriadaeth ymhell wedi iddo gael ei ddyrchafu'n esgob Tyddewi yn 1536. Mewn llythyr pellach at Cromwell yn y swydd honno beirniadodd yn llym yr arferion ofergoelus o addoli'r Forwyn Fair yn Hwlffordd ac Aberteifi lle'r oedd Thomas Hore yn Brior, ac o'r pererindota mynych yno. Y mae ei ddisgrifiadau o'r sefyllfa grefyddol yn yr esgobaeth yn dra thruenus. Cymaint oedd y problemau, yn ei farn ef, fel yr awgrymodd y dylid symud canolfan yr esgobaeth o Dyddewi i Gaerfyrddin, a oedd yn fwy cyfleus ac yn gyfle i ddiwygio'r eglwys yn fwy effeithiol. Er iddo wynebu gwrthwynebiad o blith y glerigaeth, yn cynnwys John Lewis, Trysorydd yr esgobaeth, aeth rhagddo i bregethu'n erbyn 'ofergoeliaeth annuwiol ac eilunaddoliaeth warthus'.[4] Mewn llythyr arall at Cromwell cyfeiriodd at ei ymdrechion glew i ddiwygio'r esgobaeth, a mynegodd ei awydd i symud Plas yr Esgob i Gaerfyrddin a'r coleg yn Abergwili i Aberhonddu, 'y ddwy brif dref in ne Cymru'.[5] Os digwyddai hynny, meddai, byddai cyflwr moesol ac ysbrydol yr esgobaeth yn gwella. Aeth ati i gyflawni ei ddymuniad, a symudodd hen lysoedd esgobol yr esgobaeth, sef Llandyfái (y cyfoethocaf o'r maenorau esgobol) a Llawhaden, i Abergwili.

Blynyddoedd William Barlow yn Nhyddewi (1536-48) a ddechreuodd gyfnod o anrheithio ar raddfa fawr yn yr esgobaeth. Cynrychiolai'r genhedlaeth gyntaf o ddiwygwyr Protestannaidd yn yr Eglwys yng Nghymru. Y mae ei sylwadau bob tro'n ddeifiol, ac er bod gormodiaith a rhagfarn yn aml yn amharu ar werth ei dystiolaeth mae'n ddiamau fod cyflwr Tyddewi a'r esgobaethau eraill yng Nghymru'n wael yn nhri a phedwardegau'r ganrif. Ac nid oedd Barlow a'i gyd-esgobion yn esiamplau clodwiw ychwaith. Yr oedd Barlow yn neieddwr, a chymerodd fantais o ddatganiadau brenhinol yn 1536 ac 1538 yn gorchymyn anrheithio'r eglwysi, difa arferion Pabyddol a gosod y Beibl Seisnig newydd ym mhob eglwys blwyf. Yn esgobaeth Bangor cafwyd ymbleidio mynych rhwng Syr Richard Bwclai o Fiwmares a William Glyn, archddiacon Môn a chyn gynorthwy-ydd yr Esgob Thomas Skeffington, ac Edward Gruffudd o'r Penrhyn — etifedd teulu enwog arall yng ngogledd Cymru, yn y blynyddoedd rhwng 1524 ac 1536. Cyfrifai sawl rheswm am y cydymgeisio hwn, ac nid y lleiaf ohonynt oedd ymdrech y partïon i fynnu eu hawliau a chryfhau eu safle cyhoeddus. Dangosodd gwrthdaro o'r fath faint o bwysau a roddwyd ar adnoddau'r Eglwys gan wŷr lleyg o ddylanwad. Yr oedd gwendidau'r offeiriadaeth yn amlwg: fe'u cyhuddwyd o anniweirdeb, a chyfaddefwyd hynny mewn llythyr oddi wrthynt at Cromwell yn Ionawr 1536. Pe gorfodid iddynt droi heibio eu gwragedd yn ôl y rheolau diweddar, yna byddai'n golled fawr ac yn niweidiol i ddeiliaid y Brenin a'r tlodion gan na allent gynnig lletygarwch. 'Byddai'n rhaid inni fyw mewn diotai a thafarndai', meddent, ac 'ni fyddai unrhyw fonheddwr na gŵr gonest sylweddol yn ein lletya yn eu tai gan y byddai hynny'n anghyfleus iddynt a chan eu bod yn gwybod am ein gwendid'.[6]

Yn esgobaeth Llanelwy daeth Robert Wharton (Parfew), olynydd Barlow, yn adnabyddus, yn bennaf am iddo gadw llys drudfawr a gosod holl diroedd yr esgobaeth ar brydlesoedd tymor hir. Yn Llandaf hefyd cyfeiriwyd yn aml at sefyllfa druenus y tai crefydd a'r esgobaeth yn gyffredinol. Ni wnaeth George de Athequa, caplan Catrin o Aragon ac esgob y dalaith rhwng 1517 ac 1537 — na allai siarad dim ond Sbaeneg — unrhyw ddaioni ynddi, a thebyg fu hanes ei olynydd, Robert Holgate (1537-45), a oedd hefyd yn absennol o'i esgobaeth.

O gymryd y ffactorau hyn i ystyriaeth mae'n amlwg mai Eglwys ar ei chythlwng a gafwyd yng Nghymru ar drothwy'r Diwygiad Protestannaidd. Nid oedd ganddi'r adnoddau na'r gallu i ddiwygio'n llawn nac ychwaith i wrthwynebu ymosodiadau arni oddi allan, ac ni chafwyd unrhyw ymateb ganddi i'r newidiadau sylfaenol a ddigwyddodd yn ail ran teyrnasiad Harri VIII, ac yn arbennig yng nghyfnod ei fab Edward VI. Y pryd hwnnw y digwyddodd y newidiadau pwysicaf mewn materion yn ymwneud â defodaeth ac athrawiaeth a droes yr eglwys yn swyddogol yn Brotestannaidd, ond ychydig o effaith a gawsai hynny ar blwyfolion cyffredin. Mae'n wir fod yr uchelwyr — a nifer cynyddol yn eu plith yn mwynhau'r manteision o ymlynu wrth y Ffydd Newydd — yn rheoli eu dibynyddion ac yn gofalu na fyddai gwrthwynebiad i'r newidiadau hyn, ond nid hynny'n unig a gyfrifai am lonyddwch y bobl. Nid ymddengys fod credo ac athrawiaeth yn golygu fawr ddim iddynt, a llusgodd yr hen ddefodau ymlaen am flynyddoedd yn eu plith wedi sefydlu'r Eglwys Brotestannaidd. Nid oedd gwerin geidwadol heb arweiniad effeithiol yn debyg o wrthryfela, yn arbennig pan oedd honno'n uniaith Gymraeg a heb gysylltiad o gwbl â'r cyffro deallusol a ddigwyddasai ar y pryd mewn rhannau o Loegr ac ar y cyfandir. Ar ben hynny, yr oedd y Brenin wedi difa cryn lawer o'r grym pendefigol yng Nghymru a allai fod wedi cynhyrfu'r werin i wrthryfela fel y digwyddodd adeg y Pererindod Gras yng ngogledd Lloegr yn 1536. O gofio hefyd am safbwynt teyrngar yr uchelwyr tuag at y frenhiniaeth a'r ffaith y deuai pererinion i ymweld â chreiriau o bob rhan o'r wlad a thu draw i'w ffiniau, nid gorchwyl hawdd fyddai trefnu gwrthdystiad ar unrhyw raddfa deilwng a hwnnw'n llwyddiant. Ni chafwyd ychwaith bellach yr hen rymusterau pendefigol a ffiwdal a allai, mewn cyfnod o argyfwng crefyddol, arwain unrhyw wrthwynebiad effeithiol i awdurdod brenhinol a enillasai'r oruchafiaeth derfynol arnynt. Y mae'r dystiolaeth sydd ar gael yn awgrymu'n gryf mai'n araf y llithrodd Cymru i gorlan Protestaniaeth ac mai trwy ffurfioldeb deddfwriaeth ac arweiniad yr uchelwyr yn hytrach na thrwy unrhyw deyrngarwch eirias i'r Ffydd Newydd y sefydlwyd y drefn Brotestannaidd yn ail hanner y ganrif.

Eglwys Gadeiriol Llandaf. Engrafiad gan y brodyr Buck, 1741

Un o'r esgobion grymusaf yn y cyfnod 1545-63 oedd Anthony Kitchin (neu Dunstan) o Landaf, ac yr oedd ef ymhlith yr olaf o'r abadau i feddiannu esgobaeth dan yr hen drefn. Trwy graffter a pharodrwydd i gyfaddawdu achubodd ei swydd dros gyfnodau o newid mynych ac allweddol yn y bywyd crefyddol hyd at 1563. 'Fundi nostri calamites' ('Sail ein dioddefaint'), meddai Francis Godwin, un o'i olynwyr, amdano wrth grynhoi ei ddylanwad difaol ar yr esgobaeth. Gwerthodd y ffermydd esgobol, gydag ychydig eithriadau, a gosod y gweddill ar brydles dros dymor hir. Rhwng 1547 ac 1559 wynebodd yr eglwys argyfwng a'i tynnodd ddwy ffordd o fewn degawd, yn gyntaf i gyfeiriad Protestaniaeth eithafol ac yna i gyfeiriad yr Hen Ffydd. Yn y cyfnod cyntaf — rhwng 1547 ac 1553 — cynyddodd y diwygwyr Protestannaidd o'r cyfandir, a digwyddodd anrheithio pellach ar adeiladau eglwysig a defodaeth Babyddol, a gosodwyd trefn athrawiaethol Brotestannaidd ar y deyrnas trwy gyfrwng Llyfrau Gweddi Gyffredin Thomas Cranmer, Archesgob Caergaint, yn 1549 ac 1552. Gwrthryfelwyd yn erbyn y fersiwn cyntaf yng Nghernyw a Dyfnaint a mynnwyd yno y dylid adfer yr offeren, y Chwe Erthygl a'r mynachlogydd. Beirniadawyd y Llyfr Gweddi cyntaf hefyd gan Brotestaniaid am fod ynddo ymgais i gyfaddawdu â'r Hen Ffydd. Nid oedd dilynwyr Zwingli yn fodlon ar gynnwys eangfrydig y Llyfr cyntaf: yn ôl hwnnw nid oedd y cymun fawr mwy na ffurf ddiwygiedig ar yr offeren. Pan ddaeth Iarll Warwick (a ddyrchafwyd yn Ddug Northumberland yn 1551) i rym yn dilyn Dug Somerset yn 1549 aeth y llywodraeth ati i ymosod yn hallt ar yr Hen Ffydd, ac ysbeiliwyd eglwysi a rheibiwyd eu hadeiladau a'u trysorau gan dirfeddianwyr diegwyddor. Yn y dyddiau hynny hefyd cynyddodd yr ymlyniad ymhlith Protestaniaid wrth athrawiaethau Luther a Calfin a dwysawyd yr ymgyrch yn erbyn Pabyddion. Yn fersiwn newydd y Llyfr Gweddi yn 1552 aethpwyd ati i ddiffinio'n fanylach rhai agweddau ar athrawiaeth, a chafodd disgyblion Zwingli ddylanwad mawr arno. Un elfen ganolog oedd gwrthod traws-sylweddiad, a gweithredwyd ail Ddeddf Unffurfiaeth i orfodi'r athrawiaeth newydd ar y deyrnas. Nid oedd Cranmer yn hollol fodlon ar y sefyllfa gan na roddwyd digon o hyfforddiant i bobl allu deall heb sôn am dderbyn y newidiadau, a beirniadwyd y Brenin am hynny gan Martin Bucer, y diwygiwr enwog o Strasbourg. Methodd Cranmer â diwygio mwy ar athrawiaeth yr Eglwys ond derbyniodd Cyngor y Brenin y Deugain Erthygl a Dwy a luniwyd gan Cranmer yn 1553. Yr oeddynt yn gymedrol, yn ymgais i gyfaddawdu rhwng y Lutheriaid a'r Calfiniaid neu'r Zwinglïaid, ac yn condemnio diffygion amlycaf yr Eglwys. Datganwyd y gred mewn cyfiawnhad trwy ffydd, ac osgowyd diffinio 'gweithredoedd da'. Ymgais olaf Cranmer oedd hwn mewn cyfnod cythryblus i sicrhau *via media* mewn materion crefyddol.

Beth oedd y sefyllfa yng Nghymru? Os oedd diwygwyr yn ymwybodol o'r angen am fwy o hyfforddiant i'r offeiriadaeth yn Lloegr yn sicr yr oedd angen llawer mwy ohono yng Nghymru. Yn ychwanegol at anawsterau diwinyddol cododd problemau ieithyddol na ellid yn hawdd eu goresgyn. Yr oedd Syr John Price wedi cyfeirio eisoes yn 1546 at y 'tywyllwch afrifaid o eisiau gwybodaeth am Dduw ae orchymineu' ymhlith ei gyd-Gymry ac o anwybodaeth neu ddifaterwch y clerigwyr mewn materion o'r fath er bod cyfrifoldeb arnynt i 'ateb am yr eneidiau' a fyddai'n cael eu colli yn anadferadwy fel canlyniad i hynny.[7] Yr oedd William Salesbury yntau'n ymwybodol o drueni ei gydwladwyr oherwydd eu hanallu i ddeall athrawiaethau'r Ffydd Newydd. Y mae ei apêl daer yn ei ragymadrodd i *Oll Synnwyr Pen Kembero Ygyd* yn 1547 yn dangos yn eglur gyflwr crefydd yng Nghymru ar drothwy esgyniad Edward VI i'r orsedd:

Oni fynnwch ymado yn dalgrwn [yn gryno] deg â ffydd Crist,
oni fynnwch yn lân syth na bo ich ddim a wneloch ag ef, ac
oni fynnwch drosgofi [anghofio] ac ebryfygy [diystyrru] ei
ewyllys ef i gyd achlan, mynnwch yr ysgrythur lân yn eich
hiaith ... Pererindotwch yn droednoeth at ras y Brenin a'i
Gyngor i ddeisyf cael cennad i gael yr ysgrythur lân yn eich
hiaith, er mwyn y cynifer ohonoch nad ydynt yn abl nac mewn
cyffelybwriaeth [tebygolrwydd] i ddysgu Saesneg.[8]

Yn gynharach yr un flwyddyn cyhoeddodd *A Dictionary in Englyshe and Welshe*
gyda'r bwriad o ddysgu Saesneg i'r Cymry fel y gallai'r Cymry uniaith
ymgydnabod â chynnwys y Beibl a oedd eisoes wedi ymddangos yn yr iaith
honno, ond sylweddolodd nad oedd hynny'n bosibl oherwydd anwybodaeth
y werin bobl. Ni roddwyd cyfarwyddyd ychwaith i offeiriadaeth lom yr
esgobaethau sut i gynorthwyo plwyfolion syml. Ni chafodd Barlow nac eraill
ymhlith ei gyd-esgobion unrhyw ddylanwad yn y cyfeiriad hwnnw.
Nodweddwyd eu cyfnodau yng Nghymru gan hunan-gais a phleidgarwch.
Negyddol oedd effeithiau eu harhosiad yn eu hesgobaethau, a rhoesant fwy
o bwyslais ar eu buddiannau y tu allan i Gymru na bwrw ymlaen i ddiwygio'r
Eglwys yn adeiladol. Nid oedd ganddynt ychwaith wybodaeth drylwyr o'r
iaith Gymraeg i allu hyfforddi eu clerigwyr mewn materion athrawiaethol
a moesol. Mae'n debyg mai at yr iaith Gymraeg, ymhlith pethau eraill, y
cyfeiriodd Barlow mewn llythyr o'i eiddo at 'anfoesgarwch y Cymry'. Yn
Llanelwy ni chymerodd Robert Wharton unrhyw ddiddordeb o gwbl mewn
diwygio'r offeiriadaeth, ac nid oedd Arthur Bwclai, brawd Syr Richard
Bwclai I o Fiwmares, ym Mangor ychwaith yn ddiwygiwr er iddo ddatgan
yn gyhoeddus ei awydd i warchod buddiannau ei esgobaeth. Ymddengys
mai ef oedd yr esgob cyntaf dros gyfnod o ganrif a mwy i fyw yn ei esgobaeth,
a phe bai amgylchiadau'n well mae'n bosibl y byddai wedi llwyddo i
ddiwygio'r Eglwys. Yn ei gyflwyniad Lladin i *Kynniver llith a ban* — fersiwn
Cymraeg o'r Epistolau a'r Efengylau i'w darllen yn yr eglwysi adeg
gweinyddu'r cymundeb ar y Suliau a'r gwyliau eglwysig drwy'r flwyddyn
— mynega Salesbury ei awydd i sicrhau cefnogaeth yr esgobion (ynghyd ag
esgob Henffordd) i awdurdodi'r gwaith ar gyfer cael ei ddefnyddio yn yr
eglwysi. Yr oedd ei fwriad yn ehangach na chyfieithu rhannau allweddol o'r
Ysgrythurau: credai bod angen gweithredu'n ymarferol i sicrhau bod y
rhannau hynny'n cael eu defnyddio gan glerigwyr yn yr eglwysi plwyf:

Yna, o'r diwedd, os oeddwn am deimlo unrhyw dosturi tuag
at y rhai a aned yn yr un wlad ac o'r un genedl â mi — pobl
... a fyddai, heb amheuaeth, yn fwyaf eiddgar o bawb am
Dduw, pe dywedwn wrthynt fy mod wedi bod yn rhyw
ystyried geiriau'r Apostol ... 'Ac os cuddiedig yw ein hefengyl
ni, yn y rhai colledig y mae yn guddiedig' — ymddangosai
i mi ... fod yr amser yn addas i geisio gweld a allwn ddod o
hyd i ryw ffordd i fedru gwrthwynebu'r gormes hwn ac yn
y diwedd ei droi ymaith.

Yn y cyswllt hwn y mae'r awdur yn ymwybodol o wir anghenion y Cymry ac mae ei eiriau'n cynnwys cerydd ysgafn. Ymddangosai fel pe bai'r esgobion yn ddi-hid ac yr oedd pob un ohonynt, fel y dywed Salesbury yn ei gyflwyniad, yn ddi-Gymraeg. Mae'n bur lawdrwm hefyd ar y clerigwyr am fethu â gwarchod eu preiddiau rhag 'bleiddiau Rufeiniaid'. Rhybuddia'r esgobion am gyflwr gwael y Cymry a'u dyletswydd tuag atynt:

> Am amser hir bûm yn gobeithio gweld naill ai'r bobl eu hunain, oblegid y cariad y maent yn ei broffesu tuag at Dduw, neu'r rheini sydd, yn rhinwedd eu swydd, wedi'u gosod yn llywodraethwyr arnynt, neu chi, eu Bugeiliaid llygatgraff, yr ymddiriedwyd gofal amdanynt i chwi uwchlaw pawb arall, yn ymgyffroi i erfyn ac ymbil, i ymgrymu a cheisio … fod ei Dra Rhagorol Fawrhydi, cynrychiolydd Crist ar y ddaear, yn ystyried sut y gall lwyr danseilio gormes digymrodedd Esgob Rhufain, alltudio'r gormes hwnnw o blith deiliaid Ei Fawrhydi, a'i ddiddymu…[9]

Oherwydd y diffyg hwn ymgymerodd Salesbury ei hun â'r gorchwyl, ac mae ei gerydd yn debyg i'r hyn a gafwyd gan William Tyndale yn ei ragair i'w gyfieithiad o'r 'Pum Llyfr'. Yr oedd Salesbury ar y blaen yn ei wrthwynebiad i Babyddiaeth yng Nghymru. Yn 1550 cyhoeddodd lyfryn dwyieithog dan y teitl *Ban wedy i dynny air yngair allan o hen gyfreith Howell dda* yn cyfiawnhau'r hawl gan offeiriad i briodi yn ôl Deddf 1548. Y mae *The Baterie of the Popes Botereulx*, a ymddangosodd yn yr un flwyddyn, hefyd yn datgan gwrthwynebiad llwyr Salesbury i'r Hen Ffydd, ac yn arbennig yr allor Babyddol, ac yn cefnogi ymosodiad y Protestaniaid ar yr eglwysi. Yn ychwanegol at roi caniatâd i offeiriad briodi gosodwyd byrddau yn yr eglwysi yn lle allorau. Nicholas Ridley, esgob Llundain, oedd yn gyfrifol am hynny. Wedi iddo orchymyn y dylid gwneud hynny yn eglwys San Pawl yn Llundain ym Mehefin 1550 dechreuwyd gwneud yr un peth mewn eglwysi ledled y wlad. Yn y *Baterie* y mae Salesbury yn cefnogi polisi Ridley ac eraill ac yn ymosod yn ffyrnig ar allorau. Dyma'r unig waith o'i eiddo sy'n ymwneud yn ddifrifol â materion athrawiaethol, ac y mae'r hyn a ysgrifennodd yn adlewyrchu rhyddid Salesbury, mewn cyfnod pan gafwyd ymosodiadau hallt ar Babyddiaeth, i ddatgan ei farn yn fwy eofn nag a wnaeth yn ei weithiau cynharaf. Yn y cyflwyniad polemaidd hwn ceisia ddadlau'n gryf nad yw allorau'n angenrheidiol i addoliad y Cristion. Yn ei gyflwyniad i Syr Richard Rich, yr Arglwydd Ganghellor, a wasanaethai ar y pryd, cyfeiria at ei waith canmoliaethus yn ymdrechu, 'trwy nerth Duw a'r Brenin [i] ddifa a diddymu'n llwyr bob ofergoeliaeth … a chrefydd ffals'.[10] Sut bynnag, un peth oedd ceisio sicrhau'r Ysgrythurau yn y Gymraeg ac ymosod ar rym y Pab, peth arall yn hollol oedd datrys y broblem grefyddol sylfaenol yng Nghymru yn y pumdegau cynnar pan oedd angen hyfforddiant ar yr offeiriadaeth a'r plwyfolion fel ei gilydd wedi cyhoeddi'r Llyfr Gweddi Gyffredin.

Cymhlethwyd y sefyllfa ymhellach yn ystod teyrnasiad Mari I rhwng 1553 ac 1558, ac roedd hi'n benderfynol o droi'r cloc yn ôl ac adfer yr Hen Ffydd yn gyflawn. Methiant fu ei hymgais, a hynny am resymau amrywiol, ond ni ddylid casglu mai cyfnod byr o lithro'n ôl yn naturiol o Brotestaniaeth i'r gorlan Babyddol oedd hanes pobl Cymru yn ystod pum mlynedd ei theyrnasiad. Yn ôl tystiolaeth y beirdd Pabyddol a ganodd yn ei chyfnod fe ymddengys fod ei pholisïau crefyddol yn dderbyniol ymhlith y bobl yn gyffredinol. Mae'n wir fod peth gwrthwynebiad ar ran teuluoedd pendefigol Herbert, Ieirll Penfro, a Devereux, Ieirll Essex yn ddiweddarach — y ddau ohonynt yn bleidiol i Ddug Northumberland — i orseddu Mari yn 1553, ond ni pharhaodd yn hir. Hefyd, cafwyd peth cefnogaeth i wrthryfel Syr Thomas Wyatt yng Nghaint a Llundain yn 1554, ond yr oedd yn annigonol i beri unrhyw gyffro peryglus yng Nghymru. Ymhlith yr offeiriaid cafwyd rhai newidiadau o bwys, yn arbennig ymhlith y rheini a oedd eisoes wedi cymryd gwragedd, a chanlyniad hynny fu eu diswyddo. Y cyntaf i golli urddau eglwysig yng Nghymru am hynny ac am ei heresi oedd Robert Ferrar, Esgob Tyddewi, a gollodd ei safle ym Mawrth 1554. Daeth i'w esgobaeth yn 1548 dan amgylchiadau anodd a heb fawr o gefnogaeth leol. Ymgymerodd â'r gorchwyl anodd o adennill Llandyfái, ond gwrthdarodd â theulu Devereux a ffyrnigodd deulu Barlow wrth geisio adfer degymau Caeriw.

Daw'r wybodaeth ynglŷn â diswyddiadau o gofrestrau esgobaeth Tyddewi a Bangor — un ym mhob wyth ym Mangor a thua un ym mhob chwech yn Nhyddewi. Ac nid diswyddiadau ynglŷn â phriodi'n unig a gafwyd yn ystod teyrnasiad Mari oherwydd arweiniodd hynny at lwgrarferion — gyda chymorth lleygwyr grymus yn aml — i osod eu bywiolaethau ar brydles er mantais iddynt hwy a'u teuluoedd. O safbwynt teyrngarwch i'r Goron a'r polisi eglwysig yr oedd y mwyafrif ymhlith yr offeiriaid yn hyblyg ddigon. Ymysg yr esgobion y mae Anthony Kitchin yn enghraifft dda o ŵr eglwysig a oedd â'r gallu i addasu i gwrdd ag anghenion ei oes. Ymhlith lleygwyr blaengar yr oedd Dr Ellis Prys o Blas Iolyn yn un o'r gweision brenhinol grymusaf yng ngogledd Cymru. Yn ei swydd gwasanaethodd Kitchin ddau frenin a dwy frenhines, a gweithredodd Prys yntau mewn gwahanol swyddi dros gyfnod maith hyd ei farw tuag 1594. Byr iawn fu cyfnod rhai esgobion, yn arbennig y rhai Pabyddol, a'r pwysicaf ohonynt, mae'n debyg, oedd Thomas Goldwell, esgob Llanelwy, a fu'n ymdrechgar yn y gorchwyl o adennill Cymru i'r Hen Ffydd. Gwrthododd dderbyn y newid crefyddol dan Harri VIII, a bu yng ngwasanaeth y Cardinal Reginald Pole ar y cyfandir cyn dychwelyd i Loegr wedi i Pole gael ei ddyrchafu'n Legad Pabaidd yn Lloegr yn 1553. Wedi iddo ddod i Lanelwy aeth ati o ddifrif i adfer y pererindota i Ffynnon Wenffrewi a deddfu'n erbyn priodasau offeiriadol. Yn ei ddyddiau cynnar fel bardd canodd Siôn Tudur gyfres o englynion mawl iddo gan bwysleisio ei fod fel 'ffynnon y ffydd' y trigai gras Duw ynddo:

> Ffynnon aur eigion rywiogaidd — esgob,
>   Disgybl Crist yn sanctaidd;
> Ffyniant ordeiniant donaidd,
> Ffrith y gras o ffrwythog wraidd.[11]

Cadwodd Goldwell gysylltiadau agos â Rhufain, ac yn Hydref 1558, ychydig cyn marw Mari fe'i penodwyd yn legad iddi yn y Llys Pabaidd. Yn ystod ei gyfnod o dair blynedd yn yr esgobaeth aeth ati eto i ailsefydlu awdurdod y Pab, a phe bai Mari wedi byw am rai blynyddoedd eto mae'n ddigon posibl mai ef fyddai'n gosod sylfeini adferiad yr Hen Ffydd yng Nghymru. Yn Nhyddewi aeth Henry Morgan, cyfreithiwr eglwysig a brodor o sir Benfro, ati i gyflawni'r un gorchwyl. Yr oedd yn uniongred, a gweithredodd yn eiddgar i ddiswyddo tua 98 o glerigwyr yn ei esgobaeth yn 1554-5 am eu bod wedi cymryd gwragedd. Cododd anawsterau oherwydd hynny, yn arbennig pan geisiodd canonwyr yr eglwys gadeiriol sicrhau eu hincymau'n llawn am y flwyddyn gyllid wedi iddynt golli eu swyddi. Rhoi sêl bendith ar y weithred o gyd-fyw yn aml oedd yr arfer o briodi ymhlith y clerigwyr yn nheyrnasiad Edward VI er bod hynny hefyd yn waharddedig dan gyfraith ganon.

Ym Mangor rhwng 1555 ac 1558, aeth William Glyn, brodor o Fôn, ati i drefnu synodau ddwywaith y flwyddyn yn ei esgobaeth i sicrhau bod y glerigaeth yn cyflawni eu dyletswyddau ysbrydol yn briodol. Yr oedd yn 'ysgolhaig mawr', meddai Syr John Wynn o Wedir, 'a Hebrëwr o fri …'.[12] Canodd Siôn Brwynog, y bardd Pabyddol o blwyf Llanfflewyn ym Môn, a Lewis Daron o Lŷn, yn afieithus i William Glyn, y naill yn ei ddisgrifio'n 'fugail enaid' a'r llall yn cydnabod ei ysgolheictod clasurol. Gwelodd Siôn Brwynog obaith y cryfheid yr Hen Ffydd yn sgil adfer rhai o'r hen arferion eglwysig:

> Wele fraint y Saint yn nesáu — eilwaith,
>   Wele hen offrennau;
>   Wele Dduw â'i law ddehau,
>   Yn gallu oll ein gwellhau.[13]

Yn y traddodiad hwnnw hefyd y canodd Thomas ab Ieuan ap Rhys o Forgannwg mewn cwndid. Gofidiai'n fawr oherwydd y newidiadau a gafwyd yn nheyrnasiad Edward VI 'pan drosbwyd Rhufain heibo'.[14] Yr adeg honno hefyd y canodd Siôn Brwynog ei gywydd enwog i'r 'Ddwy Ffydd' gan eu cymharu'n bur fanwl a chanfod rhagoriaeth yn y ffydd Babyddol. Y mae ei ddisgrifiadau'n fyw a threiddgar:

> Oerder yn ein amser ni,
> Yr iâ glas yw'r eglwysi …
> Côr ni bydd cŵyr yn y byd,
> Na channwyll, yn iach ennyd.
> Yr eglwys a'i haroglau
> Yn wych oedd yn ein hiacháu,
> Yr oedd gynt arwydd a gaid
> Olew yn eli enaid.[15]

Mae'r bardd yn rhoi disgrifiad o eglwysi wedi'u hamddifadu o gynhesrwydd yr offeren a symbolaeth Babyddol, a gofidia oherwydd bwrw'r allorau 'i'r llawr'. Hiraeth am yr Hen Ffydd hefyd yw pwnc cyfresi o englynion a ganodd Syr Dafydd Llwyd, Siôn ap Rhisiart Lewis a Ieuan ab Wiliam ap Siôn ymhlith eraill.[16]

Ymhlith arweinwyr yr eglwys Babyddol yng nghyfnod Mari Tudur y mwyaf amlwg oedd Gruffydd Robert a Morus Clynnog, y naill yn archddiacon Môn a'r llall yn ddarpar-esgob Bangor. Cymerodd y ddau ohonynt ran allweddol yn niwygio'r esgobaeth honno. Prin fu Gruffydd Robert yn ei swydd oblegid gorfodwyd iddo ffoi i'r cyfandir lle y cyfrannodd ymhellach i geisio adfer Pabyddiaeth. I'r cyfandir hefyd aeth Morus Clynnog, Rhosier Smyth, Owen Lewis a Morgan Phillips. Offeiriad a chyfieithydd oedd Smyth a ymunodd â choleg Seisnig Douai yn yr Iseldiroedd yn saithdegau'r ganrif. Yr oedd yn ŵr diddorol ac yn dra gweithgar, ac er nad ystyrir ef yn rheng flaen rhyddieithwyr Cymru ei oes y mae'r *Crynnodeb o addysc Cristnogawl* (1609) o'i eiddo, sef cyfieithiad o ran o gatecism St Petrus Canisius, sef *Summa Doctrinae Christianae*, yn dra chymeradwy, ac yn 1611, cafwyd cyfieithiad cyflawn o'r gwaith hwnnw. Yn fuan wedi i Elisabeth I esgyn i'r orsedd ffodd Owen Lewis i Douai lle bu'n athro'r Gyfraith yn y brifysgol ac wedyn yn ganon yn eglwys gadeiriol Cambrai ac archddiacon Hainault. Yn 1574 teithiodd i Rufain lle arhosodd. Gwasanaethodd hefyd fel Ficer Cyffredinol i'r Archesgob Siarl Borromeo, nai'r Pab Pius VI, ym Milan — lle y cyfarfu â Gruffydd Robert — ac, wedi hynny, fe'i dyrchafwyd yn Esgob Cassano yn ne'r Eidal. Yr oedd yn ŵr a chanddo gysylltiadau pwysig yn y canolfannau y bu'n gwasanaethu ynddynt.

Y pwysicaf ymhlith yr arweinwyr hyn oedd Gruffydd Robert a aeth i'r cyfandir yn union wedi dyfodiad Elisabeth i'r orsedd. Wedi treulio cyfnod yn Louvain a Rhufain ymsefydlodd ym Milan ac yno gweithredodd fel cyffeswr i Siarl Borromeo. Yn ei gwmni ef daeth Robert i ymgydnabod ymhellach ag ysblander a godidowgrwydd diwylliant y Dadeni, ac yno yr argraffodd *Dosparth Byrr ar y rhan gyntaf i Ramadeg Cymraeg* (1567). Ym Milan yr argraffwyd *Athravaeth Gristnogavl* (1568), a briodolir i Morus Clynnog, a chredir bellach i'r gwaith hwnnw fod yn fersiwn Cymraeg o *De Doctrina Christiana* gan Ioannes Polanco. Golygwyd ac argraffwyd y cyfieithiad gan Gruffydd Robert.

Offeiriad Pabyddol hynod arall oedd Robert Gwyn, brodor o Benyberth, Llŷn, a ffodd i Douai ac a ddychwelodd i Gymru i genhadu a derbyn lloches yn y Plas Du gan Hugh Owen, reciwsant adnabyddus arall. Y Robert Gwyn hwn a gyfieithodd *Christian Directory*, dan y teitl *Llyfr y Resolusion* gan Robert Parsons. Ef hefyd a gyfansoddodd *Y Drych Cristianogawl*, gwaith sy'n trafod 'y pedwar olaf peth', a argraffwyd yn ogof Rhiwledyn, ar dir teulu Pabyddol y Puwiaid o Benrhyn Creuddyn ar y Gogarth Fach (neu Drwyn-y-fuwch) ger Llandudno. Defnyddiwyd pob dyfais bosibl i guddio'r manylion am gyhoeddi'r gwaith — rhoi'r dyddiad 1585 (yn lle 1588) ar y wyneb-ddalen, a nodi mai yn Rouen yr argraffwyd ef a phriodoli'r gwaith i 'G.R. o Fulan': ymgais eto i ddrysu'r awdurdodau. O drafod yr holl dystiolaeth ymddengys mai gŵr a drigai yng Ngwynedd, ac nid yn yr Eidal, ac a oedd yn frodor o'r rhanbarth hwnnw, a'i cyfansoddodd. Yr unig genhadwr ar y pryd yng Nghymru a gafodd ei hyfforddi yn Ysgol Douai, y ceir rhai o nodweddion ei dysg yn amlwg yn y gwaith, oedd Robert Gwyn. Yr oedd Morgan Phillips yntau, brodor o Went a Chantor eglwys gadeiriol Tyddewi yn 1553, yn genhadwr pybyr ac yn nodedig yn ystod ei ddyddiau coleg fel dadleuwr brwd ym mhrifysgol Rhydychen. Aeth i Douai gydag Owen Lewis a William Allen, a chynorthwyodd Allen — ei ddisgybl — i sefydlu coleg yno.

Y gwŷr hyn yn bennaf a fu'n gyfrifol am barhad y traddodiad Pabyddol diwygiedig yng Nghymru yn ystod teyrnasiad Elisabeth I. Mae'n ddiamau mai yng nghyfnod Mari Tudur ar yr orsedd y gosodwyd sylfeini'r diwygiad hwn er mai ymhen blynyddoedd wedi hynny, er na fu'n llwyddiant mawr, y gwelwyd peth o'i ffrwyth. Gwnaed ymdrechion y pryd hwnnw i greu'r amgylchiadau a fyddai'n addas ar gyfer yr ymgyrch i adfer yr Hen Ffydd. Gyda Brenhines Duduraidd Babyddol ar yr orsedd yr oedd y posibiliadau'n dra gobeithiol. Yn ei chyfnod hi yr amlygwyd y gwahanfur pendant rhwng y lleiafrifoedd Pabyddol a Phrotestannaidd a rannai rhai nodweddion cyffredin. Yr oeddynt yn awyddus i hybu buddiannau eu ffydd ac yn llawn mor eiddgar â'i gilydd i'w hamddiffyn. Ar ran y werin bobl, wrth gwrs, ni ddangoswyd fawr o gydymdeimlad â'r Ffydd Newydd, fel y tystia'r cwndidau. Er hynny, derbyniwyd esgyniad Elisabeth i'r orsedd — hithau'n symbol o doriad Harri VIII â Rhufain — yn dawel a distŵr ac, yn y pen draw, golygai arweiniad yr uchelwyr lawer mwy iddynt na dogma crefyddol. Er cymaint y newidiadau a ddaeth i fod yn nheyrnasiad Edward VI bach iawn o effaith a gawsai'r rheini, ar ffurf deddfwriaeth a datganiadau cyhoeddus, ar werin dlawd diymgeledd ac anwybodus. Eto, mewn mannau poblog, diau y gallai llosgi unigolion yn gyhoeddus am eu hargyhoeddiadau crefyddol greu cryn argraff ac, i raddau, fod yn atalfa rhag taenu heresi ymhellach, ond gan mai gwan yw'r dystiolaeth yng Nghymru ni ellir profi hynny. Drachefn, yn ystod cyfnod byr Mari, er bod tri merthyr Protestannaidd wedi cael eu llosgi yng Nghymru — yr Esgob Robert Ferrar o Dyddewi, Rawlins White, pysgotwr digon cyffredin ei fyd o Gaerdydd, a William Nichol o Hwlffordd — ac eithrio marwolaeth Ferrar ni ellir dweud bod aberth y ddau arall wedi peri unrhyw ymateb na chyffro yng Nghymru.

O safbwynt yr uchelwyr eu hunain, mae'n ddiau mai sefydlogrwydd gwladwriaethol oedd bwysicaf, ac wedi dyfodiad Elisabeth I i'r orsedd, yr ieuo cymharus rhwng y grefydd Brotestannaidd newydd a gwladoli dan awdurdod y frenhinaeth oedd yn bennaf cyfrifol am osod sylfeini'r deyrnas sofran Brotestannaidd yn negawdau olaf yr unfed ganrif ar bymtheg. Er hynny, ni ddylid casglu fod teyrnasiad Mari Tudur wedi bod yn fethiant llwyr fel yr arferai haneswyr y gorffennol ei gredu. Nid yw dehongliad o'r fath bellach yn dderbyniol am fod rhai newidiadau cyllidol pwysig wedi digwydd yn ystod ei chyfnod byr. Y pryd hwnnw hefyd y crewyd y mudiad gwrth-Brotestannaidd a fu'n gyfrwng mewn blynyddoedd i ddod i hybu gweithgarwch diwygiadol ymhlith unigolion ac mewn sefydliadau ar y cyfandir.

CYFANSODDIAD, CYMERIAD A CHENHADAETH EGLWYS LOEGR

Daeth tro ar fyd yn 1558-9 wedi marwolaeth Mari. Brenhines dra wahanol ei natur oedd ei hanner-chwaer Elisabeth, merch Anne Boleyn. Nid oedd ei holyniaeth yn sicr gan fod cyflwr gwleidyddol y deyrnas yn bur sigledig oherwydd bygythiadau tramor, dyledion y Goron a'r cynnydd mewn problemau economaidd. Aethpwyd ati i geisio datrys y broblem grefyddol yn y deyrnas, a'r canlyniad fu ad-drefnu i'r amcan o ffurfio Eglwys eang ei chyfansoddiad, a thrwy ei chysylltu â llywodraeth effeithiol ac annibyniaeth cenedlaethol, creu sylfaen i'r Eglwys Anglicanaidd newydd. Dan arweiniad Syr William Cecil aethpwyd ati i atgyfnerthu'r llywodraeth ac atal terfysg ac anfodlonrwydd. Y prif anghenion ar y pryd oedd gwarchod amddiffynfeydd y deyrnas, diwygio crefydd a sefydlu uchafiaeth frenhinol ar sail y Ffydd ddiwygiedig. Codwyd Elisabeth yn Brotestant ar aelwyd Catherine Parr, yr olaf o wragedd Harri VIII. I'r Protestaniaid, daeth yn symbol o annibyniaeth y deyrnas rhag pwerau Rhufain, ac i'r Pabyddion, yr oedd yn anghyfreithlon ac wedi 1570 yn ysgymun.

Dibynnai llawer ym myd gwleidyddiaeth a chrefydd — dwy elfen a oedd yn cyd-asio yn y dyddiau hynny — ar agwedd meddwl ac amcanion y Frenhines. Nid oedd ei dewis yn hawdd ychwaith oherwydd, pe glynai wrth y Ffydd Babyddol byddai wedi gorfod cydnabod mai putain oedd ei mam Anne Boleyn, a'i bod hithau'n anghyfreithlon ac yn dibynnu ar y Pab am ganiatâd i esgyn i'r orsedd. Nid oedd yn ei meddwl o gwbl i sefydlu Eglwys a'i threfn eglwysig yn annibynnol ar y wladwriaeth. Yr oedd hi'n awyddus i bwysleisio uchafiaeth o safbwynt gwleidyddol a chrefyddol ac yn gwybod na allai droi'r cloc yn ôl i 1529 nac i 1547 gan fod gormod eisoes wedi digwydd yn hanes y deyrnas. Ailsefydlu trefn grefyddol ei thad, mae'n debyg, fyddai dewis cyntaf ei phobl ond yr oedd hynny'n anymarferol, o gofio am yr holl ddigwyddiadau pwysfawr a gafwyd yn y cyfnod 1547-53. Gadawsai'r cenhadon Protestannaidd eu hôl yn annileadwy ar Loegr, a thasg Elisabeth oedd dyfeisio dull o grefydda a fyddai'n dderbyniol i drwch y boblogaeth. Yr unig gwrs a oedd yn bosibl iddi oedd naill ai parhau i gynnal y Ffydd Babyddol neu sefydlu Protestaniaeth lawn neu ddod i gyfaddawd rhyngddynt. Nid oedd ganddi hi ei hun fawr o ddiddordeb mewn materion diwinyddol a rhoddodd ei bryd ar ddiogelu ei theyrnas seciwlar. Pryderai fwy o lawer am ddiogelwch a lles y wladwriaeth yn hytrach na cheisio meithrin cydwybod grefyddol, ac wrth ymgodymu â materion eglwysig, aeth ati, er yn ofer, i gynnal undod crefyddol y wlad. Mae'n wir mai derbyn Pabyddiaeth fyddai'r ffordd rwyddaf o bell ffordd iddi am nifer o resymau, yn arbennig am y byddai hynny'n tawelu'r gwrthwynebiad iddi ymhlith ymhonwyr Pabyddol ac yn lleihau'r bygythiad i'w gorsedd. Ond ni fynnai wneud hynny: yr oedd hi ei hun yn symbol o'r rhwyg rhwng Lloegr a Rhufain; ymfalchïai yn annibyniaeth ei theyrnas, ac yr oedd hi'n awyddus i amddiffyn ei buddiannau rhag ymyrraeth wleidyddol o'r cyfandir. Yr oedd hi, uwchlaw popeth, yn ymwybodol o'r *imperium* — y grym ymerodrol — a feddiannwyd gan ei thad, ac yn awyddus i'w amddiffyn. Yr oedd y mwyafrif o blith ei chynghorwyr yn Brotestaniaid, a chlywyd 'bleiddiaid' Genefa a Frankfurt unwaith eto'n pregethu'r Ffydd Newydd. Mae'n wir i'r offeren gael ei gweinyddu adeg ei choroni, ond cerddodd allan pan fynnodd y gweinydd ddyrchafu'r bara yn y cymun bendigaid, a datganodd yn eglur ddigon nad oedd am 'lunio ffenestri i eneidiau dynion'. Yn y cyd-destun hwnnw aeth Elisabeth a'i senedd ati i geisio rhoi trefn ar faterion crefyddol.

Nid gorchwyl hawdd oedd hi i geisio setlo'r mater. Gan nad oedd y Confocasiwn yn barod i ddiwygio'r Eglwys daeth i ran y wladwriaeth i gyflawni hynny. Datganodd y corff eglwysig hwnnw'n bendant o blaid traws-sylweddiad, yr offeren a goruchafiaeth Rhufain. Mesurau'r llywodraeth i newid ffurfiau crefyddol y deyrnas oedd seiliau'r eglwys newydd, a ffurfiwyd tri fersiwn ar y Ddeddf Uchafiaeth (1559) yn y Senedd cyn y derbyniwyd hi. Adferwyd deddfwriaeth Harri VIII a gorchmynnwyd bod yn rhaid i'r holl offeiriadaeth, ynghyd â deiliaid swyddi dan y Goron, dyngu llw yn cydnabod y Frenhines yn 'unig Lywodraethwr Goruchaf y deyrnas yn yr holl faterion neu achosion ysbrydol ac eglwysig a lleyg'. Yn ôl y Ddeddf Unffurfiaeth yn yr un flwyddyn gorchmynnwyd mai Llyfr Gweddi Gyffredin 1552 yn unig a fyddai'n cael ei ddefnyddio fel sail addoliad. Nid aeth honno drwy'r Senedd yn hwylus iawn ychwaith, a gwendid y gwrthwynebiad Pabyddol iddi yn y senedd oedd yn bennaf cyfrifol am iddi lwyddo. O dair pleidlais yn unig y derbyniwyd hi yn Nhŷ'r Arglwyddi oherwydd gwrthwynebiad yr esgobion i'r mesur yno.

Nid oedd yr Ardrefniad mor dderbyniol yn y deyrnas yn gyffredinol. Gosodwyd yr Eglwys newydd yn ffurfiol ar y deyrnas drwy ewyllys y llywodraeth er cymaint oedd gwrthwynebiad nifer dda o arweinwyr eglwysig ac er mor llugoer oedd cefnogaeth y Senedd. Parhâi ymlyniad cryf o hyd i Babyddiaeth, ac nid oedd arweinwyr eglwysig yn gefnogol i'r drefn newydd. Yn ei hanfod, ewyllys y llywodraeth oedd yn gyfrifol am y penderfyniadau newydd ac am osod sylfeini'r Eglwys wladwriaethol swyddogol. Yr oedd problemau dwys yn codi mewn perthynas â'i chynnal ond, yn araf, er iddi fethu yn ei phrif amcan o uno'r deyrnas yn llwyr dan adain Protestaniaeth, cysylltwyd y sefydliad eglwysig yn unffurf â phrif sefydliadau'r wladwriaeth. Daeth yn gonglfaen hanfodol i gynnal undod y wladwriaeth sofran genedlaethol dan adain brenhiniaeth Brotestannaidd. Gyda'r frenhiniaeth honno, y Senedd a chyfraith gwlad, fe'i cydnabuwyd yn un o'r pedwar sefydliad ffurfiannol yng nghyfansoddiad y deyrnas.

Yng Nghymru derbyniwyd ffurf yr Eglwys Brotestannaidd yn ddibrotest. Anfonwyd comisiynwyr brenhinol o amgylch yr esgobaethau, a unwyd i'r pwrpas hwn â rhai o esgobaethau'r gororau i weinyddu llw unffurfiaeth ymhlith y clerigwyr a chydnabod safle uchafol y frenhiniaeth. Ymhlith y comisiynwyr hynny cafwyd rhai o arweinwyr mwyaf blaenllaw yr Eglwys newydd yng Nghymru, gwŷr egnïol megis Richard Davies a Thomas Young, dau gomisiynydd eglwysig yn 1559 a dau esgob a oedd yn dra eiddgar dros blannu hedyn y Ffydd Newydd yng Nghymru. Yr oeddynt yn ymwybodol o dair gwedd bwysig ar hanes yr Eglwys honno — ei chyni, ei cheidwadaeth a chyfyngdra ei hadnoddau — nodweddion a danlinellai'r anawsterau a wynebai'r arweinwyr newydd yn yr esgobaethau tlotaf. Yr oedd ei galluoedd yn ddigon egwan mewn gwlad fynyddig heb drefi mawr a chyfoethog, na phrifddinas na phrifysgol. Ni chafodd y Dadeni Dysg gyfle i wreiddio ynddi, a bychan iawn oedd dylanwad y wasg argraffu wedi 1546, pan gyhoeddwyd y llyfr Cymraeg cyntaf. Yr oedd cyflwr ysbrydol yr Eglwys yn fregus iawn, a'r dasg o'i diwygio'n her i'r arweinwyr esgobol newydd a benodwyd i'w swyddi'n arbennig i'r amcan hwnnw. Ni ddeallai mwyafrif llethol y boblogaeth anllythrennog iaith swyddogol y gwasanaethau, ac ar ben hynny, gwasgai'r tirfeddianwyr lleyg yn dynn ar yr Eglwys a dal ar bob cyfle i elwa arni.

Un nodwedd a oedd yn fygythiad i ddatblygiad Protestaniaeth yng Nghymru oedd ceidwadaeth yr Eglwys. Parhaodd y gymdeithas i lynu wrth arferion ofergoelus a wrthodwyd gan awdurdodau'r Eglwys Babyddol ei hun. Eto, nid y mân draddodiadau, y pererindota a'r creiriau a ystyrid y peryglon mwyaf ond yn hytrach y diffygion sylfaenol a rwystrai'r grefydd newydd rhag cael ei thraed dani. Hefyd, ceid bygythiadau o blith teuluoedd bonheddig a'u hymlynwyr a barai'n deyrngar i'r Hen Ffydd. Yn gyson yng nghofnodion y wladwriaeth cyfeirir at beryglon gwrth-Brotestaniaeth a'r ymlyniad wrth y *curia* Rhufeinig, a gosodwyd y cyfrifoldeb ar y Cyngor yn y Mers i ddifa pob arwydd o anghydffurfio. Ofnwyd gweithredoedd bonheddwyr lleol megis John Edwards a'i dylwyth o Blas Newydd, Y Waun a Robert Pugh a'i ymlynwyr yntau o Benrhyn Creuddyn, ac amddiffynnwyd yr Hen Ffydd hefyd gan Herbertiaid Castell Powys, y Trallwng, Morganiaid Llantarnam a haid o Dwrbiliaid Bro Morgannwg. Bu eu ceidwadaeth yn gyfrwng i gynnal Pabyddiaeth a hefyd — a phwysicach efallai — i gaethiwo'r Eglwys Anglicanaidd a gwanhau'r undod gwladwriaethol Protestannaidd. Honnwyd hefyd y ceid esgeulustod ymhlith swyddogion rhanbarthol y llywodraeth wrth iddynt chwilio am hereticiaid a gwrthwynebwyr gwleidyddol. Drwgdybiwyd Pabyddiaeth yn bennaf oherwydd ei fygythiad i lywodraeth drefnus a sefydlog. Gwrthwynebwyd y drefn newydd hefyd gan y Pab a aeth rhagddo, wedi iddo ysgymuno'r Frenhines yn 1570, i orchymyn y Pabyddion i wadu ei hawdurdod tymhorol. Wedi hynny yr oeddynt, nid yn unig yn hereticiaid yng ngolwg y frenhiniaeth ond yn deyrnfradwyr ac yn haeddu'r cosbau llymaf.

O ddarllen barddoniaeth boblogaidd y cwndidwyr o gyfnod Edward VI hyd at ddiwedd yr unfed ganrif ar bymtheg ymlaen deuir i'r casgliad fod y Ffydd Newydd yn hollol annerbyniol i'r mwyafrif o'r beirdd poblogaidd. Amlygir hynny, er enghraifft, yng ngharolau Richard Gwyn, yr ysgolfeistr o Lanidloes a'r merthyr Pabyddol cyntaf yng Nghymru yn 1584. Ni allai ddygymod â'r 'trestyl trist', y bara yn lle Crist a'r 'Kobler krin yn kam i vin yw vwyta'. Credai fod Protestaniaeth yn oferedd llwyr am ei bod yn 'kolli rinwedd aberth Crist' a 'gwrthod gwyrthie gwaed yr Oen'; 'colli cymun yr holl saint' a 'cholli braint awdurdod'. Yr oedd yn llym ei dafod am y rhai a ddifrodai'r saint a'r delwau, a ffieiddiai rhag y weinidogaeth leyg a ddisodlodd yr offeiriadaeth draddodiadol:

> Tinker pedler kobler krydd
> ar gwydd o ddiwrth i brwyde
> pibydd pobydd kigydd kog
> syn llowio llog pregethe.[17]

Cafodd Thomas ab Ieuan ap Rhys o Landudwg y profiad o weld prif newidiadau crefyddol ei oes yn digwydd, a gresynnodd fod y mynachlogydd wedi cael eu diddymu ym Morgannwg. Gofidiodd hefyd am fod y Ffydd Newydd yng nghyfnod Edward VI wedi creu dryswch ym meddyliau'r werin bobl:

> fo aeth dy ffydd di ar goll.
> y ddyni oll yn ddoillion,
> ac heb greddy dim yn iawn
> cosb a gawn i weithon.
>
> ny ni droyson gan ffydd sayson,
> ni ddaw yn kalone ni byth yn y lle.[18]

Ceir nifer o gerddi eraill yn y dyddiau hynny a adlewyrchai ddryswch ymhlith y bobl gyffredin a'u gwrthwynebiad i'r Ffydd Newydd. O'r safbwynt Protestannaidd aeth 'Syr' Thomas Jones, ficer Llandeilo Bertholau yng ngogledd sir Fynwy yn ei gerdd faith yn canmol William Morgan a'i Feibl yn 1588, ati i ddisgrifio cyflwr ysbrydol adfydus y bobl yn ystod cyfnod maith Pabyddiaeth. Gwelodd y cyfle, wedi cyfieithu'r Beibl, i'r Cymry gael eu goleuo yn 'Ffydd Duw':

> Hir, gŵyr Duw, bu'r Pab ar waith
> Mewn estroniaith i'n twyllo;
> Trwy hudoliaeth yn ddi baid
> Yn dallu llygaid Cymro![19]

Cyfraniad neilltuol Lloegr i'r Diwygiad Protestannaidd oedd creu ffurf ar sefydliad crefyddol a unai rym y ddiwinyddiaeth Galfinaidd â threfniadaeth y Fam Eglwys. Rhoddai dilynwyr y Ffydd Ddiwygiadol — er cymaint y carfanau eithafol a ddatblygodd o'i mewn — yn gyffredinol y gwerth pennaf ar awdurdod Gair Duw. Pwysleisiwyd mai gwir amcan yr Eglwys oedd bod yn gyfrwng i bregethu'r Efengyl ac nid i gysegru elfennau'r sacramentau sanctaidd. Crewyd bwlch mawr ym mywydau'r bobl gyffredin pan ddilewyd yr offeren, a cheisiwyd llenwi hwnnw â dogn dda o bregethu. Clymwyd yr Eglwys wrth egwyddorion cyfreithlondeb o fewn y deyrnas sofran genedlaethol, ac ymdrechwyd yn egnïol i geisio atal unrhyw rwyg ynddi. Ei phennaf gorchwyl ar y cychwyn, fodd bynnag, ydoedd gosod sylfeini cadarn yr *Ecclesia Anglicana* a ffurfiwyd gan y Frenhiniaeth, y Senedd a'r Confocasiwn Eglwysig.

Un o bryderon Elisabeth I yn 1559 oedd amddiffyn ei theyrnas rhag bygythion tramor. Daeth gosod trefn amddiffynnol unwaith eto'n fater o'r pwys mwyaf mewn teyrnas heb fyddin genedlaethol barod, a phan ystyrir maint y peryglon i arfordiroedd Cymru pe digwyddai goresgyniadau Pabyddol o Iwerddon a'r cyfandir nid rhyfedd bod y llywodraeth, mewn cyfnod o argyfwng, yn prysuro ati i gadarnhau'r amddiffynfeydd. Parhaodd y rhyfel â Ffrainc a'r Alban wedi i'r Frenhines esgyn i'r orsedd, ac nid oedd y berthynas â Philip II o Sbaen yn rhy gysurus ychwaith. Trwy gydol ei theyrnasiad yr oedd ei pherthynas ag Ewrop yn ddarbodus a gochelgar, ac elwodd drwy ymddwyn yn ddiplomyddol ddoeth. Cadwodd ei safle annibynnol yn wyth a nawdegau'r ganrif pan ddwysawyd y genhadaeth Babyddol, a phan aeth i ryfel â Sbaen cynyddodd yr angen i amddiffyn siroedd arfordirol Cymru. Gwysiwyd swyddogion lleol i gyflawni'r gorchwylion arferol o baratoi milwyr, darparu arfau a chasglu trethi a chadw llygad craff ar symudiadau offeiriaid Pabyddol a bonheddwyr ifainc a hyfforddwyd ar y cyfandir ac a ddaethai dan ddylanwad Rhufain. Pwysleisiwyd y ddolen gyswllt annatod honno rhwng y wladwriaeth Brotestannaidd a'r Eglwys. Wrth i'r Frenhines ymgymryd â'i swydd yn bennaeth yr Eglwys ac Amddiffynnydd ei theyrnas penderfynwyd ar gynlluniau pendant ynglŷn ag adfer uchafiaeth frenhinol, cryfhau ei chyllidau a diogelu unffurfiaeth. O fewn y patrwm hwnnw, cyfrifwyd Cymru'n rhan anwahanadwy o'r deyrnas wladol. Cymhwyswyd deddfwriaeth eglwysig i ofynion Cymru, a rhoddwyd y cyfrifoldeb ar ei hesgobion, dan awdurdod Caergaint, i hybu buddiannau'r drefn newydd.

Pan osodwyd y ddeddf i gyfieithu'r Ysgrythurau i'r Gymraeg ar y llyfr statud yn 1563, unffurfiaeth grefyddol, yn sylfaenol, oedd y prif gymhelliad. Er mai'r mesur pwysicaf yn ail Senedd Elisabeth yn y flwyddyn honno oedd y ddeddf i gadarnhau awdurdod y frenhiniaeth, o safbwynt Cymru mae'n ddiamau fod y ddeddf i gyfieithu'r Beibl lawn cyn bwysiced, os nad pwysicach. Yr un cymhelliad oedd i'r ddwy ond, oblegid nodweddion ieithyddol a chrefyddol Cymru'r pryd hwnnw, rhoddwyd i statud y Beibl le arbennig ym mharhad diwylliant llenyddol y genedl. Yr un pryd, sicrhaodd y llywodraeth y byddai'r Ffydd Newydd, ymhen amser, yn cael ei deall a'i derbyn ymhlith y Cymry.

Gwnaed ymdrechion ddwy flynedd ynghynt yn esgobaeth Llanelwy i hybu defnyddio'r Gymraeg yn y gwasanaethau. Wynebodd yr Esgob Thomas Davies dasg enfawr yn union wedi iddo ddod i'w swydd yn dilyn Richard Davies. Mewn Cyngor Esgobaethol cyflwynodd orchmynion bod 'yr epistol a'r efengyl' i gael eu darllen yn Gymraeg i addysgu plant, i wella llythrennedd ymhlith offeiriaid plwyf heb radd, a difa arferion ofergoelus. Ar 12 Tachwedd 1561 gorchmynnwyd y dylid darllen 'yr epistol a'r efengyl' yn Gymraeg wedi iddynt gael eu darllen yn Saesneg, ac y dylai'r plant 'glywed darllen a chyhoeddi'r Catecism iddynt yn eu mamiaith yn eu heglwysi bob Sul, gyda'r

William Morgan, Ficer Llanrhaeadr-ym-Mochnant, Esgob Llandaf a Llanelwy
a chyfieithydd y Beibl i'r Gymraeg

atebion iddynt, ac yn yr iaith Saesneg ... ar y Sul a dyddiau gwyliau eglwysig', ac y dylid 'canu neu adrodd y Litani ar ddyddiau Mercher a Gwener'.[20] Mae'n amlwg mai gwaith Syr John Price, sef *Yny llyvyr hwnn* (1547), ac yn arbennig, William Salesbury a ddefnyddiwyd i'r amcan hwnnw ond ni wyddys i ba raddau y gwnaed trefniadau tebyg mewn esgobaethau eraill yng Nghymru. Fe ymddengys, fodd bynnag, mai yn esgobaeth Llanelwy, fel y gellid disgwyl, yr aethpwyd ati gyntaf i ymgodymu â'r broblem hon, a Thomas Davies — efallai ar argymhelliad ei ragflaenydd — oedd yr arloeswr ymhlith esgobion ei genhedlaeth yn y maes.

Pwysleisiwyd yn y rhagymadrodd i Ddeddf Cyfieithu'r Ysgrythurau dair prif agwedd ar wladweiniaeth y Tuduriaid — sefydlu crefydd unffurf, cred unffurf a chyfrwng mynegiant unffurf. Plethwyd yr elfennau hynny'n naturiol i'w gilydd trwy gyfrwng polisi canolog y llywodraeth. Dyletswydd pob deiliad oedd cydnabod awdurdod brenhinol: ystyrid bod derbyn y Ffydd Brotestannaidd, a chydnabod y Beibl a'r Llyfr Gweddi Gyffredin yn awdurdod terfynol mewn materion diwinyddol ac athrawiaethol, yn gam ymlaen tuag at barchu uchafiaeth Elisabeth a chynnal undod gwleidyddol ei gwlad. Yn y rhagarweiniad cyfeirir at bwysigrwydd y Beibl a'r Llyfr Gweddi yn Lloegr y cyfnod hwnnw, ac anogwyd y bobl i 'wasanaethu eu Tywysog ac ufuddhau iddo, a gwybod beth yw eu dyletswyddau tuag at eu cymdogion'.[21] Cynhwysid yn neddf y Beibl oblygiadau cyfreithiol a chymdeithasol yn ogystal â chrefyddol. Oni sicrheid unffurfiaeth mewn defodaeth ni cheid undod gwladwriaethol. Golygai hynny sefydlu unffurfiaeth iaith yn ysbryd y Deddfau Uno ond, yn wyneb bygythion, sylweddolwyd mai'r unig ffordd i ddatrys problem iaith a chrefydd yng Nghymru oedd darparu'r Ysgrythurau ar fyrder yn iaith yr offeiriaid a'r bobl. Byddai disgyblaeth Brotestannaidd yn cadarnhau eu teyrngarwch i'r hyn a ystyrid werthfawrocaf yng ngolwg y llywodraeth. Yn y ddeddfwriaeth honno amlygwyd elfennau cryf o genedlaetholdeb, gwrth-Babyddiaeth, senoffobia ac ymlyniad di-ildio wrth y frenhiniaeth. Canlyniad hynny oedd amddiffyn a hybu buddiannau sofraniaeth y wladwriaeth Brotestannaidd.

Pabyddiaeth, nid Piwritaniaeth, oedd y bwgan mawr yn chwedegau'r unfed ganrif ar bymtheg. Ymhelaethiad o bregeth a draddododd John Jewel, esgob Caersallog, yn eglwys San Pawl yn Llundain yn 1559 oedd *Apologia Ecclesiae Anglicanae*, a ymddangosodd yn 1562, ac ynddo parhaodd yr awdur ei ymosodiad ar gredoau'r Eglwys Babyddol. Heriodd ei harweinwyr i brofi, trwy eu darlleniadau o'r Ysgrythurau a gweithiau'r tadau eglwysig cynnar, ddilysrwydd presenoldeb corfforol Crist wrth yr allor, y sagrafen, y Purdan ac ymbil y saint:

> Os gall unrhyw ŵr dysgedig o'n holl elynion ganfod unrhyw
> un frawddeg ddigonol o unrhyw hen ddoethur Pabyddol neu
> dad, neu o unrhyw hen gyngor cyffredinol, neu o ysgrythurau
> sanctaidd Duw, neu unrhyw un enghraifft o'r eglwys gyntefig

fel y gellir profi'n eglur a phlaen fod yna unrhyw offeren breifat
… am gyfnod o chwe chan mlynedd wedi Crist … byddwn
yn ildio a chytuno ag ef.[22]

Ymatebwyd i her o'r fath mewn sawl gwaith Pabyddol yn cynnwys *Coelio'r Saint* (1590) gan Robert Gwyn, casgliad o lithiau ar gyfer cynulleidfaoedd Pabyddol a chynnyrch ysgol Douai yn yr Iseldiroedd, ond nid ymddengys fod y gwaith hwnnw, am resymau amlwg, wedi cael fawr ddim dylanwad ar Gymru nac ar yr ymgyrch i ddychwelyd ei thrigolion i'r Hen Ffydd.

O safbwynt sefydlu Protestaniaeth yn ffurfiol ni welwyd yn Senedd 1563 ddim y gellid ei ystyried yn eithafol ond, yn hytrach, aethpwyd ati i geisio datrys problemau sefydlu'r awdurdod brenhinol yn ei wedd Brotestannaidd mewn perthynas â'r deyrnas gyfansawdd. O safbwynt athrawiaeth eglwysig cytunodd y Confocasiwn ar y Deugain Erthygl Namyn Un a seiliwyd gan Matthew Parker ar Erthyglau 1553. Yr oedd ei ddoethineb a'i gred mewn trefn a disgyblaeth — fel y dangoswyd yn ei *Advertisements* (1566) — yn gyfrwng iddo fedru cyfrannu i'r Eglwys Anglicanaidd nodweddion unigryw a'i cododd i safle llawer uwch na chyfaddawd crefyddol a dyfais wleidyddol. Mae'n wir fod Deddf yr Ysgrythurau wedi gosod sylfeini traddodiad ieithyddol a diwylliannol newydd yng Nghymru ond, y pryd hwnnw, yng ngolwg y llywodraeth, fe'i hystyrid yn rhan gynhenid o ddeddfwriaeth ffurfiol addas i'r amgylchiadau. Cynhwyswyd ynddi'r un priodoleddau a geid yn yr holl fesurau eraill a luniwyd i gwrdd ag argyfyngau'r cyfnod.

Seiliwyd parhad yr Eglwys yn ei blynyddoedd cynnar ar ei chyfansoddiad, ei chenhadaeth a'i chynhaliaeth. Yng Nghymru, fel yn Lloegr, dibynnai ar arweinyddiaeth a doethineb ei hesgobion a'r glerigaeth uwch yn yr hierarchaeth eglwysig. Cynrychiolai Richard Davies yn Nhyddewi a Thomas Davies yn Llanelwy ddwy wedd hanfodol ar dwf yr Eglwys newydd. O gymryd gyrfa'r naill i ystyriaeth saif ei hynodrwydd yn y modd yr hybodd gynnydd mewn deallusrwydd a dysg o fewn yr Eglwys, a chyfrifid bod gyrfa'r llall yn amlycach mewn materion yn ymwneud â chyfraith a gweinyddiaeth eglwysig. Er cryfed preladiaid o'r fath, gwan a dienaid yn fynych oedd arweiniad y weinidogaeth glerigol. O safbwynt cenhadaeth, fodd bynnag, daeth tro ar fyd cyn diwedd y ganrif gyda thwf addysg a gwell ansawdd yn gyffredinol ymhlith offeiriaid plwyf. Dyrchafwyd cenhadaeth yr Eglwys honno — yn arbennig yng nghyfnod John Whitgift yn Archesgob Caergaint — i'w huchelfannau yng Nghymru pan gymeradwywyd yr angen am fwy o bregethwyr ymhlith offeiriaid. Nid oedd Huw Lewys, ficer Llanddeiniolen, yn fodlon iawn ar gyflwr yr offeiriadaeth a oedd, yn ei farn ef, yn llesteirio cynnydd y Ffydd Newydd oherwydd ei diffyg diddordeb mewn addysgu'r bobl. Meddai yn ei ragarweiniad i'w gyfieithiad o *A Spiritual and Most Precious Pearl*, sef cyfieithiad Miles Coverdale o draethawd gan Otto Werdmüller o Zürich (1548), yn 1595:

Yr awrhon, y diffyg hwn o lyfrau sy in mysg (gyda bod y
Preladiaid a'r gwŷr eglwysig hwythau, y rhan fwyaf yn ddiog
yn eu swydd a'u galwedigaeth, heb ymarddel â phregethu
ac â deongl dirgelwch gair Duw i'r bobl, eithr byw yn fudion,
ac yn aflafar, fel cŵn heb gyfarth, clych heb dafodau, neu
gannwyll dan lestr) yw yr achos paham y mae cymaint o
anwybodaeth mewn pethau ysbrydol i'n mysg: mal y digwydd
yn fynych, fod mewn amryw o leoedd, hynafgwyr
briglwydion, trigeinmlwydd oed, neu fwy, mor ddeillion, ac
mor annysgedig, ac na fedrant roi cyfri o bynciau y ffydd a'r
grefydd Gristnogaidd mwy na phlant bychain newydd eni.[23]

Y mae'r dyddiad yn dangos nad oedd gwelliant mawr yn ansawdd y glerigaeth
ar ddiwedd yr unfed ganrif ar bymtheg. Parhaodd tlodi'r Eglwys yng Nghymru
i effeithio'n drwm ar incymau esgobion a chlerigwyr, a chynyddodd
amlblwyfaeth ac absenoledd. Mae'n amlwg felly nad oedd yr esgobion eu
hunain ar fai pan ystyrir maint y rheibio a fu ar yr Eglwys. Gorfodwyd pob
un ohonynt i estyn dipyn ar eu hadnoddau prin, a chawsai hynny effaith
ddrwg ar safon y fugeiliaeth. 'Yn sir Frycheiniog gyfan', meddai un sylwedydd
anhysbys o Aberhonddu yn 1586, 'ychydig iawn o fywiolaethau ysbrydol neu
bersonaethau sydd heb fod yn amfeddedig, ac yn yr ychydig [fywiolaethau]
hynny, dim pregethwr'.[24] Â ymlaen i gyfeirio at yr esgeulustod dybryd ymhlith
clerigwyr digon llwydaidd eu byd yn y rhan honno o esgobaeth Tyddewi,
a beirniada'n hallt hefyd swyddogion llywodraeth leol yn y sir am eu
dihidrwydd hwythau. 'Ni ddarllenir unrhyw wasanaeth yn ystod dyddiau'r
wythnos, nac yn y Grawys', meddai ymhellach, 'ac yn aml iawn, gan nad
oes gweinidog, gorfodir y plwyfolion i gladdu'r meirwon eu hunain'. Sefyllfa
anfad, a dweud y lleiaf, ac ni ellir profi mai gormodiaith yw'r dystiolaeth honno
ychwaith. Yr un yw'r gŵyn am ansawdd israddol y glerigaeth yn gyffredinol
ym mhob esgobaeth yng Nghymru, ac mewn sawl rhanbarth esgobol yn Lloegr
hefyd. Sylwodd Morus Kyffin yntau ar wir anghenion y Cymry yn ei
ragarweiniad i *Deffynniad Ffydd Eglwys Loegr* (1595), sef cyfieithiad o *Apologia
Ecclesiae Anglicanae* (1562) gan John Jewel:

Pe byddid yn pregethu Efengyl Crist yng Nghymru fel y
gwelsoch chwi a minnau mewn gwledydd eraill diau nad oes
genhedlaeth yng nghred a allai ragori ar y Cymry mewn
crefydd a duwioldeb, gan eu bod hwy o athrylith a naturiaeth
yn chwannog i ddysgu pob rhinwedd a daioni ond cael ei
ddangos a'i ddeongl iddynt.[25]

Pwysleisiwyd yr angen i ddwysáu cenhadaeth yr Eglwys ym mlynyddoedd
olaf y ganrif unwaith eto, yn wyneb bygythiadau Pabyddol a gelyniaeth Sbaen.
Parhawyd i uniaethu ei thystiolaeth â dyheadau dyfnaf y wladwriaeth
Duduraidd. Bwriad Kyffin a Huw Lewys oedd amddiffyn egwyddorion y
Ffydd Newydd. Nid oes yn un o'r ddau ragarweiniad gyfeiriad at swyddogaeth

na strwythur yr Eglwys Brotestannaidd, ond amcanent at ddyrchafu moesau'r Cymry a hybu'r defnydd o'r iaith Gymraeg i gyflawni hynny. O'r safbwynt hwn mae'n ddiddorol cymharu'r ddau lythyr annerch at y darllenwyr Cristnogol ar fater amddiffyn yr Eglwys Brotestannaidd. Yn hytrach na chynnig esboniad ar ran yr Eglwys yn y gymdeithas maent, yn hytrach, yn cyfeirio at gryfderau'r Ffydd Newydd ac yn trafod yr adnoddau a oedd ganddi — neu yr oedd eu hangen arni — i ymsefydlu'n gadarn ymhlith plwyfolion cyffredin. Yn y cyswllt hwnnw gellir ystyried *Epistol at y Cembru* gan Richard Davies, Esgob Tyddewi, a gyhoeddwyd yn rhagarweiniad helaeth i'r Testament Newydd yn 1567, yn berthnasol. Yn y lle cyntaf cyfeiria Kyffin a Lewys at safle'r Eglwys fel cynheiliad yr iaith a'r diwylliant. Meddai Kyffin:

> Duw a ŵyr fe fuasai hawsach i mi o lawer, a hynotach i'm henw, ysgrifennu'r cyfryw beth mewn iaith arall chwaethach nac yn Gymraeg: Ond mi a welaf bob peth (onid antur) ym mhob iaith yng Nghred, mor bybyr, ac mor berffaith, drwy ddysg a diwydrwydd gwŷr da, nad rhaid iddynt ... wrth ddim ychwaneg. O'r tu arall prin y gwelaf i ddim (ond llyfr Gair Duw'n unig) yn y Gymraeg, a dim ffrwyth rhinwedd ynddo, i ddysgu ac i hyfforddi y rhai annysgedig.[26]

Tebyg yw ymateb Huw Lewys. Gwêl ef, yn eglurach na Kyffin, brinder difrifol mewn llyfrau duwiol yn Gymraeg. Cyfeiria at yr angen am fwy o weithiau 'iachusol ac ysbrydol ddiddanwch' ymhlith y Cymry. Er bod y Beibl wedi'i gyfieithu i'r Gymraeg, meddai, y mae'r llyfr ei hun yn gloedig yn yr eglwysi o un Sul i'r llall ac yn cael ei ddefnyddio unwaith yr wythnos yn unig. Ar yr un trywydd, bron ddeng mlynedd ar hugain ynghynt, cyfeiriodd Richard Davies at gyfoeth yr iaith Gymraeg — yn ddiarhebion, dywediadau ac ymadroddion Beiblaidd — ac at y dystiolaeth a geir ynddi o ysblander gwareiddiad yr hen Gymry:

> ... mae gennym ni yn Gymraeg amryw ymadroddion a diarhebion yn aros fyth mewn arfer a dynnwyd o berfedd yr Ysgrythur lân ac o ganol Efengyl Crist. Yr hyn sydd brofedigaeth ddigonol fod yr Ysgrythur lân yn gyffredin ym mhen pob math ar ddyn pan ddechreuwyd hwynt a phan y'u ducpwyd i arfer cyffredinol.[27]

Y mae datganiad o'r fath yn arwain at ddull hynod o amddiffyn y Ffydd, sef trwy geisio profi bod ei gwreiddiau'n ddwfn yng ngwareiddiad y Cymry cyntefig ar Ynys Prydain. Y prif ddehonglwr oedd Richard Davies, ac mae ei Epistol yn cynnwys dadleuon llawn, a ffug mewn sawl man, mae'n wir, i brofi mai hen Ffydd y Brythoniaid wedi ei hadfer oedd Protestaniaeth. Â'r awdur ati i drafod yn fanwl y modd y cyflwynwyd y Ffydd Apostolaidd gyntefig gan Ioseff o Arimathea i Brydain yn gynnar wedi atgyfodiad Crist, a'r llygru a fuasai arni wedi cenhadaeth Awstin Sant ar ddiwedd y chweched ganrif ac o dan orthrwm y Saeson hyd at gyfnod y Diwygiad Protestannaidd pan adferwyd hi i'w phriod le yn hanes cenedl y Cymry. Gyda hi adferwyd yr Ysgrythurau y credai Davies a'i gyd-ddyneiddwyr eu bod ar gael yn y Gymraeg yn y canrifoedd cynnar. Goroesodd rhai o lawysgrifau'r Oesoedd Canol diweddar, yn cynnwys rhannau o'r Ysgrythurau, ac yr oedd hynny'n dystiolaeth bendant iddynt fod y Beibl unwaith ar gael ymysg eu hynafiaid. Aeth Davies ati'n eiddgar i geisio argyhoeddi'r llythrennog ymhlith ei gyd-Gymry o ddilysrwydd y ddamcaniaeth honno, a chyhoeddodd yn huawdl iawn werth cynhenid treftadaeth grefyddol a diwylliant y Cymry, a'r angen iddynt sylweddoli nad 'ffydd Saeson' a gyflwynwyd iddynt ond ffydd anffaeledig eu cyndadau. Cyfyd yr huodledd i'w uchelfannau ar ddiwedd yr *Epistol*:

> Galw i'th gof dy hen fraint a'th anrhydedd mawr oherwydd ffydd Crist a Gair Duw a dderbyniaist o flaen ynysoedd y byd. Crefydd Crist a'th harddai am it ei chael yn gywir ac yn bur mal y dysgodd Crist i'w apostolion a'i ddisgyblion ... Cwympa dithau ar dy liniau am hynny a diolch i Dduw sydd heddiw yn ymweled â thi yn drugarog, ac yn dechrau dy godi i'th hen fraint a'th urddas pennaf gynt ...[28]

Ceir adlais o'r ddamcaniaeth honno hefyd yn rhagarweiniad William Salesbury i'r Testament, ac yng ngweithiau Morus Kyffin a Huw Lewys a thraethodau John Penry. Yr oedd hi'n wybyddys ac yn boblogaidd ymhlith dyneiddwyr yng Nghymru a Lloegr. Ymhlith eraill, yr oedd Matthew Parker, Archesgob Caergaint, yn gyfarwydd â hi ac yn gohebu â Davies am ei fod yn ei hystyried yn ddull effeithiol o gyflwyno propaganda perthnasol i'w oes. Yr oedd Parker yn ysgolhaig mawr a llawn mor awyddus â dyneiddwyr Cymru i ddarganfod, astudio a gwarchod hen lawysgrifau'n ymwneud â hanes crefydd a diwylliant y gorffennol ym Mhrydain, llawer ohonynt wedi eu colli neu eu chwalu wedi diddymu'r mynachlogydd.

Yr angen cyntaf, wrth reswm, oedd amddiffyn y Ffydd yn ei phurdeb, a cheir yn y rhagarweiniadau ddatganiadau byr ac uniongred amdani. Pwysleisia Richard Davies bwysigrwydd cael yr Efengyl yn yr iaith Gymraeg, a'i ddymuniad am 'adnewyddiad yr hen ffydd Gatholig' yn ei ffurf gyntefig. Â Huw Lewys ymhellach i ymhelaethu ar ddiwinyddiaeth hynny:

> Canys os yw'n angenrheidiol i bob dyn fod yn Gristion ac os yw'n angenrheidiol i bob Cristion oddef croes ac adfyd yn y byd hwn fel y rhagordeiniodd ein Hiachawdwr Crist, yn ei Efengyl, gan ddwedyd, os ewyllysia neb ddyfod ar fy ôl i gwaded ef ei hun a choded ei groes ac ati. Ac fel yr ysgrifennir yng ngweithredoedd yr Apostolion, trwy lawer o gystudd mae yn rhaid myned i deyrnas Dduw ... Pwy a ddichon neu a eill wadu nad yw y peth sydd i'n fforddio, ac i'n confforddio yn

ein croes a'n hing, ac i'n cynorthwyo megis i ddwyn ein baich yn fuddiol ac yn angenrheidiol hefyd? Ac yn ddiau o'r cyfryw ddiddanwch, mae'r llyfr hwn yn llawn.[29]

Cyfeiria Morus Kyffin yntau at yr angen i hyffordi yn 'sylwedd a chrynodeb y Ffydd wir Gatholig' ac ymberffeithio 'yn llwybr gwasanaeth Duw ac iechydwriaeth dyn'.[30] Y mae'r gweithiau Protestannaidd yn ochelgar yn y modd yr eir ati i gyflwyno'r Ffydd. Gweir hynny'n gadarnhaol a thynnir gymaint fyth ag y gellir ar yr holl adnoddau diwinyddol a hynafiaethol i'r amcan hwnnw.

Clymir hyn oll wrth ffactor sylfaenol arall, sef awdurdod y Beibl a'r safle canolog a roddwyd iddo yn ail hanner yr unfed ganrif ar bymtheg. Amlygwyd tri chymhelliad dros ei gyfieithu i ieithoedd Ewrop ac i'r Gymraeg, sef dyfeisio'r wasg argraffu a'r defnydd a wnaed ohoni i gynhyrchu llyfrau'n gyflym a chymharol rad. Hefyd, yr oedd y Dadeni Dysg a'r twf mewn addysg ymhlith eglwyswyr a gwŷr lleyg yn gyfrwng pwysig i gynyddu'r arbenigrwydd mewn ieithoedd clasurol a rhai eraill, yn cynnwys Hebraeg, yn Rhydychen a Chaergrawnt. Yn olaf, rhoddai'r Diwygiad Protestannaidd bwyslais mawr ar yr Ysgrythurau fel prif sail iachawdwriaeth yr unigolyn. Yr oedd Richard Davies yn bendant ei farn ar bwysigrwydd yr argraffwasg:

> Mawr yw'r goleuni a ddaeth i'r byd, a mawr y cynyddodd
> ac yr ychwanegodd pob celfyddyd a gwybodaeth ysbrydol a
> chorfforol ym mhob iaith ym mhob gwlad ac ym mhob teyrnas
> er pan ddychmygwyd celfyddyd printio.[31]

Dyna oedd tystiolaeth Syr John Price hefyd, a chredai y dylai dyneiddwyr yng Nghymru wneud defnydd o'r adnoddau prin. Wrth reswm, yr oedd anawsterau mawr wrth gyhoeddi unrhyw waith mewn print yn y Gymraeg, ac yr oedd y dyneiddwyr yn ymwybodol o hynny. Dan awdurdod Senedd gwladwriaeth Lloegr y deddfwyd mai'r iaith Saesneg bellach, er 1536, oedd i fod yn gyfrwng gweinyddu a chyfreithio. Ar ben hynny, methodd yr argraffwasg â chael fawr o effaith ar Gymru. Cyhoeddwyd y dyrnaid o lyfrau Cymraeg a ymddangosodd o 1546-7 ymlaen, yn Llundain, ac yr oedd y farchnad mor fach fel nad oedd cyhoeddi llyfrau Cymraeg yn fuddiol. Hefyd, dangosodd yr haenau llythrennog yn y gymdeithas ddiffyg diddordeb yn yr iaith Gymraeg am resymau cymdeithasol newydd, a hynny sy'n gyfrifol am apêl daer a pharhaol y dyneiddwyr Protestannaidd a Phabyddol am fwy o gefnogaeth gan uchelwyr ac eglwyswyr a oedd yn graddol lacio'u gafael ar y diwylliant brodorol. Meddai'r ysgolhaig Pabyddol Dr John Davies (Siôn Dafydd Rhys) ar y pwynt hwnnw, yn ei ragymadrodd i *Cambrobrytannicae Cymraecaeve Linguae Institutiones et Rudimenta*, sef ei ramadeg Cymraeg mewn Lladin, a gyhoeddwyd yn 1592:

> A phaham nas gallant pendefigion a boneddigion Cymru
> hwythau hefyd beri casglu ynghyd a phrintio eu pethau

godidocaf hwythau; ac ymhlith eraill bethau ardderchog peri printio goreuon Lyfrau y Prifeirdd er mwyn cadw cof o'r hen addysg ... Ac yn hytraf oll, peri casglu hefyd a phrintio llyfrau a godidogion gerddau yr Arwyddfeirdd er mwyn tragwyddoli ohonynt wir gof am foliant, a gogoniant a gwir arfau ac arwyddion, a gwir achau, ac etifeddiaethau, a chyfiawnder treftadau y pendefigion a boneddigion y wlad. Un swllt o bwrs pob un ohonom tuag at bapur a phrint a lanwai y wlad o'r fath lyfrau godidog ... A gwell a syberwach ... a thragwyddolach a fyddai hyn na threulio arian mewn tafarnau ar loddest a diotach ...[32]

Y mae'r arddull rethregol yn her i'r genhedlaeth o uchelwyr a gawsai, erbyn hynny, gryn hanner canrif o brofiad o weinyddu a mwynhau buddiannau'r Deddfau Uno. Yr oedd hi'n gyfnod anodd iddynt yn economaidd, a'r galwadau ariannol a'r cynnydd mewn prisiau'n pwyso'n drwm arnynt. Aeth y dyneiddwyr rhagddynt i geisio gwneud y Gymraeg yn fwy apelgar i'r byd deallus ac yn nhai'r uchelwyr trwy ei dyrchafu'n iaith dysg. Gwelsant pa mor argyfyngus oedd yr amgylchiadau. Tebyg oedd ymateb taer William Salesbury, prin ddegawd wedi'r Ddeddf Uno, i her ei gyfnod. 'A chymerwch hyn yn lle rhybudd gennyf i', meddai, 'os nad achubwch chwi a chyweirio a pherffeithio'r iaith cyn darfod am y to sydd heddiw, y bydd yn rhy hwyr y gwaith wedyn'.[33] Nid gorchwyl hawdd oedd ceisio darbwyllo gwŷr ar eu prifiant yn faterol o bwysigrwydd y dynged honno, yn arbennig pan oedd yr iaith Saesneg yn brif gyfrwng ysgrifennu'n gyhoeddus a phreifat ac yn prysur ddod yn iaith bob dydd yn y plastai mwyaf llewyrchus lle yr amlygid rhai o nodweddion byd cwrtais a deallusol y Dadeni.

Problem fawr arall oedd sicrhau dilyniant a chysondeb yn y gorchwyl o gyflawni'r gamp o gyfieithu'r Beibl i'r Gymraeg ac o ddarparu offeiriadaeth a allai ymgodymu â'r dasg o hyfforddi plwyfolion. Yr oedd William Salesbury a'i gyfoedion lawn mor ymwybodol o'r bygythiad i Brotestaniaeth ag oeddynt o'r hyn a allai ddigwydd i'r iaith. Cyfeiriodd Syr John Price at y diffyg a'r her yn 1546:

Canys heb ffydd ni ellir rhyngu bodd Duw, a'r periglorion sydd yn eu mysg oswaethiroedd [ysywaeth], y naill ai nis medrant ai nis mynnant ddangos i'w plwyfogion y pethau y maent yn rhwymedig y lleill i'w dangos, a'r llall eu gwybod, Duw a'u dyco i'r iawn ac i adnabod y periglau, pa wedd y gorffo arnynt ateb am yr eneidiau elo ar gyfrgoll [colledigaeth anadferadwy] drwy eu heisiau hwy.[34]

Yn ychwanegol at annigonolrwydd yr offeiriadaeth parhaodd dylanwad hen ddefodau Pabyddol yn drwm iawn yng nghefn gwlad Cymru. Dyna oedd prif bwynt neges Nicholas Robinson, esgob Bangor, yn ei lythyr digalon at

William Cecil, Arglwydd Burghley a phrif gynghorwr y Goron, yn Hydref 1567. Cymeradwya'r modd y llywodraethwyd talaith Gwynedd dan arolygiaeth George Bromley, Prif Ustus Cylchdaith Môn, ond yr oedd yn llym ei feirniadaeth ar gyflwr ysbrydol ei esgobaeth, yn union wedi iddo gael ei ddyrchafu iddi ar farwolaeth Rowland Meyricke. Beia'r offeiriaid am esgeuluso'u dyletswyddau ac am eu hanallu i gynnig arweiniad cadarn i Brotestaniaeth yn eu plwyfi. Credai hefyd nad unrhyw wrthwynebiad ar ran y bobl a achosai'r fath newyn am Air Duw ond diffyg arweiniad a gwybodaeth:

> Ond ynglŷn â phobl Cymru'n derbyn yr efengyl canfyddaf, yn ôl fy ychydig brofiad yn eu plith yma, bod anwybodaeth yn parhau, llawer yng ngwehilion ofergoeliaeth a gynyddodd yn bennaf oherwydd dallineb y clerigwyr ynghyd â barusrwydd y meddiannu mewn gwlad mor anial, a hefyd oherwydd bod Gair Duw wedi ei gau rhagddynt mewn tafod ddieithr … y mae mwyafrif yr offeiriaid yn rhy hen (meddent) yn awr i fynychu ysgolion. Oherwydd eu hanallu i ddysgu Gair Duw (gan nad oes chwech a all bregethu yn y siroedd hyn) yr wyf wedi canfod, er pan ddeuthum i'r wlad hon, eilunod ac allorau yn sefyll mewn eglwysi heb eu difwyno …[35]

Â rhagddo i ddisgrifio gweddill yr arferion Pabyddol y ffieiddiai rhagddynt, a therfyna'i lythyr drwy ddymuno cael gweld y Beibl yn Gymraeg ymysg y bobl. Nid Robinson oedd yr unig un ymhlith clerigwyr i sylwi ar wendidau'r Eglwys. Tebyg fu ymateb Richard Davies yn Llanelwy a Thyddewi, a Marmaduke Middleton, ei olynydd ansad yn Nhyddewi. Yr oedd William Bleddyn hefyd yn Llandaf yn llym iawn ei feirniadaeth o aelodau o gabidwl eglwys gadeiriol yr esgobaeth honno. Meddai wrthynt yn 1575:

> Felly, deffrown. Y mae'n amser inni ddadebru … boed inni wneud penyd am ein bywyd gynt a chyffesu i'r Arglwydd, sydd mor drugarog, fel y maddeua inni ein holl bechodau; bydded inni o hyn allan a phob tro fod yn stiwardiaid ffyddlon iddo, a bod o hyd yn ystyriol o'r eglwys anffodus a thruenus hon yn Llandaf … Ond gan fod y llong stormus hon, eich heglwys, wedi ei hymddiried i'm gofal i a ddewiswyd gennych yn feistr arni, derbyniwch yr hwyliau angenrheidiol a ddarparwyd ar ei chyfer.[36]

Yr oedd esgobaeth Llandaf ymhlith y tlotaf yn y deyrnas, a phryderai William Bleddyn yn fawr am y gwendidau a achoswyd gan ei rheolwyr a lynai'n gyndyn wrth eu breintiau. Eu safle manteisiol yn yr esgobaeth a fygythiodd ei ymdrechion i ddiwygio'r esgobaeth. Yn y llythyr hwn ymddengys fel prelad ar ddechrau ei yrfa a orfodwyd i gymryd mesurau pendant, hyd yn oed yn erbyn ei gyfeillion, er hyrwyddo buddiannau'r ardrefniad newydd. Gwyddai, fodd bynnag, mai ofer oedd ei ymdrechion gan fod traddodiad, buddiannau preifat, uchelgais a diffyg safonau ymhlith clerigwyr yn ffactorau trech nag ef, a dyna oedd profiad ei gyd-esgobion hefyd. Safai rhai ohonynt yn gadarn dros egwyddor, a'r enwocaf ohonynt yn ddiau oedd William Morgan, a ddangosodd eiddgarwch neilltuol i amddiffyn y sefydliad, yn arbennig yn ystod ei gyfnod yn Llanelwy (1601-04). Er cymaint ei ysgolheictod a'i gymorth i Morgan pan oedd wrthi'n cyfieithu'r Beibl, gadawodd ei ragflaenydd, William Hughes, yr esgobaeth honno mewn cyflwr truenus. Adroddwyd yn 1587 ei bod yn wan iawn ei hadnoddau ac yr oedd yntau, dros hir dymor, wedi meddiannu un ar bymtheg o fywiolaethau *in commendam*. Yn gam neu'n gymwys, mae'n amlwg ei fod yn fwy adnabyddus am ei ffaeleddau nac am ei alluoedd. Sut bynnag, aeth ei olynydd ati i amddiffyn urddas yr esgobaeth trwy ei hamddiffyn yn ddi-flewyn-ar-dafod mewn cyfnod pan oedd amfeddu tiroedd a degymau eglwysig yn faich ar y sefydliad. Ar brydiau cafodd ei hun mewn dyfroedd dyfnion ac fe'i gorfodwyd i achub cam yr Eglwys yn ei ymdrech i amddiffyn ei thiroedd rhag rhaib y tirfeddianwyr mwyaf goludog. Ymddengys fod ganddo gymhellion personol pan amddiffynnodd yr Eglwys, yn arbennig yn erbyn cynlluniau Syr John Wynn o Wedir, un o'r uchelwyr grymusaf yn esgobaeth Llanelwy ond, yn sylfaenol, pryderai fwyaf am les yr Eglwys. 'Yr wyf yn eich sicrhau', meddai yn 1601, yn ystod un o'i gwerylon â'r gŵr hwnnw, '*in verbo sacerdotis* fy mod yn meddwl yn fy nghalon y byddai'n well imi ladrata ar y ffordd fawr yn hytrach na gwneud yr hyn a ddymunai ef'.[37] 'Gwn', meddai ymhellach, 'fel y mae gwasanaethu cydwybod cyfeiliornus yn fai, felly, y mae gweithredu'n erbyn cydwybod, er mor gyfeiliornus, yn bechod'. Ei ddymuniad oedd sicrhau bod buddiannau'r eglwys yn parhau ym meddiant y clerigwyr. Wynebodd Richard Davies anawsterau mawr yn ei berthynas â rhai o uchelwyr grymusaf ei esgobaeth megis Syr John Perrot o Haroldston a'r cyfreithiwr Fabian Phillips, ac, ymhlith pethau eraill, fe'i cyhuddwyd gan ei olynydd, Marmaduke Middleton — na ellir rhoi gormod o bwys ar ei farn — o reibio'r Eglwys ac o nepotiaeth a seimoniaeth. Mae'n wir, fodd bynnag, ei fod wedi camddefnyddio nawdd pendefigol i'w ddibenion ei hun, mewn perthynas â phenodiadau i swyddi cyhoeddus neu ddarparu stadau esgobol i leygwyr. Mewn oes pan oedd esgobion, yn ogystal â thirfeddianwyr, yn gorfod ymroi i ddulliau digon beiddgar — er nid yn newydd — i ddiogelu eu buddiannau ac, yn aml, i amddiffyn eu hunan-barch, nid yw'n syndod fod Davies yntau ymhlith y mwyaf eofn o benaethiaid yr Eglwys Brotestannaidd yn ei chenhedlaeth gyntaf. Yn ei *Epistol at y Cembru* ymosoda'n chwyrn ar raib lleygwyr crafangus:

> ... eithr mae chwant da'r byd wedi boddi Cymru heddiw, ac wedi gyrru ar aball [grwydr] pob cyneddfau arbennig a rhinwedd dda. Canys beth yw swydd yng Nghymru heddiw ond bach i dynnu cnu a chnwd ei gymydog ato? Beth yw dysg, gwybodaeth a doethineb cyfraith ond drain yn ystlys y cymdogion i beri iddynt gilio hwnt? Aml yng Nghymru, er nas craffa cyfraith, y ceir neuadd y gŵr bonheddig yn noddfa lladron ... Ni chaf i o ennyd yma fynegi yr anrhaith a wnaeth

162

chwant da byd ac anghrediniaeth i addewidion Duw ar bob rhyw ddyn yng Nghymru o eisiau dysgeidiaeth yr Ysgrythur lân ...[38]

Yn ei bortread o Richard Davies ('Diggon Davie') yn y *Shepheardes Calender*, y mae Edmund Spenser yn amlygu'i wrthwynebiad i'r 'cŵn' a oedd yn waeth na'r 'bugeiliaid' (offeiriaid) am roi'r cyfle i'r 'bleiddiaid' (Pabyddion) ymosod ar y praidd (plwyfolion).[39] Drachefn, ym mhregeth goffa Richard Davies i'w noddwr Walter Devereux, Iarll cyntaf Essex, a gyhoeddwyd yn 1577, cyhudda'r swyddogion o geisio 'bodloni'r gŵr mawr rhag ofn iddo ganfod twll yn eu cotiau'.[40] Y mae'n amlwg fod ei brofiadau personol chwerw yn ei ysgogi i ymosod ar y rheibwyr hynny a hefyd datgan mai diffyg moesoldeb a llacrwydd eu hymlyniad wrth y Ffydd Brotestannaidd oedd yn bennaf cyfrifol am eu hymddygiad.

Cyfieithu'r Beibl a osododd gonglfeini'r Ffydd honno, ac er bod Richard Davies, ar drothwy cyfnod o drafferthion a gwrthdaro ag eraill yn ei esgobaeth, wedi cyfrannu'n helaeth yn y cyfeiriad hwnnw yn Gymraeg ac yn Saesneg (gan iddo gyfieithu peth o'r Hen Destament ar gyfer 'Beibl yr Esgobion', 1568), camp William Morgan, yn y pen draw, a barodd y llawenydd mwyaf ymhlith y dyneiddwyr. Yr oedd gan y clerigwyr bellach 'y cyfryw drysor, sef gwir a phurlan air Duw', chwedl Huw Lewys, i'w cynorthwyo i hyfforddi plwyfolion yng ngwirioneddau'r Ffydd. Er bod Morgan ei hun yn ffafrio defnyddio un iaith gyffredin yn y deyrnas gwelai bod anghenion ysbrydol ei gyd-Gymry'n bwysicach. Eglurodd ei safbwynt yn ddiamwys yng nghyflwyniad Lladin y Beibl i'r Frenhines, pan gyfeiriodd at y gwrthwynebiad a geid ymhlith rhai yng Nghymru i'r cyfieithu ar sail mai'r iaith Saesneg yn unig ddylai gael ei meithrin yng Nghymru'n unol â pholisi'r Tuduriaid. Pwysleisiai ef, fodd bynnag, y cymhelliad crefyddol a defosiynol yn hytrach na'r polisi i sicrhau undod iaith a gwladwriaeth:

> Os myn rhai pobl, er mwyn ceisio sicrhau cytgord, y dylid gorfodi'n cydwladwyr i ddysgu'r iaith Saesneg yn hytrach na chael cyfieithu'r Ysgrythurau i'n hiaith ni, fe ddymunwn i ar iddynt, yn eu sêl dros undod, fod yn fwy gwyliadwrus rhag sefyll yn ffordd y gwirionedd ... Yna, ni ellir amau nad yw cyffelybrwydd a chytgord mewn crefydd yn cyfrif mwy tuag at undod na chyffelybrwydd a chytgord iaith. Heblaw hynny, nid yw dewis undod yn hytrach na defosiwn, cyfleustra yn hytrach na chrefydd, a rhyw fath o gyd-ddealltwriaeth allanol rhwng dynion yn lle'r tangnefedd hwnnw y mae Gair Duw yn ei argraffu ar enaid dyn — nid yw hyn oll yn arwyddo duwioldeb digonol.[41]

Amlygir agweddau pwysig ar feddylfryd y dyneiddwyr Protestannaidd yn y geiriau hyn. Yn y lle cyntaf yr oedd hi'n amlwg fod yna farn bendant yn erbyn deddf cyfieithu'r Beibl i'r Gymraeg. Y mae Morgan yn nodi pwysigrwydd sylfaenol meithrin ffydd trwy ddarllen a deall y Beibl. 'Y mae eu hiachawdwriaeth dragwyddol hwy', meddai am blwyfolion cyffredin, '... wedi ei pheryglu'n ddirfawr hyd yma, gan mai trwy ffydd y mae pob un yn byw, a ffydd yn wir sydd trwy glywed, a chlywed trwy Air Duw'.[42] Rhoddodd cyhoeddi'r Beibl y cyfle i gynyddu nifer y pregethwyr yr oedd cymaint eu hangen yn yr eglwysi plwyf.

TWF YR EGLWYS: EI HADNODDAU A'I HANAWSTERAU

Flwyddyn cyn i'r Beibl ymddangos cyfansoddodd John Penry, Presbyteriad pybyr a brodor — yn ôl traddodiad — o Gefn-brith ar lechweddau gogleddol Mynydd Epynt, ei draethawd crafog *The Aequity of an Humble Supplication*. Pwysodd yntau'n daer am gael y Beibl cyflawn yn y Gymraeg i hyrwyddo buddiannau ysbrydol ei bobl a sicrhau pregethu'r Gair iddynt:

> Nid yw'r Hen Destament gennym yn ein hiaith, felly darllenir y llith gyntaf yn Saesneg i'n pobl mewn sawl man lle na ddeallir un gair ohono ... Gallai un gŵr yn ymwneud â'r gwreiddiol, gyda bendith Duw, gyfieithu'r cyfan mewn dwy flynedd; byddai mwy o ddwylo'n ei gyflawni'n gyflymach. Gellid darllen y proffwydi bach inni yn Gymraeg nes y byddwn wedi derbyn y cyfan a fyddai'n barod ar gyfer y wasg pryd bynnag y bodlonir Ei Mawrhydi a'r Senedd i alw amdanynt.[43]

Ni ddylai amlder tafodieithoedd, yn ei dyb ef, lesteirio'r dasg, ac er cymaint ei ofid ynglŷn ag anallu llawer o'r offeiriaid i ddarllen Cymraeg credai y byddai gosod pregethwyr ym mhob plwyf yn llesol i'r iaith lenyddol ac i achos crefydd. Pwysleisiodd yr angen am ddarpariaeth dda o bregethwyr graddedig o'r prifysgolion, yn cynnwys clerigwyr Cymraeg eu hiaith a feddai ar fywiolaethau yn Lloegr, y gellid eu cyflogi i genhadu ac, os byddai angen, gwelodd fanteision defnyddio lleygwyr goleuedig i'r un pwrpas. Rhoddodd bwys hefyd ar ddarparu cynhaliaeth briodol i'r gweinidogion hynny oherwydd, pe sylweddolid pwysigrwydd pregethu, byddid yn fwy parod i gynnal gweinidogaeth gyflawn. Ystyriai mai cyfrifoldeb y llywodraeth oedd hynny gan nad oedd yr awdurdodau eglwysig, yn ei farn ef, yn gymwys i'r gorchwyl. 'Os gwnewch yn wahanol', meddai wrth y llywodraeth os gwrthodid ei apêl, 'gweddïaf ar Dduw na fyddwch yn gyfrifol ar Ddydd y Farn am gynifer o eneidiau sy'n trengi yng Nghymru druenus oherwydd diffyg pregethu'.[44] Cyflwynodd Penry ei ddadleuon yn ddigon deheuig os yn llafurus: bu ei ymresymu'n gyfrwng iddo ymosod ymhellach ac, o safbwynt arall, ar drefniadaeth yr Eglwys Anglicanaidd.

Mae'n ddigon posibl mai apêl am weld yr Ysgrythurau'n llawn yn yr iaith

A TREATISE
CONTAINING
THE AEQVITY OF
AN HVMBLE SVPPLI-
CATION WHICH IS TO BE
EXHIBITED VNTO HIR
GRACIOVS MAIESTY AND
this high Court of Parliament
in the behalfe of the Countrey of
Wales, that some order may
be taken for the preaching of
the Gospell among those
people.

Wherein also is set downe as much of the
estate of our people as without offence
could be made known, to the end that
our case (if it please God) may be piti-
ed by them who are not of this assem-
bly, and so they also may bee driuen to
labour on our behalfe.

AT OXFORD,
Printed by IOSEPH BARNES, and are
to be sold in Pauls Church-yard at the
signe of the Tygers head. 1587.

Wyneb-ddalen *The Aequity of an Humble Supplication* (1587) gan John Penry

Gymraeg a ysgogodd John Whitgift i arbed unrhyw anesmwythyd pellach iddo'i hun fel archesgob, i William Morgan, y cyfieithydd, ac i'r Eglwys Anglicanaidd, trwy sicrhau bod y Beibl yn ymddangos yn fuan wedyn. Ni ellir profi hynny, mae'n wir, ond mae'r ffaith fod chwarter canrif bellach wedi mynd heibio er pan ddeddfwyd i gyfieithu'r Ysgrythurau yn dangos, yn y lle cyntaf, yr esgeulustod a fu cyn cyflawni'r dasg, ac yn ail, bod yr Eglwys, mewn cyfnod o argyfwng, eto heb gyflawni ei gorchwyl pennaf o greu teyrngarwch diymwad i'r Eglwys a'r wladwriaeth ymhlith y Cymry i'r Ffydd Brotestannaidd. O gofio am fygythiad Sbaen dramor a Phabyddion gartref — fel y dengys Penry'n ddigon eofn — yr oedd y sefyllfa wleidyddol a chrefyddol yn sensitif dros ben, ac mae'n syndod na phwysodd yr awdurdodau eglwysig fwy wedi 1567 i sicrhau bod y dasg yn cael ei chwblhau. Oherwydd ei alluoedd academaidd mae'n ddigon posibl fod yr Esgob Richard Davies wedi gofalu bod bywoliaeth Llanbadarn Fawr yn cael ei rhoi i William Morgan yn 1572 ac, efallai, iddo'i annog i ymgymryd â'r gorchwyl o gyfieithu'r Beibl, ond nid oes tystiolaeth i brofi hynny. Ni thrigai Morgan yno, a'r tebyg yw ei fod wedi dechrau ar y gwaith o gyfieithu pan oedd yng Nghaergrawnt a chyn iddo gael y fywoliaeth honno.

Y mae'n bosibl mai yng Nghaergrawnt, lle bu'n fyfyriwr a lle bu Thomas Cartwright, athro diwinyddiaeth yno, yn dadlau'n gryf dros sefydlu trefn Bresbyteraidd, y daeth John Penry, am y tro cyntaf, i gysylltiad â Phrotestaniaeth eithafol. Taranai Cartwright yn erbyn esgobyddiaeth, a gwadai i reolwyr seciwlar ran mewn materion eglwysig. Nid oedd y Piwritaniaid mor eithafol â hynny yn y saith a'r wythdegau. Credai llawer ohonynt y dylai'r esgobion ddefnyddio'u swyddi a hyrwyddo ffyniant y 'diwygiad duwiol' mewn perthynas â'r 'tywysog duwiol'. Gweithredwyd hynny yng ngyrfaoedd Matthew Parker ac Edmund Grindal yn ei flynyddoedd cynnar, pryd y tystiwyd i esiampl arweinwyr duwiol. Gwrthwynebai Grindal amlblwyfaeth ac absenoledd, ac yr oedd hefyd o blaid sefydlu gweinidogaeth bregethu a'r cynulliadau proffwydo ('*prophesyings*') a gynhaliwyd i godi safonau ymhlith yr offeiriadaeth. Aeth ei olynydd John Whitgift — noddwr William Morgan — rhagddo i gryfhau'r Eglwys Anglicanaidd i geisio gwrthsefyll y llif Piwritanaidd. Pwysigrwydd gweithiau John Penry, yn eu perthynas â Chymru, oedd y modd yr amlygent wendidau sylfaenol yr Eglwys mewn gwlad ddifreintiedig. Llafuriodd i geisio 'puro' yr Eglwys honno, er mai yn Lloegr — yn Llundain, Northampton a Chaeredin yn bennaf — y bu'n llafurio. Argraffodd ei draethodau a'i weithiau eraill fel y gallai gyhoeddi ei argyhoeddiadau ar faterion yn ymwneud ag achub eneidiau ei gyd-Gymry. Defnyddiodd ei dri thraethawd ar Gymru i'r pwrpas o amlygu gwendidau cyffredinol y bywyd crefyddol mewn cyd-destun Cymreig, a bu'n gefn i'r cynllun Presbyteraidd a gyflwynwyd gerbron y senedd yn 1587 i sefydlu Eglwys yn ôl trefn Genefa.

Beth bynnag oedd mesur dylanwad John Penry yn Lloegr nid enillodd nemor ddim dilynwyr yng Nghymru er fod carfanau o Biwritaniaid dylanwadol ar gael yn ardal Wrecsam — 'pedleriaid a thinceriaid ... a phiwritaniaid penboeth yn llawn o'r Efengyl'[45] — a mannau eraill ar y gororau pan ysgrifennai ei draethodau. Hefyd, tua'r un adeg, canodd Tomas Llywelyn ap Dafydd ap Hywel o'r Rhigos ei gân faith foesol ar un o'r mesurau rhydd ar ffurf ymddiddan rhwng yr Eglwys a'r dafarn. Y mae agwedd yr Eglwys yn adlewyrchu athrawiaethau Protestaniaeth, weithiau yn eu ffurf eithafol. Ni all yr offeiriad Pabyddol, meddai,

> ffyrfeiddio Crist yn gnawdol
> ai offrwm yn gorfforol ...
> Ni ddichon dyn offrymmu
> eilwaith yr Arglwydd Iesu
> fe offrymmawdd ar unwaith
> yr offrwm buddiol perffaith.

Ceir yn ei gerdd islais Calfinaidd cryf, ac mae'n rhoi pwyslais ar gredo fawr Luther mewn cyfiawnhad trwy ffydd. Y mae ei farn yn gryf o blaid cynnal egwyddorion y Ffydd Newydd:

> ... dau-rhyw o ddynion
> Duw ŵyr meddwl pob calon ...
> rhai a sydd felldigedig
> rhai a sydd etholedig ...
> ffrwythau ffydd gweithredoedd da
> i ddyn a dystiolaetha.[46]

Y mae ymdriniaeth John Penry, fodd bynnag, yn llawer mwy goddrychol. Y mae ganddo ef neges fwy pendant a ffurfiol, ac mae'n ymwybodol ei fod yn annerch, nid gwerin gwlad eithr llys uchel y Senedd, ac mae'n ymwybodol o'i gyfrifoldeb. Rhoddodd sylw manwl i ddiffygion trefniadaeth a disgyblaeth eglwysig, a chynigiodd ei ddulliau ei hun o ddiwygio'r sefyllfa. Un thema ganolog yn ei draethawd cyntaf a gyflwynwyd i'r Frenhines a'i Senedd oedd yr angen am well gweinidogaeth bregethu yng Nghymru. Yn *Exhortation unto the Governors and People of Her Majesty's Country of Wales* (1588), sef gwrthdystiad a gyflwynwyd, y tro hwn i Henry Herbert, Arglwydd-Lywydd y Cyngor yn y Mers, ymosododd yn ffiaidd ar yr esgobyddiaeth ac ar ansawdd y weinidogaeth, ac anogodd lywodraethwyr Cymru i ddarparu'n helaethach ar gyfer diwygio bywyd ysbrydol y genedl. Cyfeiria atynt fel y 'bugeiliaid melltigedig sy'n gwasgaru eu preiddiau', ac â rhagddo:

> Gwae felly i fugeiliaid Cymru, meddai Iehofa, sy'n bwydo'u hunain; oni ddylai'r bugeiliaid fwydo'u preiddiau. Bwytewch y braster a gwisgwch y gwlân ond ni fwydwch y praidd ... Cymerwch hyn gen i, os nad ymwrthodwch â'ch diogi, chwydir chwi allan o'r bywiolaethau a'r cadeirlannau heintus hynny yr eisteddwch ynddynt, sef eich esgobaethau. A

> gobeithiaf y bydd yr Arglwydd yn eu gwneud mor ffiaidd a
> gwaradwyddus fel y bydd pob gŵr a ofna Dduw yn arswydo
> o hyn allan rhag mynychu'r esgobaethau hynny, sef Tyddewi,
> Asaff, Bangor a Llandaf ... A hyderaf yn yr Arglwydd Iesu
> y gwelaf ei eglwys yn ffynnu yng Nghymru, pan gleddir yn
> uffern, o ble y daethant, y cof am Arglwydd Esgobion.[47]

Geiriau hallt yn wir sy'n awgrymu bod Penry wedi gorymateb i'r sefyllfa
esgobol yng Nghymru. A phwy oedd yr esgobion y pryd hwnnw a pha mor
aneffeithiol oeddynt? Nid oes amheuaeth fod William Hughes o Lanelwy a
Marmaduke Middleton o Dyddewi yn ei feddwl gan fod y naill, fel y dengys
adroddiad 1587, yn aneffeithiol fel gweinyddwr ei esgobaeth ac yn
amlblwyfydd enwog, a'r llall, er iddo yn 1583 holi'n ffurfiol a manwl am gyflwr
ei esgobaeth a dilorni parhad yr hen arferion Pabyddol, golli ei swydd yn
1590-2 am droseddau ysgeler. Nid oedd William Bleddyn yn Llandaf, ar y
llaw arall, mor anghymeradwy â hynny. Mae'n wir iddo gael caniatâd i ddal
bywiolaethau a feddai cyn ei ddyrchafu ynghyd â swyddi eraill, eto, yr oedd
yn weinyddwr cryf, yn ddisgyblydd llym ac yn elyn didostur i'r rhai na
chydymffurfiai. Ynglŷn â Hugh Bellot, Esgob Bangor, ni allai Penry ganfod
fawr ddim i'w gollfarnu. Yr oedd yn ddi-Gymraeg, mae'n wir, a daliai segur-
fywiolaethau yn yr eglwys, ond meddai yntau hefyd ar rinweddau pendant.
Fe'i hetholwyd yn Gymrawd yng ngholeg Ioan Sant yng Nghaergrawnt, lle'r
oedd Morgan yn gyfoed iddo, ac, yn ei ddyddiau cynnar, yr oedd yn un o'r
ysgolheigion a fu'n ymhél â chyfieithu 'Beibl yr Esgobion'.

Yn 1588 hefyd ymddangosodd y trydydd traethawd, sef *A Supplication unto
the High Court of Parliament*, yr hwyaf a'r mwyaf treiddgar o'i ddatganiadau
a grynhodd yn fanwl y diffygion a lesteiriai'r eglwys. Pwysleisiodd y ddau
brif ddull y gellid eu defnyddio, yn ei farn ef, i waredu Cymru rhag ei gofidiau.
Yn y lle cyntaf, dylid difa popeth a oedd yn dramgwydd i ordinhad Duw,
megis 'gweinidogion mud', absenolwyr ac esgobion. Yna, wedi chwynnu'r
eglwys o'r clerigwyr anfad hyn sefydlu cymaint ag y gellid o wŷr dysgedig
yn gyfleus mewn plwyfi i gwrdd ag anghenion ysbrydol y Cymry.

Ym mhob un o'r traethodau maith hyn amlygir John Penry yn ddiwygiwr
pybyr a gyflwynai ei achos, yn ôl arfer ei oes, yn drymaidd, amleiriog ac
ailymadroddus. Ceisiai foddhau arweinyddiaeth y Presbyteriaid ac, ar yr un
pryd, ddarbwyllo Tŷ'r Cyffredin a'r Cyngor yn y Mers o ddilysrwydd ei
amcanion. O'r safbwynt hwnnw cydnabyddir Penry yn un o'r lleygwyr mwyaf
beiddgar ei safiad a'r mwyaf egnïol a thanbaid ei wrthwynebiad i'r drefn
eglwysig. Achwynai'n boenus o angerddol am y sefydliad trwy ganoli'r sylw
ar y broblem sylfaenol, sef pwyso ar anallu dybryd yr Eglwys i gyflawni ei
chenhadaeth, a thrafod yn fanwl a hyderus ddyletswyddau'r llywodraeth i
geisio adfer gwir grefydd i'r deyrnas. Dadleuai'n fanwl trwy ddisgrifio'r
gwarth a fwrid ar y Senedd a sefydliadau eraill pe gwrthodid ei gais. Os na
roddid gwrandawiad iddo, meddai, esgeulusid anrhydedd Duw, peryglid

safle'r frenhiniaeth yn y deyrnas a datgenid i'r byd fod crefydd a gwirionedd wedi edwino ymhlith ei llywodraethwyr. Heriai'r Senedd i feiddio ei chyhuddo'i hun o fod yn anystyriol o'r angen dyfnaf, sef cynnal gweinidogaeth dduwiolfrydig a chyson.

Sut aeth John Penry ati i amlygu'r gwendidau a welsai ef yn y drefn Anglicanaidd? Yn unplyg a threfnus pwysleisiodd ei ddadl ganolog, sef annigonolrwydd y weinidogaeth bregethu. Cyfrifid hynny ganddo'n destun gwarth. Er i'r deyrnas bellach, meddai, arddel y ffydd Brotestannaidd ni ellid ei chyfiawnhau onibai ei bod yn fynegiant gwiw o Air Duw. Byddai caniatáu anwybodaeth o egwyddorion sylfaenol y Ffydd ymhlith y Cymry'n weithred ysgeler y gallai Duw ddial arnynt. Ar bregethiad ac nid ar ddarlleniad y gair yn unig y safai enw da'r Frenhines. Cyfeiriodd Penry'n aml at bwerau'r Fall a fygythiai barhad y deyrnas ac a greai'r tywyllwch ysbrydol dudew. 'Nid oes gennym un mewn ugain o'n plwyfi a chanddynt wybodaeth achubol', meddai'n ddeifiol: 'Ni ŵyr miloedd o'n pobl fod Iesu Grist yn Dduw na dyn, yn Frenin, offeiriad na phroffwyd'.[48] Tosturiai wrthynt am eu hanghrediniaeth a'u hofergoeliaeth, ac ystyriai fod trueni o'r fath yn arwydd o'u hanallu i ddeall ystyr cariad Duw ac yn amlygiad ohono fel bod creulon didrugaredd. Geilw am ryddid o 'dywyllwch dybryd anwybodaeth' ac eilunaddoliaeth trwy sefydlu gweinidogaeth bregethu.

Nid rhyfedd i John Strype, bywgraffydd yr Archesgob Whitgift, alw Penry yn 'Gymro penboeth' yn 1588 wedi ymddangosiad yr *Exhortation*, a'r ensyniadau annymunol a geid ynddo. Cyfeiriodd George Owen o'r Henllys ato fel 'gŵr digywilydd' ac at y 'pamffled enllibus' hwnnw rai blynyddoedd yn ddiweddarach. Nid Penry, fodd bynnag, oedd y cyntaf i sylwi ar y diffygion yn y modd y cenhadwyd Gair Duw, oherwydd yr oedd rhai o'r esgobion wedi mynegi pryder am hynny, fel y gwelwyd eisoes, er enghraifft, yn achos Nicholas Robinson. Ni allai'r Eglwys ei hamddiffyn ei hun, meddai, os na roddai drefn ar ei meddiannau. Yr oedd yn ymwybodol o faich mwyaf yr Eglwys Brotestannaidd yn ei ddyddiau ef, sef gorfod ymgodymu â gwaddol a gweddillion strwythur a threfniadaeth Eglwys yr hen Ffydd a etifeddwyd ganddi. Fflangellodd Penry y rhai a feddai ar fywiolaethau nad oeddynt yn byw ynddynt — 'y pechod erchyll ac ofnadwy hwnnw' — yr amfeddu cyson a niweidiol ymhlith lleygwyr tiriog a'r weinidogaeth ysgymun na ddylid ymddiried iddi'r fraint o weinyddu'r sacramentau. Ergydiodd yn drwm yr 'heidiau o weinidogion annuwiol', a dirmygai eu diymadferthedd a'u gormes am iddynt fod yn rhwystr i sefydlu gweinidogaeth dduwiol a dysgedig. Credai y dylid deddfu i neilltuo'r ddegfed ran o bob amfeddiad ar gyfer hynny. Beirniadai'n hallt y sawl na allai bregethu ond a feddai ar fywiolaethau bras ac a fanteisient ar y cyfle i'w hysglyfio a'u blingo. Yng ngolwg Penry cyfrifid hwy'n ddiffeithwyr a dinistrwyr undod y wladwriaeth Gristnogol. Dadleuai na ddylai unrhyw glerigwr feddu ar fwy nag un fywoliaeth, y dylid rhoi sicrwydd iddo y gallai gadw ei fywoliaeth dros gyfnod ei fywyd, ac y dylai drigo a chyflawni ei briod swydd ynddi.

Prif bwrpas difrïo trefniadaeth eglwysig oedd amlygu anallu'r Eglwys i gyflawni ei phriod ddyletswyddau. Yr arwydd mwyaf pendant o'i haneffeithiolrwydd, ym marn Penry, oedd gwendidau ymhlith yr arweinwyr. Ni allai unrhyw berson, pa mor dduwiol a dysgedig bynnag, fod yn weinidog cywir os na weithredai ei alwedigaeth ag ordinhad ddwyfol. Hanfod pob gweinidogaeth, meddai, yw dwyn yr etholedig at Dduw ac, yn rhinwedd hynny, pwysleisiodd y rheidrwydd i buro'r Eglwys drwy ddiswyddo'r esgobion. Nid oedd mwy o sail i awdurdod esgobol, meddai, nag i awdurdod y Pab, ac ni chredai ychwaith fod gan y Confocasiwn, sef synod y ddwy archesgobaeth, ddiben nac ystyr yn adeiladwaith eglwys Dduw.

Un thema ganolog yn nhraethodau John Penry yw ei bryder mawr ynglŷn â bygythiad y Pab a'i gefnogwyr yng Nghymru a Lloegr. Mewn cyfnod o newid cymdeithasol ac ymaddasu araf i amgylchiadau gwleidyddol a chrefyddol newydd ofnai'r llywodraeth faint yr ymlyniad wrth yr Hen Ffydd. Caseid Pabyddion hefyd gan y Piwritaniaid, a mynych y cyfeiriai Penry'n ddilornus atynt fel 'grym Cain Rhufeinig' a 'thylwyth difywyd ac anifeilaidd Rhufain' ac at bob cennad Pabyddol fel 'offeiriad estron eilunaddolgar ac eilliedig'.[49] Yr oedd yn llawdrwm iawn ar eilunaddoliaeth, ac er iddo ddatgan ei deyrngarwch i'r Frenhines a'i chanmol am waredu'r deyrnas rhag y pwerau Pabyddol ofnai yr un pryd mai adennill tir a wnâi ymlynwyr yr Hen Ffydd os na chedwid gwyliadwriaeth ofalus. Ysgrifennai mewn cyfnod pan oedd Lloegr a Sbaen yn elynion, ac wedi i'r rhyfel dorri rhyngddynt yn 1585 pryderai Penry ynghylch y posibiliadau a'r canlyniadau arswydus pe byddai'r Frenhines a'i chrefydd yn cael eu trechu. Y mae ei eiriau'n dra llym am y cynllwynydd aflwyddiannus, Anthony Babington, i lofruddio Elisabeth yn 1586 a gorseddu Mari Tudur:

> Pa mor debygol oedd hi, pe na bai Ef yn ei drugaredd wedi tagu â'u hysbrydoedd cynddeiriog eu hunain, y sugnwyr gwaed anniwall hyn, Babington a'i ymlynwyr, y byddem wedi cael yn y deyrnas hon law'r aflan yn erbyn yr anrhydeddus, yr isel yn erbyn yr urddasol, y sarhaus yn erbyn y teilyngaf yn y wlad? Ie, ac yr oedd hi'n debyg y byddai eneiniog yr Arglwydd, union anadl ein ffroenau, y hi yr ydym yn ei chysgod wedi ein diogelu'n hir rhag y croesion Pabyddol paganaidd, yn cwympo i'w meddiant.[50]

Yn wyneb erchyllterau a allai ddigwydd o adfeddiant o'r fath ni allai'r Eglwys, yn ei chyflwr presennol amddiffyn ei hygrededd na sefyll dros y deyrnas Brotestannaidd. Canwyd baled gwrth-Babyddol yn union wedi methiant trais Anthony Babington, Syr Benjamin Tichborne a'r deuddeg cyd-gynllwynydd arall a ddienyddiwyd yn 1586, yn rhoi diolch i Dduw am gadw'r Frenhines rhag brad.[51]

Credai John Penry'n argyhoeddiadol mai hierarchaeth ddirywiedig yr Eglwys, gweinyddwyr claear yr ardaloedd lleol a llywodraeth y deyrnas oedd yn gyfrifol am y diffygion sylfaenol ym mywyd crefyddol y wlad. Pwysai'n aml ar yr awdurdodau seciwlar ac ar eu cyfrifoldeb, trwy ordinhad ddwyfol, i buro'r Eglwys Brotestannaidd a gwarchod gwerthoedd cynhenid Eglwys Dduw. Credai mai dialedd Duw ar deyrnas halogedig a gyfrifai am y caledi a'r newyn a ddioddefwyd yn 1585 yn hytrach nag amgylchiadau tymhorol a gwasgfeydd economaidd. Nid Penry, wrth gwrs, oedd y cyntaf i sôn am farn Duw ar y bobl yn eu pechodau oherwydd mae honno'n hen thema mewn barddoniaeth gyfoes. 'Daw'r newyn hwn am ein pechodau', meddai gan resynu am gyflwr truenus ei gyd-Gymry, a datgana mai anwybodaeth plwyfolion llwm a bygythiadau 'Pabyddiaeth ddreng' oedd yn bennaf gyfrifol am y gorthrwm a'r caledi economaidd ym mlynyddoedd canol wythdegau'r ganrif.[52]

Cyhoeddodd John Penry hefyd mai cyfrifoldeb y corff llywodraethol oedd cadarnhau ac amddiffyn yr Eglwys a dinoethi a difa ynddi'r nodweddion ysgymun a'i llurguniai. Gan nad ystyrid y Confocasiwn yn ddim namyn sefydliad llwgr pwysodd y deisebwr brwd fwyfwy ar ddyletswyddau'r awdurdodau sifil. Os parhâi'r llywodraeth i barchu'r corff hwnnw byddai'n cynnal a meithrin gormes a thrais. 'Os na fydd yr ynad yn cynnal ei anrhydedd yn erbyn Satan', meddai am yr oruchwyliaeth seciwlar, 'fe syrth i'r llawr'.[53] Er godidoced oedd llwyddiant y deyrnas yn erbyn llynges Sbaen yn 1588 a phwerau'r anghrist, meddai ymhellach, gallai dirywiad moesol symbylu'r gelyn i ymosod drachefn a llwyddo i ysbeilio'r wlad. 'Oddieithr eich bod yn rhoi rhwydd hynt i'm hefengyl', traethodd yn fygythiol, 'daw llynges Sbaen … i frwydro'n erbyn y wlad a'i diffeithio â thân a chleddyf'.[54] Gwelodd gymhariaeth rhwng sefydlu Eglwys Dduw a sicrhau heddwch a threfn a diogelwch gwleidyddol. Gallai esgeuluso 'anrhydedd Duw' a lles moesol deiliaid y deyrnas beryglu'r corff neu gyfansoddiad y llywodraeth.

Ar y pryd plediai John Penry achos Piwritaniaeth oblegid ei safbwynt gwrth-esgobol cryf. Fe'i cyhuddwyd o gyhoeddi tractau bradwrus dan enw Martin Marprelate, ond nid yw'n debygol fod hynny'n gywir. Sut bynnag, tanseiliodd y syniad o Eglwys wladwriaethol sefydledig, ac ni ellir llai nag ymdeimlo ag angerdd dwys y Piwritan pybyr fel y'i mynegwyd yn ei draethodau. Gŵr tra siomedig oedd Penry, a pherthynai iddo nodweddion eithafol ac ansad yn ystod ei gyfnod byr fel Presbyteriad ac Ymwahanwr wedi hynny. Ac er ei fod yn arddangos gwlatgarwch mawr ac yn datgan ei bryder am lesgedd ysbrydol ei gyd-Gymry, o asesu ei holl weithiau fe ymddengys ei fod, yn y bôn, yn ei gyfrif ei hun yn gennad yn nhraddodiad Piwritanaidd ei gyfnod yn Lloegr, a chymhwysodd ei ddadleuon i amgylchiadau, fel y deallai ef hwy, yn ei wlad ei hun. Yn y cyd-destun hwnnw y mae'n bwysicach fel arweinydd a phropagandydd yn hanes y mudiad Piwritanaidd y tu hwnt i Glawdd Offa. Ei ofid pennaf, mewn blynyddoedd pan geid gwasgfa erledigaeth arno ef a'i gyd-fforddolion, oedd bod y deyrnas yn feddiannol ar allanolion y wir ffydd ond wedi'i hamddifadu o'i hanfod. Bu'n driw i'w argyhoeddiadau hyd ddiwedd ei oes fer. 'A bydded yn wybyddus', meddai'n herfeiddiol ar ddiwedd ei *Supplication*, 'nad wyf yn ofni marwolaeth yn yr achos hwn. Os trengaf, fe drengaf'.[55] Ac felly bu. Fe'i cyhuddwyd o deyrnfradwriaeth ac fe'i crogwyd yn St Thomas a Watering yn ne Llundain ym Mai 1593 yn ddeg ar hugain mlwydd oed.

* * * * *

Beth, felly, oedd safle'r Eglwys Anglicanaidd yng Nghymru ar ddiwedd yr unfed ganrif ar bymtheg? Pan ddaeth Francis Godwin, Esgob Llandaf, i'w swydd yn 1601 cwynodd am rai problemau sylfaenol, sef Pabyddiaeth, dadfeddiannu eiddo eglwysig ac ansawdd gwael yr offeiriadaeth. Yn ychwanegol at hynny pryderai am gyflwr ei eglwys gadeiriol. Yr oedd wedi dirywio gymaint '… fel y bydd, os na chaiff gymorth anarferol, yn fuan yn disgyn i'r llawr'.[56] Ar ben hynny, yr oedd problem y Pabyddion yn bur ddifrifol, yn arbennig yng ngororau Cymru, yn yr ardaloedd ffiniol hynny rhwng esgobaethau lle nad oedd hi'n hawdd eu dal a'u cosbi. Yn Llandaf, gwelsai Gervase Babington, un o ragflaenwyr Godwin, nad problem hawdd i'w datrys oedd gweddillion y gymdeithas Babyddol yn ei esgobaeth, ac ymdrechodd i leihau dylanwad teuluoedd grymus a lynai'n dyn wrth yr Hen Ffydd. Yn 1591, rhybuddiwyd y Cyngor yn y Mers gan y Cyfrin Gyngor i fod yn wyliadwrus oherwydd y cynnydd mewn reciwsantiaeth ar ororau esgobaethau Henffordd a Llanelwy:

> Ceir cryn lithro'n ôl mewn crefydd yn y parthau hyn, yn arbennig yng nghyffiniau'r siroedd rhwng Lloegr a Chymru fel sir Fynwy a godreuon siroedd Cymru sy'n ffinio arnynt … ceir llawer o redwyr tramor a chludwyr llyfrau offeren, uwch-allorau, pob math o wisgoedd offeren, bara canu, afrlladennau a phopeth arall a ddefnyddir wrth, ac i, ganu offeren.[57]

Ym Mawrth 1602 drachefn cyfeiriodd yr Arglwydd Zouche, Arglwydd-Lywydd newydd y Cyngor yn y Mers, at y gororau ac at y mannau hynny eu bod 'wedi eu gorlenwi â Phabyddion, y rhai nad ŷnt o'r radd isaf, a feddai ar ddigon o arfau ac arian'.[58] Yn esgobaeth Llanelwy cwynodd Richard Parry, olynydd William Morgan, am gyflwr gwael yr offeiriadaeth, yr amfeddu niweidiol a'r diffygion addysgol. Yr oedd hefyd yn bryderus ynglŷn â bygythiad Pabyddiaeth yn rhannau dwyreiniol ei esgobaeth.[59] Dangosodd Syr Richard Lewkenor, Prif Ustus Cylchdaith Caer, ei bryderon ynglŷn â thwf a pharhad reciwsantiaeth yng Nghymru a'r gororau. Yn Nhachwedd 1601 ysgrifennodd at Robert Cecil, Iarll Salisbury, mab Burghley a'r Arglwydd-Drysorydd, yn cwyno am y cynnydd mawr ymhlith ymlynwyr Pabyddol yng Nghymru a'r cyffiniau. Cwynai Ustusiaid Heddwch am ddigywilydd-dra Pabyddion yn esgeuluso'r mwstrau sir ac yn ffoi rhag eu mynychu wedi iddynt dderbyn eu 'tâl pres'. Yr oedd y gosb, meddai ymhellach, yn llawer rhy ysgafn.

Gwell oedd ganddynt dalu dirwy o ddeugain swllt neu ddioddef cyfnod byr mewn carchar na gwasanaethu ym myddin Lloegr yn Iwerddon, a theimlai'r Ustus fod angen rhoi gwell trefn a rheolaeth ar fforffedu eu tiroedd er budd i'r Goron.[60] Ychydig dros flwyddyn wedi hynny cwynodd drachefn fod Pabyddiaeth ar gynnydd er fod trefn bellach ar y wlad a bod yr esgobion wedi llafurio i 'blannu' pregethwyr da yn y plwyfi.[61]

Mae'n ddiamau felly fod problemau'r Eglwys newydd yn ddwys ar ddiwedd ei hail genhedlaeth a bod ei harweinwyr yn ymwybodol o'i safle bregus. Er hynny, meddai ar rai adnoddau cynhaliol cryf. Yn y lle cyntaf, ceir arwyddion fod ansawdd y glerigaeth yn gyffredinol yn gwella o safbwynt addysg a bugeiliaeth. Dangosodd yr esgobion ar ddiwedd y ganrif eiddgarwch dros ddiwygio'r rhannau hynny o'r Eglwys a ymddangosai'n bur llesg ac yn darged i'w beirniaid mwyaf deifiol. Er gwaethaf parhad Pabyddiaeth mewn rhai ardaloedd gwnaed ymdrechion i leihau gweithrediadau ei hymlynwyr. Aeth William Morgan ati i atgyweirio rhannau o'i eglwys gadeiriol yn Llanelwy ac i arolygu'n fanylach gyllid a dyletswyddau ysbrydol yr esgobaeth. Ym Mangor daeth Henry Rowland (1598-1616) yn enwog am atgyweirio'i eglwys yntau ac am ei waddoliadau a'i gymynroddion hael a'i ymroddiad i waith elusennol yn ei esgobaeth. Gorfodwyd yr esgobion hynny i ymgodymu â rhai o'r problemau sylfaenol a oedd yn waddol yr Eglwys Babyddol ynghyd â chanlyniadau cyfnod o anawsterau economaidd ac o ymsefydlu dan drefn wleidyddol newydd. Dan amgylchiadau o'r fath nid yw'n syndod fod yr Eglwys yn drwm ei baich ac yn analluog i fedru sicrhau undod ynddi a theyrngarwch iddi.

Eglwys Gadeiriol Llanelwy. Engrafiad gan y brodyr Buck, 1742

Ar y llaw arall meddai'r Eglwys hefyd ar adnoddau cryfder nad ydynt, efallai, wedi cael y sylw a haeddant. Conglfaen ei sefydlogrwydd oedd ymddangosiad y Beibl Cymraeg. Canmolwyd dylanwad hwnnw ar fywyd ysbrydol y Cymry mewn rhai o brif gynhyrchion y cyfnod, yn cynnwys rhai o gerddi'r beirdd caeth. Meddai Owain Gwynedd yn ei gywydd ef i Morgan pan oedd yn Esgob Llanelwy:

> Diniwliaist ynny eilwaith
> A oedd yn niwl ddoe i'n iaith.
> Dyna i ni don o newydd,
> Dyna'r ffordd er dunaw'r Ffydd;
> Od enynnai don annyn,
> Dyna nerth i'n dwyn yn un.
> Cord purffawd cariad perffaith
> Yw eich cael chwi'n ael ein iaith.[62]

Cyfeirir yn benodol at y goleuni ysbrydol a'r gobaith newydd a ddaethai i ran y bobl trwy'r ysgrythurau. Anwybyddwyd y pwyslais ar draddodiadau cibddall y gorffennol. Ystyrid bod crefydd yr Oesoedd Canol, yn ei hanfod, yn sagrafenaidd, sefydliadol a seremonïol. Yn y Beibl amlygwyd sofraniaeth Duw yn ffynhonnell ffydd. Mewn cerddi i'r Frenhines hefyd ceir canmoliaeth ddigymysg i'r eglwys sefydledig a'i goruchafiaeth. Pa anawsterau bynnag a ddeuai yn sgil y cyfieithu ystyrid yr hyn a gyflawnwyd, o fewn cwmpas yr ardrefniad Protestannaidd, yn bennaf trysor llên a buchedd y Cymro ac yn sail gadarn i ffydd yr Eglwys Brotestannaidd newydd. Ar gorn y gamp honno cynhyrchwyd nifer fach ond allweddol bwysig o weithiau llenyddol, yn gyfieithiadau gan fwyaf, gyda'r bwriad o hyfforddi'r genedl, gyda chymorth yr offeiriadaeth, yn egwyddorion y Ffydd Brotestannaidd. Yn eu plith ceir gweithiau Morus Kyffin a Huw Lewys yn 1595, y cyfeiriwyd atynt eisoes. Yn 1599 cyhoeddodd William Morgan fersiwn diwygiedig o'r Llyfr Gweddi Gyffredin, ac yr oedd yn fwriad ganddo hefyd i ddiwygio'r Testament Newydd. Yn 1606, cyfieithodd Edward James, ficer Llangatwg ger Castell-nedd homilïau'r Eglwys — a gyhoeddwyd gyntaf yn Saesneg yn 1547, ac am yr eildro yn 1563 — dan y teitl *Llyfr yr Homilïau*. Ei amcan oedd rhoi'r cyfle i blwyfolion, 'o glywed darllen y pregethau duwiol dysgedig hyn yn fynych, ddysgu mewn amser credu yn Nuw yn union ac yn ffyddlon'.[63]

Yn 1603 cyhoeddodd Thomas Salisbury o Lundain waith Edward Kyffin *Rhann o Psalmae Dafydd Brophwyd Ivv canu ar ôl y dôn arferedig yn Eglwys Loegr*, a gynhwysodd y deuddeg salm gyntaf a'r pum adnod gyntaf o'r drydedd salm ar ddeg ar fesur awdl-gywydd ochr yn ochr â'r testun Beiblaidd. Ei fwriad oedd 'llesáu fy ngwlad ymhellach ar ôl hyn mewn pethau duwiol eraill o'r Ysgrythur Lân'.[64] Yr un flwyddyn ymddangosodd *Psalmae y Brenhinol Brophvvyd Dafydh* gan Wiliam Myddelton, ac anogodd Thomas Salisbury, a gyhoeddodd y gwaith yn Llundain, ei gyd-Gymry 'i gyd gymorth gyfryw dduwiol amcan sy'n penodi at iechydwriaeth, ein heneidiau ein hunain ag amlhad dysgeidiaeth, gwybyddiaeth a duwioliaeth in mysg ni'.[65] Gweithiau oedd y rhain a ddyfnhaodd wybodaeth y werin bobl ymhen amser ym mhynciau'r ffydd, gorchwyl hanfodol yn y broses o wreiddio'r traddodiad newydd.

Sut bynnag, ni ellir casglu'n derfynol fod Cymru'n wlad Brotestannaidd ar ddiwedd teyrnasiad Elisabeth I. Eglwys ar ei thyfiant araf oedd hi heb gyflawni ei bwriad yn llawn i greu undod crefyddol cyflawn yn Lloegr na Chymru. Er grymused y gwrthwynebiad Pabyddol nid ystyrid bod hynny'n berygl difrifol gan nad oedd cenhadaeth y Fam-Eglwys yn ddigon cryf a dyfalbarhaol. Amharwyd ar ei hachos gan wendid sylfaenol yn y genhadaeth yn hytrach na chan gryfder Protestaniaeth. Amddiffynnwyd yr Eglwys Anglicanaidd gan lywodraeth wrth-Babyddol a gwrth-Biwritanaidd, yn arbennig dan arweiniad John Whitgift, ac erbyn diwedd y ganrif cawsai'r amser i'w sefydlu ei hun a chadarnhau ei safle. Erbyn hynny pwysleisiwyd yr angen i sefydlu gwell safonau i'w galluogi i gyflawni ei gorchwylion pennaf yn pregethu a gweinyddu'r sacramentau. Dyna'r cam cyntaf i ledu diwylliant ymhlith lleygwyr o bob gradd gymdeithasol. Fel eu cydradd yn esgobaethau Lloegr ceisiodd y mwyaf brwdfrydig ymhlith preladiaid Cymru oes Elisabeth hybu'r bywyd ysbrydol ymhlith y clerigwyr drwy eu hymweliadau swyddogol a'u hanogaethau iddynt i gyfathrebu'n fwy effeithiol â'u plwyfolion yn eu hiaith eu hunain.

Er iddi fethu â chreu undod a meithrin teyrngarwch llwyr, erbyn diwedd y ganrif tyfodd yr eglwys i fod yn ddigon cryf ei chyfansoddiad. Mewn cyfnod o ansadrwydd yn ail hanner yr unfed ganrif ar bymtheg bu'r sefydliad yn gyfrwng i arbed y deyrnas rhag rhyfel cartref fel a gafwyd mewn rhai o wledydd eraill Ewrop y pryd hwnnw. Yn ei *The Laws of Ecclesiastical Polity* (1593) pwysleisiodd Richard Hooker draddodiadau hanesyddol yr Eglwys a'i hymlyniad wrth egwyddorion heddwch a sefydlogrwydd, a chanfu yn yr Ysgrythurau sylfaen gwir Eglwys Dduw ar y ddaear. Felly hefyd y gwnaeth John Jewel yn *Apologia Ecclesiae Anglicanae*, ac meddai, yng nghyfieithiad Morus Kyffin:

> A darfod inni geisio yn yr Ysgrythurau glân di-dwyllodrus, a thynnu allan ohonynt math a ffurf sicr ar grefydd gan ddychwelyd drachefn at brif Eglwys yr hen dadau a'r apostolion, sef yw hynny, at y dechreuad a'r drefn gyntaf megis sylfaen a gwaelod ffynhonnau'r eglwys.[66]

Tystiolaeth gyfyng efallai, ond er hynny'n arwydd o ffydd a ddeilliai o'r Ysgrythurau. 'Lledaenu ac amddiffyn gwir grefydd' i William Morgan oedd darparu'r Gair, ac yn ei gyflwyniad i'r cyfieithiad cyplysodd hynny â llwyddiant y Frenhines yn cynnal ac amddiffyn y deyrnas sofran rhag peryglon allanol. Y 'graslonrwydd dihafal … a'r heddwch gwynfydedig' a fwynheid ganddi rhagor ei chymdogion a apeliai fwyaf ato.[67] Cymwynas fwyaf y

Frenhines i'r Cymry, yn ei farn ef, fyddai iddi gymeradwyo'r cyfieithiad a thrwy hynny uniaethu dyheadau arweinwyr y Ffydd Newydd yn Lloegr a Chymru.

Yn rhinwedd grym traddodiadau'r hen Eglwys apostolaidd gyntefig dyrchafwyd y sefydliad newydd i safle o anrhydedd cenedlaethol. Ei *raison d'être*, yng ngolwg hynafiaethwyr yr oes, oedd y ddamcaniaeth am ei tharddiad yn yr Eglwys gynnar. Rhoddwyd iddi urddas am fod ganddi amcan dwyfol. Uniaethwyd yr Eglwys yng Nghymru a Lloegr ar sail y traddodiad llwgr hwnnw, ac yn yr oes honno bu treftadaeth hanesyddol y Cymry'n gyfrwng i gynnal a chryfhau un o brif sefydliadau'r gwareiddiad Protestannaidd yn y deyrnas. Prif orchwyl yr Eglwys Anglicanaidd yng Nghymru ar ddiwedd ei hanner canrif gyntaf ydoedd defnyddio pa adnoddau bynnag a oedd ganddi i bwrpas dyfnhau'r ymwybyddiaeth Brotestannaidd a gwrthsefyll pob ymdrech i ddryllio'i hundod. Un o'r adnoddau hynotaf yn ddiamau oedd camp William Morgan, 'gwaith angenrheidiol, gorchestol, duwiol, dysgedig' chwedl Morus Kyffin, a ymddangosodd yn yr un flwyddyn ag yr enillodd Lloegr hithau oruchafiaeth ar rym Pabyddol Sbaen a sicrhau parhad ac annibyniaeth ei theyrnas Brotestannaidd. Yn fuan wedi'r flwyddyn honno canodd 'Syr' Thomas Jones, offeiriad Llanfair Cilgennin yng Ngwent, ddwy gerdd rydd syml i'w cofio, un i longyfarch William Morgan ar ymddangosiad y Beibl (y cyfeiriwyd ati eisoes) a'r llall i lawenhau yng ngallu'r Frenhines i gadw annibyniaeth y deyrnas wedi i'r Armada gael ei threchu. Yn y ddwy gerdd mae'n pwysleisio galluoedd y Frenhiniaeth i gynnal ei hurddas. Cyfeiria yn ei gerdd i'r Beibl ato fel y 'gwir ddoethineb ... Yn tywallt dysg i'r Cymry' ac yn y llall — lle y terfyna bob pennill â'r gair 'ynys' — i lwyddiant Elisabeth ar y moroedd ymddengys elfen gref o senoffobia nodweddiadol o'r oes.[68] Pwysleisia'r angen am amddiffyn yr ynys rhag Pabyddiaeth Sbaen a gweddïa'r bardd dros 'Eglwys Grist a'i ynys' a chanola'i gerdd ar sefydlogrwydd y frenhiniaeth:

> A'n brenhines brydnerth brydd
> Dra doniog ddedwydd ddawnys
> Duw rhoddo i hon enioes hir
> I gadw tir ein hynys.[69]

Yn y cyd-destun hwn yn raddol yr enillodd yr Eglwys newydd ei thir: ei chydberthynas annatod â gwladwriaeth sofran a roddodd iddi'r grym rhagor na Phabyddiaeth a'r twf araf mewn Piwritaniaeth i ymsefydlogi fel un o'r sefydliadau llywodraethol canolog ar drothwy canrif helbulus y Stiwartiaid.

LLYFRYDDIAETH

Jones, E.G., *Cymru a'r Hen Ffydd* (1951)

Jones, E.G., 'The Lleyn Recusancy Case, 1578-81', *Traf. Cymmr.* (1936)

Thomas, D.A. (gol.), *The Welsh Elizabethan Catholic Martyrs* (1971)

Williams, G., *Bywyd ac Amserau'r Esgob Richard Davies* (1953)

Williams, G., *Grym Tafodau Tân: Ysgrifau Hanesyddol ar Grefydd a Diwylliant* (1984)

Williams, G., *The Reformation in Wales* (1991)

Williams, G., *The Welsh and their Religion* (1991)

Williams, G., *Welsh Reformation Essays* (1967)

NODIADAU

1   Ellis, op. cit., III, CCCXXX, tt.194-201; T. Wright (gol.), *Letters relating to the Suppression of Monasteries* (Camden Society, 1843), XCV, tt.190-1.

2   *L. & P.*, IX, CCXLIV, t.83.

3   *Letters relating to the Suppression of Monasteries*, XXXIV, t.79.

4   Ibid., XCIV, tt.187-8.

5   Ibid., CI, tt.206-9.

6   G. Williams, *Welsh Reformation Essays* (1967), t.41.

7   *Rhagymadroddion*, t.4.

8   Ibid., tt.11, 12.

9   C. Davies, op. cit.. I, tt.18-19.

10 *The Baterie of the Popes Botereulx, commonlye called the high altare* (1550), Cyflwyniad. Gw. G. Williams, 'William Salesbury's Baterie of the Popes Botereulx', *BBGC*, XIII, 1949, 146-50.

11 *Gwaith Siôn Tudur*, CCXXXIII, t.932.

12 *HGFM*, t.62.

13 D.J. Bowen, 'Detholiad o englynion hiraeth am yr hen ffydd', *Efrydiau Catholig*, VI, 1954, t.7.

14 *Hen Gwndidau, Carolau a Chywyddau*, XXI, t.26; XXVI, tt.31-2.

15 *Welsh Reformation Essays*, t.49.

16 *Efrydiau Catholig*, 6-12.

17 T.H. Parry-Williams (gol.), *Carolau Richard White (1537?-1584)*, (1931), tt.32, 39.

18 *Hen Gwndidau*, XXVII, t.33; XXXI, t.40.

19 Ibid., CIX, t.188.

20 D.R. Thomas, *History of the Diocese of St Asaph* (1908), I, tt.89-90.

21 St. 5 Harri VIII c.28. *SW*, t.149.

22 G. Bowen (gol.), *Y Traddodiad Rhyddiaith*, t.134.

23 *Rhagymadroddion*, t.101.

24 *CSPD*, 1581-1590, XCI, rhif 17. 14 Gorffennaf: 'State of the County of Brecknock in Wales with regard to neglect of religious services'; *Bywyd ac Amserau'r Esgob Richard Davies*, t.56.

25 *Morus Kyffin, Deffynniad Ffydd Eglwys Loegr* (1908), gol. W.P. Williams, [iv].

26 *Rhagymadroddion*, t.91.

27 Ibid., t.30.

28 Ibid., t.42.

29 Ibid., t.99.

30 Ibid., t.89.

31 Ibid., t.24.

32 Ibid., tt.74-5.

33 Ibid., tt.10-11.

34 Ibid., t.4.

35 *CSPD*, 1547-1580, XLIV, (27), t.301; 'Some Elizabethan Documents', 77-8.

36 J.A. Bradney (gol.), 'The speech of William Blethin, Bishop of Llandaff', *Y Cymmr.*, XXXI, 1921, tt.257-8.

37 J.G. Jones, 'Bishop William Morgan's dispute with John Wynn of Gwydir in 1603-04', *Trafodion Cymdeithas Hanes yr Eglwys yng Nghymru*, XXII, 1972, t.75.

38 *Rhagymadroddion*, tt.32-3.

39 G. Williams, *Bywyd ac Amserau'r Esgob Richard Davies* (1953), t.58; W.L. Renwick (gol.), *The Shepherd's Calendar* (1930), tt.118-9.

40 *A Funerall Sermon preached ... by the Reverend Father in God, Richard ... Bishoppe of Saint Dauys at the Buriall of the Right Honourable Walter Earle of Essex and Ewe* (1577), D ii.; *Life of Bishop Davies and William Salesbury*, tt.49, 57-8.

41 C. Davies, op. cit., V, tt.68-9.

42 Ibid., t.66.

43 *Three Treatises Concerning Wales*, tt.40-1.

44 Ibid., t.4.

45 D.A. Thomas (gol.), *The Welsh Elizabethan Catholic Martyrs*, t.93.

46 *Hen Gwndidau, Carolau a Chywyddau*, tt.81-91 (yn arbennig tt.84, 87). Gweler hefyd G. Williams, '''Breuddwyd'' Tomas Llywelyn ap Dafydd ap Hywel' yn *Grym Tafodau Tân*, tt.164-79.

47 *Three Treatises Concerning Wales*, t.65.

48 Ibid., t.32.

49 Ibid, t.77

50 Ibid., t.27.

51 W.A. Bebb, *Cyfnod y Tuduriaid* (1939), t.216. Gweler hefyd B. Rees, *Dulliau'r Canu Rhydd* (1952), t.118.

52 Ibid., t.42.

53 Ibid., t.14.

54 *Three Treatises Concerning Wales*, t.162.

55 Ibid., t.167.

56 R.G. Gruffydd, 'Bishop Francis Godwin's injunctions for the diocese of Llandaff, 1603', *Trafodion Cymdeithas Hanes yr Eglwys yng Nghymru*, IV, 1954, t.19.

57 *HMC Calendar of the Marquis of Salisbury MSS* (Hatfield MSS.), X, t.460. Gweler E.G. Jones, *Cymru a'r Hen Ffydd*, tt.34-5.

58 Salisbury MSS., XII, t.673. Gweler hefyd XV, t.17.

59 *CSPD*, 1611-16, LXI, t.2. Am drawsysgrifiad o'r Lladin gwreiddiol gw. J.G. Jones, 'Richard Parry, Bishop of St Asaph: some aspects of his career', *BBGC*, XXVI, 1975, t.190.

60 Salisbury MSS., XI, tt.498-9.

61 Ibid., XII, tt.680-1.

62 R.G. Gruffydd, *'Y Beibl a droes i'w bobl draw': William Morgan yn 1588* (1988), X, t.63.

63 E. James, *Pregethau a osodwyd allan trwy awdurdod i'w Darllein ymhob Eglwys blwyf* ... (1606), Rhagymadrodd, A 3.

64 *Rhagymadroddion*, XIII, t.106.

65 Wiliam Myddelton, *Psalmae y Brenhinol Brophvvyd Dafydh* ... (1603); *Rhagymadroddion*, XIV, t.110.

66 *Deffynniad Ffydd Eglwys Loegr*, gweler tt.56-60.

67 C. Davies, op. cit., V, t.64.

68 *Hen Gwndidau* ..., CIX, t.91.

69 J.H. Davies (gol.), *Hen Gerddi Gwleidyddol 1588-1660* (1901), I, t.11.

DIWEDDGLO

Fel y gwelwyd eisoes y mae sawl agwedd ar hanes Cymru canrif y Tuduriaid sy'n peri i'r hanesydd ofyn cwestiynau ynglŷn â chyfraniad y teulu hynod hwn i'r genedl. Hyd at dridegau'r ganrif bresennol sylwebwyd yn dra ffafriol ar bolisïau canolog y llywodraethwyr yng Nghymru, a chanwyd clodydd y llwyddiant a'r cynnydd materol a oedd wrth wraidd yr ardrefniad yn 1536-43. Y mae hynny, i raddau pell, yn ddealladwy oblegid cymdeithas o uchelwyr tiriog uchel-ael, i bob pwrpas, oedd wrth y llyw yng Nghymru am yn agos i bum canrif. Sut bynnag, wedi sefydlu'r Blaid Genedlaethol yng nghanol dauddegau'r ugeinfed ganrif dechreuwyd edrych o'r newydd ar ystyr ac ansawdd hunaniaeth, ymwybyddiaeth genedlaethol a thwf cenedligrwydd yng Nghymru yng nghyd-destun y cyfnod hwnnw. Hefyd, cymerwyd agwedd fwy beirniadol ar swyddogaeth a thueddfrydau teuluoedd bonheddig Cymru o flynyddoedd canol yr unfed ganrif ar bymtheg hyd at y ddeunawfed ganrif ac wedi hynny a'u barnu'n hallt o safbwynt eu methiant i gynnal y traddodiadau diwylliannol Cymraeg.

Ymestynnai'r feirniadaeth i'r byd crefyddol trwy honni bod y Tuduriaid wedi difa'r Hen Ffydd. Gan fod hanes Cymru wedi ei ddehongli'n benodol o'r safbwynt Protestannaidd, meddid, nid oedd hi'n bosibl deall agwedd y mwyafrif o'r boblogaeth tuag at y Diwygiad hwnnw. Â J.F. Rees rhagddo i ddatgan fod mwyafrif poblogaeth Cymru ar ddiwedd yr unfed ganrif ar bymtheg yn parhau'n Babyddol ond bod polisi'r llywodraeth yn drech na hwy ac fe'u gorfodwyd i dderbyn y Ffydd Newydd. Nid yw dehongliad o'r fath yn hollol gredadwy oblegid yr oedd cymaint wedi digwydd yn y byd gweinyddol a chrefyddol yn Nghymru a Lloegr erbyn hynny a newid barn wedi bod ymhlith y boblogaeth lythrennog yn gyffredinol. Gan fod amgylchiadau gwleidyddol yn ansicr ac amwys yr oedd hi'n amhosibl penderfynu ar ba ochr yn grefyddol y safai'r Cymry, a'r tebyg yw na ellid tynnu llinell bendant rhwng eu teyrngarwch, ar ddiwedd y ganrif, i'r naill Ffydd na'r llall. Y mae'n rhaid sylweddoli y graddau yr oedd yr Hen Ffydd wedi dirywio erbyn cyfnod y Diwygiad Protestannaidd yng Nghymru fel mewn gwledydd eraill yng ngorllewin Ewrop. Nid oedd yr Eglwys mewn unrhyw safle, mewn gwlad ddiarffordd ac ymhell o ganolfannau dysg, i'w hamddiffyn ei hun nac elwa o'r ymdrech i adennill y genedl i'w chorlan. Un ffaith sy'n sicr yw bod mwyafrif helaeth yr uchelwyr — yn gyhoeddus o leiaf — erbyn hynny wedi derbyn y Ffydd Newydd a bod eu tenantiaid ac eraill dan eu hawdurdod, at ei gilydd, yn deyrngar iddynt, a hefyd bod yr Eglwys Anglicanaidd, drwy nawdd lywodraethol, cefnogaeth uchelwrol a chyfres o esgobion ymroddedig i'r dasg o ddiwygio, wedi cryfhau ei safle yn ystod degawdau cynnar yr ail ganrif ar bymtheg.

Ar ben hynny beirniadwyd rhaib a gormes tybiedig y tirfeddianwyr yng Nghymru yn eu perthynas diriog â thenantiaid ac eraill is eu statws na hwy heb sylweddoli, ar y naill law, fod llawer o'r dystiolaeth gyfreithiol ynglŷn â hynny'n aml iawn yn gyfeiliornus a chamarweiniol ac, ar y llaw arall, bod tystiolaethau gwahanol yn dangos nad oedd y cysylltiadau hynny, o angenrheidrwydd, bob tro mor wael ag a dybid. Gellir dyfynnu sawl enghraifft o agwedd ddyngarol a 'thadol' ar ran tirfeddianwyr tuag at eu dibynyddion. Yn aml iawn, mewn cyfnodau o gyni economaidd, canfuent eu bod, i raddau gwahanol, yn rhannu'r un beichiau, yn arbennig pan gaed cynaeafau gwael a phrisiau uchel fel canlyniad i chwyddiant ariannol. Mae'n wir fod rhai tirfeddianwyr yn manteisio ar eu sefyllfa ac yn bygwth hawliau eu tenantiaid ond, at ei gilydd, digon ceidwadol oedd llawer ohonynt, yn arbennig yr uchelwyr tiriog yn y parthau mwyaf diarffordd. Ar ben hynny, ychydig iawn o wahaniaeth mewn statws yn aml a oedd rhwng bonheddwyr cyffredin eu byd a'u tenantiaid mwyaf sylweddol. Profodd y tirfeddianwyr hynny wasgfeydd difrifol yn gyson ar eu galluoedd i dalu eu ffordd, yn bennaf oherwydd ansawdd gwael y tir a amaethwyd ganddynt, eu tlodi cynhenid a chyflwr eu hanifeiliaid.

Mewn unrhyw astudiaeth o natur ac ansawdd llywodraeth y Tuduriaid yng Nghymru sylwir bod nifer o wrthgyferbyniadau diddorol yn eu hamlygu'u hunain. Yn gyntaf, o safbwynt llinachyddol, er bod Harri Tudur wedi cael ei ddyrchafu, mewn rhai cyfeiriadau, fel Cymro a fyddai'n gwared y genedl rhag ei chaethiwed, ei bolisi ef, ac yn arbennig polisïau ei olynydd, a sicrhaodd fod Cymru'n cael ei huno'n gyfansoddiadol â Lloegr.

Yn ail, yn wleidyddol, er gwaethaf amcan yr ardrefniad a fwriadwyd yn wreiddiol i ddileu'r gwahaniaethau rhwng y Cymry a'r Saeson y mae hanes Cymru wedi 1536 yn dangos yn eglur ddigon fod y genedl, o safbwynt ei gweinyddiaeth, i bob pwrpas wedi parhau'n uned annibynnol gyda rhai o sefydliadau Tuduraidd, megis llysoedd y Sesiwn Fawr a'r Cyngor yn y Mers, yn gonglfeini ei llywodraeth.

Yn drydydd, er bod y Ddeddf Uno wedi rhoi hwb ymlaen i'r tueddiadau i Seisnigo ymhellach ymhlith yr uchelwyr dengys tystiolaeth fod nifer dda ohonynt a'u disgynyddion yn parhau i lynu wrth ddiwylliant eu gwlad ymlaen i'r ail ganrif ar bymtheg. Ffenomen ddiddorol hefyd, na roddir y sylw dyladwy iddi, yw'r ffaith fod Cymreigio wedi digwydd ymhlith rhai teuluoedd Seisnig a ymsefydlodd mewn ardaloedd Cymraeg, fel rheol drwy gyd-briodi, cydweithredu mewn swyddi llywodraeth leol a chyd-gymdeithasu, a hynny mewn cyfnod pan gafwyd ymddieithrio cynyddol oddi wrth y diwylliant brodorol, yn arbennig ymhlith meibion iau'r teuluoedd bonheddig. Y mae'r tueddiadau hynny yng nghymdeithas y mewnfudwyr yn dra hynod oblegid ceir nifer dda o enghreifftiau o unigolion dethol o dras Seisnig a ymddiddorai mewn llenyddiaeth Gymraeg ac a noddai'r beirdd. Efallai fod yna duedd i ysgolheigion llenyddol y gorffennol or-ymateb yn feirniadol i bolisïau'r

Tuduriaid a chanfod ynddynt fwy nag a fwriadwyd yn y lle cyntaf. Mae'n wir mai un o'r gwrthgyferbyniadau amlycaf a mwyaf boddhaol i'r Cymry oedd bod cyfieithu'r Beibl, drwy rym statud Senedd Loegr, wedi diogelu'r iaith Gymraeg lenyddol i'r dyfodol ac wedi gwarchod ei safonau ond, er ei phwysiced, nid hynny yw'r unig ffactor a gyfrifai am ei pharhad. Mewn cyfnod o drai araf ceir enghreifftiau hefyd o uchelwyr pybyr yn noddi'r iaith, mewn cyfnod argyfyngus yn ystod rhannau olaf y ganrif, yn bennaf drwy groesawu beirdd a chefnogi'r fenter o gyhoeddi nifer fechan o lyfrau Cymraeg crefyddol a diwylliannol a oedd yn allweddol bwysig.

Un dimensiwn pellach yw'r gwrthddywediad a amlygir wrth sylwi ar y drefn gyfreithiol newydd a'r ddisgyblaeth a osodwyd ar Gymru, yn arbennig drwy gyfrwng y Cyfrin Gyngor a'r Cyngor yn y Mers. Eto, parhaodd llawer o'r anhrefn drwy gydol gweddill y ganrif wedi'r Deddfau Uno, ac er bod peth lliniaru arno a'r gogwydd ychydig yn llai terfysglyd a mwy cyfreithlon nag a fu llusgodd ymlaen lawer o hen gamarferion, yn arbennig ymhlith uchelwyr cysetlyd a wreiddiwyd yn gadarn yn eu hardaloedd ac a oedd yn gryf eu gafael ar hen diroedd teuluol. Yn arwain o hynny sylwir ar un nodwedd gymdeithasol arall. Er bod statws uchelwyr yng Nghymru, o'i gymharu â Lloegr, at ei gilydd yn llawer is a'r economi a'u cynhaliai'n fwy bregus, ni fu hynny'n faen tramgwydd iddynt rhag anfon eu plant, a nifer cynyddol ohonynt, o gefn gwlad Cymru i sefydliadau addysgol, Prifysgolion ac Ysbytai'r Brawdlys yn Lloegr. Hefyd, dangosasant eiddgarwch mawr dros fentro i'r byd masnachol ac ymsefydlu fwyfwy mewn trefi — yn arbennig trefi sirol — a meithrin eu doniau cynhenid mewn gweinyddiaeth a marchnata.

I ddiweddu, dylid nodi'r pwyntiau canlynol ynglŷn â rhai o nodweddion llywodraeth y Tuduriaid yng Nghymru a'i gwnaeth hi'n bosibl i weithredu'r polisi a gryfhaodd y berthynas rhwng y Goron a'r uchelwyr.

1.   Ystrydeb bellach yw cyfeirio at y budd a'r lles a gawsai Cymru fel canlyniad i bolisïau'r Tuduriaid, ond mae'r gwrthgyferbyniadau uchod yn dangos yn ddigon eglur na ellir dehongli'r polisïau hynny'n syml. Fe berthyn iddynt gymhlethdodau nad oedd hyd yn oed gweision y Tuduriaid eu hunain bob tro'n gallu dirnad eu natur na'u canlyniadau. Y mae un peth yn sicr: cam o'r mwyaf yw beio'n ormodol gweinyddwyr a ddehonglai'r problemau a wynebwyd ganddynt yn ôl yr amgylchiadau ar y pryd ac yng nghyd-destun eu hoes eu hunain. Mae'n ddiamau mai polisi gwreiddiol Thomas Cromwell oedd creu unffurfiaeth lwyr yn y deyrnas, ond gan nad oedd hynny'n ymarferol — fel y gwelodd y llywodraeth mewn blynyddoedd i ddod — aethpwyd ati i gyflawni hynny'n bennaf ym myd crefydd yn anuniongyrchol, a gorfodwyd ail Senedd Elisabeth i ganiatáu i'r Cymry ddefnyddio'u hiaith yn swyddogol. Yr oedd anllythrennedd ar y pryd yn llawer cryfach na gallu'r llywodraeth i gyflawni ei bwriad, ac erbyn diwedd y ganrif a dechrau'r ganrif ddilynol daeth problemau crefyddol a gwleidyddol eraill i'w llesteirio. O safbwynt

iaith a diwylliant, ac eithrio'r rhan fechan honno o Ddeddf 1536 a gyfeiriodd at y Saesneg fel iaith cyfraith a gweinyddiaeth, nid oes odid dim ymgais i gwtogi ar y defnydd o'r iaith Gymraeg, ac oherwydd unieithrwydd trwch y boblogaeth, nid rhyfedd, yn ôl peth tystiolaeth, iddi gael ei defnyddio hefyd mewn llysoedd barn a swyddfeydd y weinyddiaeth. Yn wir, gwna'r dyneiddwyr Pabyddol a Phrotestannaidd fel y'i gilydd ymdrech i gyfoethogi'r iaith a phriodoleddau'r ddysg newydd yn Ewrop, a lledaenu gwybodaeth am safonau'r Dadeni yn nhai'r bonheddig ledled y wlad er bod nifer ohonynt yn teimlo mai purion fyddai medru sefydlu un iaith swyddogol yn y deyrnas. Yr hyn a wnaeth y Tuduriaid yng Nghymru oedd meithrin yr ymdeimlad o genedlgarwch Prydeinig a gryfhaodd ei afael ar yr uchelwyr yn negawdau cynnar yr ail ganrif ar bymtheg. Yn ôl ymatebion yr uchelwyr hynny i'w hamgylchfyd yn Lloegr a Chymru mae'n amlwg fod y nodwedd honno'n cynnwys elfennau cryf o ymwybyddiaeth Gymreig.

2. Yn wyneb anhrefn yn y Dywysogaeth a'r Mers nid oedd gan Gymru sefydliadau llywodraethol annibynnol ar Loegr y gellid eu defnyddio fel sail i greu uned wladwriaethol. Ni allai ychwaith, o ran natur ei chyfansoddiad, fod yn wladwriaeth annibynnol, a phan aeth y Senedd ati i'w chysylltu â Lloegr ni luniwyd cytundeb ffurfiol rhwng dwy wladwriaeth fel a gafwyd yn yr Alban (1707) ac Iwerddon (1800). Gan fod Cymru'n rhanedig, aml-gyfreithiol a heb lywodraeth ganolog aethpwyd ymlaen, yn wyneb peth beirniadaeth ymhlith rhai o lywodraethwyr Cymru, i gyflawni'r dasg o uno. Parhaodd y ddeuoliaeth hanesyddol rhwng y Dywysogaeth a'r Mers bron bum canrif, ac er cymaint yr ymdrechion yn y drydedd ganrif ar ddeg i greu Tywysogaeth ffiwdal Gymreig, methiant fu'r ymgyrch. Gosododd y Tuduriaid fframwaith gweinyddol Seisnig ar diroedd hen dywysogion Gwynedd a chyflawni undod cyfansoddiadol Cymru. Yn y Mers, yn araf dadfeiliodd y gymdeithas, daeth mwy o arglwyddiaethau i feddiant y Goron, ac erbyn cyfnod y Deddfau Uno, yr oedd effeithiau aflywodraeth dros y blynyddoedd wedi peri anhrefn a filwriai'n erbyn unrhyw ymdrech i sefydlu undod gwleidyddol. Yng ngolwg yr uchelwyr mwyaf blaenllaw yng Nghymru y gwrandawyd ar eu barn yn y Llys Brenhinol yn Llundain, ynghyd â swyddogion llywodraeth ganolog y deyrnas, yr oedd y sefyllfa'n anymarferol ac annerbyniol. Ofnid ar y pryd y deuai ymosodiad o blith grymusterau Pabyddol y cyfandir, heibio i Iwerddon, ac er mwyn cryfhau amddiffynfeydd gorllewinol y deyrnas manteisiwyd ar y cyfle i ganoli cyfundrefn lywodraethol a dwyn Cymru i gytgord gwleidyddol â Lloegr.

3. Yr oedd y sefyllfa yng Nghymru yn yr 1530au yn wahanol i'r hyn a gafwyd yn Iwerddon yn yr un cyfnod lle'r oedd gwrthryfel Kildare yn parhau i fygwth sicrhau unrhyw heddwch rhwng y wlad honno a Lloegr. Nid felly yr oedd hi yng Nghymru. Er bod bygythiadau — a ddaeth i'w

hanterth pan wrthryfelodd Syr Rhys ap Gruffudd yn erbyn awdurdod yr Arglwydd Ferrers yn llys y Goron yng Nghaerfyrddin — ni chafwyd pendefigaeth frodorol nac estron (ac eithrio Iarll Essex tua diwedd y ganrif) i gorddi'r dyfroedd ac i arwain elfennau gwrthnysig yn erbyn yr awdurdodau. Yn y cyd-destun hwnnw dylid prisio gwerth y cyd-berthynas a ffurfiwyd ymhell cyn y Deddfau Uno rhwng y Goron a'r uchelwyr yng Nghymru a'r Mers a chyfraniad y rheini, yn rhinwedd eu galluoedd milwrol a gweinyddol, i gadw cyfraith a threfn a diogelu eu buddiannau eu hunain yr un pryd. Mae'n bwysig hefyd cadw mewn golwg sefyllfa'r uchelwyr yng Nghymru yn nhridegau'r unfed ganrif ar bymtheg. Erbyn hynny yr oeddynt yn cynrychioli cenhedlaeth newydd o leygwyr gweinyddol breintiedig a gawsai addysg gyfreithiol yn gynyddol ac a chwenychai swyddi sirol a rhanbarthol. Er na chawsant y swyddi uchaf yng ngweinyddiaeth y Tuduriaid yng Nghymru ac er nad oeddynt, o ran eu galluoedd materol, yn gydradd ag aelodau o deuluoedd bonheddig brasaf Lloegr, o safbwynt eu hachau, eu cysylltiadau agos â'u dibynyddion ar eu stadau a'u tiriogaethau, ynghyd â'u safle cyhoeddus yn y gymdeithas ranbarthol meddent ar awdurdod sefydlog. Canlyniad eu hymlyniad teyrngar wrth y drefn newydd oedd iddynt gadarnhau'r ddolen gydiol rhwng y siroedd, y cymydau a'r plwyfi â'r peirianwaith canolog, a bu hynny'n gyfrwng i'r Goron Duduraidd allu adeiladu ymhellach ar y seiliau a osodwyd yn 1536-43.

4. Dylid dehongli a barnu'r unfed ganrif ar bymtheg, fel pob canrif neu gyfnod arall, yn ôl ei safonau hi ei hun ac nid yn ôl safonau neu safbwyntiau'r oes bresennol. Yr oedd hi'n ganrif a grisialodd nifer o dueddiadau cymdeithasol ac economaidd a oedd eisoes yn dod i'w hanterth yn y ganrif flaenorol, ac yn sgil hynny, daeth newidiadau gwleidyddol a chrefyddol i beri trawsnewid sylfaenol pellach yn strwythur y gymdeithas. O gofio am ddatblygiadau ymhlith gwladwriaethau yng ngorllewin Ewrop i ymffurfio'n deyrnasoedd cyfain nid yw'n syndod fod Thomas Cromwell — a oedd dan ddylanwad rhai o feddylwyr gwleidyddol praffaf ei ddydd — wedi mabwysiadu'r polisi mwyaf ymarferol a gweithredol ar y pryd, sef creu undod rhwng Cymru a Lloegr. Er na sefydlwyd heddwch a threfn yn gyflawn yng Nghymru yng nghwrs y ganrif mae'r dystiolaeth yn ddigon cryf — yn swyddogol ac answyddogol — fod y drefniadaeth sefydliadol yn dwyn ffrwyth a bod y parch cynyddol a ddangoswyd tuag at weinyddu cyfraith gwlad Lloegr yn y llysoedd sirol a rhanbarthol yn gyfryw i sicrhau bod corff llywodraethol y wladwriaeth yng Nghymru yn gadarn ar drothwy canrif y Stiwartiaid. Gosododd y polisi i sefydlu *integritas regni*, sylfeini pellach i ddatblygiad y berthynas gydlynol agos a fu rhwng y Goron a'i sefydliadau, â'r gyfraith, y Senedd, y weinyddiaeth, ac, yn ddiweddarach, yr Eglwys Brotestannaidd.

ATODIADAU

ATODIAD A

LLYWODRAETH, GWEINYDDIAETH A GWASANAETH I'R WLADWRIAETH

(a) **Detholion o lythyrau'r Esgob Rowland Lee, Arglwydd-Lywydd y Cyngor yn y Mers, at Thomas Cromwell**

(i) **Rhan o lythyr Lee at Cromwell, 12 Mawrth 1536** [gweler tt.75-7]

… Fe'm hysbyswyd yn ddiweddar fod y brenin yn dymuno gwneud Cymru'n siroedd, a chael Ustusiaid Heddwch a Rhyddhau o Garchar fel a geir yn Lloegr. Ni allaf lai na datgan fy meddwl ar un pwynt, yn arbennig ynglŷn â threialon troseddwyr; oblegid, os safent eu prawf gartref, lle y mae un lleidr yn rhoi un arall ar brawf, fel y darparwyd cyn y statud diwethaf yn y cyswllt hwnnw, yna y mae'r hyn yr ydym wedi ei ddechrau wedi ei ddifa. Ni allwch roi i'r Cymry fwy o bleser na thorri'r statud hwnnw. Carwn pe bai gennyf awr i ddweud fy meddwl wrthych. Ni chredaf ei bod yn ddoeth i gael Ustusiaid Heddwch a Rhyddhau o Garchar yng Nghymru oblegid ychydig iawn o Gymry a geir yng Nghymru uwch na Brycheiniog sydd â thir gwerth £10 ganddynt ac y mae eu callineb yn llai na'u tiroedd. Gan fod eto beth cynnal lladron gan fonheddwyr, os derbynnir y statud hwn, ni fydd gennych ddim ond cynnal, ac ychydig o gyfiawnder, fel y gallwch farnu oddi wrth yr hyn a wneir yn sir Feirionnydd a sir Aberteifi … Hyderaf y byddwch yn cadw'r statud blaenorol a ddarparwyd ar gyfer Cymru ynglŷn â chludo arfau ac ati a thrwy hynny fe'ch sicrheir o'r rheolaeth dda sy'n awr wedi dechrau.

(*L & P.*, X, rhif 453, t.182)

(ii) **Rhan o lythyr Lee at Cromwell, 21 Mehefin 1536** [gweler tt.67-72]

Wedi fy argymhellion mwyaf calonnog … ynglŷn â'r atgyweiriadau i gastell Trefynwy sydd wedi dirywio'n llwyr ac yn adfail (ac eithrio'r neuadd a'r muriau). A chan ei bod hi'n dref sirol, a bod y Cyngor hwn, am wahanol resymau, yn cyrchu yno credaf ei bod yn fuddiol fod y Priordy yma, sef plas y fan, fel cerrig, coed a phethau eraill, i'w cadw ar gyfer ailadeiladu'r castell dywededig a fyddai, ynghyd â CC *li.* mewn arian parod a chymaint ag y gallai'r Cyngor hwn ei roi'n gymorth, yn gwneud llety addas i'r Cyngor ac eraill wrth fodd Ei Ras y Brenin; pe byddai dymuniad Ei Ras yn wybyddus, ac arian ar gael fel o'r blaen, gyda'r ychydig rym sydd gennyf ni fethwn yn fy niwydrwydd i wneud fy ngorau. Ond nid oes plwm yn y Priordy dywededig.

Credaf fy mod wedi gosod castell Aberhonddu mewn cyflwr perffaith, gystal ag ydoedd pan sefydlwyd ef gyntaf. Ymddiriedwch ynof, ac yn wir, byddaf yn fwy gofalus wrth wario arian Ei Ras y Brenin na'm harian fy hun.

Wedi imi symud i Frycheiniog yn ne Cymru casglodd ynghyd glwstwr neu gwmni o ladron a llofruddwyr o amgylch Arwystli. Er imi fwriadu mynd i Gaerloyw mae'n rhaid imi, o angenrheidrwydd, ddychwelyd i Henffordd a Llwydlo i unioni hynny na fydd, os mynn Duw, yn cael ei esgeuluso. Gweddïwn yn galonnog ar i chi gofio'r comisiwn a adawodd Mr Englefield gyda chi oherwydd heb hwnnw ni allwn wneud dim yma.

Ac ymhellach, fe ddeallwch, i gwrdd â phrif angen a galluoedd materol Cymru a'r Mers, bod cymortha a gorthrymderau trethiannol eraill wedi eu difa drwy Statud; er hynny, y mae un, George Mathew, bonheddwr o dde Cymru, wedi derbyn *placard* i'r gwrthwyneb (nid oedd Ei Ras y Brenin, fe dybiaf, wedi ei gyfarwyddo'n eglur yn y mater hwnnw) oherwydd nid oes rheswm pam y datganwyd ef ... Yn wir y mae'n fawr iawn o ystyried popeth oherwydd y mae ganddo gymaint o gyfeillion fel y gweithredir ef drwy Gymru er mantais iddo, yn ôl a welaf, hyd at fil morc ...

(L. & P., X, rhif 1178, tt.491-2; H. Ellis, op. cit., 3edd gyfres, III, tt.274-6)

(b) Rhan o'r statud yn cyflwyno swydd yr Ustus Heddwch i Gymru a sir Gaer, 1536 [gweler tt.75-8, 103-106]

Ei Fawrhydi'r Brenin, yn ystyried yr amrywiol ysbeiliadau, llofruddiaethau, tresmasau, terfysgoedd, anhrefnau, cynnal a gwarchod, gormesau, torri ei heddwch a nifer fawr o droseddau eraill a ymarferir, a weithredir, a gyflawnir ac a wneir yn ddyddiol yn ei siroedd a sir Balatîn Caer a sir y Fflint yng Nghymru gerllaw sir Gaer ddywededig, a hefyd yn ei siroedd sef Môn, a elwir fel arall yn Môn, Caernarfon a Meirionnydd o fewn ei Dywysogaeth yng ngogledd Cymru. A hefyd ei siroedd Aberteifi, Caerfyrddin, Penfro a Morgannwg yn Ne Cymru, am y rheswm nad yw cyfiawnder cyffredinol wedi cael ei weinyddu'n ddiduedd yno fel y gwneir ac mewn ffurf a geir mewn mannau eraill o'i deyrnas. Am y rheswm hwnnw erys y llofruddiaethau, ysbeiliadau, lladradau, tresmasau a thorri'r heddwch heb eu cosbi er bywhau'n fawr ddrwgweithredwyr yn y siroedd hynny. Er unioni a thorri ymaith ac amcanu i sicrhau y byddai un drefn o weinyddu ei Gyfreithiau yn cael ei chadw a'i defnyddio yno fel a weithredir mewn mannau eraill o'r deyrnas hon, ordeinir a deddfir gan y Brenin ein Harglwydd Sofran a'r Arglwyddi Eglwysig a Lleyg a'r Cyffredin yn y Senedd gynulledig bresennol hon, a thrwy awdurdod y cyfryw, fod Arglwydd-Ganghellor Lloegr neu Arglwydd-Geidwad y Sêl Fawr am y tro o dro i dro a phob amser i weithredu grym ac awdurdod llawn yn ôl ei gallineb i enwebu a phenodi Ustusiaid Heddwch, Ustusiaid Cworwm ac Ustusiaid Rhyddhau o Garchar yn y siroedd dywededig, sef Caer, Fflint, Môn, Caernarfon, Meirionnydd, Aberteifi, Caerfyrddin, Penfro a Morgannwg drwy gomisiwn dan Sêl Fawr y Brenin; rhoddir iddynt rym ac awdurdod llawn i ymholi, gwrando a phenderfynu bob math o faterion y dylid holi yn eu cylch, cyflwyno a'u penderfynu gerbron Ustusiaid Heddwch, Ustusiaid Cworwm ac Ustusiaid Rhyddhau o Garchar mewn siroedd eraill yn y deyrnas hon drwy rym neu yn rhinwedd unrhyw Statud neu Statudau a wnaed neu a wneir yn ôl cyfreithiau gwlad y deyrnas hon; ac enwir a phenodir yr Ustusiaid Heddwch, Ustusiaid Cworwm ac Ustusiaid Rhyddhau o Garchar gan yr Arglwydd-Ganghellor neu Arglwydd-Geidwad y Sêl Fawr, a rhoddir i bob un ohonynt yr un grym ac awdurdod o fewn siroedd Caer, Fflint, Môn, Caernarfon, Meirionnydd, Aberteifi, Caerfyrddin, Penfro a Morgannwg iddynt ddefnyddio a gweithredu popeth fel y gwna Ustusiaid Heddwch, Cworwm a Rhyddhau o Garchar eraill mewn unrhyw sir arall yn nheyrnas Lloegr, a hefyd i dyngu llw i ymddisgyblu a bod dan rwymedigaeth i gadw sesiynau'r heddwch a gweithredu bob un a'r cyfan o statudau ac ordinhadau a wnaed ac a wneir, yn yr un dull a ffurf a than boenau a chosbau fel Ustusiaid Heddwch, Ustusiaid Cworwm a Rhyddhau o Garchar yn siroedd eraill y deyrnas hon …

A deddfir ymhellach drwy'r awdurdod dywededig yr ymrwymir y Siryf neu ei ddirprwy a phob un o'i weinidogion ym mhob un o'r siroedd dywededig, a phob Crwner, Uwch-Gwnstabl, Is-Gwnstabl a swyddogion eraill ym mhob un o'r siroedd dywededig, i wasanaethu'r Ustusiaid Heddwch, Cworwm a Rhyddhau o Garchar ym mhob peth sy'n berthnasol i'w hawdurdodau, fel gweithredu a dychwelyd yr holl reolau ymddygiad a phrosesau a roir iddynt gan unrhyw un o'r Ustusiaid, yn yr un dull a ffurf, a than yr un poenau a chosbau fel y rhwymir bob Siryf, Crwner a swyddogion eraill drwy unrhyw Statud neu gyfraith gwlad mewn siroedd eraill yn y deyrnas hon …

(Statud 27 Harri VIII c.5; *SW*, tt.67-9)

(c) 'Deddf i Weinyddu Cyfreithiau a Chyfiawnder yng Nghymru ar ffurf debyg i'r hyn a geir yn Lloegr' (Y Ddeddf Uno) 1536. Yr adran ar gynrychiolaeth seneddol yng Nghymru [gweler tt.80-1, 122-8]

A deddfir ymhellach … ar gyfer y senedd bresennol a phob senedd arall a gynhelir ac a gedwir yn y deyrnas hon, bod i'w dewis a'u hethol dau Farchog i'r un Senedd ar gyfer sir Fynwy ac un Bwrdais ar gyfer bwrdeistref Trefynwy yn yr un modd, ffurf a threfn ag yr etholir ac y dewisir Marchogion a Bwrdeisiaid y senedd yn holl siroedd eraill teyrnas Loegr, ac y caiff yr un Marchogion a Bwrdeisiaid gyffelyb urddas, blaenoriaeth a braint, a chaniateir iddynt y cyfryw ffioedd a ganiateir i Farchogion a Bwrdeisiaid eraill yn y senedd … Ac ar gyfer y senedd bresennol a phob senedd arall … bod un Marchog i'w ddewis a'i ethol i'r seneddau hynny ar gyfer pob un o siroedd Brycheiniog, Maesyfed, Trefaldwyn a Dinbych ac ar gyfer pob sir arall … ac ar gyfer pob bwrdeistref sy'n dref sirol o fewn y wlad ddywededig ... ac eithrio tref sirol sir Feirionnydd ddywededig, un Bwrdais; a'r etholiad i fod yn yr un modd, ffurf a threfn ag yr etholir ac y dewisir Marchogion a Bwrdeisiaid y Senedd mewn siroedd eraill yn y deyrnas; a bod y Marchogion a'r Bwrdeisiaid a phob un ohonynt i dderbyn cyffelyb urddas, blaenoriaeth a braint, a chaniateir iddynt y cyfryw ffioedd a ganiateir i Farchogion eraill y Senedd; ac ardrethir a chesglir ffioedd y Marchogion oddi ar y Cyffredin yn y sir yr etholir hwy, ac ardrethir ffioedd y Bwrdeisiaid a'u casglu yn y bwrdeistrefi a threfi sirol y maent yn Fwrdeisiaid ynddynt fel y gwneir ym mhob bwrdeistref hynafol arall o fewn y siroedd eraill.

(Statud 27 Harri VIII c.26; *SW*, tt.89-90)

(ch) 'Deddf i Weithredu rhai Ordinhadau yn Nominiwn a Thywysogaeth y Brenin yng Nghymru' (Ail Ddeddf Uno 1543). Yr adran sy'n deddfu'n derfynol ynglŷn â gweithredu cyfraith dir Lloegr yng Nghymru [gweler tt.10-15, 23-9]

Bydd yr holl faenorau, tiroedd, daliadau tir, tai a gerddi a thiroedd etifeddol eraill ynghyd â phob hawl a theitlau i'r cyfryw yn unrhyw un o siroedd dywededig Cymru, a etifeddwyd gan unrhyw fath o berson neu bersonau er Gŵyl Geni Sant Ioan Fedyddiwr yn nhrydedd flwyddyn ar ddeg ar hugain teyrnasiad ein Harglwydd Sofran dywededig, neu a fydd wedi hynny'n cael eu hetifeddu, yn cael eu cymryd, eu mwynhau, eu defnyddio a'u dal yn ôl rheolau deiliadaeth Lloegr i bob pwrpas yn ôl Cyfreithiau Gwlad y deyrnas hon ac nid i gael eu cyfrannu rhwng etifeddion gwrywaidd fel y gwnaed ac yr arferwyd. A bod yr un gyfraith o Wyl Sant Ioan Fedyddiwr ac wedi hynny yn y drydedd flwyddyn ar ddeg ar hugain yn cael ei defnyddio, ei derbyn a'i gweithredu yn sir Fynwy ddywededig ac ym mhob arglwyddiaeth a mannau eraill yn rhinwedd y ddeddf ddywededig a wnaed yn y seithfed flwyddyn ar hugain ddywededig neu yn ôl unrhyw ddeddf neu ddeddfau eraill a wnaed neu a wneir, ac fe'u cysylltir, eu huno neu eu cydblethu ag unrhyw un o siroedd Amwythig, Henffordd, Caerloyw neu sir arall er gwaethaf unrhyw Gyfreithiau, Arferion neu Ddefodau a weithredwyd i'r gwrthwyneb cyn hyn.

Bydd yn gyfreithlon i bob person drosglwyddo, gwerthu neu, pe amgen, ymneilltuo'u tiroedd, daliadau a thiroedd etifeddol o fewn Gwlad neu Ddominiwn Cymru, sir Fynwy, a mannau eraill a gysylltir ag unrhyw un o siroedd Lloegr, i unrhyw berson neu bersonau'n hollol rydd neu gydag amodau dros gyfnod o fywyd neu am flynyddoedd yn ôl y drefn a weithredir dan Gyfreithiau Gwlad Lloegr; er gwaethaf Cyfraith a Defodau Cymru a weithredwyd i'r gwrthwyneb cyn hyn. Y mae'r rhan hon i'w rhoi mewn grym o Wyl Genedigaeth Sant Ioan Fedyddiwr ymlaen a oedd yn nhrydedd flwyddyn ar ddeg ar hugain teyrnasiad ein Harglwydd Sofran dywededig.

(Statud 34-5 Harri VIII c.26; *SW*, tt.122-3)

(d) Gwarant a anfonwyd at Owen Wynn, Siryf Meirionnydd, o'r Cyngor yn y Mers, 17 Ionawr 1570 [gweler tt.95-112, 119-22]

Yn gymaint â bod siroedd Aberteifi a Threfaldwyn, sy'n ffinio ar rannau o sir Feirionnydd, ar brydiau'n rhoi cyfle i droseddwyr yn sir Feirionnydd i ffoi i'r siroedd hynny, ac fel canlyniad, am nad oes gan Siryf Meirionnydd yr awdurdod i restio'r troseddwyr ynddynt, y maent wedi osgoi cosb. O ystyried gwasanaeth da a ffyddlon Siryf Meirionnydd y mae ystyriaeth o hyn cyn yr amser hwn wedi cymell y Cyngor i roi awdurdod pellach iddo na pherthyn i'w swydd. Ac yn gymaint â bod Owen Wynn, ysgwïer, sy'n awr yn Siryf, yn cael ei gymeradwyo i'r Cyngor gan Brif Farnwr y sir honno fel un teilwng o'r enw da hwnnw, gan hynny gorchmynnir gan y Cyngor fod llythyrau *placard* yn cael eu dyfeisio yn gorchymyn ac awdurdodi'r dywededig Owen Wynn, ym mhob man sydd, yn ei farn ef, yn angenrheidiol yn ogystal ag o fewn sir Feirionnydd fel ag o fewn siroedd Aberteifi a Threfaldwyn, i ymchwilio'n ddyfal am bob herwr, llofrudd, drwgweithredwr a'r rhai a amheuir o gyflawni drwgweithred, ac i'w restio a'u holi'n fanwl, a chofnodi ei ymholiadau mewn ysgrifen. Ac os ydynt wedi cyflawni troseddau ym Meirionnydd sy'n haeddu carchar yna eu dedfrydu i garchar yn sir Feirionnydd yn ôl natur y drosedd, ac iddynt aros yno nes iddynt gael eu rhyddhau drwy orchymyn cyfraith; neu, fel arall, yn ôl gofynion yr achos iddynt eu hymrwymo'u hunain i ymddangos yn bersonol yn Sesiwn Fawr y sir i sefyll eu prawf am yr holl gyhuddiadau yn eu herbyn ac nid i ymadael oddi yno heb drwydded; neu i'w hanfon i'r Cyngor hwn gan dystio i'r achos yn eu herbyn. Y mae pob swyddog, gweinidog a deiliad i gynorthwyo'r dywededig Owen Wynn i weithredu'r gorchmynion. Y mae'r llythyrau *placard* dywededig i barhau hyd at Ŵyl yr Holl Saint nesaf a dim pellach.

(R. Flenley (gol.), *A Calendar of the Register of the Council in the Marches, 1569-91*
(1916), tt.62-3)

(dd) Rhan o gywydd marwnad Wiliam Llŷn i Syr William Herbert, Iarll Penfro (o'r ail greadigaeth), 1570 [gweler tt.123-5]

> Gŵr sad gan ei gras ydoedd,
> A'i stôr deg a'i stiward oedd;
> A'i phen cyngor, blaenor blaid,
> Am ddewredd, a'i hymddiriaid.
> Oedd ar y gref ddaear gron
> Cywirach ŵr i'r Goron?
> Gwas'naethodd, treiodd bob trin
> Duw freiniol, a dau frenin;
> A dwy frenhines, yn deg,
> Heblaw Phylib, lw ffaleg.
> Ac ni cha'd, drwy fwriad draw,
> Afal teyrnas, flot arnaw

William Herbert, Iarll Cyntaf Penfro o'r Ail Greadigaeth

Barwn sad i'w Brins ydoedd,
Blaenor ieirll, a'u blaenu'r oedd …
Gwae holl Gymru a'i lluoedd
Golli gŵr mor gall ag oedd
O rhoed twrn yn rhaid teyrnas
Ei gyngor oedd gaing o ras.
O doi'i ged rhwng dau gadarn,
A ddoedai a fyddai farn.
Cawr gwynllwyd, carai ganllu,
Cefn dôr fawr cyfiawnder fu.
Ni bu un Iarll yn y byd
Gadarnach wrth gadernyd;
Na gwell un o gall anian
A ddoi'n y gost am ddyn gwan.
Pe bai'r Iarll pybyr ei win
Oll gerbron Lloegr a'i brenin,
Doedai ef, a di 'difar,
Gymraeg wrth Gymro a'i gâr …
Ein llaw gref o fewn Lloegr oedd,
A ffrwyn cedyrn Ffrainc ydoedd,
O bu'r Iarll obry a'i wŷr,
Yn taro 'mysg anturwyr.

(J. Jones (gol.), *Cynfeirdd Lleyn, 1500-1800* (1905), t.123;
J.C. Morrice (gol.), *Barddoniaeth Wiliam Llŷn*, XXVIII, tt.73-4)

(e) Rhan o ddeddf yn penodi ac awdurdodi Ustusiaid Brawdlys yn siroedd Cymru a Chaer, 1576 [gweler tt.109-12]

Yn ôl amrywiol Statudau, Arferion a Chyfreithiau clodfawr y deyrnas hon ar gyfer llywodraeth dda a gweinyddu cyfiawnder o fewn Tywysogaeth a Dominiwn Cymru a sir Balatîn Caer fel y sefydlwyd, arferwyd a deddfwyd, ymhlith pethau eraill, cynhelir a chedwir Sesiynau ddwywaith ym mhob blwyddyn ym mhob un o'r siroedd yn Nominiwn a Thywysogaeth Cymru ddywededig; hynny yw, yn siroedd Morgannwg, Brycheiniog, Maesyfed, Caerfyrddin, Penfro, tref a sir Hwlffordd, Aberteifi, Trefaldwyn, Dinbych, Fflint, Caernarfon, Meirionnydd a Môn ac yn sir Balatîn Caer, a gelwir y Sesiynau hynny'n Sesiynau Mawr y Brenin, a bod Ustus Caer am y tro yn cynnal Sesiynau ddwywaith ym mhob blwyddyn yn siroedd Caer, Dinbych, Fflint, a Threfaldwyn. A chyffelyb y bydd Ustus Gogledd Cymru yn cynnal Sesiynau ddwywaith ym mhob blwyddyn ym mhob un o'r siroedd dywededig, Caernarfon, Meirionnydd a Môn. A hefyd bydd un person dysgedig yng Nghyfreithiau'r deyrnas hon, dan benodiad Ei Mawrhydi'r Frenhines, yn Ustus siroedd Maesyfed, Brycheiniog a Morgannwg a hefyd yn cynnal sesiynau ddwywaith ym mhob blwyddyn ym mhob un o'r siroedd. Ac y bydd un person dysgedig arall yng Nghyfreithiau'r deyrnas hon yn cael ei benodi, fel y dywedwyd, yn Ustus siroedd Caerfyrddin, Penfro ac Aberteifi a thref a sir Hwlffordd, a bydd hefyd yn cynnal sesiynau ddwywaith ym mhob blwyddyn ym mhob un o'r siroedd. Ac y bydd y personau dywededig neu Ustusiaid a phob un ohonynt sydd, neu a fydd, yn derbyn nifer o lythyrau patent a chomisiynau ar gyfer gweithredu eu swyddi dan Sêl Fawr Lloegr, ac fe'u gweithredir ganddynt neu eu dirprwyon cymwys, yn ôl ystyr a bwriadau'r ordinhadau a enwir.

Yn gymaint â bod gweinyddiaeth gyfreithiol dda o fewn y siroedd dywededig yn yr un Dywysogaeth a Dominiwn Cymru a sir Balatîn Caer ddywededig wedi ei darostwng i ufudd-dod mawr i gyfreithiau Ei Mawrhydi, a'r wlad wedi cynyddu mewn trigolion, ei gwrteithio a'i phoblogi. Ac am hynny y mae pob math o achosion, pledion ac achosion real, personol a chymysg, teyrnfradwriaethau, Pledion y Goron, cyhuddiadau, cynllwynion, achosion ynglŷn â bywiolaethau eglwysig, apeliadau ynglŷn â llofruddiaethau, ymosod a ffelonïau a phrofion achosion o lofruddiaeth, dynladdiadau a pha ffelonïau bynnag a gyfyd o'r cylchdeithiau dywededig, yn cael eu pledio a'u penderfynu gerbron un Ustus yn unig fel y dywedwyd. Ac am hynny y mae llawer o faterion, cwestiynau, gwrthddweud ac amwysedd cyfreithiol pwysfawr mewn materion o'r fath yn codi'n gynyddol yn ddyddiol ac yn debyg o gynyddu'n ddyddiol fwy a mwy o fewn y siroedd dywededig, er trafferth diddiwedd i'r unrhyw un Ustus o fewn bob un o'r cylchdeithiau amrywiol, ac er oedi a rhwystro gweinyddu cyfiawnder.

Er mwyn gwella'r sefyllfa'n gyflymach y mae deiliaid Ei Mawrhydi yn Nhywysogaeth a Dominiwn Cymru a sir Balatîn Caer wedi cyflwyno eu deiseb a'u cwyn mwyaf diffuant i'w Mawrhydi i gael dau Ustus dysgedig yn y Gyfraith ym mhob un o'r cylchdeithiau gwahanol dywededig ... Er mwyn egluro'r sefyllfa ac er unioni a gwella a chyflymu gweinyddiaeth y gyfraith ynglŷn â'r achwynion, datgenir, eglurir, deddfir a sefydlir gan Fawrhydi mwyaf aruchel y Frenhines, gyda chydsyniad yr Arglwyddi Eglwysig a Lleyg a'r Cyffredin yn y Senedd gynulledig bresennol a thrwy awdurdod y rheini, y gall Ei Mawrhydi'r Frenhines, ei hetifeddion a'i holynwyr, yn ôl eu hewyllys ac wrth eu bodd feddu ar rym rhagorfreiniol llawn ac awdurdod o bryd i'w gilydd i sefydlu, awdurdodi, enwi neu benodi Dau neu fwy dysgedig, fel y dywedwyd eisoes, yng Nghyfreithiau'r deyrnas hon, i fod yn Ustusiaid yn siroedd Caer, Fflint, Dinbych a Threfaldwyn; a dau neu fwy dysgedig, fel y dywedwyd eisoes, i fod yn Ustusiaid Gogledd Cymru, sef siroedd Môn, Caernarfon a Meirionnydd; a hefyd dau neu fwy dysgedig, fel y dywedwyd eisoes, i fod yn Ustusiaid yng nghylchdeithiau a siroedd Maesyfed, Morgannwg a Brycheiniog; a hefyd dau neu fwy dysgedig, fel y dywedwyd eisoes, i fod yn Ustusiaid yng nghylchdeithiau Aberteifi, Caerfyrddin a Phenfro a thref a sir Hwlffordd, er gwaethaf unrhyw Gyfraith, Defod, barn neu Statud i'r gwrthwyneb ...

(Statud 18 Elisabeth I, c.8; *SW*, tt.152-4)

(f) Disgrifiad Rhys ap Meurig, y Cotrel, Morgannwg o lwyddiant yr Ardrefniad Tuduraidd, yn *Morganiae Archaiographia*, c. 1578
[gweler tt.15-18, 84-6]

... A'r adeg honno adferwyd holl Gymru yn etifeddol dan gyfreithiau Lloegr gydag ordinhadau arbennig a phenodol a orchmynnwyd ar gyfer Cymru, ac yn ôl hynny rhannwyd holl Gymru'n 12 swydd, neu sir, ac ohonynt yr oedd 8 yn wybyddus yn yr hen amser ...

Y mae'r newid hwn mewn llywodraeth yn haeddu coffadwriaeth am yr hyn a dderbyniodd cymundod trigolion Cymru o hynny, yn ogystal â'r deyrnas gyflawn; oherwydd, mor ddi-drefn y llywodraethwyd hwy'r pryd hwnnw — bywyd a marwolaeth, tiroedd a nwyddau yn ddarostyngedig i fwyniant Arglwyddi neilltuol. A pha mor ansicr y gweinyddwyd cyfreithiau, arferion a defodau, rhai ohonynt a arhosai yn y cof ac yn anysgrifenedig, y mae nifer fawr sy'n byw y dydd hwn yn gallu eu cofio'n dda a thystio iddynt.

Ym mha safle brau ac ansefydlog y safai dynion yn y dyddiau hynny! Nid yw'r rhai sy'n byw'n awr yn anghofio'r ffyrdd, ymgyrchoedd a lladdedigaethau rhwng gwledydd. Ac yn yr amser gynt, y mae cytundebau Tywysogion Cymru'n dystiolaeth ddigonol. O ganlyniad ... goresgynnwyd Cymru gan frenhinoedd Lloegr, ar adegau amrywiol, â byddinoedd mawr, er anesmwythdra mawr i deyrnas Lloegr a lles pitw i Gymru, fel y tystia croniclau Lloegr a'r cytundebau dywededig.

Yn awr, gan fod Cymru, felly, trwy'r Brenin grasol Harri VIII, wedi'i galluogi â chyfreithiau Lloegr, a thrwy hynny ei huno â'r un wlad, ac felly, o'u rhoi [sef y Cymry] dan Frenhiniaeth sydd mor sicr, sefydlog a rhagorol ei disgyblaeth, fe'u heithrir rhag y peryglon a gofir gynt; oblegid yn awr y mae bywyd a marwolaeth, tiroedd a nwyddau ym meddiant y Frenhiniaeth hon ac nid ym mhleser y deiliad.

Y mae'r cyfreithiau sy'n eu llywodraethu'n ysgrifenedig, ac felly'n fwy sicr o gael eu gweinyddu'n gywir a diduedd.

Y mae'r hyn a gyfiawnhawyd y pryd hwnnw drwy rym, er nad trwy gyfiawnder, yn awr yn derbyn cosb addas drwy gyfraith.

Bu'r anghydfod rhwng Lloegr a Chymru y pryd hwnnw yn fodd i beri lladdedigaethau, goresgyniadau, gelyniaethau, llosgiadau, tlodi a chynnyrch rhyfel cyffelyb. Magodd yr undod hwn gyfeillgarwch, cytgord, cariad, cynghrair ... cymorth, cyfoeth a heddwch. Boed i Dduw ei ddiogelu ac ychwanegu ato.

(Rhys ap Meurig, *Morganiae Archaiographia*, gol. B.Ll. James (1983), tt.67-8)

(ff) Dau lythyr ynglŷn â chryfhau amddiffynfeydd Cymru

(i) Oddi wrth y Cyfrin Gyngor at Henry Herbert, ail Iarll Penfro ac Arglwydd-Lywydd y Cyngor yn y Mers, ynglŷn â pheryglon addysgu plant bonheddwyr ar y cyfandir, 31 Rhagfyr 1593 [gw. tt.148-51, 172-6]

Wedi ein cyfarchion calonnog. Ei Mawrhydi'r Frenhines, yn canfod anghyfleustra nid bychan yn cynyddu yn y deyrnas pan anfonir ohoni blant nifer o fonheddwyr dan liw dysgu ieithoedd, ac oherwydd hynny maent gan fwyaf yn cael eu magu a'u meithrin yn y grefydd Babaidd ac mewn llwgrfoesau er niwed i'r wladwriaeth hon. Y mae Ei Mawrhydi'n awyddus i ddiwygio hyn fel anrhefn o bwysigrwydd nid bychan, ac wedi gorchymyn y gwneir ymholiad drwy'r deyrnas gyfan i ganfod pa feibion i fonheddwyr sydd ar hyn o bryd tu draw i'r moroedd wedi eu cludo yno o fewn y saith mlynedd diwethaf ac â pha drwydded yr aethant yno. Ac ynglŷn â'r rheini sydd wedi ymadael â'r deyrnas, os ydynt yn feibion i unrhyw reciwsantiaid neu'r rheini sy'n cydymffurfio ac yn rhoi gwybodaeth ymddangosiadol i osgoi perygl a chosbau'r gyfraith, nid oes amheuaeth mai bwriad eu rhieni oedd iddynt gael eu magu a'u hyfforddi mewn Pabyddiaeth a bod yn offeiriaid mewn coleg offeiriadol, Iesuaid a deiliaid anghywir, a'u hanfon yma i wyrdroi'r rhai sy'n ufudd a phleidiol ac i ymarfer gan hynny i aflonyddu heddwch a llywodraeth ddedwydd Ei Mawrhydi. Yr ydym felly, er gweithredu'n well gyfarwyddiadau Ei Mawrhydi, wedi eich dewis chi'n arbennig fel personau sydd, yn ein barn ni, yn addas o ran eich teyrngarwch a'ch serchiadau i'w Mawrhydi a daioni eich gwlad i'ch defnyddio yn y gwasanaeth hwn, ac yr ydym trwy hyn yn eich gorchymyn a'ch awdurdodi, a llawer ohonoch ar y cyd ac ar wahân, trwy bob dull da i ymholi ac archwilio pa fonheddwyr o fewn y sir honno, ar hyn o bryd, sydd ag unrhyw feibion, câr neu unrhyw bersonau eraill y mae eu haddysg yn eu gofal neu maent yn eu cynorthwyo neu eu cynnal y tu allan i'r deyrnas hon ac a anfonwyd dan liw dysgu ieithoedd neu am resymau eraill heb gael eu cyflogi'n gyhoeddus yng ngwasanaeth milwrol Ei Mawrhydi na masnachu fel prentisiaid neu asiantau i fasnachwyr hysbys; ac i anfon atom gatalog o enwau meibion, ynghyd â rhai'r tadau a'r rhieni neu'r tiwtoriaid a'r noddwyr a chysylltiadau eraill a anfonwyd trosodd neu a gynhaliwyd ym mha rannau y maent ynddynt, ac am ba hyd y buont yn absennol. Ac o'r tadau, rhieni neu gyfeillion eraill yr anfonwyd unrhyw rai ohonynt o'r deyrnas, os canfyddir unrhyw un yn reciwsant neu a fu'n wrthwynebus ac yn parhau i fod, ac yn ôl eich gwybodaeth dim ond o'r braidd wedi cael eu diwygio, dylech eu rhwymo i symiau uchel o arian er gwasanaeth Ei Mawrhydi er mwyn iddynt ymddangos yn bersonol ger ein bron ar ddiwrnod arbennig a benderfynwyd gennych chi; a chyn eu rhwymo yr ydych, drwy awdurdod hwn, i fynychu a chwilio o fewn eu tai am Iesuaid, offeiriaid coleg offeiriadol a phersonau eraill a amheuir, eu dal a'u carcharu os canfyddir rhai, a hefyd i agor a chwilio ystafelloedd bychain, cistiau, desgiau a choffrau (am lyfrau, llythyrau, ac ysgrifeniadau'n unig yn ymwneud â'r mater yn erbyn y wladwriaeth neu'r grefydd sefydledig) a byddwch yn eu cipio a'u gyrru yma atom ni'n ddiymdroi yn arwydd o natur eich gweithredoedd a'ch barnau am y gwŷr a'u hymddangosiad fel canlyniad i'ch ymholi yn eu cylch fel y gallwn, ar eu hymddangosiad, orchymyn diddymu eu meibion neu gâr ac unrhyw fater arall yr ydych, drwy eich hymdrechion, wedi ei ddarganfod yn eu herbyn.

Ac os saif trigfa unrhyw un o'r rhain ymhell oddi wrthych neu unrhyw un ohonoch yna dylech, yn rhinwedd y rhain ein llythyrau, ddewis unrhyw un neu ddau fonheddwr gonest a chall sy'n Ustusiaid Heddwch, a heb fod i raddau'n bleidiol iddynt, sy'n trigo yn agos atynt, y gellir eu cyfarwyddo i gyflawni'r ymchwiliad ac ati. Ac ynglŷn â'u warant arbennig yn y mater hwn gallwch anfon atynt gopi o hwn ein llythyr wedi ei arwyddo gennych a fydd iddynt hwy mor ddigonol â'r gwreiddiol i chi. Yr ydym yn gorchymyn i chi ymdrechu eich gorau a chyda diwydrwydd cyfleus i ddychwelyd i ni eich tystysgrif yn drefnus ac ateb ynddo'r pwyntiau niferus a geir yn ein llythyrau a'n cyfarwyddiadau. Felly, ffarwél yn galonnog o Gwrt Hampton, yr olaf o Ragfyr.

Eich cyfeillion mwyaf cariadus,

John Puckering, William Burghley, Essex, Charles Howard, William Cobham, Thomas Buckhurst, Robert Cecil, John Wolley, John Fortescue.

(LlGC, Llsgr. 9051E,144. Gweler hefyd *Acts of the Privy Council*, XXV, t.515 (Atodiad))

(ii) Oddi wrth y Cyfrin Gyngor at Henry Herbert ac a anfonwyd ganddo at Syr John Wynn o Wedir a Syr William Maurice o'r Clenennau, Dirprwy-Raglawiaid sir Gaernarfon ynglŷn â threfnu gwasanaeth milwrol yn Iwerddon, 30 Awst 1595 [gweler tt.6, 106-8, 112-13, 120-21, 125-6]

Oherwydd na chafwyd gennych y blynyddoedd diwethaf hyn unrhyw dystysgrif am gyflwr minteioedd gwŷr meirch a thraed dan hyfforddiant yn y siroedd dan eich Rhaglawiaeth, ac mae hynny yn creu amheuaeth ynom a ŷnt yn barod a chyflawn ac a oes gwŷr cymwys ac abl eraill wedi eu cyflenwi fel gwŷr meirch a thraed yn lle'r rhai sydd wedi marw, neu wedi ymadael â'r wlad neu wedi eu gosod mewn gwasanaethau eraill, a sut y maent wedi eu cyflenwi â meirch, arfwisgoedd, arfau a chyfarpar arall. A hefyd, pa gapteniaid neu arweinwyr yno a barhaodd ac sydd yn parhau yr amser hwn. Y mae Ei Mawrhydi felly yn ystyried ei bod yn ofynnol a thra angenrheidiol yr amser hwn fod arolwg yn cael ei wneud o'r minteioedd gwŷr traed a meirch yn y siroedd hyn yn Nhywysogaeth Cymru fel mewn rhannau eraill o'r deyrnas yn gyffredinol i ymdrin yn gyflym â'r holl wendidau. Felly, y mae Ei Mawrhydi wedi ein gorchymyn i weld bod hynny'n cael ei gyflawni ar fyrder. Y mae'r rhain felly, ar ran Ei Mawrhydi, i orchymyn Eich Harglwydd yn ddi-oed â phob cyfleustra i ofalu am y modd y gellir arolygu, ar adeg gyfleus, gryfder a rhifau gwŷr traed a meirch a benodwyd i wasanaethu yn y siroedd hyn yn Nhywysogaeth Cymru ac i weithredu pob gorchymyn a chyfarwyddiadau ynglŷn â rhifau gwŷr ac arfwisgoedd, arfau, a darpariaeth bowdwr a ffrwydrol a gesglir a'i storio, fel yr anfonwyd atoch chi ac at Raglaw Ei Mawrhydi yn y materion hyn. Felly, pan fydd cyfle i rai i weithio a gwasanaethu y canfyddir rhai'n barod i wneud hynny a gwelliannau wedi eu cyflawni fel mae Ei Mawrhydi'n ei ddisgwyl ac fel yr ymddiriedwn ni ynoch chi. Felly, i foddhau Ei Mawrhydi, disgwyliwn y bydd tystysgrif fanwl yn cael ei hanfon atom, yn arbennig mewn perthynas â'ch gweithrediadau ynglŷn â chynnal arolygon a mwstrau a sut y dylid diwygio gwendidau a chofnodi hynny mewn rholiau mwstwr yn ôl y cyfarwyddiadau blaenorol, fel y dywedwyd uchod, erbyn yr ugeinfed o'r mis nesaf, sef Medi ac, erbyn hynny, nid amheuwn y byddwch wedi cyflawni hynny heb gythruddo na niweidio'r bobl yn fawr. Ac am hynny y mae Ei Mawrhydi am gael ei byddinoedd wedi eu hyfforddi, eu disgyblu a'u cyfarwyddo'n dda, a'u dysgu sut i ddefnyddio eu harfau a sut i wasanaethu a gorymdeithio'n drefnus fel y dylai capteniaid, arweinwyr a milwyr; ac y mae'n ansicr a geir yn y siroedd hyn bersonau profiadol mewn rhyfeloedd a feddai ar swydd ac sydd wedi arwain cwmnïau yn y rhyfeloedd fel y dylid eu cael a'u cyflogi yn y gwasanaethau hyn. Fel canlyniad i'r wybodaeth a roddwch am brinder personau o'r fath y gellir eu cyflogi i gyfarwyddo ac i gael eu penodi fel capteniaid ac arweinwyr milwyr preifat bydd Ei Mawrhydi'n cyfarwyddo rhyw bersonau galluog ac arbennig i gyflawni'r gwasanaeth hwnnw, ac yn ddiamau bydd y rheini'n addas ar gyfer ymestyn y gwasanaeth cyffredinol, ac felly ewch ati i ddarbwyllo personau'r wlad sy'n gallu cyfrannu tuag at gynnal personau o'r fath a fyddai'n defnyddio eu llafur a'u hamser am gyfnod yr ystyriwch chi ei fod yn angenrheidiol i barhau hynny. Ac felly ffarweliwn yn galonnog â chi Eich Harglwydd ...

(LlGC, Llsgr. 9051E,153(a). J. Ballinger (gol.), *Calendar of the Wynn of Gwydir Papers, 1515-1690* (1926), rhif 153(a))

(g) Rhan o *The Dialogue of the Government of Wales* gan George Owen sy'n crynhoi argraffiadau Demetus a Barthol ar lywodraeth yng Nghymru, 1594 [gweler tt.126-9]

Demetus: ... Ac yn awr Mr Barthol, gystal ag y gall fy nghof a'm gallu fy nghynorthwyo yr wyf wedi datgan i chi am lywodraeth gyflawn Cymru, fel y mae yr adeg bresennol, ynglŷn â'r llysoedd cyffredinol sy'n ein llywodraeth ynghyd â'r math o wendidau sydd, yn fy marn i, angen eu diwygio, a dymunaf i chi feddwl am bopeth a ddywedais fel barn un dyn oherwydd, wrth drafod ag eraill efallai y gwelwch fod ganddynt hwy farnau eraill ... fel y byddwch yn teithio drwy weddill Cymru fe gofiwch yn fyr y pethau a glywsoch gennyf, a holi barnau gwŷr eraill, a chlywed eu rhesymau a'u beirniadaeth. Ac oblegid hynny, fel y casglwch mewn gardd wedi ei chyflenwi'n dda, gyda llawer o flodau, cymerwch y gorau i wneud un blodeuglwm o arogleuon melys.

196

Barthol: Diolchaf i chi Mr Demetus da am eich caredigrwydd mawr a'ch llafur a ddangoswyd i mi sy'n ddieithryn yn crefu am bardwn am fy eofndra tuag atoch.

Demetus: Nid oes angen pardwn am hyn oherwydd fe'm plesiodd i gymaint i'ch hysbysu am hyn oll ag a oedd hi i chi gael eich cyfarwyddo'n anghelfydd oblegid gobeithiaf, cyn i chi ymadael (oherwydd erfyniaf am fod yn lletywr i chi am ddau ddiwrnod neu dri), ddysgu gennych i'm mawr fwynhad a hefyd y gwelwch chi faterion eraill, fe obeithiaf, a fago ynoch ryw gymaint o foddhad.

Barthol: Y mae'r graslonrwydd a ganfyddaf ynoch gymaint fel os gallaf mewn unrhyw ffordd eich plesio byddwn yn hapus iawn i wneud hynny â meddwl bodlon ond, gyda'ch amynedd, ychydig mwy am ein materion blaenorol.

Gwelaf o'r hyn ddywedsoch fod Cymru, oherwydd y caledi mawr yn yr hen amser ac oherwydd Ustusiaid drwg a Chyfreithiau na ellid eu goddef, wedi dod yn anufudd i Gyfreithiau ac yn anfoesgar ymhlith ei gilydd. Gan iddynt weld nad oedd y Tywysogion yn gofalu am eu llywodraethu'n dda ond anfon Barnwyr a Swyddogion i'w hysbeilio a'u gormesu ac ordeinio Cyfreithiau, nid i lywodraethu'n raslon ond i'w gormesu'n greulon, daeth y bobl i fod yn anufudd i'r Cyfreithiau hynny ac anffyddlon i'r Tywysogion hynny; ac wedi gorthrymderau maith dod yn ddiobaith amdanynt eu hunain a dewis marw wrth amddiffyn eu Cyfreithiau cyntefig a'u rhyddfreiniau na byw dan Gyfreithiau mor annaturiol ac afresymol a ordeiniwyd i'w llywodraethu, hyd nes y gofalodd Harri VIII am hynny a bod Cymru y diwrnod hwn yn Gyfanwlad wedi'i diwygio o'r newydd a heb ymsefydlu hyd yma mewn cyflwr perffaith; ac yn awr, pan lywodraethir hi gan y Cyfreithiau da hyn er 27 Harri VIII, ymddengys rhai gwendidau yn y llywodraeth newydd a sefydledig honno a fyddai, gyda mwy o rwyddineb, efallai'n cael eu hunioni: yn gyntaf, sefydlwyd y llywodraeth ac, ymhen amser a fesul ychydig, tyf i fod yn Gyfanwlad berffaith ei llywodraeth. Ond yr wyf yn rhyfeddu gymaint y mae'r wlad wedi derbyn yn dawel a heb anfodlonrwydd mawr a rhyw gymaint o wrthryfel y newid cyntaf yn llywodraeth Cymru (pan ddiddymodd Harri VIII yn llwyr Gyfreithiau Cymru a chyflwyno Cyfreithiau Lloegr). Oherwydd, nid yn hawdd y derbynnir rhywbeth newydd a newid Cyfreithiau cyntefig mewn unrhyw Gyfanwlad heb anghydfodau, ac ystyrir bod newid mewn llywodraeth yn beryglus mewn Cyfanwlad, ac eto ni chlywaf gennych fod y Cymry wedi ymofidio oherwydd bod eu Cyfreithiau wedi newid neu bod llywodraeth newydd wedi'i sefydlu.

Demetus: Yn wir y mae'n beryglus newid unrhyw beth mewn Cyfanwlad dan lywodraeth dda, ac nid oedd Cymru mewn sefyllfa felly'n y gorffennol. Ond i'r cyfryw sy'n byw mewn cyfyngdra a chaethiwed y mae newidiadau a chyfnewidiadau o greulondeb i gyfiawnder yn felys a hyfryd, ac yna yr oeddym ni Gymry tlawd, a orthrymwyd yn greulon gan ein llywodraethwyr, sef Stiwardiaid, Ustusiaid, Siryfion ac eraill a ddefnyddiodd y Gyfraith i farnu fel y dymunent, ac nid i gyfiawnhau'n ôl eu haeddiant, yn falch iawn o'r Cyfreithiau newydd a dderbynnir mor dawel; ond, mewn amseroedd a fu, ymladdwyd llawer brwydr waedlyd cyn iddynt dderbyn Cyfreithiau creulon Lloegr a'r deddfroddwyr a'u gormesodd.

Barthol: Yn ddiau, y mae'r Cyfreithiau hyn wedi dod â Chymru i warineb o'r llywodraeth ddrwg a oedd yma yn y gorffennol oherwydd y mae mor ddiogel i ddieithryn deithio yma yng Nghymru ag y mae mewn unrhyw ran o Wledydd Cred lle cynt, fe ddywedir, yr oedd lladradau a'r llofruddiaethau'n gyffredin iawn.

(George Owen, *Penbrokshire*, III, tt.90-92)

(ng) Rhan o *Memoirs* Syr John Wynn o Wedir c. 1620 [gweler tt.30-4]

William Thomas, mab ac etifedd Rhys Thomas, ysgwïer, a aned yng Nghaernarfon, capten dau gant o wŷr o ogledd Cymru, a aeth gyda Robert, Iarll Caerlŷr, i'r Iseldiroedd ac yno, wedi dod o hyd i Syr Thomas Morgan a Syr Roger Williams a Syr Martin Schenk, y blaenaf yn y fyddin honno, fe'i cysylltodd ei hun a'i gwmni yn Berk-upon-Rhine, a chan fod Tywysog Parma, gyda'i holl fyddin wedi gosod gwarchae arno am amser maith, heb anghofio dim yr oedd ei angen arno i ennill y frwydr, ond yn y diwedd gorfu iddo ildio. Wedi'r amser hwnnw daeth ef a Syr Martin Schenk at Iarll Caerlŷr i'r gwersyll yn agos at Zutphen, ac yn yr ysgarmes honno anafwyd Syr Philip Sidney, marchog, yn farwol a'i ladd; gŵr dewr, glew a bonheddwr mor ddoeth ag unrhyw un a gynhyrchwyd yn y wlad hon ac am lawer oes cyn hynny. Buasai'n was i Dduges Somerset ac fe'i meithrinwyd dan yr un tiwtoriaid a'i mab, yr Arglwydd Edward Somerset, nad oedd lawer hŷn nag ef. Gallai siarad Lladin, Eidaleg a Ffrangeg. Credwyd mai ei iaith oedd achos ei farwolaeth oblegid dywedwyd ei fod wedi'i ildio'i hun yn yr iaith Eidaleg. Lladdwyd ef mewn gwaed oer gan garcharor a oedd yn eiddigeddus ei fod yn berchen arni. Adroddir hynny, ond a yw'n wir ai peidio ni allaf ddweud, ond yno y bu farw.

Gruffudd Wynn, a aned yng Ngwedir yn yr un sir honno, ail fab i John Wyn ap Maredudd, ysgwïer, a wasanaethodd Syr Edmund Knevett ... bonheddwr glew blaengar a'r cyntaf ym mhlaid y Brenin i ymosod ar wrthryfelwyr Norfolk. Arhosodd yn y pentref cyfagos â phum cant [o wŷr] cryf, gyda thri deg o wŷr meirch o blith ei weision ei hun, lle y lladdodd bump neu chwech gwrthryfelwr, ond yno cafodd y ddyrnod a oedd wedi hynny'n achos ei farwolaeth anhymig. O'r fan honno marchogodd i'r Llys i gynghori'r wladwriaeth am y gwrthryfel ac i dderbyn pardwn y Brenin am y rhai a laddodd. O'r llys dychwelodd mewn urddas ac awdurdod mawr ynghyd ag Ardalydd Northampton, Arglwydd Sheffield a nifer eraill o bendefigion.

Yr oedd Gruffudd Wynn gyda Syr Edmund Knevett ac yn was siambr iddo a gydag ef ym mhob man, ac yn y frwydr a ymladdwyd yn ninas North Norwich rhwng Ardalydd Northampton, Cadfridog y Brenin, a Ket, lle y gorchfygwyd gwŷr y Brenin a lle y lladdwyd Arglwydd Sheffield a llawer o foneddigion eraill ...

Wedi i'r Ardalydd a Syr Edmund a'r gweddill a oroesodd ddychwelyd i'r Llys anfonwyd Iarll Warwick a nifer o bendefigion eraill (fel y gwelir mewn cronicl o'r adeg honno) a Syr Edmund yn erbyn gwrthryfelwyr gyda byddin gryfach, a brwydrasant â hwy a'u trechu, a lladdwyd Ket. Daeth Gruffudd Wynn â'i geffyl bychan a'i gyfrwy (o felfed llwytgoch) gartref gydag ef i Wedir a galwyd y ceffyl yn 'Glas Ket' ar ôl enw'i feistr blaenorol tra oedd yn fyw. Wedi marwolaeth Syr Edmund daeth Gruffudd Wynn yn was i William, Iarll Penfro, a gwasanaethodd gydag ef fel milwr arfog ym maes Wyatt yn y rhengau y dydd hwnnw gyda hen William Mostyn, ysgwïer, a wasanaethodd yr iarll hefyd. Gwnaeth Dr John Gwynn, ei frawd ieuengaf, ef [Gruffudd] yn etifedd iddo, ac felly cynyddodd ei ystad yn fawr. Yr oedd yn berchentywr mwyaf hael i'r cyfoethog a'r tlawd, gŵr crefyddol, glew a doeth, ac yr oedd yn uchel siryf dwy sir, Dinbych a Meirionnydd ... Ar adeg ei farw yr oedd ei fywoliaeth yn werth mil o bunnau'r flwyddyn ac yn gyfoethog yr un pryd.

Yr oedd Robert Wynn, a aned yng Ngwedir yn y sir, trydydd mab John Wyn ap Maredudd, a gwas siambr i Syr Philip Hoby, Marchog (un o Gyngor y Brenin Harri VIII a Chadfridog mawr yn ei fyddin) gyda'r Brenin a'i feistr yng ngwarchae Boulogne lle y saethwyd ef yn ei goes ... Yr oedd ym muddugoliaeth a llosgi Caeredin a Leith yn yr Alban ac ar y teithiau cofiadwy a grybwyllir yng nghroniclau cyfnod Harri VIII ac Edward VI ac eithrio maes Musselburgh yn yr Alban lle y clywais ef yn dweud ei fod yn bresennol ...

Rhoddwyd Huw Gruffudd, mab Gruffudd ap John Gruffudd o Gefnamwlch, ysgwïer, gŵr gweddus iawn o gorff prydweddol a thal, ar brentisiaeth gan ei dad gydag anturiwr masnachol yn Llundain ac fe'i gwasanaethodd yn onest iawn a da hyd ddiwedd ei flynyddoedd, a daeth yn asiant i'w feistr ac eraill mewn mannau dros y môr. Pan oedd yn teithio o Lundain i'w le masnachu a deuddeg can punt ganddo a gawsai ar ei gredyd ei hun, fe'i cymerwyd gan y Duncyrciaid a'i garcharu, a'i ryddhau drwy gymorth Hugh Owen, cynghorwr preifat Tywysog Parma. Ganwyd yr Hugh Owen hwn yn y sir hon yn frawd iau i dŷ bonheddwr hynafol a elwid Plas Du. Gwasanaethodd yn dra chymeradwy gyda Iarll Arundel ac yr oedd yn brif weithredwr yng ngweithred Dug Norfolk, ac fe'i cydnabuwyd fel y gŵr doethaf yn eu plith. Pan welodd na dderbyniwyd ei gyngor symudodd ymhen amser i Brwsel lle y parhaodd yn Gyfrin Gynghorwr i'r wladwriaeth honno am ddeugain mlynedd a hyd ddiwedd ei ddyddiau. Wedi i'r Huw Gruffudd hwn, a ryddhawyd gyda'i gymorth ef, dalu ei bridwerth, ac yntau wedi colli ei gredyd am byth, cafodd lythyr marc, ac fe'i darparodd ei hun ar gyfer mynd i'r môr a phrofi yno i fod y Capten mwyaf haeddiannol a dewraf o unrhyw genedl a oedd ar y môr. Yn y diwedd, yn y culfor, wedi gweld llong ryfel Brenin

Vera effigies Clariss:Do.ni Iohañs Wynn de Gwedur in
Com̃ Carnarvon Equitis et Baronetti &c.
Obijt primo die Martij. 1626. Ætat: 73.

Honoris ipsius causa   Ro: Vaughan sculp   Pro tione D.D.

Syr John Wynn o Wedir. Ysgythriad gan Robert Vaughan

Sbaen (a gludai drysor Brenin Sbaen o'r Eidal i Sbaen) penderfynodd farw yno neu ei hennill, a gwnaeth hynny'n y diwedd wedi brwydr fwyaf ragorol am bedwar neu bum niwrnod, wedi iddo ladd y capten dewraf (a oedd yn Iseldirwr mwyaf glew) a nifer fawr o'i filwyr. Dychwelodd yntau, wedi iddo golli llawer a chael ei anafu'n fawr, a'i gwmni wedi gwanhau, ac fe'i gorfodwyd i fynd i Argier [Algiers] i gysgodi lle naill ai y bu farw o'i anafiadau neu y gwenwynwyd ef, a chipiwyd ei nwyddau gan y Twrciaid ...

Pedwar gŵr milwrol a gynhyrchwyd yn ein hoes yn y wlad hon: Syr Morus Gruffudd, Marchog, a aned yn nhref Caernarfon ac un o feibion iau William Gruffudd, ysgwïer. Gwasanaethodd yng ngwlad Iwerddon yng nghyfnod ei lencyndod a bu'n Gapten yno, ac am ei wasanaeth da derbyniodd ei fraint. Mae'n trigo yr amser hwn yng nghastell Connaught a adeiladodd ei hun, ac fe'i gelwir yn Balimerusk, ac mae'n un o Gyngor y dalaith.

Capten Prichard, a aned ym Madryn Isaf yn Llŷn yn y sir ddywededig, brawd iau yn y tŷ hwnnw: llywodraethodd â chlod mawr gant o wŷr dan wladwriaethau'r Iseldiroedd yn amser y Frenhines Elisabeth.

Syr Richard Wynn o Gaernarfon, Marchog, o dŷ Bryncir, capten cant o wŷr yn Iwerddon, Profost-farsial Flushing dan Syr Philip Sidney. Yr oedd yn was un tro i Gapten Randall, a laddwyd yng ngogledd Iwerddon, a chludodd arfau hwnnw i Syr Henry Sidney, Dirprwy-Arglwydd Iwerddon y pryd hwnnw, a bu'n ddilynydd iddo drwy gydol ei fywyd. Wedi ei farwolaeth, am ei amryfal wasanaethau da, fe'i dyrchafwyd yn farchog, ac wedi iddo gael gweddw Capten Thomas ... yn y sir yn wraig iddo, trigodd yng Nghaernarfon am weddill ei ddyddiau. Yr oedd yn un o Gyngor y Mers, cadwodd dŷ tra haeddiannol, ac yr oedd yn ŵr crefyddol, gonest a chywir ei galon i'w gyfaill ...

Ni ddylid anghofio yn y traethawd hwn wasanaethau cofiadwy John Wyn ap Huw, ysgwïer, a aned ym Modfel yn Llŷn yn y sir ddywededig, lle mae'n byw'n awr. Yr oedd yn lluman-gludwr i John, Iarll Warwick, ac wedi hynny Dug Northumberland yn y frwydr fawr a ymladdwyd rhyngddo ef a Ket a gwrthryfelwyr Norfolk a Suffolk ger Norwich yn amser Edward VI. Lladdwyd ei farch oddi tano ac fe'i anafwyd ef, ac eto cadwodd i chwifio Lluman Fawr Lloegr ... Am y gwasanaeth hwnnw rhoddodd Dug Northumberland iddo ddau beth gwych: sef, yn Llŷn, Ynys Enlli a thŷ tiriogaeth Abad Enlli ger Aberdaron, a alwyd y Llys, gyda chyfeiriad anrhydeddus at ei wasanaeth da yn y rhodd a welais ac a ddarllenais: amgylchiad prin yw canfod meistr mor dda.

(HGFM, gol. J.G. Jones (1990), tt.64-73)

ATODIAD B

MATERION CREFYDDOL

(a) Rhan o lythyr William Barlow, Esgob Tyddewi, at Thomas Cromwell, 16 Awst 1536 [gweler tt.137-9]

Wedi fy nghyfarchion tra gostyngedig, ystyriaf mai fy nyletswydd yw i hysbysu Eich Harglwydd fod cynnwys eich llythyrau a dderbyniwyd yn ddiweddar yn dynodi boddhad Ei Fawrhydi'r Brenin i symud delwau eilunaddolgar llygredig a fuasai'n dra niferus a dychrynllyd yn y wlad hon, ac yn fy esgobaeth fe'u derbyniwyd yn dawel ym mhobman, yn ddiwrthwynebiad heb anghydfod, terfysg na chyffro, heb ddisgwyl rhwystr (fe obeithiaf) i ddiwygio effeithiol pellach ym mhob mater ynglŷn â chrefydd Gristnogol a'r amcanion brenhinol anrhydeddusaf a gweithrediadau nid llai buddiol. Y bobl yn awr yn gweld yn synhwyrol y gwirionedd, a oedd wedi'i hir gymylu ac yn eglur yn arddangos ei ddisgleirdeb, a thrwy hynny datguddir eu hofergoeliaeth arferol a dwfn. Difwynir pob twyll Pabaidd er mwyn i ddysg, rhiant rhinwedd a sail anffaeledig pob polisi ordeiniedig a flodeuodd yn hardd drwy hyrwyddiad clodfawr y Brenin ym mhob un o'i daleithiau brenhinol eraill, hefyd gael ei blannu yma yn Nhywysogaeth Ei Ras yng Nghymru lle nad oes dim gwybodaeth o gwbl, a rhoir ychydig iawn o sylw i'r gwyddorau, ac mae anwybodaeth farbaraidd druenus yn meddiannu'r [bobl] ... Rhag ofn y derbynnir fy achos gan Ei Fawrhydi'r Brenin drwy gyfrwng da eich Harglwydd i symud yr esgobaeth i Gaerfyrddin a thrawsosod Coleg Abergwili yn Aberhonddu, prif drefi de Cymru, lle y byddai darpariaeth ar gyfer dysg mewn gramadeg yn ogystal â gwyddorau eraill a gwybodaeth o'r ysgrythur yn ffurfio anfoesgarwch y Cymry ar lun gwarineb y Sais a diwygir eu galluoedd llwgr yn hawdd â deallusrwydd duwiol ... Felly, gan ystyried bod Rhufain, gyda'i holl basiantau Pabaidd (i Dduw fyddo'r clod), drwy ddarpariaeth ddoethaf y brenin wedi ei alltudio o Loegr y mae ffyddlondeb fy nheyrngarwch yn fy ngorfodi i ddymuno yr alltudir yn yr un modd bob cofadail Babyddol o Gymru sydd hyd yma'n parhau yn nhiroedd Dewi Sant, ac ni ddiflanant os na symudir yr esgobaeth. Oherwydd os na ddinistrir yn llwyr yr amrywiol enghreifftiau o anffyddlondeb eilunaddolgar ac arferion Pabaidd (er gwaethaf gwaharddiadau gorfodol a datganiadau llafar) byddant o hyd yn adnewyddu dychmygion newydd i efelychu yr hen aflendid a arferwyd.

(T. Wright (gol.), *Letters Relating to the Suppression of Monasteries* (1843), CI, tt.206-9)

(b) Tystiolaeth Richard Davies, Esgob Tyddewi, ynglŷn â chyflwr ei esgobaeth, i'r Cyfrin Gyngor, 25 Ionawr 1569 [gweler tt.156-7, 161-3]

Ynglŷn â phersonau o'r fath sydd heb fynychu eu heglwysi plwyf na defnyddio'r gweddïau cyffredin yn unol â chyfreithiau'r deyrnas ac sydd heb dderbyn y cymun sanctaidd ar yr adegau arferol ... yr wyf yn awr yn tystio mewn modd cyffelyb i'ch Harglwyddi. Wedi'r ymholiad manwl gennyf i a swyddogion ffyddlon ni allwn ganfod fod yna unrhyw berson o ba radd bynnag yn fy esgobaeth sy'n dirmygu crefydd sy'n awr wedi'i sefydlu yn y deyrnas neu sy'n gwrthod yn ystyfnig weddïau cyffredin yr Eglwys neu dderbyn y cymun ar yr adegau arferol ac yn arbennig adeg y Pasg. Er hynny, gwelaf fod nifer fawr yn araf ac oeraidd yng ngwir wasanaeth Duw. Rhai'n esgeulus ynglŷn ag unrhyw grefydd ac eraill a ddymunai weld adfer y ffydd Rufeinig eto ...

Achos ysbrydol anhrefnau, dirmygu duwioldeb a gwasanaeth i Dduw, achos parhad ofergoeliaeth a dallineb, a sut y gellir gwella'r rheini.

Yn gyntaf, yr eglwysi a amfeddwyd yn ddiweddar gan dai crefydd ac sy'n awr ym meddiant Ei Mawrhydi'r Frenhines. Yr oedd gan rai ohonynt flynyddoedd yn ôl ficeriaid a phensiynau ganddynt, ac er eu bod ond £6 y flwyddyn yr oeddynt yn fywiolaethau addas oherwydd, yn gyffredinol, yr oedd ganddynt gig a diod yn y tai crefydd lle y gwasanaethant, ar wahân i'r offrymau ofergoelus a ddefnyddiwyd wedyn i greu bywoliaeth gyfoethog. Yn awr dim ond y pensiwn yn unig sy'n aros heb ddenu curad ac felly maent yn wag oherwydd nid oes unrhyw ŵr a fyddai'n eu cymryd. Y mae rhai eraill yn wag ac wedi'u gwrthod gan na thalwyd ôl-ddyledion y degymau gan offeiriaid blaenorol oherwydd tlodi eu bywoliaeth ...

Yr eglwysi a amfeddwyd yn ddiweddar gan dai crefydd ac sy'n awr ym meddiant Ei Mawrhydi'r Frenhines. Ceir rhai nad oes ganddynt ficeriaid ac na chawsant ficeriaid yn y gorffennol ond, yn amser y tai crefydd, a wasanaethwyd gan guradiaid y darparwyd yn ddigonol ar eu cyfer yn ôl eu harfer ofergoelus. Yn y rhain oll, gan fwyaf o'r amser hwn, ni chânt wasanaeth llawn unwaith y flwyddyn ond, ar Suliau a gwyliau, yr Epistol a'r Efengyl neu weddïau eiriol yn unig oherwydd ni rydd y ffermwyr gyflog digonol ond taro ar offeiriad a ddaw yno ar garlam o blwyf arall, ac am ei drafferth a gaiff 40s y flwyddyn, 4 morc neu £4 am y gorau.

ANHREFNAU YN YR ESGOBAETH

Ceir yn yr esgobaeth fwy na dau gant o bersonau llwgr eu bywydau sydd wedi parhau'n ysgymun, rhai 12 mis, rhai ddwy flynedd, rhai 3 blynedd, a rhai 4 blynedd a mwy — y rheswm am hynny yw: pan anfonir gwrit *De Excommunicato Capiendo* i'r Siryf, yn gyffredin, fe ddefnyddia'r gwrit ym mhob sir i'w elw ... defnyddia ym mhob sir y gwrit i'w elw preifat ei hun, cymer ddwbl neu drebl y ffi a'i ryddhau [y troseddwr]. Ac felly ni ddygir y troseddwr fyth i wneud penyd na'i gymodi ei hun â'r Eglwys ...

Oherwydd y bai hwn ar y Siryfion a chamarfer gwrit *De Excommunicato Capiendo* digwyddodd hefyd fod rhai offeiriaid yn yr esgobaeth a arhosodd ddeuddeng mis llawn heb eu diwygio, rhai'n puteinio a rhai, yn groes i orchmynion i'r gwrthwyneb, yn ymgymryd â gwasanaethau tri neu bedwar, ie ar brydiau bum curadiaeth, ond dim un yn iawn: yn cael eu cefnogi gan wŷr bonheddig, ffermwyr yr un eglwysi a churadiaethau, sy'n mynnu ennill ffafr y Siryf fel nad ŷnt yn hidio dim am unrhyw waharddiad ac ni ellir eu gorfodi i gynnal trefn dda, gymaint fel y maent lawer gwaith, yn wrthwynebus i gyfreithiau, yn gweinyddu gwasanaeth dwyfol a hwythau'n ysgymun.

Y modd i wella'r anrhefnau hyn a phob un arall sy'n ddirmygus o'r Eglwys a gwasanaeth dwyfol, yn gymaint â bod y cledd eglwysig wedi ei bylu fel na ellir diwygio'n llawn, yw trwy ddeisebu Eich Harglwyddi i fod yn gyfrwng i argymell Ei Mawrhydi'r Frenhines i roi llythyrau comisiwn i'r Esgob a'i Ganghellor, gyda chymorth gwŷr pendefigol eraill, bonheddwyr, dysgedigion o'r iawn farn grefyddol a chydwybod dilwgr yn yr unrhyw gomisiwn, i gael eu hawdurdodi i gymryd i'r ddalfa bersonau ysgymun, eu carcharu neu eu gorfodi i gymodi a diwygio'u bywydau a'u hymrwymo, i bwrpas Ei Mawrhydi'r Frenhines, i ymadael â'u ffyrdd aflan. Carcharu hefyd a difeddiannu offeiriaid anniwygiedig. Cosbi pererindod i ffynhonnau a gwyliadau mewn capeli a mannau anial. Gwysio cefnogwyr a chynorthwywyr ofergoeliaeth ac eilunaddoliaeth ac, yn gyffredinol, gwneud popeth a fyddai'n hyrwyddo gogoniant Duw, y gwir grefydd a bywyd rhinweddol, a chosbi a difa'r gwrthwyneb. Hefyd, byddid yn cynyddu gwir grefydd yn fawr a'i sefydlu pe bai Ustusiaid Brawdlys yn cael eu hatgoffa ... i hyrwyddo gair a gwasanaeth Duw [sydd] erbyn hyn wedi eu sefydlu yn y deyrnas.

Ac ymhellach, yr wyf yn deisyfu Eich Harglwyddi'n wylaidd, yn eich gofal Cristnogol am grefydd a gwasanaeth Duw, er hyrwyddo sêl mwyaf duwiol Ei Mawrhydi'r Frenhines, i ddod yn ddiogelwyr ac amddiffynwyr yr Eglwys yn fy esgobaeth fel na fydd ymhellach yn cael ei chythryblu, ei hysbeilio na'i thlodi. Fel y byddo i'r dreftadaeth fechan honno yn yr Eglwys sy'n parhau i gynnal gwasanaeth Duw barhau eto i gynnal (fe hyderaf) pregethwyr ac athrawon, wedi i'r offeiriaid sy'n awr heb fod yn bregethwyr ymadael.

(D.R. Thomas, *The Life and Work of Bishop Davies and William Salesbury*, tt.37-8, 41-4)

(c)   Rhan o gywydd Siôn Brwynog i'r Ddwy Ffydd, c. 1550 [gweler tt.143-6]

I Dduw ydd wyf weddïwr:
Duw Nef a edwyn ei ŵr.
Ei rad Ef drwy wir dafawd
A ddaw, gwn weddi a gwawd.
Ei 'wyllys Ef er llesáu
Ynn a welir yn olau,
Am yr Iesu ymryson
Yn y byd sydd, enbyd sôn:
Rhai'n lew gyda'r ffydd newydd
A rhai'n ffest gyda'r hen ffydd;
Ymliwio'u ceir mal y cŵn —
Ym mhob pen y mae piniwn.
Gwraidd gras ac arwydd y grog —
Gair Efengyl grafangog.
Wrth sud eu haraith a'u sôn
Yr adwaenir y dynion.
Dwy fuchedd oddiwedd ynn
Dystiolaeth dewis dilyn:
Sidan yw eu trwsiadoedd,
A rhawn am y rhai hen oedd.
Edrycher siampler a sôn
Pyst a elwir 'postolion:
Tlodion y buon yn byw —
Nid hawdd gan y to heddiw.
Odd' wrth wragedd pleidwedd plant
At yr Iesu y troesant:
Offeiriad yn anad neb
Wrth hyn yn ei wrthwyneb —
Iesu a'i Dad a wada,
At ei wraig yn gwit yr â.
Ei falais ef a'i fil swm
Ymddigio am ei ddegwm.
Tyr hwn ben twr o henyd;
Truan ni châi ran na chyd.
Tyllu bydd tua lle bo;
Tir i werth, tery wrtho.
Y gweinidog annedwydd
Â gŵn ffwr, egwan ei ffydd,
Wrth y bwrdd o nerth ei ben
A bregetha brygawthen.
Nid Pawl a nodai y peth:
Ni bu Rigor un bregeth.
Ni sôn am offeren Sul
Na chyffes mwy na cheffyl.

Ni all ddeall a ddywaid:
Yntau'n ffôl eto ni phaid.
Oerder yn ein amser ni,
Yr iâ glas yw'r eglwysi.
On'd oedd dost, un dydd a dau,
I'r llawr fwrw yr allorau?
Côr ni bydd cŵyr yn y byd,
Na channwyll, yn iach ennyd.
Yr eglwys a'i haroglau
Yn wych oedd yn ein iacháu.
Yr oedd gynt, arwydd a gaid,
Olew yn eli enaid.

(LlGC, Llsgr. Cwrtmawr 238,37)

(ch) Rhan o gwndid Llywelyn Siôn yn beirniadu dylanwad y Ffydd Brotestannaidd Newydd, c. 1580-1600 [gweler tt.149-52]

Marc, Matho lân,
Luc a Ieuan
A ddodai sêl,
ar Dy chweddel,
A'th ddisgyblion,
i gyd o'u bron
I'r byd a fu,
yn pregethu.
Fe fu'r Ffydd hyn
lawer blwyddyn
A'r saint bob tro
yn cytuno.
Fe ddaeth heb gêl
gan y Cythrel
Bedwar 'n eu lle
o'i wŷr ynte,
Luther, Calfin,
Beza, Zwinglin,
Felly gelwir
y pedwargwŷr,
Ac mae digon
o ddisgyblion
O'u dysgeidiaeth
hwy'n mynd waethwaeth.

(*Hen Gwndidau*, tt.98-9; C.W. Lewis, 'The Literary History of Glamorgan from 1550 to 1770', *Glamorgan County History*, IV, t.567)

(d) Statud i gyfieithu'r Ysgrythurau i'r Gymraeg, 1563 [gweler tt.152-64, 173-6]

Yn gymaint â bod Ei Mawrhydi y Frenhines fwyaf rhagorol, fel Tywysoges fwyaf duwiol a rhinweddol a chanddi'r parch pennaf tuag at anrhydedd a chlod Duw, a iechyd eneidiau ei deiliaid, ym mlwyddyn gyntaf ei theyrnasiad, trwy awdurdod uchel lys ei senedd, wedi ei alw'n bennaf i'r pwrpas hwnnw, wedi gosod Llyfr Gweddi Gyffredin a Threfn Gweinyddiad y Sacramentau yn yr iaith Saesneg frodorol, i'w defnyddio drwy ei theyrnas gyfan, sef Lloegr, Cymru a'r Mers ynddi, fel y gallai deiliaid mwyaf cariadus Ei Mawrhydi, sy'n deall yn eu hiaith eu hunain y bygythiadau dychrynllyd ac arswydus a ymarferir yn Llyfr Duw yn erbyn y drygionus a drwgweithredwyr, yr addewidion dymunol ac anffaeledig a wnaed i'r praidd etholedig a dewisedig, gyda gorchymyn cyfiawn i reoli a llywio eu bywydau yn ôl gorchmynion Duw, ddysgu'n llawer gwell sut i garu ac ofni Duw, gwasanaethu eu tywysog ac ufuddhau iddo a gwybod beth yw eu dyletswyddau tuag at eu cymdogion; derbyniwyd y Llyfr fel yr em fwyaf gwerthfawr â llawenydd anrhaethadwy ymhlith ei deiliaid a oedd ac sydd yn deall yr iaith Saesneg, iaith na ddeellir mohoni gan fwyafrif deiliaid mwyaf cariadus ac ufudd Ei Mawrhydi yn nhiriogaeth a gwlad Cymru, rhan nid bychan o'r deyrnas hon, sydd felly'n hollol amddifad o Air Sanctaidd Duw, ac sy'n aros mewn tywyllwch ac anwybodaeth tebyg neu fwy nag oeddynt yn amser Pabyddiaeth. Deddfir felly ... fod Esgobion Henffordd, Tyddewi, Llanelwy, Bangor a Llandaf ... yn trefnu ... bod y Beibl cyfan, yn cynnwys y Testament Newydd a'r Hen Destament, ynghyd â'r Llyfr Gweddi Gyffredin ... yn cael eu cyfieithu'n gywir ac union i'r iaith Frytannaidd neu Gymraeg.

(Statud 5 Elisabeth I, c.28; *SW*, tt.149-150]

(dd) Cyflwr crefydd yng Ngogledd Cymru, c. 1600 (anhysbys)
[gweler tt.152-64]

Y mae'r bobl yn naturiol yn dra duwiol ac yn eu calonnau yn ddiamau yn ofni'n fawr, yn hoffi ac yn parchu pŵer goruwchnaturiol gymaint ag y mae unrhyw bobl yn y byd mewn mannau eraill, ond fwy nag enw Duw ni wyddant unrhyw beth o gwbl ac felly maent yn hollol anwybodus ohono ef a'u hiachawdwriaeth. Aent yn finteioedd ar bererindodau i'r ffynhonnau arferol a mannau ofergoelus, ac yn y nos wedi'r gwyliau, lle arferwyd cadw'r hen offrymau yng nghapel unrhyw eilun er bod yr eglwys wedi ei dymchwel, deuent eto i'r fan lle'r oedd yr eglwys neu'r capel gan deithio o bell yn droednoeth ac yn dra ofergoelus ac ati.

Trefnir y symud i'r cyfarfod a rhoir gwybodaeth am yr amser pan ymgynulla'r pererinion yn bennaf gan eu Pencerdd, neu brif ddatgeinydd sydd, trwy gyfarwyddyd ryw hen foneddiges, yn gyffredin yn rhoi'r wŷs am yr amser cywir ar gyfer cyfarfodydd o'r fath.

Ar Suliau a gwyliau y mae tyrfaoedd o bob math o wŷr a gwragedd a phlant o bob plwyf yn arfer cyfarfod mewn amrywiol leoedd naill ai ar ryw fryn neu ar ochr ryw fynydd lle mae eu telynorion a chrythorion yn canu iddynt ganeuon am weithredoedd eu hynafiaid, sef eu rhyfeloedd yn erbyn brenin y deyrnas hon a chenedl y Saeson, ac yno maent yn dadlennu eu hachau ar eu hyd i ddangos sut y mae bob un yn olrhain eu tras ohonynt hwy, eu hen dywysogion. Yma hefyd y treuliant eu hamser yn clywed rhyw ran o fuchedd Taliesin, Myrddin Ben Beirdd, Iorwerth ac eraill o broffwydi a saint darparedig y wlad honno.

Y mae'r math cyffredin o fonheddwyr yn y wlad honno yn gyffredinol ym mhob man ac yng nghwmni ei gilydd yn dyrchafu safle a braint dominiwn Cymru, yn ei ffafrio hi'n fwy na gwerth teyrnas yr Alban a galluoedd pobl y dalaith honno neu ran o'r deyrnas hon i gynnal stad frenhinol yn fwy na'r Albanwyr. Ac mae'n rhaid nodi, pan orweddant yn ddioglyd ar lethrau'r mynyddoedd yna siaradant am amddiffynfeydd a chryfder naturiol bob ffordd, man a bryn yn eu gwlad. Yn wir, y dydd hwn, os edrychwn yn fanwl ar rif cyfan y boneddigion ac eraill o bob math yng ngogledd Cymru prin y gwelwch unrhyw un (ac eithrio'r Esgobion ac ychydig eraill) mewn unrhyw fodd wedi'u hyfforddi'n dda yn ffydd Crist oherwydd, o'r holl dyrfa sydd dan 30 mlwydd oed, nid oes ganddynt ymddangosiad o unrhyw grefydd, y gweddill yn gyffredinol trwy'r dydd yn proffesu a maentumio pynciau mwyaf afresymol heresïau Pabyddol ac, yn ôl y wybodaeth (mwyaf truenus i'w llefaru), y mae'r rhan fwyaf ohonynt yn ffurfio'u bywydau mewn esgeulustod, afradlonedd, cynnen a phethau tebyg.

Os ymdrecha gelynion Duw a gwir grefydd o gwbl i beri aflonyddwch yn y wladwriaeth sefydlog y maent ar y trywydd iawn i wneud hynny lle y mae anwybodaeth wedi'i ledaenu'n eang a lle y pregethir yr Efengyl leiaf, sy'n sicr o fod yng Nghymru.

(LlB, Llsgr. Lansdowne 111, fo.10; E. Owen (gol.), *Catalogue of the Manuscripts relating to Wales in the British Museum*, I, t.72)

208

(e) Rhan o *An Exhortation unto the Governors and People of Her Majesty's Country of Wales* (1588) gan John Penry [gweler tt.166-72]

Yr wyf yn awr yn dod at ein Hesgobion a'r gweddill sy'n darparu gweinidogion yng Nghymru, y rhai sy'n gymaint sail i'n hanrhefn truenus ac sy'n haeddu cael geiriau'r proffwydi sanctaidd yn y gorffennol, a lefarwyd yn erbyn eu rhagflaenwyr, yr offeiriaid aflan a Lefiaid, wedi eu cymhwyso iddynt hwy. Ond yn y lle hwn, a ddarostyngir i'r oes gwerylgar a chlebranus hon yn y byd, lle ystyrir bod ffydd a grym crefydd, gan fwyaf, yn cynnwys casineb tuag at Esgobion a gwrthwynebwyr diwygiad yn unig: Cyffesaf yn fy nghalon mai o'r braidd y'm denwyd i ymdrin â'r genhedlaeth ddrygionus hon. Nid nad wyf am adael i'r morfrain hyn heb gael eu cyffwrdd ond rhag ofn imi ymddangos fel pe bawn yn bwydo tymherau chwilgwn sy'n cynyddu mwy mewn annuwioldeb ac sy'n meddwl nad oes dim wedi ei lefaru na'i ysgrifennu'n well na hwnnw sy'n ddychanol a chwerw yn erbyn Arglwydd Esgobion a'r gweddill o'r math hwnnw ... pell y bo imi aros yn dawel am fwtsieriaid a thagwyr eneidiau fy annwyl gydwladwyr. Y rhai, os na wthir hwy gan y rhybudd hwn i warchod yn well y rhai sy'n eu gofal byddaf wedyn yn dehongli eu hymdrin llwgr gymaint fel y gwenwynir yr awyr ei hun gan haint eu budreddi. Ni chyfeirir at y rheini sy'n ddieuog yn yr araith ganlynol.

Dywedir bod Cymru mewn cyflwr y gellid ei oddef am ei bod wedi cael llawer o bregethwyr dros hir amser. Mwy yw'r cywilydd felly iddynt hwy nad yw wedi cael mwy o addysgu. Mentraf ddatgan hynny a sefyll wrtho: sef, os edrychir ar holl gofrestrau Cymru, enw'r sir a'r dref honno a'r plwyf hwnnw, ni chanfyddir, am gyfnod o chwe mlynedd gyda'i gilydd yn y naw mlynedd ar hugain hyn, weinidog duwiol a dysgedig a gyflawnodd ddyletswydd athro ffyddlon a chymeradwyo ei weinidogaeth mewn unrhyw ffordd gyffredin.

(*Three Treatises Concerning Wales*, gol. D. Williams, tt.61-2)

(f) Rhan o'r cywydd 'Llwyrwys Penrhyn ai Mawl' (1676) gan Gwilym Pue, yn disgrifio'r ymgyrch gwrth-Babyddol yn erbyn ei daid Robert Pugh a'i deulu o Benrhyn Creuddyn, 1586 [gweler t.209]

> Rheol pennaf, cayr Iarll Penfro:
> Or Cymru ir fann cymerir fô.
> Llew a droud yn llawodraethwr:
> Ar Gymru gwiw, gymmeriad gŵr.
> Lledaur llid, o bûrth Llwydlaw:
> Fo dannau drô, i adeunudd draw.
> Ir Creuddyn, at criaidd ddynion:
> Ar lan y dŵr, ai erlid dôn.
> Gwilio brô, a gwlâd a brynn:

Chwalu pûrth, a chwilio Penrhyn.
Ar y barth, am Robert Pue …
Ai lechwedd, fann i lechu.
Mynudd roedd, neu maith rhyn:
Rhwn a elwir Rhiw ledyn.
Yn hwnn craig, mayn crogi ir môr:
Ag ogo mann, nis gwyr nemmor.
Dewis yr honn, dwys Robert:
Ei loches budd, i lechu yn bert …
Y tân ar mŵg, yn tannu or man:
Nhwy, ac ogo cyhuddan.
Ir bigeiliaid, bu yn amlwg:
O gil y mann, goley ar mŵg.
Traws modd, Syr Thomas Mostyn:
A gwlâd a bro, gwiliayr brynn.
Yw cael yr rhain, rhag cilio yn rhudd.
Cel i bawb, cilio budd;
Ar y mannay, rhud y mynudd.
A dianc yn ranc, or rhwyd:
Ir dynion, yna a dannwyd …
Llwyth a roir or llythrenne:
Bûdd yn llawn, bôbpeth ir llê.
O fewn y brunn, heb fawr or braw:
Ar gwasc prenn, y gwur sun printiaw.
Y llufr mwyn, a llawer mawl:
Ar drwch cred, Drûch Christnogawl.

(LlGC, Llsgr. 4710, fo.131-62; E.G. Jones, 'Robert Pugh of Penrhyn Creuddyn', *Trafodion Cymdeithas Hanes Sir Gaernarfon*, VII, 1946, 10-19)

ATODIAD C

BYD A BYWYD GWLEIDYDDOL, ECONOMAIDD A CHYMDEITHASOL

(a) **Gorchymyn gan Ustusiaid Heddwch sir Gaernarfon i Siryf y sir i ffurfio rheithgor a gwysio swyddogion i Lys y Sesiwn Chwarter i ymdrin â materion troseddol yn cynnwys Deddfau Cyflogi, 28 Mehefin 1552**
[gweler tt.75, 78-9]

John Wyn ap Maredudd, ysgwïer, a'i gyd weinyddwyr, Ustusiaid yr Arglwydd Frenin a benodwyd i gadw'r heddwch yn sir Gaernarfon a chlywed a phenderfynu amryfal ffelonïau, tresmasau a throseddau eraill a gyflwynwyd yn y sir honno: i Siryf yr un sir, cyfarchion. Ar ran yr Arglwydd Frenin gorchmynnir chwi ... i beri bod pedwar ar hugain o wŷr rhydd a chyfreithlon o bob cantref, degymaeth, wapentac, a phob un bwrdeistref o fewn eich beilïaeth ddywededig yn dod ger ein bron ddydd Llun, sef y 18fed o Orffennaf nesaf yng Nghaernarfon, ac i gyflawni yno beth a orchmynnir iddynt ar ran yr Arglwydd Frenin. Yr ydych hefyd i beri bod bob Stiward, Cwnstabl, Is-Gwnstabl a Beili o fewn y cantrefi a'r bwrdeistrefi dywededig yn bresennol yno a chanddynt holl enwau crefftwyr, llafurwyr a gweision o fewn eu beiliaethau sy'n derbyn gormod o gyflog yn groes i ffurf yr ordinhadau a statudau a fras-gopïwyd. Ymhellach, yr ydych i ddatgan fod pawb, ar ran yr Arglwydd Frenin neu ar eu rhan eu hunain, a ddymuna gwyno'n erbyn y crefftwyr, llafurwyr a gweision hynny a dwyn achosion yn ôl ffurf yr ordinhadau a'r statudau dywededig i fod yno gerbron yr Ustusiaid yn barod i erlyn ynglŷn â hynny. Ac yr ydych chwi eich hunain i fod yno gyda Beilïaid y cantrefi, rhyddfreiniau a bwrdeistrefi dywededig ac enwau'r holl Stiwardiaid, Cwnstabliaid ac Is-Gwnstabliaid a Rheithwyr yn ôl y gorchymyn hwn ...

(W.O Williams (gol.), *Calendar of the Caernarvonshire Quarter Sessions Records, I, 1541-1558*, tt.94-5)

(b) **Rhan o *Epistol at y Cembru*, llythyr rhagarweiniol i gyfieithiad o'r Testament Newyd Cymraeg gan Richard Davies, Esgob Tyddewi, 1567**
[gweler tt.16, 157-62]

Edrych ar ddull y byd, yno y cei brofedigaeth. Mae'n gymaint trachwant y byd heddiw i dir a daear, i aur ac arian a chyfoeth, ac na cheir ond yn anaml un yn ymddiried i Dduw ac i'w addewidion. Trais a lladrad, anudon, dichell, ffalster a thraha; a'r rhain megis â chribiniau mae pob bath ar ddyn yn casglu ac yn tynnu ato. Ni fawdd Duw y byd mwy â dŵr dilyw: eithr mae chwant da'r byd wedi boddi Cymru heddiw, ac wedi gyrru ar aball pob cyneddfau arbennig a rhinwedd dda. Canys beth yw swydd yng Nghymru heddiw ond bach i dynnu cnu a chnwd ei gymydog ato? Beth yw dysg, gwybodaeth a doethineb cyfraith ond drain yn ystlys y cymdogion i beri iddynt gilio hwnt?

Testament
Newydd ein Arglwydd
IESV CHRIST.

Gwedy ei dynnu, yd y gadei yꝛ ancyfia=
ith, 'air yn ei gylydd oꝛ Groec a'r Llatin, gan
newidio ffurf llythyꝛeu y gairiae-dodi . Eb law hyny
y mae pop gair a dybitwyt y bot yn andeallus,
ai o ran llediaith y 'wlat, ai o ancynefin=
der y debnydd, wedy ei noti ai eg=
lurhau ar 'ledemyl y tu da=
len gyoꝛꝛchiol.

bot golauni ir byt, a' charu o ddynion y tywyllwch

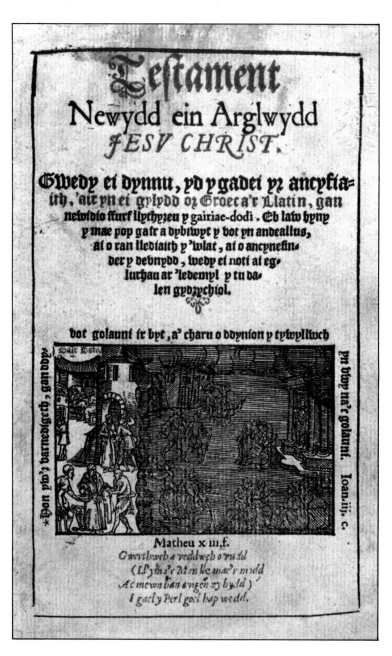

Matheu x iii, f.
Gwerthwch a veddwch o ruid
(Llyma'r Main lle mae'r mydd
Ac mewn ban angen xy byid)
I gael y Perl goil hap wedd.

Wyneb-ddalen *Testament Newydd* 1567

Aml yng Nghymru, er nas craffa cyfraith, y ceir neuadd y gŵr bonheddig yn noddfa lladron … Am hynny y dywedaf, oni bai fraich ac adain y gŵr bonheddig ni fyddai ond ychydig ladrad yng Nghymru. Mi a wn fod boneddigion o wŷr da ac yn casáu lladrad, ac yn difa lladron; nid wyf i yn dywedyd dim yn erbyn y rheini. Ni chaf i o ennyd yma fynegi yr anrhaith a wnaeth chwant da byd ac anghrediniaeth i addewidion Duw ar bob rhyw ddyn yng Nghymru o eisiau dysgeidiaeth yr Ysgrythur Lân, a chydnabod â chywirdeb a grym y ddihareb sy'n gyffredinol yn ei mysg, *A Duw a digon; heb Dduw heb ddim.*

(G.H. Hughes (gol.), *Rhagymadroddion, 1546-1659* (1951), t.32-3)

(c) Cywydd Siôn Tudur 'i Siôn Salbri o Leweni wedi iddo friwo y Capten Owen Salbri yn y maes', 1593 [gweler tt.212-15]

> On'd rhyfedd yn y trefi
> I'ch cŵn eich hun eich cnoi chwi?
> Wyt eryr, rhoed Duw hiroes,
> Ac o'r un nyth gorau i'n hoes.
> Holl Wynedd, rhyw Lleweni,
> Aethan' o'th dŵr a'th nyth di.
> Drwg i ednweilch drwy goednyth,
> A gerwin iawn, lygru eu nyth …
> Gwych yw llwyn teg uwch y llawr
> A gyd-dyfo'n goed tewfawr;
> O'r llwyn cyfa' mwyn, cof mau,
> Drwg gyngor a dyr cangau.
> Nad grino dy garennydd,
> Na thor gainc unwaith o'r gwydd.
> A dyr coed dewr caeëdig
> Ni thy'n y fron weithion frig.
> A garo'i dŷ fry, a'i fraint,
> A gâr yn fawr ei geraint.
> Câr un nis cario weniaith,
> A ddoeto wir heb ddowt waith.
> Y diragrith ni 'mrithia,
> A rôi'n deg gynghorion da …
> Na rowch glust i rai o'ch gwlad
> A dry gynnen, drwy gennad.
> Dan lysiau teg, ffrwythdeg, ffres,
> Y llecha neidr i'w lloches …

(LlGC, Llsgr. Llansteffan 124,628;
E. Roberts, *Gwaith Siôn Tudur*, I, XIV, tt.52-3)

(ch) Dau ddisgrifiad o gartref Syr Rhisiart Clwch ym Machegraig

(i) Wiliam Cynwal, wedi 1567, yn canu cywydd 'i yrru'r gwalch i alw Rhisiart Clwch a Chatrin o Ferain adref o Antwerp' [gweler tt.28-9, 30-5]

Da wyd, y gwalch balch heb wedd,
Dewr enwog, dur ewinedd,
Arch yna, er achwynion —
Gorau hynt i'w gŵr a hon —
Er croes Duw nawdd, er Crist Nef,
O fars hydr, frysio adref
I edrych lys, drych y wlad,
Hoywdy, alawnt adeilad;
Troea mur, grym tramawr graig,
Trum iach agr, tŵr Machegraig;
Cwlas i Gred, Calais gron,
Castell llu fel cost Lleon;
Pur lawn main, parlyrau medd,
Plas hynod, Powls i Wynedd.
Yn wir ni bu, cu rhag haint,
Wiwdeg gwmwd, dŷ cymaint;
Yma o'i fewn, mwyaf yw,
Orsedd hawdd, ar sydd heddiw,
A mwyaf, glwysaf gloywsyth,
Eurfodd berc, ar a fydd byth.

(LlGC, Llsgr. 6496,162(b); R.G. Jones, 'Sir Richard Clough of Denbigh',
Trafodion Cymdeithas Hanes Sir Ddinbych, XXII, 1973, t.73-4)

(ii) Rhan o 'Cywydd Marwnad am y Mastr Rhisiart Clwch, Marchog o'r Bedd' gan Simwnt Fychan, 1570 [gweler tt.28-9, 30-5]

Adeilodd, cyfleoedd lys —
Adail wen a dâl ynys.
Gwnâi, fal Berwig neu Fwlen,
Gaer galch ym Machegraig wen.
Main nadd, fal y mynnodd 'fô,
Main o Anwarp maen' yno,
Main a gwŷdd, man y gwedda
Marbwl ystôns, mawrblas da.
Eiddil, hynny a wyddir,
Wrth hwn oedd dŵr Nemroth hir.

(LlGC, Llsgr. Brogyntyn 5,302. Testun W. Gerallt Harries)

(d) **Rhan o lythyr Walter Devereux, Iarll 1af Essex, at William Cecil, Arglwydd Burghley ac Arglwydd-Drysorydd y deyrnas, 2 Rhagfyr 1572** [gweler tt.102-3, 105-10]

Fy Arglwydd, yn gymaint â'm bod wedi cyflwyno i'ch Harglwydd wrthwynebiadau arbennig i rai o'r rheini a dderbyniwyd yn Siryfion yng Nghymru, yn erbyn rhai ohonynt am nad oes ganddynt na thir na thrigfan yn y siroedd a rhai am resymau eraill, ac at hynny lythyrau a ysgrifennwyd i'r Llywydd a gweddill y Cyngor i sicrhau eu henwebu, pa ateb a roddasant ni wn. Ond yr wyf yn sicr, beth bynnag a ddywedir i'r gwrthwyneb, y mae'r gwrthwynebiadau'n wir a bwriadaf y dydd hwn drafferthu eich Harglwydd i wybod yr atebion. Ond trwy anffawd fe'm hanafwyd ar y ffordd tuag yno ac fe'm gorfodwyd i fod yn hy ar eich Harglwydd i fenthyca eich cerbyd i ddod â mi tuag yma, ac am hynny diolchaf i'ch harglwydd yn galonnog; fy ngobaith yw y bydd eich Harglwydd yn sicrhau y bydd y sawl a ddyrchafir yn Siryf yn trigo yn y siroedd ac na ddylid rhoi blaenoriaeth i ddieithriaid. Argymhellais eich Harglwydd ymhlith y gweddill i gael Siryf da yn sir Gaerfyrddin lle y mae Syr Henry Jones yn un o'r tri a enwebwyd, ac ef yn Babydd pybyr ac, ar hynny, yn disgwyl gwrandawiad yr achosion yn ei erbyn y flwyddyn hon, ac y mae ef ac eraill, gyda hyn, yn wynebu apeliadau yn eu herbyn ynglŷn â llofruddiaeth. Yr ail a enwebwyd yno yw David Phillips, gŵr anghymwys iawn i'r swydd am ei fod yn llwgrwobrwywr cyffredin ac yn berson tra anllad. Y trydydd person a enwebwyd yno yw Rhydderch Gwyn, gwas i mi, gŵr tra gonest ac un na fyddai'n chwennych bod yn Siryf. Ar ben hynny, argymhellais i'ch Harglwyddi Thomas Williams, gŵr gonest o sylwedd da ac yn iach mewn crefydd, yn y gobaith, os metha'r llall, y bydd eich Harglwydd yn ei argymell ef ar gyfer sir Gaerfyrddin. Os cofia eich Harglwydd dangosais ichi beth oedd y rheswm arbennig dros gael gŵr gonest yn sir Gaerfyrddin eleni. A beth a allai ddigwydd gyda Gruffudd Rhys a'i gyfeillion os digwydd i Syr Henry Jones ddod yn Siryf, ni wn. Felly, am fy mod yn flin am fethu â gwasanaethu eich Harglwydd fy hun ynglŷn â'r achosion hyn yng Nghymru cyflwynaf eich Harglwydd i lywodraeth Duw ...

(*CSPD*, 1547-80, XC, rhif 8, t.454; D. Mathew, 'Further Elizabethan Documents'
BBGC, VI, 1931, 167-8)

(dd) **Rhan o *Morganiae Archaiographia* gan Rhys ap Meurig o'r Cotrel, Morgannwg, c. 1578** [gweler tt.16, 24-5, 84-7]

Caerdydd, y brif dref ym Morgannwg ac felly'n fwyaf cyffredin yn dref y sir ... Y mae'r dref hon yn gryno iawn, wedi'i harddu â llawer o dai teg a strydoedd mawr ... Yn y brif stryd, a elwir y Stryd Fawr, saif neuadd dref deg ac ynddi y cynhelir llys y dref bob bythefnos. Yn gyfagos iddi ceir cigfa deg is law lle gwerthir nwyddau, ac uwchben siambr fawr a theg lle yr arfera'r Henaduriaid a'r Ustusiaid gyd-drafod, ac o dan y neuadd y mae'r carchar

215

... lle yr anfonir troseddwyr a drwgweithredwyr.

Ac yn rhan ddeheuol Neuadd yr Urddau ceir siambr lle erys rheithgorau wedi iddynt dyngu llw ...

Yn rhan ddeheuol Neuadd yr Urddau ynghanol pedair croesffordd adeiladwyd croes deg pedrongl gyda distiau wedi eu gorchuddio â phlwm, ac oddi tani gerllaw y mae'r farchnadfa ŷd a gedwir ddwywaith yr wythnos, sef ar ddydd Mercher a dydd Sadwrn ...

Yn y dref a'i rhyddfreiniau ceir dwy ffair fawr sef, y cyntaf ar ddydd San Pedr a San Pawl a'r llall ar Ŵyl Geni Mair a dydd San Andras ...

Yn y dref hon ceir digonedd o nwyddau da i'w gwerthu am ei bod wedi'i hamgylchynu gan bridd cyfoethog ac am fod cysylltiad cyson rhyngddi dros fôr â Bryste a threfi da eraill yn Lloegr ...

Harri, Iarll Penfro, yw'r arglwydd ynddi, a defnyddia ei enw braint, sef yr Arglwydd Herbert o Gaerdydd, a phenodir ganddo Ustusiaid i'w llywodraethu. Y prif swyddog yw'r Maer a bery yn ôl boddhad yr Arglwydd; yna dau Feili a newidir yn flynyddol ar Ŵyl Fihangel. Fe'u penodir yn y dull hwn a ganlyn: Y mae corff y bwrdeiswyr yn eu galw ynghyd ac, yn ôl y mwyaf o leisiau neu gydsyniadau, enwir pedwar henadur ... wedi ysgrifennu eu henwau fe'u hanfonir i'r Arglwydd ac, yn ei absenoldeb, i'r Maer sy'n Gwnstabl castell Caerdydd. Ac o'r pedwar enw hynny dewisir dau gan yr Arglwydd neu, yn ei absenoldeb, gan y Maer; ac mae'r ddau hynny a ddewisir neu a benodir yn tyngu llw gerbron y maer yng nghastell Caerdydd i gyflawni eu swyddi'n gyfiawn. Wedi iddynt dyngu llw maent yn penodi dau is-swyddog a elwir Rhingylliaid, a'u swyddi hwy yw restio'r rhai y disgwylir iddynt wasanaethu yn y llys, i gynorthwyo'r Beilïaid a gweithredu eu gorchmynion cyfreithlon ... Y Maer a'r Beilïaid yw Barnwyr y llys a gynhelir yn Neuadd yr Urddau ar ddydd Iau bob bythefnos, a ger eu bron deuir â phob achos, yn ôl yr awdurdod a geir ym mhob bwrdeistref arall, i wrando a phenderfynu achosion yn ôl eu harfer hynafol.

(Rhys ap Meurig, *Morganiae Archaiographia*, gol. B.Ll. James (1983), t.86-9)

(e) **Syr John Stradling, yn y Sesiwn Fawr, 1595, yn disgrifio gweithrediadau llwgr Edward Kemeys o Gefnmabli, Siryf Morgannwg, mewn achos o dresmasu** [gweler tt.125-8]

A digwyddodd yn y Brawdlys nesaf fod gan y cyfreithiwr [Gruffudd Williams] siryf a oedd yn addas ac wrth ei fodd, un, y tad Edward Kemeys o Gefnmabli neu Lanwonno neu o Eglwys Gadeiriol Golegol St Awstin ym Mryste, oherwydd trigai ym mhob un o'r llysoedd hyn yn ei dro; ni thrigai'n rhy hir mewn un tŷ gan iddo ofni gormod o gwmnïaeth ei gyfeillion: o Dduw na fyddai gennyf amser i ysgrifennu cronicl am weithrediadau'r gŵr hwn ... dychwelodd y fath *decem tales* ... [neu reithgor] na welodd gŵr gonest beth tebyg cyn hynny mewn achos o'r fath bwysigrwydd rhwng dau farchog, cefndyr llawn: bob un ohonynt yn ŵr dewisedig wedi'i enwebu ganddo ef ei hun, a naill ai'n bersonau mor anllad neu wedi ymroi'n llwyr i'r achwynydd fel nad oedd gobaith cael dedfryd ond yn ôl y ffordd y byddai'r ceiliog gwynt [Syr William Herbert o Gaerdydd] yn troi ei ben. Safai'r ceiliog gwynt hwnnw ar binacl mor uchel fel y bu'n clochdar llawer uwch na cheiliogod eraill o'r un ystryw yn sir Forgannwg. Eto, torrwyd ei adenydd mor gwta mewn byr amser wedyn fel na allai fyth wedyn hedfan fry ... Yma fel atodiad ... gadewch imi eich poeni ag enwau ac ansawdd rheithgor y tad Kemeys; yn eu plith nid oedd un gŵr o gantrefi Y Castellnewydd, Ogwr na'r Bont-faen a oedd agosaf mewn cylch i'r fan lle safai'r tiroedd yr ymrysonwyd amdanynt, a dim ond un gŵr o Ddinas Powys, ac yr oedd ef yn bleidiwr tra chyfeillgar dros yr Herbertiaid o bawb yn yr holl sir ... yr oedd pob un o'r gweddill wedi eu dethol yn gyfrwys o rannau pellennig y sir.

(H.J. Randall a W. Rees (gol.), 'The Storie of the Lower Borowes of Merthyr Mawr' (1598), *South Wales and Monmouth Record Society Publications*, I, 1932, tt.62-3, 67; G.E. Jones, 'A Case of Corruption', yn S. Williams (gol.), *Glamorgan Historian*, V (1968), t.128)

(f) Rhan o 'Cywydd i'r Carliaid yn y Flwyddyn Ddrud 1597' gan Edwart ap Raff [gweler tt.35-9]

Tri mis haf trwm, ysywaeth,
Drud yw'r ŷd, diriaid yr aeth;
Ond rhyfedd, o drawsedd draw,
I gywaethawg ei weithiaw?
Croyw lunio pris creulon prudd,
Cydbiniwn, codi beunydd;
Heb wad, mynd o hobaid main
O'r rhyg er deg ar hugain;
Gwerthu'r oedd gŵr â thair og
Ryg a haidd rhy gyhoeddog;
Mae'n ei fynwes mân fwnai,
Pecaid o'r rhain, pe caid rhai;
Dan weddi, Duw, na wyddwn —
Oes help? — mor gyfrwys yw hwn.

(Llyfrgell Sir De Morgannwg, Caerdydd, Llsgr. Caerdydd 47,90; R.A. Charles, 'Gwaith Edwart ap Raff' (casgliad teipiedig, LlGC, 1970), t.75; D.H.E. Roberts a R.A. Charles, 'Raff ap Robert ac Edwart ap Raff', *BBGC*, XXIV, 1971, t.296)

ATODIAD CH

ADDYSG A DIWYLLIANT

(a) **Rhan o gywydd mawl Gruffudd Hiraethog i Humphrey Llwyd o Ddinbych, c. 1560** [gweler tt.30-43]

Ei gorff, ddull goroff, a'i ddaed,
Gŵr disegur d'wysowgwaed.
Astudio yn wastadol
(Astron'mer, eler i'w ôl)
Holl awyr-gwrs lloer a gwynt
A'r haul a'r sêr a'u helynt;
Oriau raddau'r arwyddion,
Ateb am ym mhob tu bôn';
Perffaith wybod, rhod barhau,
'Ple newidia'r planedau.
Os gwaith philos'phers i gyd,
Hyfedr, a phob peth hefyd.
Tyb agos, lle tebygwn,
Ym mhob Stronomi yw hwn;
Trwy wybod, diarhebwaith,
Toloméws yw, talm o waith.
Colofn dysg, pawb a'i coelien',
Clod sy fal Ewcleides hen.
Gwael fyddai'r Saith Gelfyddyd
Oni bai 'i fod yn y byd:
Gramer, Loetsig, Rhedrig wraidd,
Goleuswn Miwsig lwysaidd,
Ar'thmetig rifedig ran —
Ef yw'r cof ar y cyfan;
A fu mewn Geom'tri mo'i fath
Neu Stron'mi ystyr unmath?
Pwy air gystadl? (pur gwestiwn)
Perl mewn Tŷ Parlment yw hwn.
Peibl, wyneb pob haelioni,
A wnaeth yn Act o'n iaith ni ...

(LlGC, Llsgr. Llansteffan 145,41;
D.J. Bowen, *Gwaith Gruffudd Hiraethog* (1990), XXVIII, tt.99-100;
R.G. Gruffydd, 'Humphrey Llwyd of Denbigh: some documents and
a catalogue', *Trafodion Cymdeithas Hanes Sir Ddinbych*, XVII, 1968, t.94)

(b) Rhan o ragymadrodd Robert Gwyn, y reciwsant o Benyberth, Llŷn, i *Drych Cristianogawl* (1585) [gweler tt.146-7, 155-6]

Dyna fel y bu Cymru gynt: ond yr awrhon myfi a glywaf fod aml leoedd yng Nghymru, ie, siroedd cyfan heb un Cristion ynddynt, yn byw fel anifeiliaid, y rhan fwyaf ohonynt heb wybod dim oddi wrth ddaioni, ond ei bod yn unig yn dala enw Crist yn eu cof, heb wybod haeachen [yn agos] beth yw Crist mwy nag anifeiliaid; a'r mannau lle y mae rhai ohonynt yn Gristnogion nid oes ond rhai tlodion cyffredin yn canlyn Crist. Mae'r boneddigion a'r rhai cyfoethocaf heb feddwl am ffydd yn y byd, heb fod na thwymyn nag oer ... Ond yn Lloegr mae'r gwŷr boneddigion yn aml yn dda, ac yn rhoi siampl mewn ffydd a buchedd dda i'r cyffredin; a'r Cymry boneddigion yn rhoi siampl i'r tlodion cyffredin fod heb na ffydd na chydwybod. Am hynny y bydd rhaid i'r boneddigion ar y dydd dial roi cyfrif, nid yn unig am eu pechodau eu hunain ond am lawer o'r cyffredin sy'n golledig o ethryb [o achos] siampl ddrwg y boneddigion; fel y mae'r cyffredin Gymry, y rhan fwyaf ohonynt, yn canlyn boneddigion ac yn dwyn eu buchedd ar ôl siamplau'r boneddigion. Ac fel y mae'r Cymry ymhell oddi wrth ddaioni felly y mae'r boneddigion ac eraill yn esgeuluso ac yn diystyru'r iaith Gymraeg. Am fod y rhan fwyaf o'r boneddigion heb fedru na darllen nac ysgrifennu Cymraeg: y peth sydd gywilydd iddynt. A hyn sydd yn peri i'r Saeson dybied a dywedyd fod yr iaith yn salw, yn wael ac yn ddiffrwyth ddiwerth, heb dalu dim, am eu bod yn gweld y boneddigion Cymreig heb roi pris arni. Canys pe bai'r iaith yn talu dim y Saeson a debygent y gwnâi'r boneddigion Cymreig fwy o bris arni nag y maent yn ei wneuthur. Hefyd, chwi a gewch rai o'r Cymry mor ddiflas ac mor ddibris ddigywilydd ac iddynt, ar ôl bod un flwyddyn yn Lloegr, gymryd arnynt ollwng eu Cymraeg dros gof cyn dysgu Saesneg ddim cyfyl i [agos mor] dda. Y coegni a'r mursendod hyn yn y Cymry sy'n peri i'r Saeson dybied na thâl yr iaith ddim am fod ar y Cymry gywilydd yn dywedyd eu hiaith eu hunain. A hynny a wnaeth i'r iaith golli a bod wedi ei chymysgu a'i llygru â Saesneg. Ond y mae gennyf fi beth amcan ar ieithoedd eraill, a pheth gwybodaeth o ran yr iaith Gymraeg; ac yn wir, wrth gymharu ieithoedd ynghyd, ni welaf i yr un o'r ieithoedd cyffredin eraill nad yw'r Gymraeg yn gystal â'r orau ohonynt oll, os caiff ei dodi a'i gosod allan yn ei rhith a'i heilun ei hun, ie, ac yn blaenori ar lawer o ieithoedd eraill mewn aml foddau a fedrwn eu henwi, ac a ŵyr y Cymro dysgedig. Pe bai'r boneddigion Cymreig yn ymroi i ddarllen ac i ysgrifennu eu hiaith, hynny a wnâi i'r cyffredin hefyd fawrhau a hoffi'r iaith. Ac megis y darfu i mi ysgrifennu'r llyfr yma'n bennaf er mwyn y cyffredin a'r annysgedig Gymry, er rhoddi cyngor i'r rhai deillion sydd wedi mynd ymhell oddi ar y ffordd, felly yr wyf yn deisyf ar y boneddigion Cymreigaidd sy'n dwyn ewyllys da i'r iaith, er eu bod yn cael cyngor da mewn llyfrau Saesneg da, eto, er mwyn denu'r cyffredin i ddarllen ac i wrando ar hyn o gyngor hwy a wnânt yn dda gerbron Duw a daioni i'w gwlad os darllenant hefyd y llyfr yma er mwyn rhoi siampl i'r cyffredin i fod yn chwanocach i'w ddarllen a'i glywed.

(*Rhagymadroddion 1546-1659*, VI, tt.52-4)

(c) **Rhan o ragymadrodd Dr John Davies (Siôn Dafydd Rhys) i** *Cambrobrytannicae Cymraecaeve Linguae Institutiones et Rudimenta* **(1592) a gyflwynwyd i Syr Edward Stradling o Sain Dunwyd** [gweler tt.27-9, 159-60]

Hyd yr amser hwnnw nid oeddech wedi ymroi â'ch holl egni i astudio'r iaith hon, er i chwi fod yn fwyaf hael eich croeso i rai o'n beirdd ni ... Felly, er mwyn amlygu i chwi yr arbenigrwydd y gellid ei ddarganfod yn yr iaith, gofynasoch yn daer i mi roi rhagflas i chwi drwy gyfieithu'r gerdd hon [gan Dr Thomas Leyson mewn mesurau Lladin] i'r Gymraeg. O ran hwyl fe wneuthum hynny ... Yna, fe'i dangosais i chwi i'w darllen, ac fe gawsoch chwi fwynhad dirfawr yn holl gyfoeth adnoddau mynegiant yr iaith doreithiog honno.

Yna, gwelsoch yn dda osod tasg arall arnaf fi, sef gofyn imi gyfieithu i'n hiaith ni ein hunain lythyr a ysgrifennwyd mewn Eidaleg gan Alberto Lollio; llythyr gyda'r mwyaf swynol yn ddiau — yn gwrthgyferbynnu, â nifer o ddadleuon, fywyd y wlad a bywyd y ddinas, ac yn rhoi'r flaenoriaeth i fywyd y wlad am nifer o resymau arbennig o gadarn — a llythyr a arddangosai hefyd athrylith ffrwythlon iawn ei awdur yn herwydd hyfrydwch rhyfeddol ei ieithwedd. Fe'i cyfieithais rywfodd, ac fe'ch taniwyd ganddo â chymaint awydd i feddu ein hiaith ni (awydd a oedd eisoes wedi cael ei ennyn) nes i chwi yn y diwedd, â brwdfrydedd o'r eiddgaraf, fynnu gennyf roi cyfarwyddyd, yn ôl trefn gramadeg, ynglŷn â natur yr iaith Gymraeg — a hynny yn Lladin, fel y gallai gwybodaeth am yr iaith hon gael ei lledaenu gymaint yn haws at genhedloedd eraill yn ogystal ...

Yn sicr, yr oedd llawer rheswm a'm gyrrodd, fel petai, i ufuddhau i'ch ewyllys. Yn gyntaf oll, am eich bod chwi eich hun yn ŵr sydd wedi ymroi i lên a dysg, a hynny gyda llwyddiant neilltuol ... Yn ogystal, yr ydych wedi treulio amser helaeth yn yr Eidal, y wlad ardderchog honno ... ac nid hynny'n unig, oblegid yr ydych wedi teithio drwy'r rhan helaethaf o weddill Ewrop. Canlyniad hyn oll yw fod profiad wedi cynhyrchu ynoch ddysg, a dysg gynifer o rinweddau ... Yn ddiau, yr ydych chwi bob amser wedi bod yn warcheidwad ac yn ddilynwr diwyro i wir rinwedd; yr ydych bob amser wedi rhagori ar bawb fel gwneuthurwr tangnefedd. A pha syndod? ... yr ydych yn hyglod ar gyfrif bonedd eich hynafiaid ... ynghyd â'ch gwraig fonheddig ei thras, y Fonesig Agnes Gage, o deulu o farchogion — merch dra urddasol i rieni urddasol ... Mor gyfan gwbl wynfydedig ydych eich dau, gyda chwlwm di-dor yn eich dal wrth eich gilydd, a'r un meddwl, yr un duwioldeb, yr un cariad cytûn yn gyffredin rhyngoch.

(C. Davies (gol.), *Rhagymadroddion a Chyflwyniadau Lladin, 1551-1632* (1980), tt.72-5)

(ch) **Rhan o ddeiseb Dr Gabriel Goodman i'r Frenhines Elisabeth I yn gofyn am ganiatâd i gael defnyddio rhan o incwm bywoliaeth Llanelidan ar gyfer cynnal ysgol yn Rhuthun, 1595** [gweler tt.30-33]

Mewn pob gwyleidd-dra yn deisyf ar Eich Mawrhydi rhagorol eich deiliad ffyddlon ac ufudd Gabriel Goodman, Deon Eglwys Golegol Eich Mawrhydi yn San Steffan. Gan nad oes yn chwe sir gogledd Cymru, hanner rhan holl Gymru, ond un ysgol rad i addysgu plant ifainc yn rhinweddol a duwiol, trwy gyfrwng yr hyn y deuant i wybod beth yw eu dyletswyddau i Dduw ac i'ch Mawrhydi, ac felly, gallu gwasanaethu yn Eglwys Dduw a'r gyfanwlad. Ar hynny, adeiladodd eich deisebwr yn ddiweddar ysgoldy yn nhref Rhuthun yn sir Ddinbych, lle y ganwyd eich deisebwr, a dim ysgol yn agos ati o fewn deugain milltir. Yn y lle hwnnw cadwyd ysgol dros lawer o flynyddoedd a'i chynnal gydag un rhan o fywoliaeth eglwysig a elwid Llanelidan yn sir Ddinbych ddywededig, yn gyfagos i'r fan. Cynhwysa'r fywoliaeth honno ddwy ran (y gyntaf yn gallu cynnal gŵr digonol i ofalu am y fywoliaeth), ac felly y mae'r diweddar Esgob Bangor [Nicholas Robinson] a'r un modd yr Esgob ar hyn o bryd [Hugh Bellott] yn ôl cais taer ac arbennig eich deisebwr dywededig wedi cyflwyno'r rhan arall ar gyfer cynnal yr ysgol ddywededig. Ni ellir gweithredu bwriad a thuedd yr esgobion os na roddir a chaniateir hynny gan Eich Mawrhydi drwy lythyrau patent Eich Mawrhydi dan Sêl Fawr Lloegr. Bydded i'ch Mawrhydi felly o'ch bodd, trwy eich gras helaeth, dderbyn y rhodd o nawdd i'r rhan honno o fywoliaeth Llanelidan ddywededig, a ddefnyddir yn awr i gynnal yr ysgol ddywededig, a lle y mae Richard Parry yn awr yn offeiriad, yn cael ei gyflwyno a'i gyfosod gydag Ysbyty Rhuthun er mwyn cynnal yr ysgol ddywededig yn barhaol. Ac fel y gall yr ymbiliwr dywededig lunio cyfreithiau ac ordinhadau ar gyfer llywodraeth dda a chynhaliaeth yr ysgol ddywededig ...

(HMC *Salisbury MSS*, V, tt.164-5; A.H. Williams, 'The origins of the old endowed grammar schools of Denbighshire', *Trafodion Cymdeithas Hanes Sir Ddinbych*, II, 1953, tt.33-4)

(d) **Rhan o lythyr Thomas Martin at John Wynn o Wedir ynglŷn ag addysg ei etifedd, John Wynn, yn ysgol Bedford, 14 Ebrill 1597** [gweler tt.30-33]

Ynglŷn â'ch mab Mr John Wynn a welais yn Bedford gyda Mr Paget, ac yr oedd eich brawd Mr Ellis Wynn gyda ni; ac mae'n rhaid ufuddhau i'r drefn a ganlyn ynglŷn â dysgu a darpariaethau yn yr ysgol honno:

> rheolau crefydd
> gramadeg Lladin
> dysgu Groeg a Hebraeg
> cerddoriaeth leisiol ac offerynnol
> Ffrangeg ac Eidaleg.

Am gig, diod, llety a dysg xiii *li*. vi *s*. iii *d*. y flwyddyn; tâl hanner blwyddyn ymlaen llaw; mae'n rhaid iddo ddod â'i ddillad gwely ei hun ac fe'u caiff yn ôl ar ei ymadawiad. Y mae'n rhaid iddo gael llwy arian i'w defnyddio tra y mae yno, ac ar ei ymadawiad rhaid iddo'i gadael ar ôl. Nid oes neb yno, pa mor sylweddol bynnag ei fywoliaeth neu ei enedigaeth, a feddai ar was: dim ond y rhai sy'n gweini arnynt yn y tŷ sydd i'w gwasanaethu. Os ydych yn benderfynol i'w anfon ni fydd arno angen dim y gallaf ei wneud drosto, ac y mae'r gwanwyn hwn yn well na thua Gŵyl Fihangel. Dywedodd Mr Paget wrthym na fu farw un o'i dŷ nac o blith yr ysgolheigion o fewn saith mlynedd ers iddo gadw ysgol yno er gwaethaf y pla mawr a fu ...

(LlGC, Llsgr. 9052E,180)

(dd) Rhan o gywydd Edwart ap Raff yn disgrifio'r cynnydd mewn ymgyfreithio yng Nghymru, a'r atynfa tuag at Lwydlo a Llundain ymhlith boneddigion Cymru [gweler tt.28-32, 109-112]

> Llawer sy'n mynd yn lluoedd
> Y gwir sy'n wir, gresyn oedd,
> Yn gecrus — gwmbrus eu gwaith —
> Yn gyfrwys yn y gyfraith.
> Term Eilian taer ymeilir
> Term y Pasg yn rhoi trwmp hir,
> Term y Drindod wrth rodiaw
> A Michel, dirgel y daw.
> Ledled oedd i Lwydlo deg
> Ac i Lundain gu landeg.
> A hyn a fag, hen wyf fi,
> Adwy lydan o dlodi ...
>
> Y gwŷr gynt, heb un gair gau,
> A wnâi adail i'w eneidiau,
> Traul fawr iawn trwy lafur oedd,
> Tai a gedwynt, teg ydoedd.

(LlGC, Llsgr. Brogyntyn 6,56(b);
E.D. Jones, 'The Brogyntyn Welsh Manuscripts', *BBGC*, VI, 1950, VI, t.242)

(e) Dwy ffynhonnell yn adlewyrchu'r trai mewn nawdd barddol ym mlynyddoedd olaf yr unfed ganrif ar bymtheg

(i) Lewys Dwnn: 'At Ddarllenydd ei gasgliad o achau', c. 1586 [gweler tt.10-15]

Dau beth a'm rhwystrodd i weithio fy llyfrau yn deg a gwychion, nid amgen, yr achos cyntaf: fe fyddai rhai o'r pendefigion ar ffrwst i fynd i rywle, ac ni châi o ennyd aros i'm gwneuthud ond byr waith. Yr ail achos a'm rhwystrodd: fe fyddai rhai o'r boneddigion cyn gybydded ag na roddent na bwyd na llety am weithiau heb arian, ac ymhell oddi wrth un o'r rhain haelion, na thafarn dda na drwg oni fai dwy awr wedi pryd cinio neu swper. Ac felly o'r diwedd cymryd popeth fel y mynnai, dilyn a wnawn, a hwylio oddi yma at hael os cawn, ac onid ef i'r dafarn fel y gallwn, a'r neb a fyddai gyda mi weithiau yn digio wrthyf am ddwyn ar fy nghefn achau cybyddion direidion. Er hyn, Duw oedd yn rhoi ynof obaith y doi naill ai mab neu ferch hael i'r cybydd hwn a'm gomeddodd i o lety na rhodd arall. Wele, wele, gwir yw'r ddihareb: 'Ni lynn cledd ar gybydd, ni chyll hael ei glod' ...

Ni ddown i ben fyth roi digon o glod i'r hael, a digon o anghlod i'r cybyddion drwg.

(L. Dwnn, *Heraldic Visitations of Wales and Part of the Marches* (1946), gol. S.R. Meyrick, I, ix; D.J. Bowen, 'Y cywyddwyr a'r dirywiad', *BBGC*, XXIX, 1981, tt.487-8)

(ii)   Rhan o gywydd Robert ab Ifan o Fôn yn datgan 'hiraeth a chariad gan Siôn Trefor, Trefalun, i Mr Siôn Hanmer o Hanmer', c. 1600
[gweler tt.30-8]

> Trafaeliais, tyrfa elwir,
> Hap teg, i weled pob tir:
> Bûm yn Ffrainc, hap mannau ffrwyth,
> A Fflandrs, hi a'i hoff flaendrwyth,
> A drych Syrmania a'i drem,
> A'i chwrs hael tua Chaersalem;
> Gwelais Eitali a'i golud
> A Rhufain gywrain i gyd,
> Napls deg, a'i hap lwys daith,
> A Fenis a'i hyf iawnwaith.
> Bûm gowrtier — a'r faner fau —
> Cariadus, cywir radau;
> Cerais bob music iraidd,
> Cerddorion o groywion gwraidd,
> Caru beirdd, goleufeirdd gwlad,
> Cair dilesg, caru 'deilad ...
> Am hyn, Siôn, im henwais i,
> Y mae hiraeth i'm hoeri ...
> Da yw Llundain gain ei gwedd,
> Da'r gwin a'i holl digonedd,
> Hynod y gwn i hynny
> Dra fu raid yn y dre fry.

Er däed gweled y gwŷdd,
Trwy nawoes Troea newydd,
Deuwell ym, diwall amod,
Chwychwi'n Hanmer, gloywder glod:
Llyna gaer llawn o gariad,
A'r tŷ lle bu'r taid a'r tad;
Naturiol ywch, seiniol Siôn,
Dario yn y fro dirion ...
Torrwch hiraeth y tiredd,
Trawiad mawr gariad a gwedd;
Trof innau, ragorau gwŷdd,
Wyt lanwych, at lawenydd.

(LlGC, Llsgr. Mostyn 147,284;
D.J. Bowen, Y cywyddwyr a'r dirywiad', tt.487-8)

(f) Tystiolaeth Hugh Owen yr ieuengaf [y Tad John Hughes, yr offeiriad Iesuaidd] i ddysg ei dad, Hugh Owen yr hynaf (1575?-1642), yn ystod ei ddyddiau cynnar ym Môn (c. 1600-20) cyn iddo droi'n Babydd brwd [gweler tt.115-22]

Yn ddiau, nid oedd y pryd hynny ungwr ym Môn a gâi fwy groesaw calon yn neuaddau Baronhill, Presaddfed, Bodeon ac ati, nag a gâi Hugh Owen, Gwenynog, Capten Talybolion; a rhyfedd pa faint oedd caredigrwydd y bobl gyffredin tuag ato.

Cymaint oedd ewyllys da a chariad gwŷr ei gymwd ei hun arno â'i fod ef, trwy eu gwir fodd hwynt, yn gallu rhifo deucant a phedwar ugain milwr yn ei fyddin drain, y rhai yr oedd wedi eu trainio a'u dysgu mor gywreingall ym mhob trefn a disgyblaethau milyriol â darfod iddo'r amser tyrfeydd cyffredinol y wlad, â'u gwaith campus hwynt, wneuthur nid ychydig o gywilydd a gwradwydd ar gapteniaid y pum cymydau eraill, i'w glod ei hun a'i ganmoliaeth mawr.

Ac oherwydd ei ddealltwriaeth rhagorol a'i gywreinrwydd yn y cyfreithiau — yr hyn nis dysgodd gan nebun athro arall ond efe ei hun, gartref yn ei stydi ei hun: lle hefyd y dysgodd fedru deall yn llwyr ddigon Ffrangeg, Hispaneg, Italeg a Dwts, ac yntau y pryd hynny'n ŵr priod ac yn dad plant — ei gymdogion o bob parth a gyrchent ato, megis at y cyfreithiwr godidocaf, i gael cyngor yn rhad, ac i gael tynnu a sgrifennu eu gweithredoedd yn ffyddlon. Nid oedd fawr leoedd cyfrifol y pryd hynny ym Môn lle nid oeddid yn cadw ac yn prisio'n werthfawr waith ei ddwylo ef.

(Cyhoeddodd y mab Dilyniad Crist (1684), sef cyfieithiad Hugh Owen yr hynaf o De Imitatione Christi (c.1615-c.1642) gan Thomas à Kempis; H. Lewis (gol.), Hen Gyflwyniadau (1948), tt.51-2)

LLYFRYDDIAETH DDETHOL

Yn gyffredinol dylid ymgynghori ag R.T. Jenkins a J.E. Lloyd, *Y Bywgraffiadur Cymreig hyd 1940* (1953); *Y Bywgraffiadur Cymreig 1941-50* (1970); C. Stephen a S. Lee, *Dictionary of National Biography* (1885-1900); M. Stephens (gol.), *Cydymaith i Lenyddiaeth Cymru* (1986); *A Bibliography of the History of Wales* (1962); ynghyd ag atodiadau yn *BBGC*, XX (1963), XXII (1966), XXIII (1969) a XXIV (1972); a P.H. Jones (gol.), *A Bibliography of the History of Wales* (1989). Cynhwysir amryw o gyfraniadau gwerthfawr ar wahanol agweddau ar gyfnod y Tuduriaid yn G.H. Jenkins (gol.), *Cof Cenedl: Ysgrifau ar Hanes Cymru*, 7 cyfrol (1986-92) ac ar gefndir cyfieithu'r Beibl i'r Gymraeg yn C.W. Lewis (gol.), *Llên Cymru*, XVI, 1989 (rhifyn 1-2).

A. Ffynonellau Gwreiddiol

Llyfrgell Brydeinig:

   Llsgr. Harleian 6997
   Llsgr. Lansdowne 111

Llyfrgell Genedlaethol Cymru:

   Llsgrau Brogyntyn 2, 5, 6
   Llsgr. Cwrtmawr 238
   Llsgrau Llansteffan 123, 124, 145
   Llsgrau Mostyn 147, 158
   Llsgr. Peniarth 124
   Llsgr. Tredegar 148 (Atodiad A)
   Llsgrau 9051E,72, 153, 144; 9052E, 180
   Llsgr. Ychwanegol 465E,324
   Llsgr. LlGC 6496

Llyfrgell Sir De Morgannwg, Caerdydd:

   Llsgr. 4.101
   Llsgr. 47

B. Ffynonellau Printiedig

A Funerall Sermon preached ... by the Reverend Father in God, Richard ... Bishoppe of Saint Dauys at the Buriall of the Right Honourable Walter Earle of Essex and Ewe (1577)
Ballinger, J. (gol.), *Calendar of the Wynn of Gwydir Papers, 1515-1690* (1926)

Bowen, D.J., 'Detholiad o englynion hiraeth am yr hen ffydd', *Efrydiau Catholig*, VI, 1954

Bowen, D.J. (gol.), *Gwaith Gruffudd Hiraethog* (1990)

Bowen, I. (gol.), *The Statutes of Wales* (1908)

Bradney, J.A. (gol.), 'The speech of William Blethin, Bishop of Llandaff', *Y Cymmr*, XXXI, 1921

Calendar of Letters and Papers, Foreign and Domestic 1509-47 (1862-1932), gol. R.H. Brodie

Calendar of State Papers Domestic 1547-1580 (1863), gol. R. Lemon

Calendar of State Papers relating to Ireland, 1601-3 (1912), gol. R.P. Mahaffy

Catalogue of the Manuscripts relating to Wales in the British Museum, gol. E. Owen (1900-12)

Charles, R.A. (gol.), 'Gwaith Edwart ap Raff' (casgliad teipiedig 1970 yn LlGC)

Churchyard, T., *The Worthines of Wales* (1587)

Dasent, J.R. (gol.), *Acts of the Privy Council* (1890 ymlaen)

Davies, C. (gol.), *Rhagymadroddion a Chyflwyniadau Lladin, 1551-1632* (1980)

Davies, J.H. (gol.), *Hen Gerddi Gwleidyddol 1588-1660* (1901)

Dwnn, Lewys, *Heraldic Visitations of Wales and part of the Marches*, gol. S.R. Meyrick (1846)

Ellis, H. (gol.), *Original Letters Illustrative of English History*, Ail gyfres (1827); 3edd gyfres (1846)

Elyot, T., *The Boke named the Governour*, gol. H.H.S. Croft (1883)

Evans, J.G. (gol.), *HMC, Reports on Manuscripts in the Welsh Language* (1898-1910)

Fisher, J. (gol.), *The Cefn Coch MSS* (1899)

Flenley, R. (gol.), *A Calendar of the Register of the Council in the Marches of Wales, 1569-1591* (1916)

Gruffydd, R.G., 'Bishop Francis Godwin's injunctions for the diocese of Llandaff, 1603', *Trafodion Cymdeithas Hanes yr Eglwys yng Nghymru*, IV, 1954

Gruffydd, R.G., 'Humphrey Llwyd of Denbigh: some documents and a catalogue', *Trafodion Cymdeithas Hanes Sir Ddinbych*, XVII, 1968

Gruffydd, R.G., 'Y Beibl a droes i'w bobl draw': William Morgan yn 1588 (1988)

Guazzo, S., *La Civil conversatione del Signor Stefano Guasso ...* (1547)

Haynes, S. (gol.), *Collections of State Papers* (1740)

Herbert, E., *The Life and Reign of King Henry the Eighth* (arg. 1682)

Herrtage, S.J.H. (gol.), *England in the Reign of King Henry the Eighth: Starkey's Life and Letters* (1878)

HMC Calendar of the Marquis of Salisbury MSS (Hatfield MSS)

Hughes, A.Ll., 'Noddwyr y Beirdd yn Sir Feirionnydd. Casgliad o'r Cerddi i deuluoedd Corsygedol, Dolau-gwyn, Llwyn, Nannau, Y Rug, Rhiwedog, Rhiw-goch, Rhiwlas ac Ynysymaengwyn' (traethawd M.A. Prifysgol Cymru, 1969)

Hughes, G.H. (gol.), *Rhagymadroddion, 1547-1659* (1951)

James, E., *Pregethau a osodwyd allan trwy awdurdod i'w Darllein ymhob Eglwys blwyf ...* (1606)

James, L.J. Hopkin a Evans, T.C. (gol.), *Hen Gwndidau, Carolau a Chywyddau* (1910)

Jones, E.G. (gol.), 'History of the Bulkeley Family' (LlGC MS.9080E)', *Trafodion Cymdeithas Hynafiaethol Môn*, 1948

Jones, J. (gol.), *Cynfeirdd Lleyn, 1500-1800* (1905)

Jones, J.G., 'Bishop William Morgan's dispute with John Wynn of Gwydir in 1603-04', *Trafodion Cymdeithas Hanes yr Eglwys yng Nghymru*, XXII, 1972

Jones, O., *Ceinion Llenyddiaeth Gymreig* (1876)

Jones, T., *Rhyddiaith Gymraeg, II, 1547-1618* (arg. 1988)

Jones, T.G. (gol.), *Gwaith Tudur Aled* (1926)

Kyffin M., *Deffynniad Ffydd Eglwys Loegr*, gol. W.P. Williams (1908)

Llwyd, H., *The Breuiary of Britayne*, cyf. T. Twyne (1573)

Leland, J., *Itinerary in Wales* gol. L. Toulmin Smith (1906)

Mathew, D., 'Some Elizabethan Documents', *BBGC*, VI, 1931

Mathew, D., 'Further Elizabethan Documents', *BBGC*, VI, 1931

Meurig, Rhys ap, *Morganiae Archaiographia*, gol. B.Ll. James (1983)

Montague, J., *The workes of the most high and mightie prince, Iames ...* (1616)

Morrice, J.C. (gol.), *Barddoniaeth Wiliam Llŷn* (1908)

Myddelton, W., *Psalmae y Brenhinol Brophvvyd Dafydh ...* (1603)

Owen, G., *The Description of Penbrokeshire*, gol. H. Owen (1906)

Pierce, T. Jones (gol.), *Calendar of the Clenennau Letters and Papers in the Brogyntyn Collection* (Rhan i), (1947)

Parry, T. (gol.), *The Oxford Book of Welsh Verse* (1982)

Parry-Williams, T.H. (gol.), *Carolau Richard White (1537?-1584)* (1931)

Penry, J., *Three Treatises Concerning Wales*, gol. D. Williams (1960)

Phillips. T.O., 'Bywyd a Gwaith Meurig Dafydd a Llywelyn Siôn' (traethawd M.A. Prifysgol Cymru, 1937)

Powel, D., *The Historie of Cambria, now called Wales*, gol. H. Llwyd (1584)

Pugh, T.B., 'The indenture for the marches between Henry VII and Edward Stafford (1477-1521), Duke of Buckingham', *English Historical Review*, LXXI, 1956

Read, Conyers (gol.), *William Lambarde and Local Government* (1962)

Rees, B., *Dulliau'r Canu Rhydd* (1952)

Renwick, W.L. (gol.), *The Shepherd's Calendar* (1930)

Roberts, D.H.E. a Charles, R.A., 'Raff ap Robert ac Edwart ap Raff', *BBGC*, XXIV, 1971

Roberts, E. (gol.), *Gwaith Siôn Tudur* (1978)

Roberts, P.R. 'A breviat of the effectes devised for Wales c.1540-41', *Camden Miscellany*, XXVI, 1975

Roberts, P.R., 'A petition concerning Sir Richard Herbert', *BBGC*, XX, 1962

Rowlands, E.I. (gol.), *Gwaith Lewys Môn* (1975)

Royal Commission on Land in Wales and Monmouthshire (1896)

Salesbury, W., *A Dictionary in Englyshe and Welshe* (1547)

Sneyd, C.A. (gol.), *A relation ... of the Island of England ... about the year 1500*, Camden Society, 1847

Statutes of the Realm, III, 1509-45 (arg. 1963)

Stradling, J., *Direction for Traveilers taken out of Justus Lipsius for the behoof of the right honourable lord the young Earl of Bedford being now ready to travell* (1592)

Stradling, J., 'The Storie of the Lower Borowes of Merthyr Mawr', gol. H.J. Randall a W. Rees, *South Wales and Monmouth Record Society Publications*, I, 1932

Thomas, D.A. (gol.), *The Welsh Elizabethan Catholic Martyrs* (1971)

Thomas, H. (gol.), *Cyfnod y Tuduriaid* (1973) Cyfres Llygad y Ffynnon. Addaswyd gan Basil Davies

Traherne, J.M. (gol.), *Stradling Correspondence: a Series of Letters written in the Reign of Queen Elizabeth* (1840)

Vaughan, W., *The Arraignment of Slander ...* (1630)

Vaughan, W., *The Golden Fleece* (1626)

Vaughan, W., *Golden Grove* (1600)

Williams, G.A. (gol.), *Ymryson Edmwnd Prys a Wiliam Cynwal* (1986)

Williams, W.O. (gol.), *Calendar of the Caernarvonshire Quarter Sessions Records*, I, 1541-1558 (1956)

Wright, T. (gol.), *Letters relating to the Suppression of Monasteries*, Camden Society, 1843

Wynn, J., *The History of the Gwydir Family and Memoirs*, gol. J.G. Jones (1990)

Wynne, E., *Gweledigaetheu y Bardd Cwsc* (1703: adargraffiad 1948)

C. Cyfrolau

Bebb, W.A., *Cyfnod y Tuduriaid* (1939)

Bebb, W.A., *Y Ddeddf Uno: y Cefndir a'r Canlyniadau* (1937)

Bebb, W.A., *Machlud y Mynachlogydd* (1937)

Bowen, D.J., *Gruffudd Hiraethog a'i Oes* (1958)

Bowen, G. (gol.), *Y Traddodiad Rhyddiaith* (1972)

Davies, J., *Hanes Cymru* (1990)

Dodd, A.H., *A History of Caernarvonshire, 1284-1900* (1968)

Dodd, A.H., *Studies in Stuart Wales* (1952)

Edwards, J.G., *Tywysogaeth Cymru 1267-1967: Astudiaeth mewn Hanes Cyfansoddiadol* (1991). Cyfieithiad gan Gwynn ap Gwilym

Evans, G., *Aros Mae* (1971)

Griffiths, R.A., *King and Country: England and Wales in the Fifteenth Century* (1991)

Herbert, T. a Jones, G.E. (gol.), *The Tudors* (Welsh History and its Sources) (1988)

Howells, B.E. (gol.), *Pembrokeshire County History: III, Early Modern Pembrokeshire 1536-1815,* (1987)

Jenkins, G.H., *Hanes Cymru yn y Cyfnod Modern Cynnar 1530-1760* (1983)

Jenkins, P., *A History of Modern Wales 1536-1990* (1992)

Jenkins, R.T., *Yr Apêl at Hanes* (1930)

Jones, E.G., *Cymru a'r Hen Ffydd* (1951)

Jones, G.E., *The Gentry and the Elizabethan State* (1977)

Jones, G.E., *Modern Wales; a Concise History c.1485-1979* (1984)

Jones, I., *Modern Welsh History* (1934)

Jones, J.G. (gol.), *Class, Community and Culture in Tudor Wales* (1989)

Jones, J.G., *Concepts of Order and Gentility in Wales, 1540-1640: Bardic Imagery and Interpretations* (1992)

Jones, J.G., *Patrymau Diwylliant a Moes yn Nheulu'r Wyniaid o Wedir* (1989)

Jones, J.G., *Syr John Wynn o Wedir a The History of the Gwydir Family* (1991)

Jones, J.G., *Wales and the Tudor State, 1534-1603* (1989)

Kelso, R., *The Doctrine of the English Gentleman in the Sixteenth Century* (1964)

Lloyd, H.A., *The Gentry of South-West Wales, 1540-1640* (1968)

Lloyd, J.E., *Golwg ar Hanes Cymru* (1930)

Mathew, D., *The Celtic Peoples and Renaissance Europe* (1933)

Pollard, A.F., *Henry VIII* (1905)

Powell, N.W., *Dyffryn Clwyd in the Time of Elizabeth I* (1991)

Rees, W., *South Wales and the March, 1284-1415* (1924)

Rees, W., *The Union of England and Wales* (1948)

Rowse, A.L., *The Elizabethan Renaissance: the Life of the Society* (1971)

Siddons, M.P., *The Development of Welsh Heraldry* (1991)

Smeaton, O. (gol.), *Francis Bacon's Essays* (1968)

Stephens, R., *Gwynedd: 1528-1547: Economy and Society in Tudor Wales* (1979)

Thomas, D.R., *The History of the Diocese of St Asaph* (1908)

Thomas, D.R., *The Life and Work of Bishop Davies and William Salesbury* (1902)

Thomas, G., *Eisteddfodau Caerwys* (1968)

Thomas, H., *A History of Wales, 1485-1660* (1972)

Thomas, W.S.K., *Tudor Wales* (1983)

Williams, A.H., *Cymru Ddoe* (1944)

Williams, D., *A History of Modern Wales* (1950)

Williams, G., *Bywyd ac Amserau'r Esgob Richard Davies* (1953)

Williams, G. (gol.), *Glamorgan County History: IV, Early Modern Glamorgan* (1974)

Williams, G., *Grym Tafodau Tân: Ysgrifau Hanesyddol ar Grefydd a Diwylliant* (1984)

Williams, G., *Harri Tudur a Chymru* (1985)

Williams, G., *Recovery, Reorientation and Reformation: Wales c.1415-1642* (1987)

Williams, G., *The Reformation in Wales* (1991)

Williams, G., *Wales and the Act of Union* (1992)

Williams, G., *The Welsh and their Religion* (1991)

Williams, G., *Welsh Reformation Essays* (1967)

Williams, P., *The Council in the Marches under Elizabeth I* (1958)

Williams, W.Ll., *The Making of Modern Wales* (1919)

Williams, W.O., *Tudor Gwynedd* (1958)

Wright, T., *The History of Ludlow* (1852)

CH. Erthyglau a Phenodau mewn Cyfrolau

Anglo, S., 'The British History in early Tudor propaganda', *Bulletin of the John Rylands Library*, XLIV, 1961

Bowen, D.J., 'Y cywyddwyr a'r dirywiad', *BBGC*, IX, 1981

Dodd, A.H., 'The church in Wales in the age of the Reformation', *Welsh Church Congress Handbook*, 1953

Dodd, A.H., 'A Commendacion of Welshmen', *BBGC*, XIX, 1961

Dodd, A.H., 'North Wales and the Essex Revolt', *English Historical Review*, LIX, 1944

Dodd, A.H., 'Wales's parliamentary apprenticeship (1536-1625)', *Traf. Cymmr.*, 1942

Edwards, P.S., 'Cynrychiolaeth a chynnen: agweddau ar hanes seneddol a chymdeithasol sir Fôn yng nghanol yr unfed ganrif ar bymtheg', *Cylchgrawn Hanes Cymru*, X, 1980

Griffith, W.P., 'Schooling and Society', yn J.G. Jones (gol.), *Class, Community and Culture in Tudor Wales* (1989)

Howells, B.E., 'The lower orders of society', yn J.G. Jones (gol.), *Class, Community and Culture in Tudor Wales* (1989)

Jones, E.D., 'The Brogyntyn Welsh manuscripts', *BBGS*, VI, 1950

Jones, E.G., 'The Lleyn Recusancy Case, 1578-81', *Traf. Cymmr.* (1936)

Jones, E.G., 'Robert Pugh of Penrhyn Creuddyn', *Trafodion Cymdeithas Hanes Sir Gaernarfon*, VII, 1946

Jones, F., 'An approach to Welsh genealogy', *Traf. Cymmr.* (1948)

Jones, G.E., 'A case of corruption', yn S. Williams (gol.), *Glamorgan Historian*, V (1968)

Jones, J.G., 'Hanfodion undod gwladwriaethol, cyfraith a threfn yng Nghymru cyfnod y Tuduriaid: tystiolaeth Beirdd yr Uchelwyr', *Llên Cymru*, XV, 1984-5

Jones, J.G., 'Law and order in Merioneth after the acts of union, 1536-1543', *Trafodion Cymdeithas Hanes a Chofnodion Sir Feirionnydd*, X, 1986

Jones, J.G., 'Richard Parry, Bishop of St Asaph: some aspects of his career', *BBGC*, XXVI, 1975

Jones, J.G., 'The Welsh poets and their patrons, c. 1550-1640', *Cylchgrawn Hanes Cymru*, IX, 1978

Jones, R.G., 'Sir Richard Clough of Denbigh', *Trafodion Cymdeithas Hanes Sir Ddinbych*, XXII, 1973

Jones, T.G., 'Cultural bases: a study of the Tudor period in Wales', *Y Cymmr.*, XXXI, 1921

Lewis, D., 'The Court of the President and Council of Wales and the Marches from 1478 to 1575', *Y Cymmr.*, XII, 1898

Owen, H.G., 'Family politics in Elizabethan Merionethshire', *BBGC*, XVIII, 1959

Powell, N.W., 'Crime and the community in Denbighshire during the 1590s: the evidence of the records of the Court of Great Sessions', yn J.G. Jones (gol.), *Class, Community and Culture in Tudor Wales* (1989)

Roberts, P.R., 'The "act of union" in Welsh History', *Traf. Cymmr.*, 1972-3

Roberts, P.R., 'The Tudor Princes of Wales', *The Historian*, rhif XV, Haf 1987

Roberts, P.R., 'The Tudors and England: the Welshness of the Tudors', *History Today*, XXXVI, Ionawr 1986

Roberts, P.R., 'The union with England and the identity of "Anglican" Wales', *Transactions of the Royal Historical Society*, XXII, 1972

Roberts, P.R., 'Wales and England after the Tudor "union": crown, principality and parliament, 1543-1624', yn C. Cross, D. Loades a J.J.

Scarisbrick (gol.), *Law and Government under the Tudors: Essays presented to Sir Geoffrey Elton on his retirement* (1988)

Roberts, P.R., 'The Welsh language, English law and Tudor legislation', *Traf. Cymmr.*, 1989

Robinson, W.R.B., 'The Tudor revolution in Welsh government, 1536-1543: its effects on gentry participation', *English Historical Review*, CCCCVI, 1988

Thomas, D.Ll., 'Further notes on the Court of the Marches', *Y Cymmr.*, XIII, 1899

Williams, A.H., 'The origins of the old endowed grammar schools of Denbighshire', *Trafodion Cymdeithas Hanes Sir Ddinbych*, II, 1953

Williams, G., 'Wales and the reign of Mary I', *Cylchgrawn Hanes Cymru*, X, 1980-1

Williams, G., 'William Salesbury and the *Baterie of the Popes Botereulx*', BBGC, XIII, 1949

Williams, W.O., 'The survival of the Welsh language after the union of England and Wales: the first phase, 1536-1642', *Cylchgrawn Hanes Cymru*, II, 1964-5

Williams, W.O., 'The social order in Tudor Wales', *Traf. Cymmr.*, 1967 (Rhan ii)

MYNEGAI

Blythe, Geoffrey, esgob Cofentri a Llwytgoed, 55
Bodeon/Bodowen, 224
Bodfel, 27, 121
Bodidris, 24
Bodowyr, 24
Boke named the Governour, The (1531), 7, 20, 113
Bolde (teulu), 26
Boleyn, Anne, 47, 50, 54, 148
Boleyn, Syr Thomas, 47
Bont-faen, Y, 217
Borras, 26
Borromeo, Siarl, 146
Boulogne, 33, 199
Bowles, Dr Thomas, xiv, xvi
Branas (Meir.), 38
Brandon, Charles, dug Suffolk, 49
Brawdlys(oedd), barnwyr/ustusiaid, 72-3, 76, 191-2
Brereton (teulu), 26
'Breuddwyd Tomas Llywelyn ap Dafydd ap Hywel', 117
Breuiary of Britayne (1573), 120
Breviat of the effectes devised for Wales, A (1541), 83
Bromley, George, Ustus Cylchdaith Môn, 131, 161
Brwsel, 199
Brycheiniog (sir), 6, 76, 105, 108, 122, 156, 185-7, 191
Bryncir (Eifionydd), 201
Bryncunallt, 24
Bryste, 25
Buckhurst, Thomas, 195
Burke, Edmund, xv
Bwclai (teulu), 3, 25, 34, 127; Arthur, esgob Bangor, 142; William, 1; Syr Richard I, 25, 60, 77, 139, 142; Syr Richard II, 128; Syr Richard III, 34

Cadwaladr, ix
Caer, 25, 81
Cacr, sir balatîn, 25, 34, 100, 186-7, 191

Caer, Ustus Cylchdaith, 108, 191
Cae'r Berllan (Meir.), 120
Caerdydd, 17, 215; castell, 124, 216
Caeredin, 199
Caerfyrddin, 50, 138
Caerfyrddin (sir), 186-7, 191, 215
Caeriw, 144
Caerloyw, 57, 186
Caerloyw (sir), 68, 73, 188
Caernarfon, 26, 65, 130, 186, 198, 201, 211
Caernarfon (sir), 4, 24, 26, 34, 126, 191, 195
Caerwrangon, 57
Caerwys, 129
Calfin, John, 141
Callice, John, 126
Cambrai, 146
Cambrobrytannicae Cymraecaeve Linguae Institutiones et Rudimenta (1592), 159, 220
Cambro-Prydeiniwr, xii
Canada, xvi
Carne, Syr Edward, 33, 60;
Carne, Thomas, 20
Cartwright, Thomas, 166
Cassano, 146
Castellnewydd, Y, 217
Castiglione, Baldassare, 33
Catrin o Aragon, 47, 54, 139
Catrin o Ferain, 33, 214
Cecil, Robert, iarll Salesbury, 172, 195
Cecil, William, arglwydd Burghley, 105, 107, 148, 161, 195, 215
Cefnamwlch, 199
Cefn-brith, 164
Cefnmabli, 126, 216
Ceri, 100
Cernyw, 141
Chapuys, Eustace, xii, xiii, 50
Cholmondeley (teulu), 59
Christian Directory (1583), 146
Churchyard, Thomas, xi, 2, 17-18, 23, 131-32
Clare (Strongbow), Gilbert de, 9
Clawdd (Ffos) Offa, xii, 33, 112

233

239

Musselburgh, 199
Myddleton, Syr Hugh, 37
Myddleton, William, 174
Mynachdy, 2
Mynwy (sir), xviii, 6, 27, 80, 108, 122, 187-8
Myrddin Ben Beirdd, 208

Nanconwy, 26, 71
Nannau, 17, 23, 27, 127
Nantlle, 24
Nantymynach, 9
Neuadd yr Urddau (Caerdydd), 216
Nichol, William, 147
Norfolk, 198
North Norwich, 199, 201
nouveaux riches, 11

Ogwr, 217
Oll Synnwyr Pen Kembero Ygyd (1547), 141
Osbwrn Wyddel, 23
Owain ap Gwilym, 128
Owain Gwynedd (bardd), 9, 10, 18, 38, 120, 127, 174
Owain Gwynedd (Tywysog Gwynedd), 16, 23
Owain Lawgoch, ix
Owen (Bodeon/Bodowen), 23, 127
Owen (Plas Du), 119
Owen, George, x-xi, 3-4, 9-10, 23, 31, 74, 77, 84-5, 89, 95-6, 98-9, 102-5, 107-110, 113, 115, 117, 128, 131, 169, 196, 198
Owen, Hugh (Gwenynog), 224
Owen, Hugh (Plas Du), 146, 199
Owen, Jeremy, xiv
Owen Rhoscomyl, gweler Vaughan, A.O.
Owen, William (Henllys), 60
Oxwich, 26-7

Pabyddiaeth, 145-7, 194, 205-8
Parker, Matthew, archesgob Caergaint, 158
Parliament explained to Wales, The

(1640), xiv
Parma, dug, 198-9
Parr, Catherine, 148
Parry, Richard, esgob Llanelwy, 172, 221
Paulet, Syr William, 53
Pencerdd, 208
Pencoed, 27
Penfro (sir), 14-15, 103, 121, 124-5, 145, 186-7, 191
Pengwern, 24
Penllyn, 26-7
Penmorfa (Eifionydd), 24
Penmynydd (Môn), ix, 24
Pennal, 38
Pennant (Eifionydd), 24
Penry, John, 110, 130, 158, 164, 166-171
Penrhyn Creuddyn, 146, 150, 209-10
Penrhyndeudraeth, 23
Pen-rhys (Penrice), 26-7
Penyfed (Eifionydd), 24
Percy (teulu), 71
Perchentyaeth, 33-5
Pererindod Gras, Y, 140
Perl Mewn Adfyd (1595), 155
Perri, Henri, 35
Perrot (Haroldston), 3; Syr John, 121, 123, 125, 162
Philip II, 152
Philips (Philipps), Thomas, 52-3
Phillips, David, 215
Phillips, Fabian, 162
Phillips, Morgan, 146-7
Pius VI, 106
placard, 186, 189
'Plâg a Chyfodiad Iarll Tirôn', 5
Plaid Cymru, xix, xx
Plas Clwch, 28
Plas Coch, 24
Plas Du (Llŷn), 27, 119, 146, 199
Plas Iolyn, 17, 26
Plas Mawr (Conwy), 28
Plas Newydd, 150
Plas-ym-mers, 26
Plas-yr-Esgob (Tyddewi), 138

Wiliam Llŷn, 11, 14, 18, 28, 34, 40, 189
Wiliems, 'Syr' Thomas, 13, 124
Williams, A.H., xviii
Williams, Glanmor, xix
Williams, Gruffudd, 216
Williams, Syr Roger, 198
Williams, Thomas, 215
Williams, W.Ll., xvi-xvii
Williams, W. Ogwen, xix-xx
Williamson, Johan, 195
Winning of Glamorgan, The (c.1561-6),
   14
Wolley, John, 195
Wolsey, Thomas, 26, 47, 51, 55
Worthines of Wales, The (1587), xi, 2,
   17, 131
Wrecsam, 167
Wright, Leonard, 116
Wyatt, Syr Thomas, 144
Wyniaid (Gwedir), 3, 7, 26-7, 33, 39,
   124; John Wyn ap Maredudd, 26, 28,
   198-9, 211; Wynn, Morus, 29; Syr
   John, 6, 8, 10, 16, 19, 21, 26, 33, 38,
   65, 71, 116, 119, 126, 145, 162, 195,
   198, 200, 221; Wynn, Ellis, 116, 221;
   Wynn, Syr John, ieu., 221-2
Wynn, Gruffudd (Berth-ddu), 198-9
Wynn, John (Llanelwedd), 33
Wynn, Owen, 189
Wynn, Syr Richard (Caernarfon), 201
Wynn, Robert (Conwy), 28, 199
Wynne, Ellis, xiv

Yny llyvyr hwnn (1547), 154
Ynyr Hen, 23
Ynys Enlli, 201
Young, Thomas, esgob Tyddewi, 149
Ysbytai'r Brawdlysoedd, 29, 120
Ysbyty Ifan, 71-2, 128
Ysbytywyr Ioan Sant, 26, 71
Ystrad Marchell, 26-7

Zouche, Edward, arglwydd, 19, 172
Zürich, 155
Zutphen, 198
Zwingli, Ulrich, 141